国家出版基金项目

分卷主编　李廷江　陈开科

# 中华民国时期外交文献汇编

# 1911—1949

## 第一卷

## 中

中华书局

## 外交部关于转达墨西哥暨古巴承认致内政部等公函

### 1913 年 5 月 6 日

#### 元字第七百四十号

径启者:五月二日准驻京墨胡署使照称:奉本国外交部总长律师德拉瓦腊电令,承认中华民国政府等因。又五月四日准古巴驻华博代办自沪来电称:本国外交总长奉总统命令,承认中华民国及其政府,现奉本国政府之命,专电奉达等因。相应函达,即希查照为荷。顺颂

公绥

外交部启

五月六日

《中华民国史档案资料汇编》第三辑《外交》,第 36 页

## 朱尔典致葛雷函

### 1913 年 5 月 19 日收到

阁下:

我荣幸地附上外交部的一份照会的副本。该照会说:美国代办卫理先生奉华盛顿方面的指示,于昨天向袁世凯转达了威尔逊总统代表美国政府和公民对中华民国的正式承认。

朱尔典谨上　　1913 年 5 月 3 日于北京

《英国蓝皮书有关辛亥革命资料选译》,第 671 页

## 朱尔典致葛雷函

### 1913 年 5 月 30 日收到

阁下:

我荣幸地报告:现已选举了参议院和众议院的代理议长;由于选出了这些官员,国会可以被认为是一个适当组成的团体。

中华民国于本月 2 日和 4 日分别获得墨西哥共和国和古巴共和国

的正式承认。

朱尔典谨上　1913 年 5 月 13 日于北京
《英国蓝皮书有关辛亥革命资料选译》，第 674 页

## 驻美公使馆关于与墨西哥外交部商办外交证明书致外交部电

### 1913 年 6 月 15 日

驻美墨西哥大使复称，证明书未能批准互换，谅政府亦愿展期，惟未奉示，按议应由中国驻墨西哥代办与墨西哥外部商办云。已电吴代办交涉。棠。十五日。

《中华民国史档案资料汇编》第三辑《外交》，第 36 页

## 驻德公使馆关于与国未认参赞代理致外交部电

### 1913 年 6 月 16 日

收驻德梁代表致本部电　十六日发由俄京转

删悉。与国未认参赞代理，本属正式，毋电促迫，焦急万状，仍祈代求大总统，允准电示为感。诚铣。

《中华民国史档案资料汇编》第三辑《外交》，第 42 页

## 袁世凯关于巴西的承认复巴西大总统电稿

### 1913 年①

巴西国大总统钧鉴：顷接敝国驻日代表本月八日电称，巴西代办亲赍正式公文，巴西政府奉总统命，本日承认中华民国等语，敝国政府与人民诵悉之下，同深欢忭。贵国此举，既属优待，又系首倡，敝国所以感之尤深也。且可断其永能振起敝国人民之精神，力求增进中巴之睦谊，

---

① 原件无年代，据有关文件判定为 1913 年。

本大总统爰以敝国政府与人民之名义,谨以致谢。

《中华民国史档案资料汇编》第三辑《外交》,第 37 页

### 艾斯敦致葛雷电

#### 1913 年 10 月 4 日发自北京,同日收到

总统的选举日期已订于 10 月 6 日,就职典礼订于 10 月 10 日。我建议:当选举结果一旦通知我们的时候,便立即承认中华民国。

总统的就职演说将包含一项关于遵守对外条约的声明,该声明已送给外交团。

《英国蓝皮书有关辛亥革命资料选译》,第 712—713 页

### 司艮德( Baron von Seckendorff) 致德外交部电

#### 北京,1913 年 9 月,10 月 1 日到

译文 125 号。

关于六月十七日四四号电报。

日本公使①在今日的外交团会议席上表示其政府准备于总统选举后承认中华民国②,如果中国政府正式承认现存条约及习惯法上的国际义务。他并提出非正式向内阁总理③建议,在致驻华各国使馆的照会中说明总统选举的结果和自动地作下列声明:

"前清政府及临时政府与外国政府、公司和私人所缔结的一切条约、协定及其他义务将严格地遵守。在华外人由于国际义务、国家法令

---

① 山座圆次郎。

② 雷克司伯爵在其十月十日报告中评论日政府在中华民国承认问题上的突然变卦如下:"日政府忽然改变政策,违反其迄今所采取的态度,主张立刻承认中华民国,使广大群众出于不意,以致对于隐藏的关系和其他协定等发生无穷的推测。事实上,日政府设法使各国同时承认以防各国落在德国的后面。牧野男爵在谈话中对我暗示俄国对承认问题的立场极为不定。"

③ 熊希龄。

及惯例而享受的一切权利、特权及豁免也同时在这里证实。"

英使附议，俄法公使正向本国政府请训示；我照四月二十七日甲八八号命令强调帝国政府的立场。

因为据最后消息，总统选举定于十月六日与八日间举行，也可能提前，日使将于明晨私自试探国务总理。外交团下次会议定于十月二日晨举行。

荷人拟于总统选举后不问日人步骤的成功与否承认民国。请颁发同样的授权电示。

司艮德

《德国外交文件有关中国交涉史料选译》第 3 卷，第 276—277 页

## 司艮德致德外交部电

北京，1913 年 10 月 5 日

译文 130 号。

答复八〇号电报。

日本公使在十月二日会议报告其与国务总理私人交涉的结果。据此，总统将于十月十日国庆节就职词中对国际关系部分公开地作日本所建议的声明。外交部将于选举完成后立即将有关国际关系的原文用一个特别照会与一个专事通知总统选举结果的照会在十月十一日以前同时送交各使馆。接着各使馆立刻以同文照会承认民国，但不提及国际义务的声明。各使馆另以一个特别照会向外交部证实收到中国关于国际关系部分原文的通知。

全体外交同人……这个方式。固然，俄国公使表示他还没有接到关于承认的训令。既然华人自动地将送给各使馆日本所建议的声明，且于总统选举后不涉及此事而立即承认，在外交团内对同文照会的文字达成谅解照我看来似乎也是适当的。日人在十月三日会议上提出准备好的稿子，这个稿子略为修改后即予通过。

总统选举明晨八时举行。因此我恳求进一步的训令。

正式政府于十月十日庆祝成立。

司艮德

《德国外交文件有关中国交涉史料选译》第 3 卷,第 278 页

## 袁世凯政府根据帝国主义要求拟定的对外政策演说稿

1913 年 10 月 6 日

### 致各国政府秘密照会

为照会事:准大总统府秘书厅函开,奉大总统谕: 月 日本大总统就职,届时有宣言一通,内有关于外交一节如下:

近来各国对我态度皆主和平中正,遇事诸多赞助,固征世界之文明,端感友邦之睦谊,凡我国人务当深明此义,以开诚布公巩固邦交为重,本大总统声明,所有前清政府及中华民国临时政府与各外国政府所订条约、协约、公约,必应恪守,及前政府与外国公司所订之正当契约,亦当恪守。又各外国人民在中国按国际契约及国内法律,并各项成案成例已享之权利并特权、豁免各事,亦切实承认,以联交谊,而保和平,等因,奉此,查上开各节系预备宣言书公布之言,特先行知照,暂时幸勿宣布,相应照会贵大臣,即希转达贵国政府,可也。

《中华民国外交史资料选编》(1911—1919)(一),第 28 页

## 英法等十三国承认中华民国致北京外交部照会①

1913 年 10 月 6 日

为照复事,照得接准中华民国二年十月六日来文,内称中华民国二年十月六日,经国民议会依大总统选举法选举大总统,兹据议长报告,现任临时大总统袁世凯,当选中华民国大总统,定于十月十日(举)行就职礼,相应照会贵大臣查照,即希转达贵政府可也。等因前奉。均经

---

① 十三国即西班牙、瑞典、法国、比利时、丹麦、葡萄牙、日本、俄国、荷兰、德国、英国、奥国、意大利。

阅悉,除将来文即行转达本国政府外,兹本大臣遵照已奉训令,向贵总长欣悦声明本国政府即在本日承认中华民国,并与贵国政府应持完全公式之关系也,相应照复贵国政府查照可也。

《中华民国外交史资料选编》(1911—1919)(一),第29页

## 瑞士联邦政府大总统承认中华民国致袁世凯电

### 1913 年 10 月 8 日

瑞士联邦政府声明承认中华民国,并颂日臻治理,国运永昌。

《中华民国外交史资料选编》(1911—1919)(一),第29页

## 挪威国承认中华民国致北京外交部照会

### 1913 年 10 月 8 日

大英国署理钦差全权大臣代理脑威①国事务艾,为照复事,照得接准中华民国二年十月八日来文内称,中华民国二年十月六日经国民议会依大总统选举法,选举大总统,兹据议长报告,现任临时大总统袁世凯当选中华民国(正式)大总统,定于十月十日行就职礼,相应照会贵署大臣查照,即希转达脑威国政府可也等因前来。均经阅悉,除将来文即行转达脑威国政府外,兹本署大臣遵照已奉训令,向贵总长欣悦声明,脑威国政府即在本日承认中华民国,并与贵国政府应持完全公式之关系也。相应照复贵国政府查照可也,须至照复者。

《中华民国外交史资料选编》(1911—1919)(一),第30页

## 外交部总务厅为约请各国公使茶会派遣巡警事致警察厅函

### 1913 年 10 月 8 日②

径启者本部现因各国正式承认,特于国庆日晚九钟半,约请各国公

---

① 即挪威。
② 原件无时间,据有关文件判定为 1913 年。

使暨本国各界来宾赴迎宾馆茶会,来宾约千余人,本部原有请愿巡警不敷分布,届日晚七钟请贵厅派遣巡警三十名,于石大人胡同及东堂子胡同照料车辆,是日九钟后,凡非赴会者,不准通行,庶于交通不致阻碍,特此函达,顺颂

公祺

外交部总务厅公启

十月八日

《中华民国史档案资料汇编》第三辑《外交》,第 37 页

## 外交部总务厅关于各国同时承认拟不悬挂各国国旗致交通部总务厅函

### 1913 年 10 月 8 日①

径复者,接奉来函,祗悉。一是承询悬挂各国国旗一节,当即请示次长,奉谕,此次各国同时承认,势难一律悬旗,且事实上亦属赶办不及,此次于各国承认时,拟不悬挂各国国旗等语。奉此,特此奉闻,即颂

公祺

外交部总务厅启

《中华民国史档案资料汇编》第三辑《外交》,第 38 页

## 外交部条约研究会关于争取各国承认中华民国的报告

### 1913 年②

承认问题

民国建设以来,倏经半载,迄未得各国之承认,致国际交涉每遇困难。本会有鉴于是,特将该题提先研究,兹将研究之次序分列如左,以

---

① 原件无时间,据有关文件判定为 1913 年 10 月 8 日。

② 此件系 1913 年 10 月 15 日《外交部条约研究会报告》中第一篇报告"民国承认问题"的原稿。

资参考。

　　一、承认之要素。

　　二、承认之迟速。

　　三、承认与不承认之利害。

　　四、承认之手续。

　　五、临时政府能否暨应否要求各国之承认。

　　一、承认之要素

　　新国家之承认,与新政府之承认不同,其事实与法律上之性质既殊,而承认之难易亦异。新国家之承认,须先视其有无存立之原则,原则维何,即:(甲)人类社会之数足以生存,(乙)此社会能离别社会而独立,(丙)有自治之能力,(丁)国土充足。具此四者,然后有内部之主权 La Souverainti interieure,而外部之主权,按照国际公法,仍须赖各国之自由承认也。若新政府之承认则不然,新政府承继旧时之政府,本有具以上各项之原则。国际公法家彭飞士 H. Bonfils 氏不云乎,政府内部之改织,与国家之主体毫无关系,仍可保守其主体及其主权 La Personnalits et son Autonomie。法国屡经一八一五年、一八三〇年、一八四八年、一八七〇年之变更政体,今犹法国,盖国家内部之变更,于国际上权利义务初无得失于其间。中国未革命以前,与各国享有国际之公权 La Communaute Internationale 即至于今,未尝不尔。今之言承认,非指国家而言,乃指政体而言,其政体无论如何改革,即由帝制而改为共和。国中政权,有人掌握。考诸国际公法,政府为国之代表,自可酌量变更,于其国本并未动摇,故承认云者,乃承认旧有国之新政体耳。再就法理而研究之,新建之政府如何而可以承认。据法律家哈劳君 Hall 云,凡政权之有无,只须审度其外表之事实,凡一人或一主体果系得有事权,各国即可以其为一国之机关待遇之,又据法学家魏亚东氏 Wheaton 云,所谓新建之政府,只须实在操有政权,至其以如何手段所得之政权,即不正当或甚缺憾,亦当不计。法学家菲利莫尔 Phill-imor 氏又云,研究承认新建国并新建政府之问题,则云承认之前,实有两大关键:一须旧国停止争端;二须新建国果尔巩固。如分立国之有自主权,方可与各国往来,至其国内之安宁状态如何,亦可不问,因此即对于存立最旧之国,亦不能要求也,但此政府须得本国国民承认,对于国际上应行遵守之条约,亦皆遵行不背而后可。以上所言,均著名之法学家所提议,是现在中华民国承认问题之要素,须先察其新建之政府确为一巩固之政府否耳。溯自中原举义,全国响应,满清帝室知不能敌,遂自让位,共和政体告厥成功。数月以来,总统举定,内阁组成,行政官员各任职务,虽曰临时,而国基已固,况国会指日召集,政府对于前清所订之约章,屡次声明接续遵守,是对于承认之要素已觉充足。美国对于承认新政体之宗旨,向例视其是否代表多数人民之意愿。今中国各省并无反对共和之举,至若宵小奸民,伺机思逞,靡国蔑有,何世无之。昔者葡国王室出奔,并未下诏赞成共和,迄今谋复王位,屡图起事,各国犹尚认之。公法家乌本海 Oppenheim 曰,承认一事纯系各国政策问题,其然岂其然耶。

二、承认之迟速

凡政体变更,布新除旧,应由他国承认,而承认之迟速,则无一定之条例。考之历史,今日甲国组织新政府,而数日即经他国承认者有之,屡经岁月,而不得他国承认者亦有之。盖承认新政府迟速之问题,非国际法律上之问题,乃纯系政策上之问题,故其先后缓急终不出于利益二字之范围。兹举一二成例于左:

(一)一八七〇年九月四号,法民起义于巴黎,推倒专制政体,改设民国,建树共和政府。六号美政府得消息后,即电其驻法公使谓:如临时政府确有实权而可假定为经法民默许者,即可承认。同日又电该使谓,法新政府既成立,巴黎又平靖,自可承认之。同日美使即以照会正式承认法政府矣。又越日,义大利、日斯巴尼〔亚〕①、瑞士三国同时承认法政府。

(二)一千九百十年八月二十九号,葡萄牙海陆军起事,逐去国王,

———————

① 即西班牙。

建组共和政府,凡历年余,始得列强之承认。

三、承认与不承认之利害

利害之重轻,全视乎关系之大小,承认新国家之关系大,承认新政府之关系小,故利益之轻重亦迥殊。政体变更本无关于国之生存,而为独立国中意料所及之事,不仅为欧美公法家所主张,日儒高桥作卫亦颇言之凿凿,故承认者,不过允已成之事实于法理上初无绝大之影响,承认之后,固可完全享有国家之权利,而克尽其义务,而未承认之前,亦并未失去其权利而可免肩旧有之负担也。惟法理每与事实不符,按照中华民国情形,则承认之后,外款既易筹借,内债亦易举行,否则信用不敷,事多掣肘,此承认与不承认利害之彰明昭著者也。

四、承认之手续

承认之手续,考诸公法本无一定之形式,然就事实上研究之,似不外乎二种,即正式之承认与隐默之承认是也。正式之承认者 Expresse,即以正式照会或国际条约声明承认,或正式派遣专使要求各国承认,或与各国立一专约等等,此法欧美各国行之者甚少。隐默之承认者 Tacite,即与各国商订条约,或彼此派遣及接待其全权公使,亦可为默许承认之根据。又承认有分认合认之别,各国自行承认是谓分认,各国开会公同承认或以外交文牍会同声明承认之事,是谓合认。历观合认之案,恒加有要求或限制之条件,如一八三一年各国承认比国时,令其必须永守中立。一八三九年各国承认卢森堡大公国独立时,除令其守中立外,又禁止其筑垒设堡。又如一八八五年承认刚果时,令其必须允准贸易自由是也。现在各国对待中国,往往由外交团进行办理,此次承认之事,难保不萌故智,执政者宜先事御防。至承认各政府之手续,本甚简单,据公法家彭费士 H. Bonfils 氏言,新政府能接续任命驻外公使,亦为承认之证据云云。

五、临时政府能否暨应否要求各国之承认

承认问题既如上述,是新政府之承认本甚简易,毋须过事要求。然各国今日对于中华民国尚迟疑未实行承认者,无非欲以稳健之态度,一觇吾国之中央政府是否巩固,故政府或为临时或为正式仅属于内政之组织,与外交无甚关系。查法国一八七〇年国防政府,特遣爹士 Jhiers 求援列国,冀减普国之要求,若不先请承认,何能猝呼将伯。近之葡国政体变更,亦有布告各国,声请承认之举,是新政府要求各国之承认已有先例。政府者所以代表国家代表人民,不应问其为临时与否,此则临时政府之能要求各国承认,固无庸置辩矣。惟吾国现时不应出此者,何也?曰承认之迟速,初不待乎要求,各国之迟迟未认吾新政体者,一则藉口于政府之未巩固,一则取协同进行主义,以为牵制,吾若要求,彼将要挟愈甚。日来日俄提议满蒙特权,英国提议西藏特权诸事,吾已引为寒心,宁可再行自出要求,致铸错于九鼎,若谓吾国政府现时可搁置此题于脑后固属妄语,然不应正式要求承认之理由固甚显而易见也。为今之计,政府宜竭力修明内政,消灭党争,速集国会,全国秩序力要求宁,并宜饬驻外代表先事绸缪,联络列邦,使感情融洽,以为承认之先河可耳。

《中华民国史档案资料汇编》第三辑《外交》,第 26—30 页

## 艾斯敦致葛雷函
### 1913 年 10 月 27 日收到

阁下:

我荣幸地报告:关于中华民国第一届总统的选举,已于本月 6 日举行。

总统选举法第二款规定:总统应由国会议员组成的选举会选举,选举总统的法定人数由享有选举权的总人数的三分之二构成,通过无记名投票选举。候选人必须获得总票数的四分之三的绝对多数才能当选。这个程序进行两次后,如果尚未获得决定性的结果,则进行第三轮投票,候选人仅限于第二轮投票中领先的两人。在第三轮投票时,仅需过半数票即可当选。

与一般的预料相反,选举活动延续了一整天,需要进行三轮投票,

然后临时大总统才能够对他的职务得到合法承认。人们曾经希望:为了使总统就职典礼能够在革命爆发两周年之际举行,国会两院议员一致催促早日进行选举,这预示他们在总统的选举中也将表现出类似的一致性。但事实证明并非如此。在第一轮投票时,有七百五十九名议员出席,其中四百七十一人投票赞成袁世凯,一百五十四人投票赞成黎元洪。其余的选票中,伍廷芳得三十三票,段祺瑞十六票,孙中山十三票,康有为十一票,唐绍仪五票,还有好几个人各得一两票。

因此,袁世凯当选总统所需要的票数尚短少九十九票。于是,举行第二轮投票,有七百四十五名议员出席。虽然袁世凯又获得二十六票,但他仍短少六十二票,才能获得所必需的多数,而黎元洪将军所得的票数已增至一百六十二票。接着,按照上面引述的选举法的条款,必须进行第三轮投票,在袁世凯和黎元洪二人之间作出决定。在最后的这一轮投票中,有七百零三名议员参加,其中五百零七人投票赞成袁世凯,一百七十九人投票赞成黎元洪,十七人投的票不合规定。因此,袁世凯总统当选,以压倒的多数票击败了他的那位最忠实的而且着重声明无意担任总统职务的副手。选举结果的宣布在国会大楼内外受到了人们的暴风雨般掌声的欢迎。

人们很难查明这种强烈反对袁世凯当选的理由。尽管黎元洪将军多次宣布他不接受总统职位,但他在每次选举中都获得了一百五十名以上的议员的选票。有好几张选票投给了那些从未被认真视为候选人的人们,他们无论如何是没有当选资格的。由于以黎元洪为会长的共和党(或称保守党)在最近举行的一次试选中一致决定通过以袁世凯作为他们的总统候选人,所以国会的这种态度更是出乎意外的。选举系采取无记名投票的方式,因此很难查明国会中究竟是那个党派坚持投票选举黎元洪将军,但人们普遍认为,他得到了大部分进步党人的支持,进步党可以被称为先进的党派。选举的一个明显的缺点,是缺乏任何正式的提名候选人的步骤,从而议员们可以绝对自由地投票赞成他们所喜欢的任何人,而不必遵从任何合法程序,甚至不遵守宪法上对总统候选人所作的种种限制。

当天晚上,外交总长以同文照会把选举结果通知各国公使馆。到第二天,所有那些还没有给予承认的国家以相同的方式正式表示承认中华民国。外交部在收到我的照会后,向我表达中国政府对英王陛下政府给予承认的谢意。本月 7 日,外交总长亲自来拜访我,也请求我转达中国政府对英王陛下政府在这个问题上所采取的行动以及在过去两年间所抱的态度的谢意。

中华民国副总统的选举于 10 月 7 日举行。

与总统的选举不同,仅需要进行一轮投票,黎元洪便以七百一十九张总票数中的六百一十票的压倒多数当选。其余的一百零九票大约有一半分散在各候选人之中,张勋和孙中山各得一票。

艾斯敦谨上　1913 年 10 月 11 日于北京

《英国蓝皮书有关辛亥革命资料选译》,第 721—723 页

## 驻日本外交代表公署检送东京《朝日新闻》载
## "支那承认问题"译文致外交部呈

1914 年 7 月 22 日①

敬启者:东报二则②译呈钧览,即希察阅为祷。此颂公安。

驻日外交代表公署谨启　七月二十二日

**附呈译件**

支那承认问题

东京《朝日新闻》七月十七日

支那热中于承认问题,观其近日情形,不独人民具此热狂,政府亦且着手运动。据贵族院议员归来之谈话,支那人殆无一不汲汲于此问题,甚至有谓日本当先出面承认者。不特此也,前蓝天蔚来日,亦谓此

---

① 原件无年代,据信封上邮戳断定为 1914 年。

② 本书仅选有关承认问题的一则。

行目的在求欧美列国之承认,徐世昌君虽来日未果,据道路传闻,亦系为承认运动,真伪虽不可知,要之支那之热中承认问题,彰彰明甚矣。

今由徐、蓝两君之外游,吾人于美国独立之往事,不禁联想及之。考美国独立当时,亦曾派亚丹诸人往各国要求承认,然美之独立与支那之革命事情大异。总之,二君今日之境遇与亚丹当日之境遇亦自不同,当时美国之目为志士者,即英国之目为叛逆,而欲加以迫害者也。是亚丹氏当日之周历列国,实带有生命危险之使命,而今二君不如是也。英法交恶,其时达于极度,美国独立,法实欲自进而为承认之先驱,而今之列国对于支那情形又不如是也。

支那新政府之承认,果得有适当时机,列国必同时并举,此事非早有默契乎,在支那又何敢乎运动为也。其在未承认以前,虽曰借款问题、体面问题不无不便之感,然国家成立基础果能自信其巩固,事实上固无事汲汲于此也。夫国家之承认,非承认国家成立之谓也。苟国家之实质要素具备,虽无承认而自主观言之,国家固已完全成立矣。而国际上之承认云者,亦以国家成立基础巩固为唯一之条件。诚如是也,则当支那政府尚未巩固之时,列国之承认岂能无所踌躇。又况借款谈判不成,支那前途方日趋于暗淡乎。自吾人观之,与其日求形式之承认,何若建立确实巩固之国家,是乃承认之先决问题,岂可付之忽如。闻陆总理受任方始,即关心片马事件,并闻已与英公使交涉,此事与承认问题即有连带之关系,何则,果使交涉进行,协议成立,事实上固无异已认支那共和政府之有国际的人格矣。又如借款谈判,六国公使警告支那政府,此事据国际法上之解释,其结果亦正与前同。总之支那今日之急务统一各省也,恢复秩序也,已刻不容缓,倘自置一国之大计而不顾,徒汲汲于无关重轻之事不□,夫先后缓急之序乎。承认自有捷径,何去何从,其曷不思。

# （三）列强与二次革命

　　说明：由于列强的强力支持，袁世凯终于窃取了辛亥革命的果实，顺利成为中华民国的大总统。但国民党凭借《中华民国临时约法》，以期通过国会选举的政府来约束袁世凯，遭到袁世凯的反击。3 月 20 日，宋教仁上海遇刺；4 月份，袁世凯大肆出卖国家利益，以换取"五国银行团"的"善后大借款"。袁世凯的行为引起国民党的反对。7 月份，南方国民党掌握的许多省份联合反对袁世凯，是为"二次革命"。对于"二次革命"，列强为了维护自己的在华利益，一致支持袁世凯，并趁机敲诈更多国家利益。

### 朱尔典致葛雷函
#### 1913 年 2 月 22 日收到

阁下：

　　我荣幸地随信附上黑德爵士对 1912 年第四季度各省一般情况所作的概述，它是根据英王陛下各领事官员的报告写成的。

朱尔典谨上　1913 年 2 月 7 日于北京

**附件：黑德对 1912 年第四季度中国各省一般情况所作的概述**

　　关于各省情况的下列说明，几乎完全是根据英王陛下领事官员们的 1912 年第四季度情报报告编写的。您将会看到，没有连续性的事情可供叙述。各省或多或少地处于设法自救的状态，并且正在承担革命运动的后果，仅仅由于该国具有巨大的恢复力以及居民天生的勤劳，它才得到拯救。散兵游勇进行的小规模的哗变和抢劫，以及关于国会的戏剧性的选举，构成了那些报告的主要条目，而政府人士中的分裂和腐化，在大多数地区仍是很普遍的。总之，到 1912 年底，新兴的中国似乎仅在用善意的无政府主义制度代替善意的专制主义制度方面，才是成功的。

## 山东

除了南部和西部发生的抢劫以及仅具有地方意义的一两次兵变之外，山东在过去几个月内保持着相当的平静。以前曾经遭到清军抢劫的黄县，于10月20日又遭到民军的洗劫，因为欠付了他们的很多饷银。在临淄县，由于学生们捣毁了城隍庙，大约也在那个时候发生了一次骚乱。在曹州府和兖州府地区，对匪徒们采取了军事行动；现在，都督声称：在该省的这部分地区，抢劫行为几乎已被镇压下去。最著名的首领们均已于12月间被逮捕和处决，但还有两名首领仍有待于捕获。最近，报纸对黄河以北武定府地区发生的抢劫作了报道，该地区通常是没有发生这些动乱的。

对部队正在稳步地进行解散，除了1月初烟台发生的一次兵变之外，很少引起动乱。烟台兵变发生于1月4日，当时几乎所有的旗兵都已付清了饷银，并已把武器交给了他们的统领。他们中间有一大批人已登上将把他们运往北方的轮船。由于发生了某些干扰，有人企图剥夺他们的一部分饷银，那些军队又重新登岸，抢着占领军火库，战胜了卫队，夺取了枪枝弹药，并开始拦截街道上的车辆。其他一些很想参加可能发生的抢劫行为的人，立即同他们会合在一起。一支两千人的陆军和巡洋舰"海圻"号上的二百名水兵立刻处于备战状态，并在街道上巡逻，特别注意保护外国人居住区。第二天，恢复了秩序，哗变的部队乘船前往大连。然而，由于指挥官们之间的意见分歧，人们有些担心将继续发生动乱。有一艘日本军舰停泊在烟台，监视着情况的发展。

在山东，正如其他地方一样，关于北京国会的选举，主要变成为共和党和国民党之间的竞争，国民党似乎组织得更有力量。可是，大部分居民很不感兴趣；参加投票的人数是很少的，因为人们大都对新制度抱着十分冷淡的态度。

## 镇江

镇江一带散兵游勇的抢劫，在过去几个月中似乎始终是断断续续的进行,但当局正在尽力维持秩序。英王陛下公使为传教士们主要居住的那个地区请求并获得了一支卫队,这项措施在防止该地区继续发生抢劫方面证明是很有效的。严重犯罪案件的数目普遍减少,应归功于第六十四标某营管带杨彪所采取的行动。杨彪从前是湖北农村中的一个土豪劣绅,现在获得了无情搜捕歹徒的好名声。他不时进行一些大逮捕。把被控告的散兵游勇或平民处死。他亲自用手枪击毙了好几个案件中已被判处死刑的罪犯。

徐州府地区对土匪采取的行动显然具有良好的效果。沛县地区现在相对来说没有土匪,那里的商人们正在重新进行正常的买卖。有一伙散兵游勇,其中大部分是清江浦人,大约于12月底离开徐州府前往镇江。他们从该地乘坐由汽艇拖带的小船,当到达邵铺的时候,他们突然跑了出来,抢劫了那个地方所有的汽艇停泊处。他们终于到达了目的地,没有继续发生骚乱,并且解散了。

省议会和国会的初选,于12月间举行。关于国会,镇江是第三选区的中心,有选民六十一万二千三百四十一人。这里正象其他地方一样,初选伴随着各种各样的欺诈行为和阴谋诡计,但没有发生骚乱。国民党又是最活跃的党派。

江苏省内运河的情况,比前些年更糟糕。某些地段的汽艇运输是时断时续的,帆船的往来受到了阻碍。英王陛下驻镇江领事正在努力促使地方当局注意这个问题的严重性。

## 江西

就江西省而言,1912年第四季度的大部分时间内没有发生重大的事件。由于即将进行省议会的选举,作为前六个月的特点的大量行政改革措施已经停止。12月间举行的初选,仅仅有助于证实这个普遍的意见,即中国人的教育程度不足以适应政体中如此激烈的一项变革。行贿受贿,贪污腐化,冒名顶替和其他不法行为,是江西选举的主要特点。正如其他省份选举的情况一样。当地报纸报道了许多关于同一个人投入几十张选票的事例,还谈到许多这样的情况:当一个投票人到达投票站的时候,才发现他的姓名已被当作投了票的人勾掉了。接着在同监督官员发生争论时,投票箱被砸碎,选票到处散落。英王陛下领事报告说:总的说来,人民对选举普遍表现的兴趣超过了原来的预料,但大多数人未必了解政党的意义或他们表示支持的某个特定党派的目的。例如,九江的一位知名人物是保守政党的主席,但同时又是进步政党领导机构的成员。

在南昌,过去若干时间内人们普遍存在着焦虑不安和动乱即将发生的感觉。12月10日,城内几个地区同时发生大火;被派去维持秩序和帮助扑灭火灾的士兵们遭遇到敌对的武装群众。然而,当都督一旦认识到正在发生一场有组织的动乱时,他立即采取了强有力的措施,迅速恢复了秩序。大约有五十名暴徒立即被枪毙,后来又有六十人左右被处死。此地的外国人同其他地方一样,没有受到任何骚扰。该省其他地方也发生了两三次较小的动乱,每次都与散兵游勇有关。但没有一次是大规模的,在每个场合都迅速恢复了秩序。

芜湖仍保持着相当的平静,但发生了一两次小的兵变,这是由于部队有两个多月没有得到饷银。

### 汉口

1912年第四季度内,在驻汉口领事馆所辖全部地区总的形势是平静的。尽管有财政困难和难驾驭的军队制造事端,民军当局在维持较好的秩序以及鼓舞人们对新制度更有信心方面是成功的。黎元洪将军是使敌对的政治党派之间保持和平的主要因素;湖北行政当局的稳定在很大程度上取决于他继续担任首脑,这是没有什么可怀疑的。可是,虽然副总统个人很得人心,他遭到暗杀的危险却是很大的,所以他几乎是被关押在他自己的衙门中的囚犯,该处采取了最严厉的防范措施,阻止未经许可的客人入内,而且他仅在极少的情况下离开他的衙门。这些防范措施绝不是不必要的,因为有好几次企图暗杀副总统的阴谋已经暴露出来;人们普遍感到,黎元洪将军的政敌正在做不惜一切的努力,使他被撤换。

湖北的财政仍处于混乱状态,为了维持武装部队和满足行政当局急迫需要而进行的觅求必要款项的活动,正遭遇到巨大的困难。湖北军政府发行的大量纸币仍在市场上流通,即使可以兑换现银,也只有在打很大折扣的情况下才可兑换。这些纸币是恢复较健全的财政状况的一个很严重的障碍。

在京汉铁路上,特别是在穿过湖北和河南的那段铁路上,目前普遍存在的情况,十分不利地反映了中国人在没有外国人的严密控制下经营这种企业的能力。普通列车总是挤满了武装暴徒,他们利用他们的军事地位作为掩护,免费来回旅行,并骚扰那些没有恶意的老百姓。在这条铁路上旅行的任何中国人,必须向这些士兵付一笔钱,以换取士兵强迫收票员让他们免费旅行。有一两位列车员在被这些士兵扔出列车之后发现:反抗是没有用处的。那些拒绝向士兵们付通行费的旅客,被迫站在列车的走廊内。车厢大都是很肮脏的;只有在用武力赶走这些士兵之后,甚至是一位欧洲人才能得到一个座位。有两位军官,一般是具有校官军衔,在列车上"维持秩序";但他们通常是没有权威的,活动仅限于在各停车地点的月台上大摇大摆地来回走动。列车常常晚点很久;在许多情况下,各火车站站长很高兴地让任何列车通过,而不顾有撞车的可能性。盗窃铁轨上"轨座"螺丝钉的事件经常发生,是使列车遭到危险的根源,因为铁路看来似乎是安全的,但接触时容易挪动位置,于是造成列车出轨。人们还时常申诉货车被盗,通常也同样是这些士兵干的。唯一不受上述各种危害的列车是每周开行一次的快车。因为允许欧洲稽查员对这列快车享有多一些的控制权。

### 河南

河南当局在维持秩序和制止抢劫方面似乎是不成功的。在人们所报道的无数不法行为中,有一个最胆大妄为的事件发生于12月初,当时有一支五百名骑马的土匪袭击西华县城,抢劫县城后未受干扰地离去,带走了居民中的一些主要人物,他们为释放这些人要求一笔赎金。当局似乎没有力量对付这些土匪,他们中间有许多人是散兵游勇,握有新式武器。

据报道,陕西也遭到散兵游勇的蹂躏;但甘肃的情况表现出改善的迹象,虽然在回族部队与其他居民之间存在的强烈敌视态度对该省的和平是一个经常性的威胁。

### 湖南

在上季度内,湖南没有发生严重的骚乱。不过,虽然部队解散后使当局不担心爆发有组织的暴动,但它在该省放出了一大批人,他们曾经在很长的时期内完全无所事事,依靠特殊高的饷银过活,不能够和平地安定下来,从事他们平时的职业。因此,没有一个地区不谈论抢劫行为,而在好几座城市内一群群散民游勇任意闹事,恐吓那些和平的居民,并且与当局相对抗。然而,显然不存在排外的情绪。事实上,英王陛下驻长沙领事认为:对外国人在湖南的绝对安全来说,唯一所必需的条件是那些掌权的人物没有积极反对他们的活动。这一点又一次确切无疑地表现出来了。官吏们那方面继续表示很关心外国人的安全。这显然证明,中国的排外情绪过去是由官方策划的。二十年前,湖南人是顽固排外的;省城长沙是一座禁止外国人进入的城市。

各种新的秘密结社纷纷出现,他们的活动大都只限于对富人和官吏阶层进行有组织的抢劫。当局为维持秩序起见,正在从居民中间招募几支小规模的武装警察。英王陛下领事指出:总的说来,年底的普遍情况不是没有希望的。

象人们所预料的那样,各省财政处于混乱状态。可是,这并不妨碍官员们为公共事务和教育制订一些需要很多费用的宏伟计划,看来在最近的将来似乎只有很少的计划有可能酝酿成熟。司法制度中也采取了许多改革措施,但它在新制度下已经大为蜕化变质。法官们大都是一些比较年轻的人,有一些较肤浅的法律知识,他们很不熟悉法律的实践,不具备旧制度下知县们所有的各种经验。事实上,法律的实施似乎是新政府的一个最坏的特点。英王陛下驻长沙领事报告说:在涉及英国臣民的案件中,需要几个月的时间不断施加压力,以及对当局的拖延敷衍或不守信用多次提出抗议,才能使该案件得到审理。虽然在各个案件中,根据明白无误的证据继续施加压力,终于为原告强行索取到一个很勉强的判决,但领事为了使某项判决得到执行所作的一切努力是没有结果的。

正如在关于其他各省的情况中所记载过的一样,人们对待湖南的选举处处都是很冷淡的。为准备和传送选民登记名册而出现的拖延或完全忽视的现象是很普遍的。在投票选举之前,候选人方面大肆进行游说。他们所喜欢采取的手段是尽量购买发给每个合格选民的选票,散发给事前他们盛宴款待过的那些人。然而,他们留心直到选举以后才付款,因为那时他们才能查明,那些人是否投票选举其主人。选票似乎卖得高价,而且随意卖掉;每张选票的价格普通是五元,随着投票选举日期的逼近,价格也就上涨。选举的第一天,在许多地区的投票站周围,互相竞争的各派候选人之间发生殴打。投票箱和选票一起常被捣毁。在好几个地方,投票站也遭到破坏。

除了政治动乱之外,由于收成很好,该省的普遍情况正表现出日益繁荣的迹象,贸易大大超过了1911年同期的数字。人们正在采取措施开发该省蕴藏丰富的矿产,其中包括煤、铅、锡、铁、铜、金等矿。他们还提议兴办各种工业和铁路。

### 宜昌

在宜昌周围的农村地区,仍非常频繁地继续发生抢劫。归州地区的兴山发生了一起严重的闹事,使地方当局费了六个多星期和动用了大约两千名部队才镇压下去。这次闹事是由红灯会组织的,它在川鄂边境上很有势力。动乱开始时,大约有三四百人袭击杭县的地方士绅。法官进行了干预,并被杀死,他的下属人员也是如此。当时歹徒们公开宣布反对官吏。自归州派了大约七十名士兵去镇压他们的活动,被打得大败,于是向宜昌方面请求增援。宜昌方面派遣了四连步兵,但当他们到达肇事地点时,暴动者的人数已增加到大约三千人,牢固地盘踞在山中。当局不得不从襄阳另派援军携带过山炮前往,然后才终于把暴动者逐出他们的据点。

## 四川

　　成都政治形势中最引人注目的事情,是军方人士在代理都督胡景伊的领导下,取得了完全的优势,并且逐渐清除该省各政党中对权力提出要求的对手。由于胡景伊的阴谋得逞,总统被劝诱撤消迄今由同盟会分会会长张培爵担任的民政长官的独立职位,并把该项职责授与胡景伊本人。同盟会的其他成员均被迫辞职,现在唯一留在重要职位上的会员是外交司长张之相,他的地位也是很不稳固的。由于军方人士取得优势的结果,几乎所有的衙门和寺庙都变成了兵营;城角各练兵场是非常活跃的地方。

　　尽管现在保持着良好的秩序,不安和不满的迹象也不是没有的。由许多持不同意见的政党所策划的阴谋经常暴露出来。

　　四川秩序的恢复,使得各国传教士可以返回他们各自的地区。现在,大多数传教士已带着他们的妻子和家属回到他们的岗位上。部分地由于他们暂时撤退,人们不止在一个地方开始进行活动,完全消除外国传教士对教会工作的控制,把教会中心以及附带把教会财产置于中国牧师的控制之下。这一发展在高度不受约束的四川人的心目中具有强烈的感染力,并且得到那些不信奉基督教而又同样具有排外情绪的地方官员们的倾心支持。这方面的问题在不久的将来需要由各国教会团体作一些巧妙的处理。

　　英国驻重庆代理领事报告说:四川东部腹地正在恢复正常状态。目前,在这些地区旅行和居住方面的安全是同 1911 年 12 月的情况无法比拟的。不过,武装土匪仍然是人们所担心的,最近在福山附近对一伙传教士发动的袭击证明了这一点,那次袭击使得乔利夫牧师的六岁的儿子死亡。

　　该省的财政状况仍然是十分令人不满的,虽然有关方面正在进行某些尝试,企图买回大量发行的战时纸币,这些纸币自 1911 年革命爆发以来在四川泛滥。

## 云南

使徒信心会在云南府设立了一个分会,工作人员包括加拿大、荷兰、挪威、丹麦、瑞典等国人士,共有九人之多。该教会的三名成员,其中有两名是妇女,正前往丽江,他们将在那里建立基地,希望同云南的藏族人保持接触。

云南府与法国铁路线上的东京之间的直达火车有望于今年初通车。1910年5月发生的一次严重塌方完全冲走了三百二十八公里处的线路。自那时以来,已在进行修复工作。货物改换运输工具,由一条轻便火车从一边运至另一边。1912年夏季的特点是十分干燥,铁路仅于10月间在三百三十七公里处发生一次中断,当时有一块大岩石落在铁路线上,耽误了八天的交通。预料今年夏天将发生更严重的塌方,因为威胁着八达河山谷中铁路线的悬崖峭壁处于最危险的状态。

在过去的一年内,纸币在云南府顺利地保持住它的票面价值。

## 广西

广西的政治形势不需要作特别的说明。在经过大约两个月的会期之后,临时省议会于10月18日解散,没有完成任何有重要意义的工作。关于新的省议会以及北京国会的初选,于12月下半月举行。共和党和国民党之间存在着激烈的竞争,但国民党很可能获得多数席位。照例有人申诉发放选票过程中的不正当行为,以及暗示行贿受贿的事情,但对选举的兴趣不足以引起人们对这些指控进行任何公开的调查。中央政府通过总统的命令批准六个政府部门的首脑,进一步扩大了它在该省的名义上的权力,但它没有干预都督的各项任命。在该省的许多地区内,抢劫行为仍继续存在,但它未达到不平常的程度。除了驻扎在农村地区维持秩序的那些部队之外,还派了一些小官吏前往各县,他们的专责是搜查不良分子,并掌握成群结队的土匪们的线索。必要时,他们将请求军队协助他们。在上季度内,无论是梧州上游或下游的西江上,都没有关于海盗案件的报道;沿江地区看来已几乎没有土匪。英国人的摩托艇继续得到沿江警察提供的卫队,但中国人的船只必须雇用它们自己的卫队。由于缺少款项,最近使得该县知事减少了沿江警察部队。因此,英国代理领事请求在南宁为驶往该口岸的新的英国船只选派士兵。

12月底,发生了一些纠纷,因为全州圣公会福音堂的开放引起了地方士绅的反对。当时,班为兰主教正在北京,已收到史蒂文斯牧师关于此事的一份报告,于是将该问题提请英王陛下公使注意。朱尔典爵士请求外交部指示都督发布一个告示,消除全州人民对教会在该城进行工作的权利的任何疑虑;同时指示了解该案情况的英国驻梧州代理领事,努力在当地实现和解。

### 北海

由于军法很严厉以及对逮捕的任何土匪进行无情的处决,所以北海周围地区继续平静无事。自民军的行政机构建立以来,估计该地区内被处决的人数至少有三千人。人民因此彻底被吓住了。法院不是很受人们尊重的,最近由于法官的撤职在威信方面进一步受到了损害,因为该法官被牵扯到出卖政府枪支给村民,表面上的理由是为了保护村民对抗土匪。

现在,经过灵山通往广西的贸易路线是很安全的;内地贸易正再度兴起。人们计划修建许多道路,它将证明对北海地区是大有好处的,如果它得到适当维修的话,但迄今很少获得进展,因为缺乏款项。两条分别通往严州和高州的地方性道路正在进行测量,后者已开始测量了七英里左右。

据高州和廉州的报道,有许多小股的歹徒;当局已从灵州派遣一连士兵去增援廉州的军队。10月中旬,有一群歹徒伏击高州部队,夺得了一门野战炮,并杀死士兵五六十人。这个事件被过于夸大,在农村造成了惊慌,幸亏来自广州的一千名生力军的到达,使此事得以结束。自那时以来,水稻收成很好,该地区相当平静,以致参加在高州美国教会举行的圣经工作会议的代表一百八十二人前往开会和返回家乡,都没有受到骚扰。

选举很少激起人们的热情。同盟会正在进行改组,正式成立国民党,目的是帮助政府对抗三合会所作的努力。

琼州

琼州地区遭到通常的骚乱和海盗袭击,它似乎从来没有完全避免过这些骚扰。最严重的动乱发生在琼州附近的定安一带以及海南岛东南部的陵水地区。

《英国蓝皮书有关辛亥革命资料选译》,第638—649页

## 朱尔典致葛雷电
### 1913年4月3日发自北京,同日收到

人们认为,在袁世凯和国民党之间,很可能将发生一场斗争。国民党强烈反对选举袁世凯为总统,并且说:如果他不撤消他的候选人资格,他就必须打仗。他们相信袁世凯将会屈服,但是,如果他不屈服的话,他们承认已做好打仗的准备,因为他们那方面有武昌部队的支持。

《英国蓝皮书有关辛亥革命资料选译》,第658页

## 朱尔典致葛雷函
### 1913年6月2日收到

阁下:

我荣幸地报告:总统于本月2日和7日颁布的两道命令已经发表,虽然它们所用的词句有些含糊不清,但中国人认为它们含有对南方鼓动家们的一项警告以及关于总统在必要时想要采取高压政策的声明。这些命令颁布后接着采取的公开行动,是政府打算粉碎任何反抗企图的一个重要迹象。他们已把驻扎在河南边境上的信阳的北方军队调往汉口,并且正在准备把第六师运至长江沿岸的某个地方,在该处将能够威胁江西。几天前,我得到了这方面的消息,及时拍发电报把他们所拟采取的动作通知了舰队副司令官杰拉姆。总统和他的顾问们似乎认为,显示武力将足以达到他们的目的,他们预料不会出现有组织的

反抗,虽然他们承认可能有一些零星的暴动。但如果他们的意图是要调走江西和安徽的都督,代之以他们自己那一派的支持者(这一点似乎是事实),形势随时可能呈现严重的局面。南方也许没有很多可以自由使用的军队,尽管驻南京的第八师很可能重振旗鼓站在它那方面,但它始终可以拒绝运送给养,并通过消极对抗的政策大大牵制中央政府。

一切动乱的根源,在于南北双方之间的政治观点存在着重要分歧。象孙中山和黄兴这样的人,确实与袁世凯和较老的官僚阶层毫无共同之处。孙中山等人赞扬宪法程序,想利用那些程序作为剥夺总统权力的工具。袁世凯等人认为国会没有什么优点,它已经变成名副其实的魔窟,他们在很大的程度上继续按照那些旧的方针路线统治国家。现在,如同在革命时期一样,问题在于如何为了普遍的利益把南北双方团结在一项共同的政策之中。上海领导人也许认识到了他们自己的弱点,似乎愿意迁就袁世凯。

象黎元洪这样温和的人物,向南北双方发出一些热情的呼吁,要求抛开那些分歧意见,但他们的影响对国会没有显而易见的效果。

朱尔典谨上　1913 年 5 月 19 日于北京

《英国蓝皮书有关辛亥革命资料选译》,第 674—675 页

## 艾斯敦①致葛雷函

### 1913 年 6 月 23 日收到

阁下:

关于朱尔典爵士今年 3 月 27 日的信,我荣幸地随信附上同外交部继续来往信件的副本,那些信件是关于选举代表海外华侨的国会议员章程的。

艾斯敦谨上　1913 年 6 月 7 日于北京

---

① 英国驻华公使馆代办。

**附件 2:朱尔典致外交部备忘录**

英王陛下公使荣幸地表示收到外交部 5 月 16 日的备忘录,该备忘录是关于选举国会议员代表在英国殖民地内居住的华侨的。

从该备忘录看来,中国政府似乎具有这样的印象,即英国政府仅仅反对实现选举这些代表的方法。英王陛下公使向外交部保证,事实并非如此。英王陛下政府根本反对那些受英国法律管辖的中国人在外国国会中选有代表的整个原则,而选举方法是一个细节,对这个反对意见绝无影响。无论是采取目前的选举方法或采取任何其他的选举方法,都不可能避免中国政府在受英国国王管辖的地区内实行干涉的局面。英国殖民地内的中国公民象其他国籍的臣民一样,在他们留住该地期间,有遵守英国法律的义务;不能允许他们把本国的政治争论和内部竞争输入到他们所居住的国家中来。

英王陛下公使正把外交部的备忘录送交英王陛下政府,但他认为必须立即纠正构成国会筹备处所作答复的基础的那种误解。

1913 年 5 月 28 日于北京

《英国蓝皮书有关辛亥革命资料选译》,第 676 页

## 艾斯敦致葛雷函

### 1913 年 6 月 28 日收到

阁下:

我荣幸地报告:总统于本月 9 日发布了一道命令,免除江西都督①的职务。

在过去几个月间,江西省公然蔑视中央政府,拒绝接受北京方面任命的官员或将任何税款汇往首都,总是装出主张实行最彻底的各省自治的样子。与此同时,该省都督扮演了以孙中山和黄兴为首的南派的支持者中最好战分子的角色。

———————————

① 李烈钧。

　　在没有把握得到款项之前,袁世凯继续持消极态度,实行最大限度的忍耐政策,因为没有人比他更了解,一个没有付诸实现的威胁在中国人心目中将产生的灾难性的影响。当善后大借款的订立使得北方军队可以调动之后,他立即对那些不服从中央的省份发出警告性的命令,同时把军队调往汉口和长江,在必要时作为那些命令的后盾。

　　江西起初企图进行反击,都督把他的军队调到同北方部队所占地方相对峙的据点,但邻近的安徽和湖南两省几乎没有表示和他一起为国民党的主义而战斗的意向。总统认为时机已到,发出将他免职的命令。

　　判断这个决定性的行动将引起多少反抗,现在还为时过早,虽然据说江西军队已自湖北边境撤往九江。人们可以预料到将有愤怒的抗议和较小的冲突,但一省试图完成对准备执行中央政府命令的北方强大部队进行抵抗这项力所不及的工作,这不是不可能发生的事情。

　　犯有过错的都督一旦被调走之后,总统那方面不大可能把问题推向极端。事实上,从伴随免职令而新任命的该省官员中,可以看出妥协的迹象,因为大多数被任命者都是国民党员和前任都督的部下,而都督的职务暂时交给了武昌的黎元洪。

　　袁世凯已经提出了挑战。通过对江西的威胁所取得的成就大小,可以测定袁世凯对南方各省普遍获得控制的机会。

　　我同舰队副司令官杰拉姆保持着联系,已请求他安排一艘炮艇暂时泊驻在九江,但英王陛下领事报告说:该处一切都很平静;对居住在该口岸及其附近的避暑胜地牯岭的英国人士,不担心有任何危险。

艾斯敦谨上　1913 年 6 月 12 日于北京
《英国蓝皮书有关辛亥革命资料选译》,第 677—678 页

### 艾斯敦致葛雷电

1913 年 7 月 15 日发自北京,同日收到

　　关于我 6 月 12 日的信。

　　由于江西军队表现出不满的迹象,北方军队被调入该省,对他们进

行恫吓,结果在离九江及其附近的外国人避暑胜地牯岭不远的地方,发生了一次冲突。英王陛下驻九江领事报告说:没有理由认为外国人生命财产处于危险之中,有好几艘外国炮舰泊在该口岸。

《英国蓝皮书有关辛亥革命资料选译》,第 678—679 页

### 艾斯敦致葛雷电

1913 年 7 月 16 日发自北京,同日收到

战斗似乎是若干时候以来在长江一带郁积的反抗运动的结果。最近被袁世凯逼迫辞职的安徽都督①,已被安徽军队请了回来,因为他们拒绝在新都督统率下服役。也已被免职的江西都督领导反抗。

据说,其他省份将参加运动。

自 7 月 13 日以来,似乎没有发生实际战斗。

《英国蓝皮书有关辛亥革命资料选译》,第 679 页

### 艾斯敦致葛雷电

1913 年 7 月 17 日发自北京,同日收到

有迹象表明,反抗运动正在蔓延。南京都督②已成为当地部队的俘虏,他向驻上海的各国领事发布了关于江苏独立的正式通知。

有人告诉我:总统仍然认为,对中国的偿付能力和完整来说,权力的集中是很重要的。总统阁下相信,不久便将使江西屈服。

《英国蓝皮书有关辛亥革命资料选译》,第 679 页

### 艾斯敦致葛雷电

1913 年 7 月 18 日发自北京,同日收到

英王陛下驻长江流域各地领事最近报告说:运动是由著名的黄兴

---

① 柏文蔚。
② 程德全。

和最近被免职的广东、安徽、江西三省都督领导的军事运动。

直到目前为止，除江苏和江西两省之外，其他各省没有正式参加反抗。公开宣布的目的是要打垮袁世凯。北方军队迄今未被打败。舰队司令正前往上海。

《英国蓝皮书有关辛亥革命资料选译》，第 679—680 页

## 艾斯敦致葛雷电

### 1913 年 7 月 20 日发自北京，同日收到

福建于今日发表独立声明，广东已于 7 月 18 日发表。

英王陛下驻广州总领事报告说：国民党促使广东采取行动，该省所有的地方官员都属于该党。

据说，最近被派往上海制造局驻防的北方军队已经退出该处，因为他们同南方军队达成了一项协议。吴淞炮台也由南方军队驻守。

在江苏和山东的边境以及在九江附近，北方军队都获得了胜利。目前，冲突仅限于这些地区。令人感到怀疑的是，中国舰队是否将继续保持忠诚。

《英国蓝皮书有关辛亥革命资料选译》，第 683 页

## 艾斯敦致葛雷电

### 1913 年 7 月 21 日发自北京，同日收到

我派武官前往汉口，他在途中经过江西，冲突正在该处进行。他的报告如下：

"黎元洪将军已通知我：汉阳和武昌由他能够信赖的北方军队牢固地驻守。没有理由担心对外国人将有什么危险，或担心发生类似革命期间发生过的那些动乱。

北方军队敌得过湖南军队，可是，湖南军队已经集中，很可能将要打仗。九江的湖口炮台正遭到北方军队的攻击。张勋在徐州打了一个胜仗，正在向南推进。如果北方军队在九江获胜，他们将开往南京，同

张勋合作。

黎元洪将军似乎认为,北方军队不久将获全胜。"

《英国蓝皮书有关辛亥革命资料选译》,第 683—684 页

### 艾斯敦致葛雷电

#### 1913 年 7 月 24 日发自北京,同日收到

叛军在过去两天内对上海制造局进行攻击;政府驻军在黄浦江上的舰队的协助下已把他们击退。据说,对位于火线之内的外国人财产造成了相当大的损失。

无论在江苏边境或在江西,都没有发生决定性的战斗,但直到目前为止,政府军处于有利地位。总统于 21 日通知我说:他对最后结果没有任何怀疑。

《英国蓝皮书有关辛亥革命资料选译》,第 685 页

### 艾斯敦致葛雷电

#### 1913 年 7 月 29 日发自北京,同日收到

关于江西的形势。

今天前往南京的那位武官报告说:第二师的一部份部队暂时在湖北受阻,但他在上一份电报中所说的那个计划(参阅我 7 月 21 日的电报)正在付诸实现。湖口炮台已于 7 月 25 日被占领,陆军的伤亡很少,海军没有任何伤亡。叛军向南撤退,士气十分低落。他们所受的损失不详。大古塘①于 7 月 26 日被占领。北方军队正经过鄱阳湖和南康府向南昌方面推进。他们同那些沿铁路前来在终点站德安附近攻击叛军的部队进行合作。叛军最精锐的部队驻在该地区,但北方军队占有优势,肯定会获胜。他听说:仅有五百名军队驻在南昌。北方军队的到达将受到居民的欢迎。

《英国蓝皮书有关辛亥革命资料选译》,第 685—686 页

---

① 音译。

### 艾斯敦致葛雷电

1913 年 7 月 30 日发自北京,同日收到

最近的报告有助于说明南方军队的反抗仍在继续进行。江苏边境上的南方军队正退往浦口,据说,他们中间有一部分人已参加北方军队。上海制造局继续击退叛军的进攻,不久便将被昨天到达的北方增援部队解围。预料北方增援部队将进攻吴淞炮台。在上海制造局附近发生战斗期间,炮弹使租界内的财产受到损失,上海城内完全陷入混乱状态。现在,租界和闸北都由地方志愿兵以及从各国舰队登岸的海军部队所控制。

湖南已宣布支持南方各省,但现在还没有积极介入斗争。中央政府继续相信,他们能够应付局势。

《英国蓝皮书有关辛亥革命资料选译》,第 686 页

### 艾斯敦致葛雷电

1913 年 8 月 3 日发自北京,同日收到

关于中国南方的叛乱:一般形势。

中央政府在长江流域继续普遍获得胜利。以南京为基地的叛军正在沿津浦铁路向南撤退;有两师部队很可能开小差,加入北方军队。在江西的北方军队正把叛军驱往南昌,人们预料叛军不会进行认真的抵抗。牯岭不再处于军事行动范围之内。叛军对上海制造局的进攻在过去四天内已经停止。吴淞炮台仍在南方军队的控制之下,但人们预料它不久将被北方军队占领。湖南和湖北部分地区的立场是令人怀疑的,但总统相信,他在一个月之内将完全控制长江流域。

广西省的军队仍然是忠心耿耿的,他们已沿西江而下,向前推进,在广州上游四十英里的某个地方与叛军遭遇。

《英国蓝皮书有关辛亥革命资料选译》,第 689—690 页

## 艾斯敦致葛雷函

1913 年 8 月 5 日收到

阁下：

以袁世凯总统为一方和以黄兴集团为另一方之间的斗争，现已变成为长江流域的一次公开的叛乱。

7 月的第一个星期中，已被免职的江西都督李烈钧返回湖口，接管了控制鄱阳湖入口的炮台，举起了反叛的旗帜。自李烈钧都督被免职以来，湖北都督、副总统黎元洪便受委托兼任江西都督的职务。他命令前几个星期集中在湖北和江苏边境的北方军队五千人向湖口阵地推进。北方军队的进展，遭到了那些与李烈钧共命运的江西部队的抵抗，在九江与湖口之间的德安①发生了战斗。这次战斗自 7 月 12 日持续到 13 日，似乎不是决定性的。自上述那一天以来，由于欧阳武背叛北方的事业，使江西的叛军人数有了很大的增加，欧阳武是在李烈钧被免职时受任为护理江西都督的军官。7 月 18 日，他辞去中央政府任命的该项职务，宣布他自己为江西都督。他说：他已被该省议会推举担任那项职务。因此，江西的独立已成为一项既成事实，该省的全部军队似乎很可能把他们自己列入反叛阵营。

根据昨天夜间得到的而且我于 7 月 21 日电报中通知您的那个消息，黎元洪副总统正赶紧派兵沿江而下，增援上面所说的那五千名士兵。他相信，这支联合部队将不费什么力气，便可攻下湖口阵地。

当前都督李烈钧在湖口如此展开反抗运动的时候，黄兴已前往南京。驻该地的江苏军队全部倒向他那一边。都督程德全因为表示他本人不同情反叛，已被监禁起来；人们用他的名义和关防于 7 月 14 日发表声明，宣布南京不受中央政府管辖。驻扎在山东边境附近津浦铁路线上的徐州府的江苏军队，也宣布支持南京政府，而驻镇江和扬州的部队目前仍犹豫不决。

---

① 德安位于九江以南，不在九江与湖口之间，此处原文疑有错误。

　　15 日,七千名南京军队乘火车北上,进攻驻扎在山东边境的韩庄的二千名忠于北方的部队。这两支部队在利国驿遭遇,于 7 月 16 日在该地打了一仗。据说,南方军队已被逐回,并有相当多的伤亡。在这场战斗中,享有善变的名声、率领一支一万人的军队驻扎在兖州府的张勋将军,派遣他的军队二千人帮助北方军队,从而摊出了他手中的牌。自 7 月 16 日以来,显然没有再发生战事,双方正忙于派遣援军前往战斗地点。

　　7 月 18 日,驻扬州府①和驻镇江的部队明确地表示和叛军共命运。19 日,有一千二百名军队携带六挺机关枪离开镇江,乘火车前往上海,上海将成为叛军采取军事行动的第三个战场。他们的目标似乎是上海制造局,该处由郑提督②和大约一千三百名北方军队驻守。此外,在那附近地方还停泊了好几艘中国军舰。现在,已经采取措施保证向水兵们发放欠付的饷银,所以有理由相信这些军舰将参加对上海制造局的防守。吴淞炮台已悬挂叛军的旗帜。

　　虽然除上述地区外我没有得到中国其他地方发生的任何实际军事行动的消息,但英王陛下领事官员们报告广东、福建、浙江等省已发表独立的声明。直到目前为止,福建和浙江两省没有表示为支持反抗事业而愿意作战的迹象。可是,今天传闻广东正派兵北上,帮助攻击中央政府。

　　没有迹象表明南方的反抗具有任何排外的性质;我迄今也没有得到任何消息说明对英国人的生命或财产有任何企图。

　　我荣幸地随信附上外交部送交所有各国公使关于说明中央政府对目前危机所抱态度的一份备忘录的译文。

艾斯敦谨上　　1913 年 7 月 21 日于北京

《英国蓝皮书有关辛亥革命资料选译》,第 690—692 页

---

①　原文误作兖州府。
②　疑为郑汝成,当时郑的正式官衔为"上海镇守使"。

### 艾斯敦致葛雷函

1913 年 8 月 9 日收到

阁下：

我荣幸地随信附上巡视长江军事形势的英王陛下公使馆武官写给我的一份报告的副本。

艾斯敦谨上　1913 年 7 月 25 日于北京

**附件：罗伯逊关于长江军事形势的报告**

英王陛下驻汉口总领事务谨顺爵士盛情为我安排访问武昌的黎元洪将军，并于昨天陪我一起前往那里。由于目前长江流域很不稳定的状况类似 1911 年的革命动乱，在那次动乱中曾有必要使用驻汉口的各国部队，所以重要的是获得一些资料，据以提出在军事方面关于这些情况是否有可能重演的意见。因此，我访问黎元洪将军的目的是要得到这些方面的情报：在驻武昌、汉口和汉阳一带的湖北士兵中间是否有可能发生骚乱；目前驻在这个地区的北方士兵是否能够镇压任何这种骚乱；是否担心来自湖南的危险；如果有此担心，黎元洪将军指挥下的部队是否能够对付湖南军队对该省的入侵。和这些问题有关的，是北方军队早日获得对江西部队的胜利的前景，因为获胜后可以使北方军队能够应付湖北的骚乱或帮助平息南京的反叛。

黎元洪将军对所有这些问题的态度是极为坦率的。他说：在驻武昌、汉口和汉阳的湖北部队中间没有发生骚乱的危险，因为已把这些部队分布在湖北各个地区，只有少数人留在汉阳等地。武汉三镇由可靠的部队牢固地驻守，他们的力量足以应付任何地方骚乱。这些部队的分布情况如下：

北方军队第三师的下列单位刚从北京到达：

在武昌：第十二步兵团，第三骑兵团的一个中队，第三炮兵团的一个营，"驻湖北的江南师"的第一步兵团。

在汉阳："驻湖北的江南师"的第三步兵团，湖北部队的一个团。

　　在汉口:(十公里处)设有一个兵站,供转运部队前往江西,通常驻有赴该地途中的北方军队。根据我自己的观察,该兵站能够容纳部队二千人左右。除这些部队之外,黎元洪将军说,满洲第二混成旅驻守京汉铁路。

　　据黎元洪将军说,"驻湖北的江南师"是十分可靠的。该师仅由三个步兵团组成,其中一个团大都是广西人,另一个团是革命期间在江苏招募的山东人,他们构成为前江苏地方部队的一部分,剩下的一个团包含安徽和北方其他各省人,也有一些云南人。该师由黎天才将军指挥,他是云南人,以前曾在广西担任军事指挥官。在革命期间,他被任命统率这些混合部队,获得了"驻湖北的江南师"的称号。

　　关于湖南的问题,黎元洪将军说:人们也许预料到来自该地区的麻烦,但北方军队毫无疑问地能够对付任何可能进入湖北的湖南军队。在他亲身感受了湖南军队在革命期间撤出汉阳时的所作所为之后,他对他们的评价很低。

　　我迄今未能访问湖南,因此,关于对湖南军队的评价问题,我不能够提供第一手的意见。不过,他们始终被以前几位武官说成是好的军队,并且被称誉为战士。长江以南各省的军队中有很大的一个比数是从湖南招募的;我在各个时候见到的那些个别的湖南士兵看来无疑是具有很好的战斗素质。在革命期间,湖南人提供了大批新兵;湖南至少有一支组织得很好的队伍,即驻南京的第八师第三十一团。据说该师已经反叛,它是以前革命军在长江流域的所有部队中最好的一支军队。因此,问题在于黎元洪将军所持的乐观态度,即关于使用目前驻在武昌附近的部队,肯定可以击溃湖南人对湖北的进攻的意见,究竟有多少是合理的。长沙弹药库的爆炸,无疑地将妨碍湖南人的行动。黎元洪将军谈到了这个事件,虽然他没有这么说,但该事件很可能是预先安排的。然而,如果驻武昌附近部队的力量不充足,其他地区的情况可能容许调遣更多的北方援军来驱逐湖南人,不是从北方调遣,便是当江西军队被击退后从江西调遣。

黎元洪将军完全相信北方军队有能力打败江西军队。他说：第二师和第六师为了进攻湖口炮台起见，现正集中在九江附近，获得胜利是没有丝毫疑问的。第六师（很可能有一万人左右）现在几乎都已在九江附近集结；第二师现正用驳船或汽艇运往九江，所以预料不久便可能发动进攻。黎元洪将军说，北方军队在迄今所发生的战斗中都获得了胜利，但他又说，仅有三营军队打了仗。

黎元洪将军希望实现的计划，首先是占领湖口所有的炮台；接着在这些炮台和九江设防，以防止江西军队的重新占领，北方军队在留下一支警卫部队驻守江西后，将前往南京，同张勋合作。黎元洪将军说：张勋已在徐州府附近获得胜利，正在向南京方面推进。

关于北方军队对南方各省可能调来反对他们的任何部队早日获得全面胜利一事，黎元洪将军是极为乐观的。他很轻视象四川这样遥远的省份反叛可能产生的影响，声称：那些省份的干预将为时太晚，没有任何用处。

他没有提及海军，但是，除非海军仍保持忠诚，而且在袁世凯占领长江各炮台之前，使用第二师和第六师对付南京而且在以后必要时对付湖南是行不通的，这当然是很明显的事情。如果海军是忠诚的，并且占领了长江各炮台，那么，占有内线将使北方军队在对付分布如此广阔的长江各省军队方面获得巨大的好处。

驻北京武官　罗伯逊谨上　1913 年 7 月 21 日于汉口

《英国蓝皮书有关辛亥革命资料选译》，第 692—695 页

## 艾斯敦致葛雷电

### 1913 年 8 月 9 日发自北京，同日收到

总的形势没有发生变化。就长江流域下游而言，叛军的力量显然已被削弱。不过，北方军队在江苏和江西的进展极为缓慢；叛军在南京和南昌附近有很大的势力，没有遭到决定性的失败。人们预料他们不久便会投降，投降时将用借款得到的钱偿清他们的饷银。

广州的形势是很不明朗的。广西部队驻在西江沿岸的三水,据说在等待弹药。广州城内的叛军相互之间发生了战斗,但当忠于北方的部队进击时,他们将很可能联合起来。从香港调来的部队保护着各国租界。

湖南军队为了叛军的利益,已侵入湖北。驻重庆的一个师反叛后,已宣布四川东部独立。吴淞炮台正遭到北方军队的进攻;上海制造局已经解围。外交团应中国政府的请求,允许北方军队重新占领闸北。

《英国蓝皮书有关辛亥革命资料选译》,第 695—696 页

## 艾斯敦致葛雷函
### 1913 年 8 月 11 日收到

阁下:

我在本月 21 日的信中,曾荣幸地报告:由黄兴和已被免职的江西、安徽、广东三省都督领导的反对临时大总统的运动已经开始。

自从上述那一天以来,没有发生任何事情促使我改变我的看法:运动的发生主要是由于上述那些人对袁世凯具有个人仇恨,以及国民党希望分享那些已把他们排斥在外的国家更高级和更有利可图的职位。除江西和江苏的军队之外,运动似乎仍然没有得到中国任何重要人物的支持。群众的态度依旧是冷淡的;全国大多数工人很可能还不知道对中央政府正在进行攻击。的确,福建、浙江、广东等省已经宣布独立。然而,直到目前为止,它们还没有在战场上对叛军提供武装帮助。另一方面,过去几周内并非没有迹象表明,国内大部分有文化的人士准备支持(至少在口头上)一个集中的强有力的政府的政策。许多省份的高级官员已写信给总统,支持既存的政权,而全国的商会和行会在对推翻临时大总统的企图表示厌恶方面也没有落后。甚至在广东,商界人士、少数官员和一部分军队竟敢于表示上述意思;我冒昧地认为,这样说并不过份:全国强烈地赞成恢复安定的统治,相信这种统治只有在袁世凯的指导下才可能实现。

关于军事形势,过去几周内事情的趋向是有利于北方军队的。

江西的叛军已被赶出湖口炮台,向省城南昌撤退。自暴乱开始以来,已派遣六千名援军及十二门大炮,增援北方军队。

邻近的湖南省已宣布独立,但它显然采取中立态度,派遣三千名军队前往岳州的目的是为了防止北方军队自汉口可能发动的进犯。湖南似乎不大可能积极支持任何一方,因为长沙军火库以及它所储存的武器弹药已于最近被火焚毁。

关于江苏军事情况的一些报告是互相抵触的,但据我了解,我在7月21日的信中说过,北方军队最初获得了胜利,但接着叛军的兵力有了很大的增加,使他们能够重新占领利国驿及其附近的一些高地。可是,7月22日,张勋将军似乎已获得有力的增援,再度赶走了叛军;第二天,北方军队占领了徐州府,南方军队退往蚌埠——津浦铁路跨过淮河的地方。叛军现仍盘踞在该地,不久便将遭到沿铁路而下的张勋将军的部队以及自西面向该地集结的另一支北方军队的进攻。

当镇江的军队于7月18日明确表示与叛军共命运的时候,有理由认为,指挥扬州驻军的将领已重新考虑他的立场,现已倾向于支持北方。英王陛下驻镇江领事报告说,扬州部队即将发动对该地的进攻;他表示担心,仍留驻该地的那一小支南方军队将被扬州部队赶入英国租界内避难。他已与海军当局商定采取措施,以防止难民进入租界。

叛军所作的最认真的努力,集中于试图占领上海制造局,该局由郑提督和大约一千五百名北方军队防守。一批中国军舰同守军合作,他们顺利地击退了叛军于7月23日、24日、25日和26日的夜间发动的攻击。据说,湖南和浙江的军队最近增援了那些攻击者,而载有三千名北方军队并由五艘军舰护送的两只运输船订于今天抵达上海。

我已收到的英王陛下总领事的一些报告说明,在该作战地区内发生了激烈的战斗。敌对双方的部队所发的炮弹,落入了公共租界和上海城内,使得一些人死亡,并对财产造成很大的损失。由于租界内的欧洲侨民中间感到紧张不安以及上海城内的中国居民中间存在着某些近似恐慌的情况,他们认为,在对制造局的敌对行动开始时,必须出动志愿兵。鉴于南方部队有可能遭到决定性的失败,接着发生溃散,以及难民大量涌入租界,所以他们认为加强居民志愿兵是可取的;从停泊在黄浦江上的各国军舰调来的队伍已为此目的登岸。虽然在叛军发动对上海制造局的各次攻击期间已造成伤亡和损失,但没有人向我报告关于英国人的伤亡或英国财产的损失。我很高兴地能够报告:在上星期发生冲突的其他地区,也同样没有伤亡。仅影响英国财产的一个事件已引起我的注意。本月 26 日,英国轮船"古图"号沿长江下驶的时候,在镇江对岸遭到中国军队的射击。该轮船和英王陛下军舰"山鹬"号一起驶回肇事地点,要求他们说明情况,他们表示十分抱歉。"古图"号轮船没有遭到损失,它的水手也没有伤亡。

　　各国在牯岭居住地的境况,继续引起英王陛下公使馆的注意。至少有四个国家的军舰仍在同上周开始时派往该地的一队信号兵保持联系,完全足以应付可能发生的任何情况。

　　在结尾时,我应补充说:革命运动继续沿着它的方向进行,没有表现出存在排外情绪的任何迹象。

艾斯敦谨上　　1913 年 7 月 28 日于北京

《英国蓝皮书有关辛亥革命资料选译》,第 696—698 页

## 殖民部致外交部函

1913 年 8 月 15 日收到

先生:

　　我奉殖民大臣的指示,送上香港总督关于中国形势的一份电报的副本。

安得生谨上　　1913 年 8 月 14 日于唐宁街

### 附件：总督梅轩利爵士致哈考特先生电

1913 年 8 月 8 日收到①

广州的形势仍不稳定。

指挥官已辞去都督的职务，由另一名敌视袁世凯和龙济光将军的军官继任。龙济光没有提升。

军队中互相敌对的各派之间发生了一些冲突：有爆发动乱的某种危险。已派遣两百名印度旁遮普士兵前往沙面，作为增援部队。

《英国蓝皮书有关辛亥革命资料选译》，第698—699 页

### 艾斯敦致葛雷电

1913 年 8 月 15 日发自北京，同日收到

关于一般形势。

现在，可以认为叛乱实际上正在瓦解。相当多的北方军队现正从长江对岸逼近南京，只有很少的叛军仍继续留驻城内，他们不大可能进行认真的抵抗。上海至吴淞地区的叛军已完全被扫清。镇江发生了战斗，但忠于北方的扬州部队已占领镇江，南方部队显然已经溃散。湖南正式放弃了独立；无论是在湘鄂边境上或在湖北省内，都显然没有发生战斗。驻重庆部队所宣布的四川东部的独立，也已经取消。

龙济光将军率领广西部队进驻广州，控制着局势。

《英国蓝皮书有关辛亥革命资料选译》，第699 页

### 艾斯敦致葛雷函

1913 年 8 月 18 日收到

阁下：

我荣幸地报告：外交部最近已向外交团提出关于中国南部动乱的文件，中国政府致力于保护它自己，防止外国臣民与叛军首领共同策划。

---

①　此处系殖民部收到的日期，原件未注明发报日期和地点。

外交部7月24日的照会要求,把叛军首领黄兴和陈其美逐出上海公共租界,使租界不致被用来作为暴乱的基地。外交团在复照中通知外交部说:领事团已经按照那个意思采取步骤。外交部送给我一份同文照会;我已向那些在设有英国租界的各口岸执行职务的领事们发出指示,防止上述首领隐藏在我们控制之下的各个区域内。

外交部抗议说:九江的叛党为了煽动暴乱,正在利用供各国商人拍发的密码电报。我在回答该抗议时,指示英王陛下领事,要他在英国驻该口岸商人拍发的所有密码电报上签名并加盖公章,作为一项临时措施。

7月25日,北京宣布了戒严令。外交部要求:(一)不允许暴乱分子利用使馆区作为避难所,(二)除各国使馆和银行的函电之外,自使馆区发出的函电应接受中国人的正式检查,(三)应使那些居住在使馆区外的各国臣民负有遵守根据戒严令发布的各项命令的义务。

在7月28日的外交团会议上,各国使节决定:第一款实际上已由辛丑条约作了规定,除受外国人雇用者外,任何中国人都无权在使馆区内居住;第二款不能够被接受,但各商行的那些密码电报在动乱期间应由各该国使馆盖上公章,免受检查;在中国政府通知各该项命令的性质以前,不能够采取执行第三款的措施。

外交部7月25日的照会,提出了一个人们较普遍关心的问题。它在该照会中谋求外交团赞同所草拟的某些章程,以防止外国人参与目前的叛乱。

中国政府建议:(一)根据领事签署的许可证(如果该附近地区驻有领事的话),外国人的房屋和船舶应受搜查;(二)被发现的任何战争物资,应受到军事法庭的审判;(三)在受戒严令管辖的地区内帮助叛党的外国人,应被逮捕和惩罚;如果外国人系在作战区域内被捕获,应由中国人独自进行审理和惩罚。

外交团对该问题进行仔细考虑之后,不能够接受那些要求,因为他们认为那些要求危害了条约所保证的外国人的权利。首席公使在给外交部的复照中表示意见说:对于外国人被控告与叛党共谋的任何案件,应按照条约规定处理。

艾斯敦谨上　1913 年 8 月 3 日于北京

《英国蓝皮书有关辛亥革命资料选译》,第 700—701 页

## 海军部致外交部函

1913 年 8 月 20 日收到

先生:

我奉海军部各长官之命,随信附上所收到的驻华总司令官上月 25 日关于中国情况的一封信的摘要,供外交大臣参考。

格林谨上　1913 年 8 月 18 日于海军部

**附件:舰队副司令杰拉姆致海军部函( 摘要)**

先生:

一、我荣幸地报告:"敏捷"号军舰已于 7 月 22 日抵达南京;我把我的旗舰从"弗洛拉"号迁到了"敏捷"号。

二、虽然我现在有一条无线电路自汉口通往上海,但发现拍发无线电报的工作是很困难的。中国沿江各电报局仍接受电报,但他们能否使这些电报畅通是很成问题的,无论如何可以预料到要拖延若干天。因此,一切电报都不得不通过无线电收发,除了收发大量的海军电报之外,各口岸的领事官员都希望军舰发送他们的电报。

由于有五个国家(英、美、德、法、日)的军舰这样互相争用无线电报,结果出现了混乱情况。我已同其他国家议定:每昼夜拨出十二个小时,给每个国家独自使用两小时,其余两小时供一般使用。

三、目前三个作战中心地区的情况如下:

南京

互相敌对的军队驻在津浦铁路线上的蚌埠,它在浦口以北大约一百英里的地方。北方军队似乎很可能将把南方军队逐回浦口;由于南方军队据有铁路线,他们将能够毫不费力地实行撤退,也许在撤退时破

坏他们后面的铁路。

南京的危险在于：被击溃的、士气低落的南方部队可能抵达南京时，未得到饷银，没有满足欲望，因而准备着手抢劫。除此之外，没有理由预先防范南京城内的动乱。

南方的伤兵正在大批南下，对他们仅提供很差的治疗。

我向中国人建议由我们的医务官员提供帮助；他们已接受这些帮助，但迄今还没有利用。中国人说：当他们需要这些帮助时，将送信前来。

### 上海

南方军队于夜间发动对上海附近的制造局的攻击，迄今均已完全失败。停泊在该处的中国军舰同北方军队一起防守制造局。

上海的各国志愿兵团已经出动，以便在需要时防守租界。英国和其他国家泊于该处的军舰，准备派武装部队登岸。

我已命令"孟茅斯"号和"汉普郡"号军舰驶往吴淞（这是它们能够开往离上海最近的地方），命令"韦兰"号和"尤斯克"号径驶上海。

"新城堡"号、"里布尔"号和"森林云雀"号都已停泊在上海，所以英国在该地的海军部队是很强大的。

### 九江

北方军队正获得普遍的胜利，似乎在追击南方军队时仅遇到轻微的抵抗。在过去四十八小时内，没有关于发生任何变化的报道。

四、我从香港方面听说，广州担心发生动乱。"水獭"号和"荣誉"号军舰已奉命驶往该地，"荣誉"号载有二十名海军陆战队士兵。

杰拉姆谨上　1913 年 7 月 25 日于南京，英王陛下军舰"敏捷"号

《英国蓝皮书有关辛亥革命资料选译》，第 701—703 页

## 艾斯敦致葛雷电

### 1913 年 8 月 23 日发自北京，同日收到

成都出现了危急的形势，因为被派去对抗重庆叛军的第一师，已与叛军携手合作，祸福与共。据说，他们正向成都进发。他们用死来恐吓

驻雅州的尹昌衡将军,除非他宣布反对政府;人们预料他将随时这样做。其他城市也已发生叛乱。

自云南府派来的一师部队,原来是打算供平定湖南之用的,现已奉命改调四川。直到目前为止,外国人都平安无恙。

《英国蓝皮书有关辛亥革命资料选译》,第 703 页

### 格林致葛雷电

1913 年 9 月 6 日发自东京,同日收到

据说:有些日本人已在南京被杀;日本人的房屋遭到了中国军队的抢劫。此事在报纸上引起一些激动情绪。日本政府已指示该国驻南京领事提出一份报告,等待收到该报告后,才能作出决定。他们很沉着地处理这个问题。

《英国蓝皮书有关辛亥革命资料选译》,第 703—704 页

### 格林致葛雷函

1913 年 9 月 29 日收到

阁下:

上星期内,关于南京事件的普遍激动情绪没有表现出减退的迹象;在户外和公共建筑物内,举行了多次声讨大会。星期日,一个大约有两万人参加的群众大会,在政府机关和国会两院附近的日比谷公园内举行,会上发表了激烈的演说,但没有发生扰乱治安的行为。举行这次会议的日期,是朴茨茅斯条约①的周年纪念日,那个日子通常有群众集合示威,反对那个被认为是对日本帝国不体面的和约。在八年前最初的那个日子,也曾经在日比谷公园举行过一次群众大会,由于警察试图冲散会议,结果出现了很严重的骚乱景象,最后必须宣布戒严令。在今年这个时候,当局曾非常明智地指示警察撤离公园,所以没有发生扰乱治

---

① 该条约是日俄两国在 1904—1905 年的战争后订立的条约。

安的行为。会议结束后,群众奔向外务省,试图冲进那些把外务省和大街隔离开来的坚固的铁门。然而,那些铁门的周围钉上了结实的链条;群众的企图遭到了失败。后来。有些人翻过铁门,要求外相接见。但他们被告知,外务省内空无一人。接着,群众前往牧野男爵的私人住宅,企图会见男爵阁下。他们在这里所得到的答复,又是外相不在家。他们聚集在外相住宅的周围,直到半夜一两点钟,逐渐感到疲倦,才纷纷返回家去。他们同样访问了首相的住宅。星期三,在明治座剧院举行了一次群众大会,有三千人出席,许多人被谢绝入内。在这两次会议以及其他较次要的会议上,有些国会议员和政治家多少是在公开的场合发表了演说,但没有任何特别显要的人物讲话。整个调子是对他们所认为的外务省的软弱政策表示不满,要求动员和派遣军队占领中国的战略据点。政府的态度始终是镇静的,他们为缓和公众的激动情绪和防止群众的愤怒超出控制而作了一切努力。甚至是那些保持自由行动的重要人物,如犬养先生、尾崎先生以及其他的人,都宣传要有耐心。并指出:必须让中国政府有时间对形势作出令人满意的处理。当然,反对党报纸是很激动的;甚至那些日文报纸,如《时事新报》和《每日新闻》,也开始表现出不耐烦的迹象,但那些用英文出版的日报仍然做出了很好的榜样。有人说,反对党报纸进行宣传鼓动,是因为他们想把政府赶下台。

　　昨天,听说有一位十八岁的青年人自杀,在他的口袋中发现一张纸条,上面写明他谋害了阿部先生。我不知道此项消息是否属实,但它所作的说明是很详尽的。后来,另一位青年人在外务省的一间接待室中试图自杀,作为对外务省的抗议。

　　阿部先生的葬礼于星期四举行,没有发生任何骚乱,有一千五百人参加,其中包括首相、外相、海军大臣、加藤男爵、内田子爵、外务省全体人员以及各国大使馆和公使馆的使节。天皇对死者身后授予特殊的荣誉,包括追认他为驻比利时特命全权公使。

格林谨上　1913年9月12日于日本中禅寺

《英国蓝皮书有关辛亥革命资料选译》,第710—712页

### 艾斯敦致葛雷电

1913 年 9 月 29 日发自北京,同日收到

关于南京事件。

昨天,英王陛下驻南京领事给我发来如下的电报:

"张勋于今天拜访了所有国家的领事,告诉我:关于杀害日本人的事件,即将达成一项解决的办法。他于今晨赴日本领事馆道歉,他的部队将于今天下午接踵前往。"

《英国蓝皮书有关辛亥革命资料选译》,第 712 页

### 艾斯敦致葛雷电

1913 年 9 月 29 日发自北京,同日收到

关于南京事件。

英王陛下驻南京领事报告说:据他从日本领事那里获悉,张勋的九百名士兵于昨天向日本领事馆致敬,日本的要求已经照办。日本的大部分登陆部队将于两三天内撤退。

《英国蓝皮书有关辛亥革命资料选译》,第 712 页

### 艾斯敦致葛雷函

1913 年 10 月 6 日收到

阁下:

由于攻陷南京和平定四川的叛乱,关于那些事情我曾荣幸地通过电报向您报告,看来反对袁世凯的人们所进行的武装抵抗已经肯定地被击溃了。然而,有相当多的舆论团体持有这种意见,即反对临时大总统的那些宣传鼓动的瓦解较可能是暂时的,而不是长期的。这个意见的根据,部分是基于北方军队在最近的战役中所采用的方法和获得的最后结果。

首先,必须承认,中央政府及其支持者们所使用的主要武器是贿赂收买。北方将领在战场上没有赢得决定性的胜利,也没有使叛军接受

任何"教训"。战事断断续续地进行,在大多数情况下作战双方相隔的距离甚至连新式步枪也射击不到,接着又几乎在所有的地方进行拖延很久的谈判,结果是确定一个明确的价钱,首领们准备按照这个价钱被"收买",士兵们则在放下他们的武器并得到一笔现款后准备解散。事实上,为南方各省打仗的陆军士兵和临时招募的苦力,都没有学到在战场上被击败后所必需承担的那些恐怖的经验,而是解散队伍,留下的印象是:因为反对中央政府军队而获得了金钱方面的好处。现在,他们有几万人在南方各省到处流浪。如果他们没有获得象农业劳动那样的工作,在社会治安得到维持的时候,他们必定有助于增加平时的动乱力量,或者是在将来一旦爆发任何有组织的动乱时,参加反叛的队伍。

当叛军的普通士兵们没有什么理由对他们支持南方各省一事感到后悔的时候,他们的首领们至少逃避了总统在一系列命令中给予他们的应得的惩罚,那些命令不时发表在《北京公报》上。虽然有些人的姓名被公布,而且另一些人的首级被悬赏捉拿,但实际上没有一个较重要的人物被捕获和处决。那些在革命运动初期开小差的人,无疑地得到了经济上的利益,作为他们开小差的代价。其他的人通过对商界人士强迫捐献,也肯定得到了好处,几乎在叛军占领的每个地方都有关于此事的报道。由于显然可以得到相当多的财政援助,任何叛军首领未必遭到严重的经济损失;除了那些被撵下台的都督以及各省丧失了职务的某些高级官员之外,他们同前不久他们所统率的士兵们一样,没有理由对他们反对中央政府一事感到后悔。现在,那些反叛的都督以及其他为南方各省进行宣传鼓动的较著名的人物,在国外享受安全避难的好处,他们无疑地将在那里用和平手段尽力使临时大总统的职务难以干下去。

我于7月28日在最近的叛乱爆发后不久所写的信中,曾荣幸地报告:运动没有得到中国任何重要舆论团体支持的迹象。事实上,在运动的全部过程中,情况确系如此。虽然大部分劳动群众仍持冷淡的态度,但那些与商业和贸易有关的个人及企业强烈表现出对中央政府的胜利抱有同情。在即将发生冲突的每个地方,商会和行会总是对温和的那一方施加影响。在冲突实际爆发之后,许多企业积极支持临时大总统的事业,并且在某些情况下为保卫这个事业作出最严重的牺牲。如果说,在叛乱爆发前,商界人士所持的态度是反对政治动乱,那么,他们在叛乱期间的经历加强了这种态度。几乎每座被南方部队占领的城市都是进行政治谋杀和抢劫勒索的场所。在某些情况下,获胜的北方军队在进驻叛军占领过的地方时,把已遭到他们的对手部分破坏的城镇彻底变成了废墟。使贸易的扩大和商业的信心普遍受到挫折是动乱的自然结果,那很可能将仅仅是暂时的现象,但在正常情况得到恢复后很长时间内,商界人士将记住他们最近的经历;人们有把握认为,他们对于能够维持内部秩序的强有力的中央行政当局那一方将继续加强施加影响。

在冲突爆发的时候,人们担心,将在中国各省的高级官员中间发现有普遍的不满情绪存在。如果中央政府没有得到那么多的现款,而且它的军队早就在战场上打了一个决定性的败仗,那么,这些顾虑可能已经成为现实。但结果证明它们是没有根据的。北方各省对临时大总统仍始终保持着忠诚。云南、贵州、陕西等省的都督通过派遣部队反对邻近各省的叛军,证明了他们忠于总统的意义。湖南、浙江、福建等省的高级官员曾经在不可抗拒的压力下宣布独立,但抓住最早的机会恢复他们对总统的忠诚;通过他们的职位得到承认一事,证明了袁世凯相信他们是忠心耿耿的。甚至在广东和四川,也发现有很多支持中央政府的人,他们在没有重要外援的情况下镇压当地的叛军。没有理由担心,那些在最近已表示坚决支持临时大总统及其反对分裂政策的都督,他们的同情在不久的将来会发生任何显著的变化。另一方面,一定不要忘记:这一变化也许有可能产生,如果中央政府陷入财政窘迫的状况,而且不再能够开支他们最近用来反对叛军的那些巨额现款。

还要考虑大批从日本和欧美各国大学回来的中国青年的立场,他们构成一般称之为"共和派"的核心。除了已真正掌握某部门的西学并在中国各种职业中获得地位的极少数人之外,那些受过肤浅的外国教育的共和派人士,强烈反对袁世凯的专横统治,就象他们以前反对满清帝国的专横统治一样。他们曾为推翻前清王朝出力;在达到目的之后,发现他们所建立的代替那个王朝的共和国,在管理方法上是专制的,而且对他们的工作没有什么用处,正如他们已经推翻的那个政府的情况一样。人们很难确定,那些归国留学生在最近的叛乱中是否起了任何重要作用。他们中间的很多人未必作为南方事业的积极支持者走上战场,但几乎可以肯定,他们在几千户中国中层家庭中不断进行宣传,赞成孙中山所主张的真正的民主共和国,反对以袁世凯为临时大总统的专制共和国。还必须记住:由于有新近从海外归国的人,所以使得对现实不满的"共和派"成员不断增多;目前的行政当局没有设法安抚这些危险分子。

在这种情况下,认为大多数受过外国教育的中国青年所具有的影响,将继续施加于反对目前所组成的中央政府的力量那方面,这很可能是正确的。毫无疑问,这种作用将使潜伏的敌视北方的情绪持续下去,而那个情绪在南方各省显然是很普遍的。

我在上面试图说明:在所谓镇压最近的叛乱中留下了许多人,从他们中间能够很容易地为一次新的起事招募武装部队;运动的领导人对于重新发动一次对中央政府的攻击,没有什么顾虑的理由,而有进行冒险的某些直接鼓励;袁世凯处理动乱之所以获得胜利,最主要的原因是由于他的优越的财政力量,替他打仗的那些部队的优势仅起了很次要的作用。

在今年年底之前,供中国政府使用的款项几乎肯定地将会用完。有些人持有这个看法,即南方各省所抱的希望没有受到明确的或长期的抑制;他们认为,反对势力将选择这个时机,重新发动一次对中央政府的攻击。

撇开对南方各省宣传鼓动家今后行动所作的种种推测,转而考虑临时大总统当前所处的实际政治地位时,必须承认:自袁世凯掌权以来,这个地位比任何时候都更为巩固。8月4日左右,他采取了恫吓他的国民党对手的第一批措施,那些国民党人作为国会议员继续留在北京行使职权,并领取薪金。几天之后,盛传袁世凯与上述国民党人之间已达成某种形式的妥协。由于取得了军事上的胜利,总统大概认为不再有必要达成妥协,决定采取较严厉的措施。大约在 8 月 20 日,传闻总统的政治对手中有许多人遭到逮捕。8 月 27 日,由于逮捕了许多属于国民党的参议员和众议员,逮捕活动达到了顶点。一度有人谈论对总统的违宪行为采取报复措施;国会两院的一个代表团甚至前往故宫,请求袁世凯明确说明他打算要不要和国会一起治理国家。人们不知道他们得到了什么答复,但现在可以说所有的反对力量都已瓦解。有迹象表明,明确选举袁世凯为中华民国第一届大总统一事,现在将不会再拖延很长的时间。

艾斯敦谨上　1913 年 9 月 22 日于北京

《英国蓝皮书有关辛亥革命资料选译》,第 713—717 页

## （四）善后大借款

　　说明:辛亥革命前,列强就组成英、法、德"三国银行团"与清廷洽谈借款。辛亥革命后,北京公使团控制了中国海关收入,民国政府为应付财政困难,向英、法、德、美"四国银行团"谋求借款,而前提无非都是出卖国家利益。应四国银行团的邀请和袁世凯政府的意向,俄日两国也相继加入,组成"六国银行团"。最后,由于列强之间的矛盾,美国银行宣布退出,"六国银行团"变成"五国银行团"。经过讨价还价,最终借款成功,不但给中国的经济和主权造成巨大损失,且帮助袁世凯镇压了二次革命,为中国政治的倒退奠定了基础。

### 世清致沙查诺夫电

1911 年 12 月 2 [ 15 ] 日 ( 第 881 号 )

第 1 号。

第2045号电悉。

今日英、德、法、美使节邀请日本公使和我私下交换意见。现已查明,袁世凯需要三百万两,主要是发军饷。四国使节准备建议各该国政府支持袁氏并向他提供这笔贷款,但希望使其成为国际性贷款,并探询日本公使和我有何意见①。我的意见是:在将此项建议呈报帝国政府裁夺时,我应谈及随后拟采取的措施,因为三百万贷款用以恢复北京政府权力未必敷用。接着又长时间地交换了意见,我已弄清楚:形势极为混乱,各国同僚又无明确计划。但我希望为相互接近打下基础,并为寻找摆脱困难的途径作些尝试,我建议,请求我们各该国政府准许六国公使馆,通过其驻上海领事以同文照会通告唐绍仪与伍廷芳,我们各国政府要求尽快缔结协议,毫无干涉之意。此举并未超出善意忠告的范围,不能构成对共和临时政府的承认,因为北京政府希望同伍廷芳进行正式谈判。所以北京政府认为伍氏是全权代表。此外,为了不把照会透露出来,从而缩小其作用,切勿预先知照北京政府,况且北京政府只对能最便于它达成必要妥协的一切表示欢迎。最后,倘若在上海谈判开始之前或谈判一开始就采取这一步骤,则可能带来实际好处。各国代表一致赞同上述建议,当即由两名委员起草照会法文文本,该文本在第2号电②中曾作报道。今日其余五位同事已将同样文本寄呈本国政府,请求于12月4[17]日,星期日,唐绍仪抵达上海以前予以答复。我们当中即使有一人未获本国政府同意,照会亦不能发出。请训示。(同

---

①　世清在12月6[19]日第112号紧急报告中写道:"在此次会议上,十分明显地感到形势极为混乱,这想必是促使参加所谓四国银行团的银行所在国使节,吸收日本公使和我参加会议的主要原因。目前中国的任何借款均如此明显地表现出政治性质,在对银行团比较有利的情况下,忽视俄日两国也并未带来可靠的结果,看来,再也不能忽视俄日两国了,这是权宜之计还是长久之计? 当然,这是日后的问题。"

②　12月2[15]日第882号(第2号)电转述了照会本文:"驻京……国公使馆奉本国政府训令,向议和全权代表发表下述非正式声明:……国政府认为,中国继续战争不特有害于本国,并有害于外国人之物质利益及安全。现……国政府依旧严守中立,并认为,有必要非正式提请两代表团注意,必须迅速达成协议,以结束目前冲突。……国政府确信,此种看法符合双方愿望。

事们)业已决定,在弄清今日向各该国政府发出的请求的结果以前,将暂缓就贷款给袁世凯一事进一步交换意见。关于对袁世凯持何态度问题,我将在第3号电中提出看法。

世清

《俄国外交文书选译(有关中国部分1911.5—1912.5)》,第226—228页

### 世清致沙查诺夫电

1911年12月2[15]日

第883号。秘密

第3号。

我的各国同事预料上海谈判要延迟或者受挫,遂打算支持袁世凯,并在向本国政府报告之前,竭力制定某种行动计划。据我判断,他们除共同担心中国可能发生混乱外,尚有各自的想法:英国公使相信袁世凯个人,却对中国实现共和表示怀疑,德国公使竭力支持王朝,法国代办希望促进贷款,美国公使关心维护美国在华影响。看来日本公使尚未拿定主意,正在等候本国政府决定。其实,我亦不能担保,继续就贷款给袁世凯一事交换意见能否导致制定某种计划;此种政治性质比金融性质大得多的措施,一眼就可看出具有实际好处,倘危机得不到顺利解决,则此种措施可使列强不必为维持秩序而操心,并且可代替对袁世凯的金钱资助。然而一笔贷款过后,一笔笔贷款必将接踵而来,由于袁世凯缺少有才干的同僚,主要缺少有能力的副手,一切均取决于袁氏个人。在此种情况下,只好等待,目前力量极度消耗,不可能导致缓和。同时尚不清楚,此种政策对外国人在已独立各省的利益有何影响,不作极大努力,这些省份不可能重新归顺。另一方面,不能让他们听天由命。照这种逻辑,为维持秩序及巩固南方独立起见,亦只好贷款给革命领袖。最后,倘事情弄到必须以外国军队确保中国安宁,则需要大批军队,在远东只有俄日两国拥有这样的兵力,这一任务必将主要由俄日两国来承担。故我以为,倘若对袁世凯的支持已有了比较具体的打算,如

若可能,则必须立刻明确规定这种支持应达到何种程度①。我认为,应将这些看法预先报告尊贵的阁下,以防上海谈判受挫,使形势变得极为严重。

世清

《俄国外交文书选译(有关中国部分 1911.5—1912.5)》,第 228—229 页

## 沙查诺夫致科科弗采夫函
### 1912 年 2 月 5[18]日

第 95 号。急件　秘密

弗拉基米尔·尼古拉耶维奇先生阁下:

为答复 2 月 3[16]日第 1335 号函②,我急于告知尊贵的阁下,早在 1 月 28 日[2 月 10 日]同华俄道胜银行总办维尔斯特拉特先生交谈时,我就向他表示,倘若阁下无碍难之处,则我对华俄道胜银行财团给袁世凯若干垫款并无异议。我同意垫款,但有一条件,因华俄道胜银行与帝国政府的关系已尽人皆知,所以切莫由华俄道胜银行作此项交易,而要使此项交易成为加入上述财团的某外国财团,如维尔斯特拉特先生向我指出的比国财团的私家交易。

现在我仍持此种意见。依我看,不久前颁布的关于大清皇帝退位及在中国组织共和政府的诏旨远未结束中国发生的斗争。给交战任何一方任何贷款均带有过于鲜明的政治色彩,特别是由于在限制对中国人贷款的问题上,根据您的意见,我们同英国政府保持着联系(关于此

---

①　世清在 12 月 6[19]日第 112 号紧急报告中曾就此问题补充道:"倘若我们决心按照上级的意见共同进行干预,或者其他国家竭力拉我们共同进行干预,则确保我国应享有的一份影响,似应成为我们参加干预的必要条件。这种影响在某种程度上可弥补我们在该问题上所面临的风险及所承担的责任。"

②　科科弗采夫在 2 月 3[16]日第 1335 号函中通知沙查诺夫,鉴于中国政府财政十分困难,华俄道胜银行认为,目前最好"在今后借款项下预付或单独预付一笔款项,以应中国政府急需,进而完全保持同北京的联系及对北京的影响,并保障华俄道胜银行财团有可能参加有利可图的中国金融业务。"

事,我认为有责任以2月4[17]日第93号函告知您①),因此,华俄道胜银行这类与帝国政府如此接近的银行不能发行此类贷款。

恳请尊贵的阁下务必将就该问题给华俄道胜银行的训令告我。

颇致诚挚敬意

沙查诺夫

《俄国外交文书选译(有关中国部分1911.5—1912.5)》,第287—288页

### 朱尔典致葛雷函
#### 1912年2月19日收到

阁下:

我在上月5日的信中,曾荣幸地报告说:其他各国使节已经同意,把上海银行家们所起草的成立一个银行家委员会接受和处理海关岁入以偿还外债的建议,提交各该国政府。

各国政府答复迟缓,直到本月3日,外交团才能够讨论应采取的进一步措施。这时,我们已经收到所有各国政府批准该建议的答复。于是,在那天举行的会议上,我们还对外务部去年12月2日的照会作了考虑,该照会附有总税务司为把海关岁入用于偿还外债而提出的建议。该照会及其附件的副本已在我上述12月5日的信中奉上。

在安格联先生所建议的四项条款中,第一款和第二款是打算把我们与外务部已经达成的关于处理所有各条约口岸海关岁入的协议付诸

---

①　原文中在"2月4日第93号函〔告知您〕"一语之后删去"何况,我国并未承认中国新政体,而在等待中国成立政府,目前是由袁世凯和孙中山这两个各得到半数支持的营垒代表政府,我们既不知道这两个营垒将如何协商,何时才能商妥,又不知道如何确立我国同将要成立的中国政府的关系。有许多理由担心,此种关系同近几年来我国与中华帝国间的关系一样,将不大令人满意。想在中国政府缺钱的困难时刻,通过提供现金贷款以取得该政府的好感,这就是说多地从感情方面考虑问题,而忽视了对政治关系有影响的现实因素。鉴于上述情形,倘尊贵的阁下无碍难之处,则我对华俄道胜银行财团所属比国财团与袁世凯签订借款合同并无异议,倘此项交易于该财团有利并保证该财团日后参与对华金融业务,我将首先表示欢迎。"

实现,而第三款则符合各国所接受的关于成立一个银行家委员会的建议。因此,这三项条款是大家一致接受的,但关于第四款发生了分歧意见。该款规定:应要求银行家委员会商定暂时停止偿还应付的借款本金,在目前而且在积聚充足的岁入之前,仅偿付到期的利息。我的一位同事表示意见说:外交团无权更改按照各合同条款规定分期偿还的清朝借款。经过一些讨论后,大家商定把这个问题提交我们各本国政府。

我们还商定,应要求各银行每季度向外交团提出一份报告,说明它们所收到的海关岁入的拨款情况。

我荣幸地随信附上我本月15日致外务部照会的副本。在我的同事们的同意下,该照会把外交团作出的决议通知外务部。我还附上外务部本月21日复照的副本,它包含一份备忘录,其中把所拟议的涉及银行家委员会的内容订为八项条款。这些条款包括银行家们提出的建议以及外交团另增加的两项条款,而且还附有下列词句:"该委员会应决定关于要求偿还外债的先后顺序的所有问题,并起草一份有关这方面应付各款的计划,供上海海关税务司遵照执行。"所引词句实际上体现了我们收到的外务部去年12月2日最初提出的第三款建议。在我的同事们中间传阅外务部复照的副本时,我建议说:由于这些建议的第一、二、三款已为外交团原则上所接受,所以对有关该委员会的条款中所包含的这些词句没有反对的理由。

现在已经得到各国使节的同意,所以各使团首脑于今天写了一封同文信件(附上其副本),通过各国领事,送交各该国驻上海的银行经理,说明第一项至第八项规定的有关条款已经获得外交团的批准,并指示他们作为该委员会的成员应遵照这些条款办事。同时,要求外务部按照同样的意思发布指示,通过总税务司下达上海海关税务司。

我在前面已经说明,各国使节对暂时停止偿还到期的借款本金问题作了保留,听候各有关国家政府作出决定。因此,我荣幸地要求您对这个问题给予指示。我应当说明:根据汇丰银行所作的一项估计,直到今年3月底为止,所征收的现款足以偿还义和团运动前签订的所有借款的本金及支付利息,但很可能不足以偿还那一天以后分期摊还的本金。据我看来,作为一个法律上的权利问题,分期摊还的本金,同应付的利息款额一样,应严格按照各项借款的先后顺序偿还;但是,作为一项权宜办法,而且为了债券持有人的利益起见,我认为,各银行应当同意,在积聚充足的税收之前,最好是更改分期摊还计划,以便维持对历次借款息票的偿付。因此,我冒昧地提出这项建议,请您考虑批准,即英王陛下政府应与其他各有关政府协同一致,以便授权银行家委员会作出相应的安排。

朱尔典谨上　1912 年 1 月 30 日于北京

**附件 1:外交团首席公使致外务部照会的副本**

各国使节仔细考虑了所收到的外务部去年 12 月 2 日的照会,其中包含海关总税务司为把所有口岸的海关岁入用来偿还外债和赔款而提出的四项建议。他们责成首席公使答复如下:

对上述方案中第一、二、三款所建议的安排,外交团满意地予以接受。至于第四款中的建议,即要求银行家委员会商定暂时停止偿还应付的借款本金,在目前而且在积聚充足的岁入之前,仅偿付到期的利息一事,外交团感到无权作出决定;此项建议留待各有关政府考虑。

此外,关于第三款,首席公使还必须说明:各国使节已要求上海各国银行经理为成立一个委员会起草计划,该委员会将自总税务司那里接受海关岁入,并按照这些岁入所抵押的债务就处理它们的最好方式提出建议。因此,银行家会议于去年 11 月 23 日在上海举行;为了供外务部参考起见,首席公使荣幸地一并附上这次会议记录的副本,该记录说明银行家们根据上述要求所提出的六项建议。

外交团已同意银行家们的建议,并且认为应另增加下列各款:

(一)该委员会应通过上海各国领事,每季度向北京外交团提出一份报告,说明对所收到的税款的拨付情况。

(二)将来可以对这项安排进行修改,如果情况有此需要的话。

在获悉外务部同意上述建议后,外交团将立即对上海方面发出指示,任命银行家委员会并执行所建议的安排。

1912 年 1 月 15 日于北京

**附件 2:银行家会议记录**

11 月 23 日星期四下午四时半,在麦加利银行举行各国银行经理会议,考虑各该国领事提交他们的问题,即北京外交团来电,建议在目前中国动乱期间成立一个国际委员会,以监督海关岁入的保管和分配,首先保证用来偿还 1900 年以前缔订的各项外债,其次用来支付辛丑条约中所规定的赔款。兹决议如下:

(一)通过各该国领事向外交团建议,该国际委员会应由那些与偿还 1900 年前签订的以海关岁入作担保而尚未还清的各次借款有关,以及(或者)与支付赔款有关的各银行经理组成。

(二)各主要有关银行,即汇丰银行、德华银行和俄华道胜银行,应当是海关专款的保管者。

(三)要求海关总税务司提出保证,他将向该指派的委员会说明净海关岁入情况,直到中国政府能够再继续偿付借款和赔款之日为止。

(四)海关总税务司应安排每周将所有征税地点的净税收汇至上海。

(五)海关总税务司应进行安排,每周将上海所积聚的净税收在汇丰银行、德华银行和俄华道胜银行中间尽可能接近平均地分配款额,记入各有关借款和支付赔款的帐目上,并授权海关税务司开出帐目,以支付按这些借款的先后顺序到期的借款。

(六)如果到 1912 年底还没有恢复正常情况,那么,届时将把可结余的款项记入赔款帐内;此项帐目将送交外交团,由它决定其处理办法。

**附件 3:致上海各银行家的同文信件**

先生:

关于我去年 11 月 21 日的电报通知,该通知谈及拟成立国际银行家委员会,以监督海关岁入的保管和分配,保证用来偿还中国对外债务问题,同时还关于去年 11 月 23 日在上海举行的各国银行经理会议上通过的决议,请允许我通知您,外交团已同意关于国际银行家委员会的下列条款:

(一)国际银行家委员会应由那些与偿还 1900 前签订的以海关岁入作担保而尚未还清的各次借款有关,(以及)〔或者〕与支付赔款有关的各银行经理组成。该委员会应决定关于要求偿还外债的先后顺序的所有问题,并起草一份有关这方面应付各款的计划,供上海海关税务司遵照执行。

(二)各主要有关银行,即汇丰银行、德华银行和华俄道胜银行,应当是上海海关专款的保管者。

(三)海关总税务司应向该指派的委员会说明净海关岁入的情况,直到中国政府能够再继续偿付借款和赔款之日为止。

(四)海关总税务司应安排每周将所有征税地点的净税收汇至上海。

(五)海关总税务司应进行安排,每周将上海所积聚的净税收在汇丰银行、德华银行和俄华道胜银行中间尽可能接近平均地分配款额,记入各有关借款和支付赔款的帐目上;应授权海关税务司按照第一款内所载由银行家委员会决定的这些借款的先后顺序开出帐目,以支付到期的借款。

(六)如果到 1912 年底还没有恢复正常情况,那么,届时将把可供偿还赔款之用的结余款项立一帐目;此项帐目将送交外交团,由它决定其处理办法。

(七)该委员会将通过上海各国领事,每季度向北京外交团提出一份报告,说明对所收到的税款的拨付情况。

(八)将来可以对这项安排进行修改,如果情况有此需要的话。

清朝政府已同意上述条款,我们正要求它对上海海关税务司发出相应的指示。

我要求您作为该委员会的成员将遵照上述指示办事:当第一款内

所提到的计划拟定后，请惠允给我一份副本，供我参考。

《英国蓝皮书有关辛亥革命资料选译》，第 412—417 页

## 朱尔典致葛雷函

### 1912 年 3 月 15 日收到

阁下：

　　关于我上月 30 日的信，我荣幸地报告：我已经收到上海寄来的银行家委员会头两次会议记录的副本，所指派的该银行家委员会是监督那些保证用来偿付外债和赔款的海关岁入的保管和分配的。这两次会议分别于本月八日和十日举行；有九个外汇银行的代表出席了第一次会议。

　　该委员会起草了一份报告书，说明按照签订的先后顺序尚未还清的七笔借款，而且还草拟了一份自 1911 年 11 月 20 日第一次欠付之日起，至 1912 年底为止，对这些借款分期摊还的本金和利息应付日期表。在第一次会议上决定：虽然按照借款合同签字的先后顺序，这些借款排列在前，但应根据分期摊还的本金和利息的应付日期，从手中现有的和今后收到的海关入款中偿付。如果拖欠偿付到期的一笔款项，那么，下笔入款将用来清偿这笔分期摊还的本金（以及）〔或〕利息，此后再按照上述报表进行偿还。

　　举行第二次会议是为了讨论对过期未付的那些本金和利息应索取多少利率的问题，会议商定：对于因借款而过期未付的各部分款项，应按照各笔借款的利率索取利息，但须得到发行债券的那些银行的同意。关于因 1895 年六厘息金借款而于 1911 年 12 月 31 日应在上海偿付的款项，以及因 1896 年五厘息金借款而于 12 月 20 日到期的款项，二者之间的先后顺序问题，会议作出了有利于前者的决议。

　　上述各表同该委员会作出的各项决议一起，由委员会秘书于本月 12 日及时地通知了上海海关税务司，供他遵照执行；还要求上海海关税务司把目前应付给各银行的那些款项的支票尽快送给它们。

从上述内容可以看出,对本金的偿还处于与支付利息相同的地位。根据银行家委员会草拟的支付表,至 1912 年底为止,应偿还的借款总额共达三百八十七万零九十三英镑左右。在正常情况下,海关岁入完全足以支付这笔款项,但正如我在上封信中对这个问题所作的说明那样,如果本金和利息都要支付,到今年 4 月初,可能没有时间积聚足够的税收,连续不断地履行对借款的偿还。

朱尔典谨上　1912 年 2 月 27 日于北京

《英国蓝皮书有关辛亥革命资料选译》,第 489—490 页

## 沙查诺夫致俄国驻巴黎及伦敦大使密电

圣彼得堡,1912 年 3 月 5[18]日

第 475 号。

法国代办通知我,新历三月十二日及十三日四国银行团在伦敦的会议决定在目下再给袁世凯一千三百万两垫款,然后在五个月内——由四月至八月——再给他六百万两垫款。同时将讨论计划给中国的大借款的条件。同时英国大使通知说,所拟定的上述借款数目是六千万英镑,借款中百分之八十指定用在文化事业,百分之二十用在武装方面。他们请俄国参加上述垫款及借款,作为六个债权国之一。也对日本作同样的建议。

我回复英法代表说,对于此一问题要和财政大臣共同商量以后才能以帝国政府的决定通知它们。可是现在我对于四国银行团所持的方针,不能不表示惊讶。当这些垫款业已支付中国后才征求我们同意参加给中国的垫款,所以当我们获悉支付下一次垫款时,我们连一次垫款也来不及作答复。中国政府不仅未经列强承认,甚至还没有组成。同时已决定给它四千五百万两借款,并和它商谈六千万英镑的大借款。因此虽然拟提出相当政治条件才承认它,但是承认中华共和国的问题业已预先决定,并且国家的利益成为银行家私人利益的牺牲品,因为银行家领导了本国政府的行动。

　　银行团此种事业的后果，将引起亚洲国家武装反对欧洲列强。俄国是最接近中国的邻国，将较其他国家先受到此事的不利后果，因此很久要把注意集中在远东。所以我们必须问问自己：这样办是否较为有利？我们回避此事，并要求中国拒绝我们认为对我们不利的金融措施，万一中国顽固不化，用武力支持这些要求。

　　法国代办指出，华比银行也在进行谈判垫款给袁世凯，我答称，假使如此，我不能责备比人的行动，因为四国银行团的行动方式还利用四大列强在外交上的支持，华比银行却没有外交支持。

　　请根据上述精神和外交部长商谈，并请他考虑，把俄国的注意和力量吸引到远东威胁它的危险上面，是否符合三国协定的利益。

沙查诺夫

《红档杂志有关中国交涉史料选译》，第 377—378 页

## 沙查诺夫致驻北京代办密电

圣彼得堡，1912 年 3 月 22 日〔4 月 4 日〕

　　第 614 号。

　　接获第三三四号电报。

　　援引我第四三一号电报。

　　英国政府通知我们说，四国银行团拟和中国签订六千万英镑的借款，借款在五年中分付，这是给中国预支款项的自然后果，并请我国参加此一借款。因为我们曾表示，如果这样，列强的国家利益就服从于银行家的私人利益，法、英政府对我国建议，把供给中国资金的事务掌握在六个最有关政府——俄、法、英、德、美及日本——手中，其预定的执行人是这些国家银行家的银行团。

　　我认为我们可以接受这种提法，并认为不能不参加列强的这样一个联合机构，将根据这种精神和财政大臣商议。

沙查诺夫

《红档杂志有关中国交涉史料选译》，第 380—381 页

## 库朋斯齐致沙查诺夫急件

北京,1912 年 4 月 28 日[5 月 11 日]

第 30 号。

谢尔盖·德米特里耶维奇先生阁下:

到目下为止,依我所能判断的,中国的情况对目前政府而论是相当黯淡的。从我到北京以后,我在任何一个我的同僚中没有听到其他的意见,甚至以前那么热烈同情中华共和国的人如朱尔典(Sir John Jordon)及嘉乐恒(Calhoun)先生也包括在内,只有这样的意见,不能期望迅速恢复平安和秩序和建立巩固而获得信任的政权。居住此地的外国人多半保持此种悲观见解。

事实上中国新政府的成员,其多数组成分子的心情及政府所采取的措施,不能不使人想到它很难解决它所面对的艰苦任务。目下在中国并不存在这样一个大国所必需的中央政权,这个政权应具有足够的力量及威权始能得到国内一切不稳及不满分子的尊敬及恐惧。袁世凯的威信在很大的程度上是外国人所造成而被他们所大加吹嘘的,最近却大受损伤,尤其在北京的兵变以后。许多省份都在无政府状态中,有些地方还有公开的叛乱。在政府中已经开始发生纠纷及各种阴谋。例如内阁总理唐绍仪是个非常机智和聪明的人,但是却不惜一切以达到其目的,在相当时期以来和所谓极端的广东派很接近,进行秘密诡计反对共和国临时总统及其拥护者湖南派。袁世凯自己感觉到,显然他已逐渐失掉自己的基地,并且开始意识到革命党人在利用他达到推翻朝代的目的以后,现在准备抛弃他了。最近见到他的一切人,和我一样,袁给人的印象是个意志消沉和精神萎靡的人。政府中的其他人员,正如阁下业已获悉的,有许多年轻的,受过美国或日本肤浅教育的人,他们的特点是非常自命不凡及傲慢。他们陶醉于轻而易举地获得的政权,并且在银钱方面可指摘的地方并不亚于臭名昭彰的旧式官吏,这些幼稚的政治活动家,穿着西服,自以为不比欧洲人逊色,立刻利用目下——当然只是昙花一现——自己的地位来获得私人的利益。有好些南方人跟踪他们到北京来谋事,要求接受他们——作为献身革命事业的人——在国家机关任职。有好些部里为了讨好他们已开始大规模辞退官员,目的在把南方人来代替这些官员。因此交通部内四百个官员中只留下五十一人。显而易见,所有因此而去职的人都归附到今日统治的敌人方面。假如不注意目下执政者各方面所表现的鲜明的民族主义,那么他们的特性还不完全。中国的这些年轻代表者想得到民心,并表现出他们比以前满洲政府能保卫自己祖国的利益,他们公开宣传所谓“挽回权利”——即由中国收回居住中国的外国居民一切主权——的理论。他们在追求这个目标,现在已经用种种方法尽可能减削外国人一直享有的治外法权,而那些曾经欢迎中国革命的天真人士,认为共和国的捍卫者真正同情外国人,现在不能不承认他们是如何的错误。在中国政府人员的此种心情下,和他们交涉外国使馆的事务比任何时候都困难,我的所有同僚都深深抱怨不能由今日中国政府的部长那里得到任何东西。

假使注意到国内的金融情况是新政府的主要困难,那么上述不愉快的景象将更为阴暗。经常的收入不足以支付外债;由银行团预支及由比国借款和其他小借款的收入,全都任意耗尽,而且一部分是不成体统地花了,国库完全空虚,同时政府却因迫切的国家需要亟需银钱,其中最重要的是必须支付薪水给大量冗员及目下士兵的遣散。再不发饷款,必然会引起士兵中的无秩序,很容易危害现统治。中国政府所急需的金钱现在只能由六国银行团的垫款来应付。但是为了获得垫款,它必须同意对垫款开支的管制及监督的相当条件,使目下中国的部长们能够服从于这些条件而不容许他们自高自大及他们的沙文主义。假使他们一方面见到现在情况的无出路,那么他方面,他们当然并非没有根据,顾虑到他们之接受外国的财政管制会引起各方面的愤怒,并引起责备他们的适宜借口,同样会引导到现政府的推翻。在此种艰难的决择中,他们甚至发生了这样的思想,采取紧急措施,即订立强迫内债,无疑也要引导到某种灾祸。

上面所述一切使我们认为,袁世凯及其政府的地位非常不稳,并且中国可能发生新的骚动。假使现统治塌台,将由什么来替代他,当然很难说。未必能够认为大清皇朝可能恢复,因为满洲人已经不再有任何根据,并且甚至在暂时成功的时候都不能维持其政权。多半会以南京的留守使黄兴或驻武昌的现任副总统黎元洪将军为首来组织政府。他们两人都很能干,正如大家所说,在南方非常得民心,可是他们中任何一人同样都没有达到成功所十分必须的资金。

无论如何,一切都显出,在中国重建秩序及安宁还需要许多时间。我认为,由我国利益的观点出发,不必为此惋惜。

致深厚的敬意

库朋斯齐

《红档杂志有关中国交涉史料选译》,第381—384页

## 库朋斯齐致沙查诺夫电

1912年5月1日[14日](第438号)

第4号。

为善后借款事。

谅阁下从银行家的电报中业已得悉,向中国人交付其所请求的垫款,是在中国反提案的基础上被安排的,在那里监督条件被放宽了。银行团推选的监督员,根据德国和英国财团代表的推荐,拟定由一位在津浦铁路作会计师的德国人担任。关于此事,我的日本同僚在秘密会谈时对我说,对任命上述人员担任监督员没有任何异议。监督员只对垫款的使用进行监督,因而是暂时性的。但是,他对下述问题感到忧虑:由于善后借款而必须设监督员或检查员,由哪国人担任常任监督员或检查员?伊集院对我说了他本人的意见,意思是:将来可能由按集体原则建立的机构履行监督中国财政的全部职能。一切有关国家和银行团的代表均可参加这些机构。倘阁下告知帝国政府对日本大使所涉及的

问题及陈述的意见持何观点,我将十分感谢。

库朋斯齐

《近代史资料》总第 87 号,第 221—222 页

## 1912 年 5 月 15 日银行团伦敦会议电报(草稿)

### 1912 年 6 月 20 日修正并通过①

　　照会。通讯中提到的 1912 年 5 月 15 日之电报,特别是其中的第六条,已于 1912 年 6 月 20 日在伦敦由银行家们修正并通过。该电批准向中国政府提供总计八千零六十万两之垫款(大约一千万英镑)。中国政府要发行为期一年之国库券用以抵付。该垫款仍以一项协定为条件,该协定应该:

　　(1)详细说明要求垫款之目的;

　　(2)规定用作担保的岁入应由海关或类似部门管理;

　　(3)规定支用现款应该受到监督;

　　(4)规定垫款应视为各财团对其拥有选择权(option)的善后大借款之一部分;

　　(5)大体如上详细说明拟议中的善后借款之基本原则;

　　(6)规定中国政府在善后借款发行以前不得向他方借款;

　　(7)包括不可抗力条款②。

　　中国政府尚须同意把银行团作为该政府的财政代理人,以五年为期。

《北洋军阀》第二卷,第 255—256 页

---

　　①　1912 年 7 月 3 日摩根公司致国务院信函附件。

　　②　该"不可抗力条款"的内容如下:"万一中国、欧洲或其他地方政治上或财政上之局势使此项借款不可能发行……则四国银行团有权不履行其约束。"见斐尔德:《美国参加中国银行团的经过》(英文版),第 82 页;《帝国主义时期的国际关系》第 2 编第 20 卷(上),第 86 页注 3。

## 维尔斯特拉特①致沙查诺夫电

1912 年 5 月 2 日［15 日］发自伦敦

第 9 号。

请尽快通知财政大臣如下：

在今天的会议上，银行团断然拒绝承认华俄道胜银行处置俄国的贷款份额并通过自己的朋友在国外安排贷款份额的权利。汇丰银行经理阿狄斯特别固执，他正式主张俄国份额在国外只能通过（六国）银行团的银行去安排。我指出，银行团的银行和我们的比利时、英国和法国朋友之间彼此达成协议可能排除困难。阿狄斯声明，达成协议是不可能的，因为汇丰银行不允许其他英国银行在伦敦参与发放中国贷款。当时，我建议，把我们的分歧交给我们各自的政府去审议，而现在要审议中国的需要和继续向中国交付认为十分必要的垫款的问题。我继而指出，如果银行之间关于俄国有权安排自己的份额存在不同意见，可能会使各国政府关于共同确定和协调金融政策的协议失去意义，这似乎很奇怪。我表示，当各国达成了上述协议，就不会发生使这个协议服从银行团特权的问题了。我继而表示，我到伦敦来，主要不是为了讨论银行团成员之间协议的条件，而是为了商议好我们参加垫款的问题和履行六国公使在北京通过的决定。（四国）银行团拒绝了我的诉诸相应的政府的建议，我们的工作暂时仍继续进行。阿狄斯还拒绝给予华俄道胜银行承担已经交付的垫款的六分之一份额。之后，随即休会。

预计到今天发生的事情，我昨天不仅同俄国大使，而且同法国大使保罗·康邦谈了这个问题。我觉得，康邦认为最好能消除困难，他自己也提出了诉诸各国政府的意思。自由安排俄国份额的问题，成了银行家达成协议的主要障碍。至于其他问题，特别是俄国有权继续安排地方贷款和其他没有归并到别的银行团的专门业务问题，倘若需要，我认为应该准许，尽管阿狄斯将竭力抵制。如果他排挤华俄道胜银行不能

———————

① 华俄道胜银行经理。

得手,也就不能使我们失去朋友的支持,而朋友对我们的支持是解决这些问题所必须的。我将从伦敦前往巴黎。

维尔斯特拉持

《近代史资料》总第 87 号,第 222—223 页

## 库朋斯齐致沙查诺夫电

1912 年 5 月 3 日[16 日](第 449 号)

第 13 号。

为中国贷款事。

今天,四国银行团接到伦敦来电,已原则同意立即向中国人交付三百万两垫款。对此,这里的所有六国代表均已表示同意。但是,来电指示等候最后的训令并暂缓同俄国和日本采取共同行动。目前在伦敦同我们的谈判遇到了困难,在谈判达成协议以前,俄国和日本不应参加垫款。在复电中,所有的六国银行家都主张,明天必须向中国人交付已答应给他们的三百万两垫款,以便俄日财团能够在以后接纳参与追溯以往的贷款。现在,在实际上,四国团已不让郭业尔和小田切参加同中国人的继续谈判,四国团可借机事先要中国政府保证他们实际垄断中国贷款业务,因此,倘若我们同四国银行团最终决裂,则我们在这里将失去任何财政影响。

库朋斯齐

《近代史资料》总第 87 号,第 223—224 页

## 维尔斯特拉特致沙查诺夫电

1912 年 5 月 3 日[16 日]

第 14 号。

请通知财政大臣先生如下:

今天,为签署昨天会议的议定书举行了第二次会议,会上出现了达成协议的意向。俄国在比利时发行债票之权现在可以认为已得到承

认。尽管，银行团中的法国财团要求确定俄国在比利时可以发放的总额，但我认为，我们能够避开这种监督。还有最后难题，汇丰银行拒绝同许罗德公司（伦敦）一起在伦敦发放债票。这种拒绝使人感到奇怪，因为，汇丰银行在1910年5月赞成同伦敦的银行家俱乐部一起发行日本贷款。许罗德公司今天通知英国外交部准备同汇丰银行达成协议。因为我认为，在建立辛迪加的议定书上达成协议之前，银行团蓄意排斥俄国财团是不能允许的，所以，我致电郭业尔，要他按照政府间缔结的协议，按我们的份额，支付应付的垫款。因此，我们不能承担决裂之责。阿狄斯通知我，昨天银行团拒绝了奥国的要求。报告书附上。

维尔斯特拉特

《近代史资料》总第87号，第224—225页

## 科科弗采夫致沙查诺夫函

### 1912年5月3日—4日［16日—17日］（第466号）

第20号。机密

谢尔盖·德米特里耶维奇先生阁下：

皇室侍从长尼拉托夫于4月30日［5月13日］以第445号函通知我，英国政府早些时发表意见说：目前不宜允许给各省贷款，现在依然坚持这一意见，并请求通报。对于这个问题，将向出席善后借款问题伦敦会议的华俄道胜银行代表发出什么训令。

对此，我不能不提请注意，尽管英国对各省借款问题持否定态度，但从外交部送给我的文件以及从报纸报道（例如，4月27日［5月10日］的《泰晤士报》）看来，国际银行团其他成员国，其中包括德国的银行家们均同中国地方政府缔结了地方所需借款合同，而且，德国政府显然袒护这类业务。有鉴于此，并考虑到任何一个财团都不应该要求对华贷款的垄断权，我觉得，我们有权认为：我们在中国关外各省所需借款问题上，不应受任何义务的约束。据此，我同时指示向维尔斯特拉特先生阐述训令的意思是：要他尽可能不使组织善后借款一事复杂化，使

他接受这样一种观点,倘银行团某一成员国允许本国臣民给中国各省贷款,则其他成员国在该问题上不要设置任何障碍。

顺致诚挚的敬意

科科弗采夫

《近代史资料》总第87号,第225—226页

## 北京政府财政部与四国银行团①订立暂时垫款合同
## 及监视开支暂时垫款章程
### 1912年5月17日

一、暂时垫款合同

中国政府,因本银行团代表,现在伦敦会议拨付中国大宗方法,令先行垫付上海〔关〕平银三百万两以应急需。本银行团现已将此三百万两备齐,静候拨用,但中国政府必得照以后所开各节办理,此款镑价,已由银行团定为合上海〔关〕平,在上海交银一百五十万两。其余一百五十万两,在北京以公砝平核算拨付。兹将各节开列于下:

(一)此次三百万两先行垫付之款,应照本年三月初九日银行团与袁大总统所垫三百一十万两,同一办理。函件备齐时,亦应如前封固,送交银行团。本团□所出之钞票(此等钞票,系注明本年五月十七日所出),除应扣者之外,其数应等于所垫付之数。此垫付之款及银票,皆以现行之盐厘作抵,以后无论何等借款,此垫付之款,应尽先偿还。

(二)道胜、正金两银行所代表日俄之资本团,已承中国政府许可邀入,所有借款事件,即当各任六分之一。但此函签字人,该两银行现未列入,一俟各方面商洽之后,无论先借后借之款,皆当为一体看待,该时再由中国政府与六国银行团或即银行团,订正式合同。

(三)当银行团代表在伦敦会议每月若何拨款之际,中国政府当严守本年三月十九日函内之第三、第四两条。即各省长官遇有借款事宜,

---

① 英、美、法、德四国。

须先向银行团磋商,否则政府不得允许。

(四)此三百万两垫款开支时,即须照所议监视开支草章办理。

此垫款之一百五十万两,系为收回中国银行所出军用票之用。因此,中国政府,即命在上海之本银行团,将此款拨交中国银行,并取回收据。其如何交付之法,听其彼此商定。此款开支之际,所有流行及取消之票,应运交银行团查核,以符定章。

二、监视开支暂时垫款章程

(一)在财政部附近地方,设立核计处,用核计员二人,一由银行任用给薪,一由中国政府任用给薪,其他需用之中外人员,由该核计员等选派,薪俸具由政府支给。

(二)凡由银行提款,拨款一切支票,须由该核计员等签押。

(三)财政部定随时将各项用途,预具说帖送交银行团核允。此项说帖,经参议院核准之后,应即刊登官报。每次开支时,财政部备具应有详细清单、说帖等类,送交核计员,以资查核,该核计员查对无误,应即照章签字支单,不得再问。

(四)每次开支款项,均须具详细领款凭单,按照新式簿记法办理。此项凭单,财政部须编订存留,以备核计员在核计处稽核。

(五)关于各省发给军饷暨遣散军队费用,须由该地方军政府备三联领饷清单,由中央政府委派高等军官及该地方海关税司,会同签押,并须予该军官、税司以调查应需之便利。此项签押之三联清单,一份存该省都督府,一份存陆军部,其余一份与领款凭单一同运交北京财政部,再由该部送交核计处稽核。

(六)预备支付之款,应由税司存储。为节省汇费起见,由中央政府派该地方税司,得由海关收入项下拨款,但须预由该核计员等由暂时垫款项下,照所拨关税数目支出,汇存上海总税司存款项下。如税司所有款项,不敷拨用,可由该核计员等将不敷之数,从暂时垫款内开支票汇补。

(七)如在北京及其附近地方,发放军饷或遣散军队,由中央政府派一高等军官,会同该核计员,将三联领饷清单查核签押,并予该军官、核计员等以调查应需之便利。该项签押之三联清单,一份交陆军部,一份与领饷凭单具交财政部,其余一份,由核计处收存。

## 国务卿致美国驻法大使电(概要)

国务院　华盛顿,1912年5月17日下午三时

鉴于伦敦会议在发往北京的建议中,提出了临时垫款和善后借款的条件,国务院已向美国财团作如下声明:

对控制和保护贷款以及财政代理机构等问题,国务院坚持自己以前陈述的一般观点。

拟议发往北京的电报中提出的条件,目前中国很难全部加以接受。国务院相信,倘要提出这些条件,就应该根据已在北京达成的谅解,迅速交付必不可少的临时垫款。

目前同中国的谈判是如此重要,所以国务院认为,在银行团与有关各国政府有机会进行充分和审慎的考虑与磋商之前,不应中止谈判。

在四月一日致美国财团的信函中,国务院建议,对未来中国政府借款采取的任何性质相同的控制措施,大体上可以包括下列特征:

详细说明借款用途;公开报帐;外国审计员和会计员;需要时任用外国顾问和外国专家;需要用岁入担保时,由海关管理。

为进一步保护出借者,中国应保证今后不再举行其他任何借款谈判,以免可能与上述出借者的合法利益发生冲突,或者影响以前任何借款之担保,而后者是在有关各国政府赞同下进行谈判的。

关于财政代理机构,国务院表示,假如中国接受这种代理机构,同时可能维护垄断的特征,将不会看到反对意见;但是它认为,对于银行团和中国政府而言,这是需要作出决定的一个首要问题。

你可以与外交部长非正式地讨论此事,阐述我们采取的行动,并且询问就此问题人们已向银行家们表达过什么观点。

可向伦敦和柏林使馆复述此电。诺克斯。

中国公使致国务卿（节略）

中国公使馆华盛顿<br>1912 年 5 月 27 日

……

对可能签约的任何大型借款、中国有能力偿付利息和本金，看来毫无问题。仅盐业专卖一项，每年即可望增加岁入三千万两左右。所以，四国银行团坚持与担保物或偿还方式没有直接联系的条件，似乎没有道理。

《北洋军阀》第二卷，第 254—255 页

### 库朋斯齐致沙查诺夫电
1912 年 5 月 6 日［19 日］（第 451 号）

第 28 号。

为中国贷款事。

关于我的第 444 号电。

根据所接到的维尔斯特拉特的指示，郭业尔将继续出席银行家会议。四国银行团代表并未提出异议。我早就对郭业尔说过，我认为这是合理的，何况小田切征得伊集院的赞成，也坚持同样的行动方式。但是，毫无疑义，他们两人在银行家委员会里的地位是相当困难，相当尴尬。昨天，向中国人交付了三百万两垫款，日本财团和我国财团未被允许参加。

库朋斯齐
《近代史资料》总第 87 号，第 227 页

### 科科弗采夫致沙查诺夫函
1912 年 5 月 10 日［23 日］（第 501 号）

第 72 号。机密

谢尔盖·德米特里耶维奇先生阁下：

派往伦敦同外国银行家谈判发行中国善后借款事宜的俄国财团代表维尔斯特拉特先生，向财政部报告了他从此次谈判进程中得到的尚未失去意义的印象。维尔斯特拉特认为，现在已经十分明显地显现出，在四国银行团中，汇丰银行起着主导作用，而那些法国银行处于完全依赖的地位。因此，当法国人邀请我们加入银行团而我方未提任何条件时，便向我们提出在维护俄国利益方面可依靠他们的支持，他们过分地高估了自己的作用。

另一方面，维尔斯特拉特指出，法国驻伦敦使馆不了解俄国在这个问题上的实际地位。法国使馆曾坚信，俄国终将加入银行团，在发放善后借款和清偿上述借款的任何其他业务方面可以约束自己的行动自由。此外，法国使馆还推测，华俄道胜银行成立的辛迪加已经解体，不要求为自己保留在国外自行配销善后借款俄国部分份额的权利。

致诚挚的敬意

科科弗采夫

《近代史资料》总第 87 号，第 228—229 页

## 沙查诺夫致库朋斯齐电

1912 年 5 月 11 日［24 日］（第 967 号）

第 73 号。

报纸报导说，已派外国专家在中国各部任职。看来任命德国人为中国财政部检查员已成为事实。您知道，我们同意参加中国善后借款，是以我国同其他国家在参加借款方面，顺便说明，也包括吸收外国专家在中国供职方面，享有平等权利为条件的。为了实现这个条件，我觉得，可以坚持改革中国的盐政。提出改革盐政，是为了善后借款，而俄国人已在主持这件事。占庚子赔款三分之一份额的俄国，与盐务利益关系最大，盐务进款是赔款的担保，这个事实可能是提出上述要求的理由。未经俄国同意，未必可以着手改革盐政，或者利用盐款作为新贷款

的担保。

您对本电内容有何见解，请电告。

沙查诺夫

《近代史资料》总第 87 号，第 229—230 页

## 黄兴反对政府擅借外债致各省都督电
### 1912 年 5 月 24 日

万急。各省都督、各议会、各报馆鉴，敝处昨致大总统、副总统及参议院电云：蒋次长①来宁，阅悉十七日银行团与熊总长所订垫款，已经签字之合同，又监视开支暂时垫款章程，不胜骇异。查该章程损失国权处极多，其最甚者，如发给军队及遣散军队费用，均须由海关税务司或银行核计员会同签押。其领饷清单，并须以一份运交核计处稽核，且对于军饷，予该院司及核计员以调查应需之便利。此种章程，匪独监督财政，并直接监督军队。军队为国防之命脉，今竟允外人干涉至此，无异束手待毙，埃及前车，实堪痛哭。二十年来，海内各志士赴汤蹈火，粉身碎骨，所辛苦缔造之民国，竟一旦断送于区区三百万之垫款，吾辈一息尚存，心犹未死，誓不承认。熊希龄身负重任，竟敢违法专断，先行签约，悍然不顾，此而可忍，孰不可忍？闻章程已提交参议院核议，祈痛加驳斥，责令毁约。一面请由大总统提交参议员（院）议决，发行不兑换券，以救目前之急，并实行国民捐，以为后盾。南方人心，异常愤激，皆愿自输膏血，以救危亡。望大总统暨参议院诸公毅然决然，立即施行，勿怀疑惧。即本留守直辖各军队，欠饷已久，危迫万状，均不甘受此亡国灭种之借款，为饮鸩止渴之图。总之，吾辈九死一生，只知以爱国保种为前提，有破坏我民国，断送我民国者，即视为民国之公敌，决不稍存党见，顾惜私交，区区此心，可誓天日。临电痛切，泪尽声嘶，伏为谅鉴，共保大局等语。仅以奉闻。此举关系存亡，即乞贵处速电抗拒，责令毁

---

① 陆军部长蒋作宾。

约,并请主张发行不兑换券及实行国民捐,以救危急,无任企祷。

《民立报》1912 年 5 月 26 日

## 熊希龄痛陈财政困难致全国通电

### 1912 年 5 月 24 日

黎副总统、黄留守、国民捐总会、都督省议会、各报馆、各团体钧鉴:借款事,外人要求监督财政,人心愤激,各报所载集矢于龄,内疚神明,外惭清议,不敢为个人名誉稍有辩护,惟此中艰难曲折有不得不详陈于左右者。希龄前以国民委托,深知财政困难,未敢担负,五辞不获,乃就斯职,接代后,南京库储仅余三万,北京倍之,不及六万,东张西借,寅食卯粮,危险之状不敢告人。到京时,正值银行团与唐总理谈判激烈,要求请派外国武官监督撤兵,会同华官点名发饷,并于财政部内选派核算员监督财政,改良收之,两方争论几将决裂,人心皇皇,谣言百出。适龄承乏其间,屡次驳辩,武官一节,乃作罢论。然支发款项,各银行尚须信证,议由中国政府委派税务司经理此项垫款,至于财政部内设立核算员,无异日本之于朝鲜,无论何人无不反对。银行团坚执前清时代各路借款均用洋员司帐、查帐为词,不肯让步,遂改议于财政部外设一经理垫款核算处,财政部与银行团各派一人为核算员,管理支付垫款,会同签字及稽核帐目,并声明此项帐目只能及新垫款所指之用途,不能出于垫款用途范围之外,俟至阳历十月垫款支销罄尽后,即将核算处裁撤。此等勉强牵就办法出于万不得已,曾经于国务院参议员会议时据实直陈,事关国家重要,希龄虽不敢自擅专,然外交无术,咎所难辞。窃维希龄束发读书,稍知廉耻,关于借债及华洋合办之事,向亦主张反对,国人所知,何至一入政府即丧失天良? 无如国事危迫,实逼处此。当与银行团抗争时,屡欲决裂,而南北两方军饷甚迫;南京来电,兵已食粥,北方各军衣尚着棉。阴历四月初一至初五须放急饷八十万两,哗溃之势,即在目前。而黄留守告急之电一日数至,并称二日之内,若无接济,大祸一至,谁当此咎? 留守不负责任等语。昨日上海各商会来电,并为沪都督要求速汇欠款三百五十万两,以济急需。此外山、陕、甘、新、皖、浙、鄂、闽等都督飞电请款,迫不急待,陕西代表于右任等屡次坐索,应付俱穷,国贷无路,甚至大清银行房地亦不得已而抵押,存亡呼吸,间不容发,希龄自顾何人,敢借国家为孤注之一掷乎? 前见美使力劝中国节用,不可借债,英使并谓华人反对借款,何不自己捐钱,免得借债等语,尚且如此,龄等亦岂愿甘出此借债之举? 今银行团虽已拨款三百万两,稍救燃眉,然所约七款大纲系属信函,并非正式合同,公等如能于数日之内,设法筹定,或以省款接济,或以国民捐担任,以为外交之后盾,使南北两方军饷每月七百万两有恃无恐,即可将银行团垫款借款一概谢绝,复我主权,天下幸甚,非仅保全希龄名誉也。现在南北两京数日之外,即速须巨饷,并乞公等速派专员来部查看情形,切实担负,以救危急。希龄智力薄弱,值此财政极窘,饷需奇急之时,责备之加,固不敢辞,而大局所关,不敢不广征众议。诸公爱国热忱,世所钦仰,如有嘉谋良策堪以救此眉急者,务望迅速电示,如希龄力所能逮,无不切实奉行。临颖无任翘盼之至,除将各处催饷电文另密电呈览外,特此奉布。希龄叩敬。

《民立报》1912 年 5 月 27 日

### 科科弗采夫致沙查诺夫函

1912 年 5 月 11 日[24 日](第 507 号)

第 79 号。急件　密件

谢尔盖·德米特里耶维奇先生阁下:

除 5 月 8 日[21 日]第 500 号便函外,谨将在财政部得到的维尔斯特拉特于 5 月 9 日[22 日]和 5 月 10 日[23 日]从巴黎发来的电报,以及于 5 月 3 日[16 日]从伦敦寄来的信的抄件,以及有关俄国参加中国善后借款问题的三个附件随函附呈阁下。

阁下从维尔斯特拉特报告的情况中可以看出:四国银行团代表,特别是显然主持全部银行团活动的英国财团代表,在 5 月 2 日[15 日]伦敦银行团会议上，对俄国财团代表所提出的要求持不可妥协的态度，随后又趋向让步，并且提出了一些一般的理由，根据这些理由可以期望达成协议。

当时从中国获悉，中国政府财政状况十分困难，四国银行团受此影响，决定向中国提供新的垫款，本年 10 月 31 日前垫款总额定为 82,000,000 两。四国银行团立刻通过了这项决定，没有俄日两国参加。根据维尔斯特拉特的报告，有多少可能判断，上述银行团已经着手向中国提供拟定的新垫款，其总额于最短期内就已达到或者将要达到 9 百万两，尽管法国财团声明，在接到俄国和日本就这些国家参加善后借款条件问题所作最终答复以前，法国财团将不参加以后的垫款。但是，鉴于法国对此事的态度不够明确，难以预料此事日后将如何发展。有鉴于此，看起来我们现在必须决定，在这个问题上我们今后应该坚持怎样的行动方式。恳请阁下务必将您对该问题的见解赐告。该问题目前从维尔斯特拉特的报告中，多少已搞清楚了。

我认为，我有责任指出，伦敦会议在俄国参加四国银行团的问题上，发生困难的本质在于：华俄道胜银行必须保护其所成立的辛迪加的参加者，尤其是比利时人和英国人的利益。特别是现在，当俄国财团同四国银行团可能最终合并的问题根本没有查明的时候，我认为这个辛迪加的继续存在是十分重要的。所以，我本人认为维尔斯特拉特的行动方式是完全正确的，符合给他的训令。

但是显然应该预见到，我们没有能力使全部要求被接受。我们不得不谋求维尔斯特拉特先生在电报中提出的妥协。5 月 8 日［21 日］第 500 号便函中已告知阁下维尔斯特拉特的电报中的建议。但是，为了对情势作出正确估计，有必要查明，我们能否指望法英两国的支持。

我认为应对上述情况补充一点，在等候您对本函内容提出的意见时，我已指示维尔斯特拉特先生暂缓回圣彼得堡。

维尔斯特拉特先生的信件以及附件，恳请务必赐还。

致诚挚的敬礼

科科弗采夫

《近代史资料》总第 87 号，第 230—231 页

## 沙查诺夫致库朋斯齐电

1912 年 5 月 17 日［30 日］（第 1019 号）

第 103 号。

通知巴黎的第 2 号文件。

照中国代办的话说，银行团代表提出的善后借款条件是对中国财政进行监督和要求解散中国南方军队。中国代表奉本国政府之命，向我们探询，我们对上述善后借款条件持何种态度。按中国政府的意见，上述条件是政治性的，带有干涉中国内政的性质，与中国缔结的外国借款没有任何共同之处。

对中国代办答复说：中国不按时向自己的外国债权人支付债款，显然，不保证合理使用借款，外国债权人不能同意向中国提供六千万英镑的巨额借款。银行家的意见就是如此，与银行团有关的六国政府认为这种意见是正确的。因为缺乏自己可靠的工作人员，没有外国专家中国无法根本改革自己的财政，而不根本改革财政，中国就不能获得其所需要的巨额款项。

因此，中国政府应好自为之，赞成银行团提出的完全合理的、适度的条件。

沙查诺夫

《近代史资料》总第 87 号，第 234—235 页

## 库朋斯齐致沙查诺夫紧急报告

1912 年 5 月 19 日［6 月 1 日］（第 120 号）

第 40 号。

谢尔盖·德米特里耶维奇先生阁下：

正如阁下所知,银行家和中国财政总长确定的由四国银行团向中国交付最近一批垫款的条件,并不特别苛刻,因为,中国人的对案是以这些条件为基础的,并且,他们甚至可能认为是起码的监视和监督。

但由于银行家的要求而必然做出的这些让步,政府受到众议院最猛烈的攻击。充满民主主义的议员们只是出于需要屈从于既成的事实,并表示同意由内阁同银行团缔约。

众议院对外国借款的敌视态度,在全国得到广泛的响应。最近期间,无论是总统,还是内阁和众议院,接到全国各地发来的大量电报,抗议向外国人贷款和指责政府缺乏爱国主义和不善于进行金融谈判。曾接到南京留守黄兴发来的含有这些意见的十分尖刻的电报,他声称,外国监督将招致中国亡国,建议向人民发出爱国呼吁,并宣布认购国民捐。著名的孙逸仙在广东也表示反对借外债。这方面的宣传传遍了整个南方。

尽管国民捐的主张在民族情绪高昂的社会各界和出版机构中很快获得了众多的拥护者,但是,即使在多数场合下这场热潮充分怀有诚意,也不可能指望这类承购能取得实际成功,能够提供政府支配的足够的、哪怕仅够支付军队欠饷和其他急需的经费。

各方面提出的另一通过发行不兑换纸币来补充国库的办法,也不会有成功的希望,而对中国财政来说是极为危险的。

但是,无论如何,政府将来显然得考虑,在民族觉醒的影响下国会和全国对任何外国财政干预和监督所表示的敌对情绪,这可能在拟议的善后大借款问题上造成不可克服的困难。

致诚挚的敬意

库朋斯齐

《近代史资料》总第87号,第236—237页

**库朋斯齐致沙查诺夫紧急报告**

1912年5月22日[6月4日](第138号)

第41号。

谢尔盖·德米特里耶维奇先生阁下：

谅阁下从我今年 4 月 28 日［5 月 11 日］第 30 号报告和 5 月 19 日［6 月 1 日］第 40 号报告中已经得悉中国政府进退两难的处境：中国政府极需钱款，而参议院和全国激烈反对中国政府允许外国对财政进行任何监督，而不进行监督，缔结如此必要的外国借款合同是不可能的。

我不敢预言，将如何摆脱目前的困境。但我觉得，现政府能巩固到什么程度，其在全国的威信能确立到什么程度，在这方面将起决定作用。如果现政府强而有力，迫使国会和南方反对派中核心人物屈从于现政府的决定，则可设想，以它坚持的人民代表机关赞成的比较不那么令人难堪的条件，有可能同银行团缔结贷款。但迄今为止，尽管政府的地位看起来有某些改善，还不能认为相当稳固和有保障了，以便它得以决定类似的有把握的活动方式。这个情况，是我的多数同事开始怀疑的原因之一，我在 5 月 14 日［27 日］第 47 号密电中荣幸地报告了此事，以便使预定的巨额中国善后借款得以成立。

虽然，无论是袁世凯本人，还是整个内阁，显然都希望借外债，他们同时又力求尽可能利用国内显然存在的反对任何外国监督的强大的运动，并以此为借口，力求使银行家及其政府赞成对中国不那么加以限制的借款条件。但是，这种政策带有很大的危险性，因为，一方面，掀起的爱国主义热潮能够形成广泛的规模，使政府没有力量去对付运动；而另一方面，很可能发生这样的情况：经常把外国债权人说成中国的敌人，说他们想把枷锁加在中国身上，他们是所有中国人民灾难的根源，受此影响，出现的运动具有反对洋人的性质，这种情况促使列强进行干预，以保卫本国臣民。

因此中国最近的将来，依然是完全难以确定的和令人忧虑的。

致诚挚的敬意

库朋斯齐

## 沙查诺夫致科科弗采夫函

1912 年 6 月 3 日［16 日］（第 568 号）

第 183 号。机密　急件

弗拉基米尔·尼古拉耶维奇先生阁下：

谅尊贵的阁下从我国驻伦敦、巴黎和东京大使的一系列电报中，以及从华俄道胜银行代表的报告中，业已得悉中国善后借款问题的状况。

多数纯属金融性质的困难可以认为已被排除。但遗憾的是，关于维护我国在中国关外的特殊权益的主要政治问题仍悬而未决，甚至可能影响到今后我国对参加银行团的态度。您从本函所附皇室侍从长伊兹沃尔斯基和本肯多夫伯爵的一些电报中可以看出：力求达到那样的目的的日本政府连同我们，在保障自己在南满和东南蒙古的利益方面，由于还未查明的原因，准备满足于我们拒绝的那种提法，即同意将关于在上述地区的特殊权益的附加条件载入议定书的同时，由四国银行团发表声明说，四国银行团无权对这个政治问题发表意见。这样一来，由于伦敦内阁在该问题上无能为力，我们只能指望法国政府的支持，但是，法国政府不得不考虑银行家的愿望，银行家无意拒绝参加有利的金融业务。

但是，在放弃通过适当校订合同或与合同相关的议定书，以维护自己的利益的想法和转而讨论除这些文书外可能维护自己利益的办法之前，我认为在这方面再作一次尝试并为此采用维尔斯特拉特先生阐述的意见，即坚决要求银行团必须一致或按照预先的协议，通过凡与贷款项下提供款项有关一切决定作为合同的前提条件，是有益的。虽然这个提法使参加者很受限制，但对于我们来说，是完全可以接受的，有可能引起异议，但也许能导致达成某种妥协。因为，这种提法不包含任何政治因素，并使所有的参加者处于平等的条件下。

如果阁下同意这一意见，恳请您附上给维尔斯特拉特先生有关训令，我接到您的答复之后，将向驻巴黎和伦敦大使下达必要的指示。

致诚挚的敬意

沙查诺夫

《近代史资料》总第 87 号,第 247—248 页

## 朱尔典致葛雷函
### 1912 年 6 月 17 日收到

阁下:

　　关于我 2 月 27 日的信以及以前的信件,为了供您参考起见,我荣幸地随信附上上海国际银行家委员会的第一份报告。该报告说明,为偿还海关岁入所担保的各项借款,自 1912 年 1 月 1 日至 4 月 30 日海关岁入的收支总额。该报告还说明为庚子赔款所征收的税款总额,即至 1912 年 4 月 30 日为止所征收的常关税。我认为没有必要用该报告中所附的各项说明和帐目来打扰您,因为它们都已在报告中作了概述;但是,我满足于指出:该委员会能够支付根据海关岁入所担保的各项借款而应付的分期摊还的所有本金和利息。

　　这些文件已通过上海的首席领事送给我,因为我是外交团首席公使;为了供我的同僚们参考起见,这些文件正在传阅中。

　　您将注意到,现在还没有偿付赔款,但这是因为可用于此项目的的款项虽不少于六十四万两,却迄今仍然太少了,不便开始拨付。拖欠应付的赔款七个月(最后一次是 1911 年 9 月 30 日支付的),不计利息,达一百七十四万一千一百八十七英镑,大约需要一千一百六十万两至一千三百九十万两,因为兑换率自三先令至二先令六便士不等。除了把偿还赔款延至年底的那项协议之外,偿还借款帐目中的贷方所载明的一百八十多万两款项不能用来偿付赔款,因为所有这些乃至更多的款项需要用于偿还借款。诚然,由于六七月份应付的款项特别多,借款的偿还拖欠一个时候,这不是不可能的,但到年底,如果贸易象目前一样进行下去,很可能不仅手中有足够的税收偿还 1913 年 1 月到期的第一批借款,而且可以有结余转入赔款帐目内。然而,有助于偿还赔款的此

种结余只能是很少的,因为除非另有规定,应于 12 月 31 日偿还的赔款总额达三百七十万一千一百十五英镑(不计算欠付的利息)。

我相信:目前这份报告将清楚说明,就海关岁入的支付而言,关于赔款帐目的不满意状态完全是由于该项岁入的不足,而不是由于利用该项岁入偿还借款和赔款的安排方面有任何缺点。也许不需要补充说明:海关收入是目前可得到的唯一税源;六个月之后,中央政府甚至仍不能够从各省征收到任何数目可观的税款。

朱尔典谨上　　1912 年 5 月 29 日于北京

**附件:国际银行家委员会致朱尔典函**

阁下:

按照北京外交团于 1 月间批准的决议第七款规定,"国际银行家委员会应通过各国驻上海领事,向外交团提出一份季度报告,说明中国海关所收税款的拨付情况",我荣幸地随信送呈:

(一)说明为偿还中国借款自 1912 年 1 月 1 日至 4 月 30 日税款总额收支情况的报告书。

(二)至 4 月 30 日为止海关总税务司在汇丰银行的"洋税"帐目的副本。

(三)至 4 月 30 日为止上海税务司在汇丰银行的"中国借款偿还帐目"的副本以及结算单。

(四)至 4 月 30 日为止上海税务司在德华银行的"中国借款偿还帐目"的副本以及结算单。

(五)至 4 月 30 日为止上海税务司在华俄道胜银行的"中国借款偿还帐目"的副本。

(六)至 4 月 30 日而且包括该日在内通过汇丰银行所付中国借款分期摊还的本息表。

(七)至 4 月 30 日而且包括该日在内通过德华银行所付中国借款分期摊还的本息表。

(八)至 4 月 30 日而且包括该日在内通过华俄道胜银行所付中国

借款分期摊还的本息表。

（九）至 4 月 30 日而且包括该日在内通过麦加利银行所付中国借款分期摊还的本息表。

从这些报告书中，您将看到，自 1912 年 1 月 1 日至上月 30 日，所收的全部税款达一千二百三十万八千八百二十八两三钱六分。从这笔款项中，已取出一千零四十三万五千七百二十两三钱四分，以支付至上月 30 日而且包括该日在内到期的各项借款所有分期摊还的本金和利息，那些借款都是以海关岁入做担保的。除了这笔款项之外，因各银行对过期未付的分期摊还款项索取利息，所以又支付了六万一千零三十一两一钱九分。手头的净余达一百八十一万三千七百十九两三钱四分，税务司帐内的贷方记载如下：

> 在汇丰银行的款额…………604,025.62 两
> 在德华银行的款额…………604,025.60 两
> 在华俄道胜银行的款额…………605,668.12 两

我还荣幸地随信送上：

（一）说明为"中国赔款"所收税款总额的报告书。

（二）至 4 月 30 日为止上海税务司在汇丰银行的"中国赔款帐目"的副本以及结算单。

（三）至 4 月 30 日为止上海税务司在德华银行的"中国赔款帐目"的副本以及结算单。

（四）至 4 月 30 日为止上海税务司在华俄道胜银行的"中国赔款帐目"的副本以及结算单。

从这个帐目中没有支付过任何款项；所收全部税款达六十三万八千二百五十五两三钱五分，税务司赔款帐目内的贷方记载如下：

> 在汇丰银行的款额…………212,717.88 两
> 在德华银行的款额…………212,717.88 两
> 在华俄道胜银行的款额…………212,819.59 两

我另附上至上月 30 日为止海关总税务司在汇丰银行的"常关税收

帐目"的副本,表明他有余款一千零二两六钱。

这封信将通过此地首席领事送给您。我还将把此信的副本以及说明"偿还中国借款"和"赔款"帐目收支总额的报告书分送各有关领事。

国际银行家委员会秘书　曼谨上
1912 年 5 月 13 日于上海
《英国蓝皮书有关辛亥革命资料选译》,第 584—588 页

## 六国银行团向北京政府垫借银八千零六十万两之借款条件

### 1912 年 6 月 21 日

一、指定垫款之用途。

二、担保之税收应由海关或类似之机关管理之。

三、借款之用途应由六国银行团监视。

四、垫款应认为大借款中之一部,六国银行团对于大借款有优先应募权。

五、明定大借款之一般原则,其原则在大体上应如上述。

六、在大借款未发行以前,中国政府不得向他处商借外债。

七、上述一切,应为必需,中国政府且应承认六国银行团为中国政府之财政代理人,以五年为期。

《中华民国外交史资料选编》(1911—1919)(一),第 52 页

## 沙查诺夫致伊兹沃尔斯基函

### 1912 年 6 月 13 日[26 日](第 590 号)

第 231 号。

阁下有可能一步一步地注视俄国参加发行中国善后借款的国际银行团的谈判进展,并积极参与谈判,阁下清楚地知道我们一贯的意图是尽可能更妥善地保护自己,以防贷款生效后由中国政府所支配的巨款可能用于不符合俄国政治意图的方面。我们的这些努力,可能与一些国家相当明显地表现出的抵制,与一些银行首先保障自己可能的金融

业务自由,以取得金钱好处,而不考虑政治意见的意图发生冲突。银行联合起来对我们进行的这种抵制,甚至对我们同情的法英两国也没有足够的力量加以遏止。谈到在这个问题上同俄国的利益完全一致且答应同我们协调行动的日本,实际上很快就放弃了最初提出的要求,给我们取得成功造成了不少困难。例如,日本决定让步后,还未等到代表会议召开,便通知说准备同意银行团多数财团之意见。日本的这种行动方式不能用某种政治原因来解释,看来是窘迫的财政状况引起的,由国外的货币市场决定的。

无论如何,上述情况的总合,导致了完全可以保护我们的唯一提法,即提供贷款的全部决定必定由银行团一致通过的原则,未能在代表会议上通过。因此向政府提出一个问题:是同意让步,参加银行团,还是躲开其他大国,独自维护自己的利益? 权衡两种决定的所有利弊,我们选定了前者。其实,甚至删去了上述提法的合同本文及其附加议定书,也包含了可用于我们目的的若干条款:要求银行团的决定须一致通过以及我们关于俄国在中国长城外特殊利益的附加条件就属这些条款。诚然,其他参加者不一定必须履行这些条款,但是,说这些条款不具有任何作用未必公允。但最主要的是,倘若银行团的活动方针不符合我们的观点,则可保障我们于任何时候完全可以不再参加银行团的活动。这样一来,我们为自己保留了永远占有过去所处地位的权利。假如我们现在不参加银行团,我们可能试图通过同上述金融组织合作来维护自己的在华权益。预计,我们不同五国共同行动可能导致银行团解体,我们没有基础,因为维尔斯特拉特的谈判表明,法国银行在这方面不会追随我们。同时,不能不看到,在日本加入银行团后,我们完全的孤独,自然会使中国考虑自己的有利地位,这可能在维护俄国在华利益方面给我们造成相当大的困难。另一方面,在具有普遍意义的诸多问题上,同各国保持团结一致是十分有益的,而动摇这个原则对我们本身并无好处。但不言而喻,必须预料到银行团的活动可能使我们不得不同银行团决裂这样一种情况。我在6月4日[17日]第1127号电中已通知您,为防备此种情况发生,我们应具有施加影响的种种手段。并且,应视我们的被侵犯的利益的重要程度而定,我们不会到此止步的。

但是,十分清楚,事态的这种转变本身并非很合我们的心愿,它萌生着难以预料的纠纷,并且,对我们、对各国均不利。因此,为共同利益计,要及时防止这种事态的发生,在这方面我们首先可以指望同我们友好的法国政府。尽管金融协议有上述缺陷,留在国际银行团中的主要原因之一,是基于我们对待法国的总的精神和法国政府的特别担保而产生的一种信念,即坚信在银行团中间,在对我们具有重要意义的所有问题上,法国代表的意见将站在我们一边,法国也将对伦敦内阁发生以法国为转移的影响。您知道在 3 月 24 日[4 月 6 日]我致路易的信中,确认了法国政府保证给予我们支持的声明:法国业已承认我们在北满、蒙古和中国土尔克斯坦享有特殊利益,并表示反对向中国提供经费,建立可能威胁俄法两国那样规模的武装力量。

我们很清楚盟国政府当时可能遇到法国银行方面的困难,法国银行的实际利益,其实未必因政府对开支用途进行监督而受到损失。中国需要钱款以满足各种需要,满足这些需要不会给别人的利益造成任何威胁。中国需款如此之多,可能将 6 亿贷款完全花光。因此银行不会遭受任何损失。但是,当然应该预料到,中国政府或出于自己主动,或由于别人暗示,将要求拨款用于我们不赞成的目的。预计除法国外,英国和日本也将站在我们一边,他们在该问题上的利益同我们相似,我们在银行团中占有大多数,可充分保障贷款用于所期望的方向。因为前述各团似能够预防建立那样的秩序:为他们否决的拨款,会依靠用于其他参加者的份额而被发放,这样一来,中国就会依靠其他集团而自由地实现自己的计划。

显然,我们在利用法国的支持的同时,也充分准备在这个问题上满足我们盟国的愿望。最好将互相支持扩大到同贷款有关的问题上,诸如建立监督、担保等。为了保证行动一致,应该建立固定的办法,以使协约各国在作出决定之前,例如通过其在北京的代表,彼此交换意见,这些代表在彼此存在意见分歧,或者在出现重要问题的情况下,可请示本国政府。俄国同时维护与日本同样相关的事务中的权利,按照同这些国家的协议同样地行动。

在向阁下报告上述情况的同时,恳请阁下将我对大体拟定的我们在善后借款问题上的行动纲领所阐述的看法告知法国外交部长,并请电告他对您的通报持何态度。

致诚挚的敬意

沙查诺夫

《近代史资料》总第 87 号,第 251—254 页

### 美国公使致国务卿电(概要)

美国公使馆　北京,1912 年 7 月 1 日

中国政府希望放松监督,已将拟议中的借款总额减少为一千万英镑。但英国公使通知我,他的政府拒绝为减少借款总额而放宽条件。关于法国政府的态度亦有类似消息。嘉乐恒。

《北洋军阀》第二卷,第 256 页

### 美国公使致国务卿函(摘录)

美国公使馆　北京,1912 年 7 月 2 日

显然,在(中国)人民目前激烈的情绪之下,对于要求实行大规模的控制和监督,必将表现出强烈和普遍的反对,虽然此间当局有意答应这些要求。而且毫无疑问,中央政府确实没有力量强迫人民服从合同的条款;即使有这样的力量,它也没有勇气敢于一试。嘉乐恒。

《北洋军阀》第二卷,第 256—257 页

### 库朋斯齐致沙查诺夫电

1912 年 6 月 24 日[7 月 4 日](第 568 号)

第 268 号。

为中国贷款事。

第 1234 号电收到。

英国政府的通报应以公历 6 月 24 日和 28 日银行团的联合电报为唯一基础。因为英国公使就贷款事务没有任何电报发往伦敦，也完全没有就这个问题举行过成员会议。据我推断，很显然，上述电报没有被通报。我请求陛下内阁给予指示，我继续坚持我在第 424 号电报中拟定的方式呢，还是应该与拍发银行团电报同时，直接地就谈判的全部过程通报阁下。法国、美国和日本的代表收到了给予英国公使的指示相似的训令。到目前为止，德国公使还没有收到任何训令。我们坚持如下的见解，即中国政府不可能接受所提的善后借款的条件，而其结果将以破裂而结束谈判。但是，我的所有的同事都没有表示准备向中国人作出任何实质性的让步，而仅仅考虑不坚持为中国人所抱怨的"财政代理所"的术语的可能性。现在，公使们只是等待着我和德国公使收到同他们已经收到的同样的指示，以便确定向中国人通报列强观点的方法。银行家们昨天已经打算答复中国的反提案，根据从伦敦以银行团全体的名义通报的决定，表示彻底拒绝，美国人尤其主张这样。但是，由于郭业尔和小田切借口他们的电报在政府之间和在银行之间正在交换意见，而表示异议。银行家们决定，对再次坚持向他们征询答复的财政总长，用口头通知转告，他们要再过两天，等候收到补充指示。我个人认为，从我们的利益看来，中国和银行团之间的破裂，不会引起特别的危险。因为，中国财政的改组，不可能是我们所希望的，而由于中国政府缺乏经费导致的可能出现的进一步混乱无序，主要是有损英国和法国的利益，而对我们却是非常有利。因为将使中国人在我们的势力范围内放弃更为果断的措施。虽然，按照法国代办的意见，中国人已留意从其他来源获得资金，但那样谋得的款额将是无足轻重的，想必他们最终还是不得不重新转向银行团。另一方面，我不认为我们必须反对实现目前中国人请求的包括到目前为止支付的每月 600 万两垫款的 1000 万英镑贷款，因为，这笔贷款一开始就几乎整个地抵偿了全部银行团垫款,以及支付比利时贷款和所有的旧时的欠债。这样一来,中国政府在财政改组方面也就留不下什么钱,而全部业务在于使中国政府到 11 月份之前,依赖每月的垫款的周转而有松动的机会,而且,很自然,对于后者的用途,理应有可能建立更大的监督。但是,在其他的公使方面,中国人在减轻条件的基础上请求 1000 万英镑的贷款没有得到无论什么样的同情。

库朋斯齐

《近代史资料》总第 90 号,第 193—195 页

### 英国代办致国务卿电(概要)

英国大使馆　缅因州基尼欧(Kineo),1912 年 7 月 7 日

法国驻北京公使得到训令说,法国政府认为,为使中国同意拟议中的条件,最好的办法是暂停任何垫款。英国公使亦得到类似训令。米切尔·英尼斯。

《北洋军阀》第二卷,第 257 页

### 收财政部函

1912 年 7 月 7 日

敬启者:本部前因与银团商议垫款,业经订立暂时开支垫款章程七条,彼此照办签字在案。讵料巴黎会议迟至四旬之久始能定议,迨六月二十四日,各银行团与本总长等会议,忽于七条之外,又加四项之要求。本总长等默察本国舆情,万万不能办到,当即反复驳论,各银行团亦已了然。因彼此棘手,乃议改为一千万镑之借款。各银行团允为转电各国资本团商酌再复。迄今已逾十三日之久,尚未得银行团确实消息。本总长屡函催促,银行团亦无一字答复。查本国借款正所以济急需,现在各省索款者迫如星火,稍迟应付,即虞变端。若因银行团之迁延,致误,恐负各国政府爱助中国、维持和平之至意。兹特奉恳贵部,转达各国公使,迅饬各银行团,关于一千万镑能否照办等情形,迅速答复,无任

感祷。专此肃泐。敬颂台祺。财政部总长熊希龄。七月七日。

批：本拟备函各公使，嗣思备函痕迹太著。大总统意，请次长向各使面托。请呈颜次长酌夺办理。陆徵祥。外。初十日。

《中日关系史料——一般交涉》，第 14 页

## 美国公使致国务卿电（概要）
### 美国公使馆　北京，1912 年 7 月 9 日

今日下午六国公使将各自政府的训令通知总理和财政总长。得到的答复是：不可能接受监督条件；国会不会赞成，公众舆论绝不允许。嘉乐恒。

《北洋军阀》第二卷，第 257 页

## 熊希龄致六国银行团①书
### 1912 年 7 月 9 日

前月十二号余致贵团书，尝谓讨论借款合同之际，急应磋商垫款问题，故贵团代表于是月二十四日会议时，曾允电致伦敦议与中政府商订借款英金一千万镑，事逾两星期，尚未接复，现在各省急需款项，屡请政府协助，但借款未成，政府力难供应各省要需，此余所以昨日有续付垫款数十万两之请，讵意贵团不肯垫付所请之款，故余乃声明如不续付垫款，则不得不通告各省令其自行设法筹款，或得中政府另筹他法，以济彼等要需，余又说明当于九号或十号以文书证明余说。今特具函奉达，敬希贵团各代表审夺为盼。再者，中政府与六国银行团之交际虽因前事而受影响，然俟贵团接得总部复示后，窃信仍可续行会议，以期贵团仍得供应中国将来所需之款也。

《中华民国外交史资料选编》（1911—1919）（一），第 52—53 页

---

① 英、美、法、德、日、俄六国。

## 收驻日本使署函

1912 年 7 月 10 日

敬启者:译件数则,由邮寄呈,希詧入为祷。嵩此。敬颂公祺。驻日外交公署。七月三日。

### 附件一:日本外务省着电

#### 英国太晤士借款论

外务印度事务次官在下院答印度鸦片问题之质问也曰,支那假政府未能使各省服从其意志,故现在对于支那政府不得强其履行条约上之义务云云。斯言也,诚较之鸦片问题而更须考虑之重大问题也。假政府之前途多难,唐总理弃之而去,袁之地位亦至危险。顷者,天津、奉天、广东兵乱频传,又有某将军占据津浦铁路之耗。富有之支那人,托庇于租界者,殆踵相接。夫印度次官答辩之详,其与外务当局已有接洽固无疑义。是自一方面言之,外务次官已明认支那之状态危殆矣。而自他面言之,彼有力之银行团,方对于美国之公众而为贷款之劝诱,彼此之不相侔,亦云甚矣。

据北京来电,虽支那政府,对于借款之用途,似有与以切实保障之意。然征之从来之经验,其在有力之中央政府时代,以云实行保障,犹属困难。现在假政府之保障,果有明确之价值乎。言至此,则独立之外人财政监督,始为唯一之保障无疑矣。然此保障尚未得其承认,今各省纷纷反对,此保障又果能得其承认乎。且军队解散,借款第一之目的也,而地方官宪甚至有企望借款之成立,而为武器弹药之准备者,是何说也。推银行团之意,固欲藉借款以援救支那。况既投此巨额之资本,其不欲支那之濒于危殆也,更可知。惟此次借款果能达此豫期之目的否乎,是则不能无疑义矣。彼资本家之放资外国,一旦达巨额,往往抱一求助政府之观念。然处于今日状态之下,四国发行支那借款时,势必求政府为之助力,既助力矣,自不得不负其重大之责任。故自吾人思之,今之时机,殆为政府明示借款态度之最宜时机也。总之,吾人之见地,不特不欲美国资本家贸然贷此巨款。际支那今日之危局,一旦缔结经济之关系，或使将来保护上不得不出于实力之干涉，是则尤非吾人之所企望也。

### 日本国民新闻论借款事

自伦敦太晤士借款然观之论出，世人咸抱意外之感，甚至有以此而疑日、英两国之行径者。然太晤士之持论，吾人前已屡言之，在稍明支那事情者，无不同此感念。况关系于借款之局者，而顾可忽此要义乎。世人之怀抱，吾人岂能无疑。今也支那革命告成，共和缔造甫有端倪，然其财政之状况紊乱已极。旧政府止于财政，新政府万机待理。财政整理一事，尚未著手，虽云无暇顾及，要亦未有一深明财政者，以当其事耳。其前途之不安，孰有过于此者。六国资本家目睹此不安之象，而犹互相劝诱组织团体，以从事贷款之准备，果何为者。吾人以第三者之地位，尚不能详悉其内情，而所谓六国资本家者，均对于支那而处于债权者之地位者也。支那而欲借力外债乎，舍从前债权之国殆亦无可告贷，固属至明之事理也。至于六国资本家过去放资，早已达于巨额，兹欲保护其债权，自不能不于将来之财政而豫计其措施。此次财团组织，其必要实在于此。

夫六国资本家非代表国民也，非代表政府也。而国民之意向，不得不借此表示，政府之政策，不得不借此实行。况六国组织，既经互相同意，则此团体实一非公式之国际财政会议也。其责任之重大，自不得与徒事高利借贷者，所可同时并论也。倘若危过去债权之基础，并忽于将来财政之关系，岂不与团体组织之精神大相剌谬。事不幸而至此，在六国固非自卫之道，在支那亦非安全之策。夫饥不择食，人之常情，失其所择，实足以杀其身。六国皆支那之友邦也，至友箴规之谊，又岂可不三致意焉。

### 东京朝日新闻论借款事

（前略）太晤士借款悲观论，不特为英国政府及资本家绝好之箴规，亦对于支那之亲切警告也。如太晤士记者所论，目下贷支那以钜资，实以援救支那也。兹吾人更为一转语曰，外国资本家从前已放巨资于支那,兹之出此亦实所以自卫,故果能满足进行,则外债询为双方之利益无疑。然支那今日财政之前途,其危险之象,现达其极。将来外债本利万一无可清偿,其最后之处置果何若乎。事不幸而至此,各国资本家,将各求其政府,而为外交之援助。果尔,则三面(各国资本家、各国政府、支那)悉受其累矣。故以吾人之见地言之,借款金额不宜过巨,惟以维接秩序必要之费为度。一面整理财政,以扩富源,庶几两有所裨。若如支那政府之政纲,交通机关、治水事业亦欲以外债之一部充其经费,尚得谓于利害缓急之数,而有所权衡欤。

## 大阪每日新闻论借款事

(前略)太晤士之论一出,识者之见地,大略皆同,而支那政府不晤也。甚至借款之态度,至今尚难摸捉。或曰支那政府于资金之须要尚非急急,纵使借款不成,亦无大障。然支那国库之现状,吾人虽未能知其详,读财政总长致地方此官之电文,财政穷境殆达极度。前唐总理请求银行团,十月以前需有八千余万之垫款,今交付者,仅千二百万而已。国库现状已不想可知,纵使现在不难支持,而将来之急迫亦曾虑及乎。况且万机待理,不特一时之改善不易,而紊乱情形,方有加无已。在支那政府犹日日徒弄权术,亟亟于监督问题,其亦不思之甚矣。当此之际,吾人尤望六国团体,勿轻弃其监督条件,而贻盲从之讥也可。

## 东京日日新闻论借款事

(前略)银行团之主张,于理甚洽。使支那之支出果能不滥,将来本利偿还均有著落,庶几于人于己两有所裨。不意支那人日日反对监督条件,以为满清时代所未受之耻辱,中华民国岂能甘受。国务员中又无一人可为国家之柱石,挺身而当其责任。都督割据各地,已显呈四分五裂之形。军队暴动无常,大乱何日再兴,识者殆难逆料。艾夫支途不受监督,即本利清还不欲与以保障。如此而求借巨款,其不□亦云已甚。推彼当局者之意,非不欲从银行团之条件也,特迫于反对之势力,感于身命地位之危惧,不得不游移其间耳。惟一的谈判破裂,大乱暴发,当局者果亦有成算以处之耶。

《中日关系史料———一般交涉》,第 15—17 页

## 中国公使致国务卿函(摘录)

中国公使馆　华盛顿,1912 年 7 月 15 日

亲爱的国务卿先生:

奉我国政府之命,本人荣幸地将有关我国政府与国际辛迪加借款谈判的一项声明通知阁下:

(该声明开头谈及国际辛迪加造成的拖延,并以下述内容告结。——原注)

现政府建立以来,其财政需要是如此紧迫,该辛迪加拖延付款将危及政府的稳定。既然该辛迪加未能遵照 3 月 9 日商定的安排支付 6 月、7 月的垫款,中国政府不能再行等待。(中国)人民正气势磅礴地反对该辛迪加提出的条件。后者的主要目标是使自己置身于中国政府财政代理人的地位,以此实现对国家财政的完全控制。鉴于中国政府热诚地希望吸引外国资本开发自然资源,外国各政府拒绝支持该辛迪加建立财政垄断的企图,将是一件互利互惠的事情。张荫棠。

《北洋军阀》第二卷,第 257—258 页

## 美国公使致国务卿函(摘录)

美国公使馆　北京,1912 年 7 月 15 日

阁下:

谈及阁下 7 月 2 日中午 12 时电报中的指令,我要荣幸地报告说,英国公使获悉,关心悬而未决的借款谈判之六国公使皆已收到有关各国政府关于该问题的指令,便于 7 月 8 日在英国公使馆召集上述各国公使开会。

公使们认为,收到的指令对借款条件具有指导作用,因而他们应该正式通知中国人。

7月9日六国公使一同前往外交部,在那里受到总理兼外交总长陆徵祥和财政总长熊希龄接见。英国公使朱尔典爵士对总理发表谈话,内容大体如下:

有关各国政府已指令我们通知阁下,除非按照指定条件,他们不能赞成其国民向中国政府提供任何贷款。财政总长在同六国银行团代表通信时,已经获悉这些条件。

财政总长说,不可能接受拟议中的条件。他希望各国公使引导或建议银行家们放宽条件,同意提供数量较小的一千万英镑借款。他提到了庆亲王,该亲王违背民众的意愿,签订了铁路借款合同,结果导致革命。他说,如果无视民众的意愿,现政府必将遭到同样命运。嘉乐恒。

《北洋军阀》第二卷,第258页

## 尼拉托夫致科科弗采夫密函

1912年7月5日[18日](第656号)

第321号。

弗拉基米尔·尼古拉耶维奇先生阁下:

我们驻北京公使从维尔斯特拉特致郭业尔7月2日[15日]电报中发现(外交部尚未收到),在这方面支持法国、英国和德国的意愿的俄国财团,有意在中国人面前表现一定的让步,并且赞成减少贷款总额到2000万英镑,在外国专家的参与下,改革盐政作为担保。关于这点,四等文官库朋斯齐表明放弃原先的条件是不适宜的,并且申述意见说,我们的利益,本来就是防止贷款的实现,因为中国建立起秩序,仅仅有利于法国、英国和德国,而对于我们的前景是不适宜的。

我不能够完全同意对问题那样极端的提法。我们参加银行团,考虑到为自己保障把资金运用在与我们的利益不相冲突的目标上,但是,我们同其他财团进行金融合作这一事实本身,就给我们担负起相当的责任——至少要放弃揽黄贷款的明显行动。另一方面,如果削弱中国是我们所希望的,那末,还有更大的问题,我们应该在多大程度上,控制那里的完全无秩序的状态,这种无秩序状态的后果难以预料,并且,在任何情况下,都会导致我们必须采取各种措施,这些措施耗费巨大。

再说值得注意的贷款规模问题,我以为,坚持贷款的数额或者是6000万英镑,或者是1000万英镑,未必是方便的,因为,无论在什么样的逻辑基础上向中国人证明那样要求是正当的都很困难。反正,我注意着贷款的监督和担保问题。从阁下6月28日[7月11日]第694号来信中,我得出结论,赞成把贷款数目定在2000万英镑,由外国专家帮助改革盐政的条件下,以中国的盐税作担保,您不放弃必须监督进款用途和消费的思想,因为,您表示,我们未必应该在银行团的其他成员面前主张减轻给中国人财政帮助的条件。因此,我认为,自己有权就中国政府请求不要坚持监督的新的呼吁,向法国和英国政府声明,我们奉行在这方面我们原先的观点(这个电报副本在7月5日[18日]第655号便函中附送给了您)。

有鉴于此,我诚挚地请求阁下。不要推辞通知我,是维尔斯特拉特在这个问题上,正确地理解您的指示呢,还是也许他的电报校阅不充分,而给了库朋斯齐一个口实,以为我们准备放弃我们关于财政监督的要求。

致诚挚的敬意

尼拉托夫

《近代史资料》总第 90 号,第 195—197 页

## 库朋斯齐致尼拉托夫电

1912 年 7 月 28 日[8 月 10 日](第 689 号)

第 448 号。

为中国贷款事。

鉴于有关中国地方当局缔结——主要是同德国商号——的各种数额不大的贷款的传闻,今天,根据法国代办的提议,举行了六国银行团

代表会议。英国公使通报说,在中国外交部的正式通知中,关于中央政府赞成一项由地方当局向一家英国商号举办的贷款,以南京城内的铁路作担保品,他答复说,这笔贷款不能够举办,因为,这笔贷款同六国公使于6月26日[7月9日]向中国所作的声明是抵触的。这个答复得到英国政府的赞成。英国公使询问,如果事情由他们的臣民进行,所有的同事是否准备采取同样的方式?因为,不然的话,他不能够继续制止英国人为中国人安排贷款。德国、日本公使承认这个观点是正确的,并表示,需要预先请示本国政府的训令。请阁下指示,在类似的情况下,我可以和英国公使一样地行事吗?

所有我的5位同事说了同样的意见,银行团的银行向中国人声明,无论什么样的贷款不可能不按银行团解释的条件并由银行团作出,因而暂时放弃了在辛迪加文件第2条款中赋予他们的缔结单独契约的自由。我意识到那样的解释不符合我们的银行业务方面的观点,发表了我的意见,缔结在第2条款中规定的单独契约的权利仍旧属于银行,尽管在目前时刻,它的实现,在一定情况下将可能被认为同协议的精神相敌对。请阁下指示,帝国政府在这个问题上的观点。

库朋斯齐

《近代史资料》总第90号,第205—206页

## 库朋斯齐致尼拉托夫密函

1912年8月11日[24日](第929号)

第551号。

阿纳托利·阿纳托利耶维奇先生阁下:

我荣幸地收到阁下上月即7月26日[8月8日]的第774号密函,从中我满心高兴地得到通知,您完全赞成我在7月10日[23日]第58号报告中所述的见解,无论是广泛的中国财政善后,还是向中国政府提供大笔资金,都不可能符合我们的利益。

同时,阁下吩咐我注意这个问题的其他方面,也即西方列强对它的态

度,首先是英国和法国。英法的支持,在邻近中国的对我们最重要的问题上,也许是极其必要的。所以,在中国事务中,我们的政策的总方针是,在供应中国政府所必要的资金和整顿它的财政经济方面,我们应该在中国的内部问题上,对利害相关的上述两个大国的愿望,尽可能作出让步。

我充分理解阁下所述的观点的全部正确性,我认为应该说明,我任何时候都不会无视问题的这些方面,并且,无论在电报中还是在自己的不止一次的报告中,都指出了在这个关系方面我们的利益与英国和法国以及同德国、美国的对立性,同时,我明白,对我们来说,明显地反对与我们友好的法国和英国的意图是不可能的。一系列头等重要的政治问题把我们同他们联系起来,且不说我们在长城以北的中国,确立优势地位的事务中,来自他们方面的支持。我不仅任何时候也不在我的同事面前公开谈起上述我的第58号报告的见解,而且,经常仔细地避免同我的法国和英国同事的意见相左,并回避暴露我所追求的任务。与阁下的指示一致,我认为这个任务是阻止按照欧洲和日本的模式建立善后的中国。

从地方情况和中国人的极端缺乏诚意和虚伪中获得的论据作为凭借,我经常利用我们之间建立起来的良好关系,努力在我们的私下谈话中,怂恿朱尔典爵士和璞科第先生接受符合我们的利益的观点。到目前为止,在这方面的环境极为顺利地成熟起来了。但是,我当然不能自我陶醉,以便今后随时继续进行,并充分明白,涉及贷款的问题上,从我们方面,向与我们友好的两个大国的利益作出让步的必要性。

致诚挚的敬意

库朋斯齐

《近代史资料》总第90号,第206—208页

### 收驻义吴宗濂代表函

#### 1912年9月1日

敬启者:前于七月十四日,奉到部电,以六国银行团要挟过甚,侵我

国权,乃为减缩借数,遂致银行团在欧者,接电不复,在华者背约停垫,不得已始宣告自由筹款。仰见总长维持财政,通筹兼顾之苦衷,曷胜佩仰。窃念此次借款决裂,实与我国前途,列强公认,大有妨碍。而我国军民之反对垫款条件,虽出于爱国热忱,其实颇多误会盲从深文周内。今者事败垂成,不知公众果已有良法弼补否。试为通盘筹算,此中无形损失,盖数十百倍于前之赎回粤汉铁路也。所谓民捐公债,果能人人踊跃,不日而成,足敷紧急支用乎,恐未必也。于是政府有拟订小借款之议,但六国之股票公布,恐为已散之银行团簧鼓把持将以闭门羹相待。如此则即有他银行肯为我助,亦无从发卖借票。盖全球银市,除日俄本非富足,可置之不论外,其余四国则固操世界金融之牛耳者也(如欲破已散银行团之恶计,非请其政府指令不为功)。舍此他图,窃恐多难应命。

　　然于晦育闭塞之中,姑作生面别开之计,无已,其惟有求诸比、奥诸银行,及德之克虏卜、英之阿模斯德郎、法之克鲁苏等厂乎。盖比款虽已中止,其情形与六国银行团事大不相同。奥国本曾请入六国银行团而未能如愿,设与彼等商订借款,其或有成殆居多数(以上二国,本自有股票公市,可无须借资他国)。若克厂等,则皆以制造军火、船只、铁路著名,且与我国素有交涉,况乎此后我国所需必多,似不妨经予以将来定货之约,请其先行借我若干兆镑,以济燃眉,或不致全遭拒绝也。我国地宝蕴藏,天产繁殖,世所共知。彼人民之富有资财者,纷纷以巨款改存外国银行,或竟埋诸地窟,又则为各报所揭登。我岂真如埃及之挥霍无度,涸竭财源,而致受人监督我全国财政哉。惟以军事初平需款浩大,而财政向形紊乱,民间信用毫无,因之一时不克周转耳。及今而速与比奥及克厂等商借,窃谓可由总长直托各该国之驻京公使,或即饬我国驻在各该国之代表为之先客。如有边际,再行从长计议,期收完美之效果,以救目前之困难,似亦一策也。是否有当,敢以上质高明。专此布上。敬颂勋祺。外交部总长阁下。驻义外交代表吴宗濂。

### 库朋斯齐致沙查诺夫电
#### 1912 年 9 月 4 日［17 日］（第 780 号）

第 696 号。

为贷款事。

我援引自己的第 760 号电报。

英国公使以英国政府的名义,向袁世凯申述了反对向鲁意特银行借款的意见。袁回答说,这件事是遵从他的授权的,当时财政总长通知了银行团,中国人将不得不到别的地方缔结贷款。现在中国政府极为需要资金,由于银行团提出的条件,中国政府不能从银行团那里提到资金,它准备接受任何方面愿意提供的金钱。据这里今天获得的消息,受注目的鲁意特银行贷款已遭到失败——间接证实财政总长借助小田切的帮助,向银行团作了新的私人呼吁——似乎还有举办的充分可能性。

库朋斯齐

《近代史资料》总第 90 号,第 211—212 页

### 朱尔典致葛雷函
#### 1912 年 9 月 23 日收到

阁下:

关于我 5 月 29 日的信,我荣幸地随信附上上海国际银行家委员会的第二份季度报告的副本,说明至 1912 年 7 月 31 日为止的三个月内海关岁入的拨款情况。

该报告说明:关于以海关岁入作担保的各次借款至 7 月底应付的所有分期摊还的本金和利息都已偿清,7 月 31 日手头的结余为 3,447,474 两。

该季度内没有偿还庚子赔款;赔款帐目的贷方余款为 1,348,116 两。这里,可以指出:因为自去年 9 月 30 日以来没有偿付赔款,所以应于 1912 年 7 月 31 日支付的款额为 2,487,412 英镑,不包括欠付的利息在内。

报告的一些附件已在该报告中作了概述。我仅随信附上该报告的最后一个附件,即上海代理税务司的一封信,谈及转拨十五万二千两厘金税款以偿还 1898 年四厘半利息金借款。这笔借款是专以某些地方的厘金税款作担保的,在今年 1 月份以前,它从未成为一般海关岁入的负担。可是,这笔借款也是以一般海关岁入作担保的。由于厘金税的征收因革命而遭到破坏,所以自今年初以来,偿还这笔借款每月所需的五十万两以上的款项,除了现在从厘金转拨的较小的款额之外,不得不完全由一般海关岁入偿付。

朱尔典谨上    1912 年 9 月 6 日于北京

**附件 1:国际银行家委员会秘书致朱尔典函**

阁下:

关于您 1 月 30 日的信,其中指出国际银行家委员会应向北京外交团提出一份季度报告,说明海关岁入的拨款情况,我荣幸地随信奉上:

(一)说明至上月 31 日为止的季度内中国借款偿还帐目的税款收支总额报告书。

(二)自 4 月 30 日至 7 月 31 日总税务司在汇丰银行的"洋税帐目"的副本。

(三)自 4 月 30 日至 7 月 31 日上海税务司在汇丰银行的"中国借款偿还帐目"的副本以及结算单。

(四)上海税务司在德华银行的"中国借款偿还帐目"的副本以及结算单。

(五)自 4 月 30 日至 7 月 31 日上海税务司在华俄道胜银行的"中国借款偿还帐目"的副本以及结算单。

(六)自 4 月 30 日至 7 月 31 日由汇丰银行支付的中国借款分期摊还的本息表。

(七)由德华银行支付的中国借款分期摊还的本息表。

(八)由华俄道胜银行支付的中国借款分期摊还的本息表。

(九)由麦加利银行支付的中国借款分期摊还的本息表。

（十）上海代理税务司7月1日来信的副本，谈及从厘金税款帐目中转拨十五万二千两，偿付是月5日到期的关于四厘半借款的那一期款项。

从这些报告书中，您将注意到：自4月30日至7月31日所征税款总额为10,011,524.73两，而第一个季度征收了12,308,828.36两。

偿付借款中分期摊还的那部分本息共达8,539,960.54两，而至4月30日为止的那个季度偿付了10,435,720.34两。

过期的分期摊还款项的利息仅为617.17两，而前三个月所付利息为61,031.19两。

存款利息共10,807.85两，经三家保管款项的银行应允，按二厘利息记入帐簿内。

至7月31日为止而且包括该日在内应付的所有分期摊还的本息都已偿清，该日手头的结余为3,447,474.21两，由三家保管款项的银行分配如下：

汇丰银行…………1,149,364.88两
德华银行…………1,149,068.54两
华俄道胜银行…………1,149,040.79两

我还荣幸地随信送上：

（一）说明为"中国赔款所收税款总额的报告书。

（二）至7月31日上海税务司在汇丰银行的"中国赔款帐目"的副本以及结算单。

（三）至7月31日上海税务司在德华银行的"中国赔款帐目"的副本。

（四）至7月31日上海税务司在华俄道胜银行的"中国赔款帐目"的副本。

（五）至7月31日上海税务司在横滨正金银行的"中国赔款帐目"的副本。

（六）至7月31日上海税务司在东方汇理银行的"中国赔款帐目"

的副本。

（七）至 7 月 31 日上海税务司在花旗银行的"中国赔款帐目"的副本。

（八）至 7 月 31 日上海税务司在华比银行的"中国赔款帐目"的副本。

过去三个月内没有偿付赔款；这个期间所收款额 705,856.94 两以及自 4 月 30 日转帐的结余 638,255.35 两,在税务司赔款帐目上的贷方记载如下：

在汇丰银行的款额⋯⋯⋯⋯148,664.12 两

在德华银行的款额⋯⋯⋯⋯283,316.09 两

在华俄道胜银行的款额⋯⋯⋯⋯391,027.69 两

在横滨正金银行的款额⋯⋯⋯⋯107,687.16 两

在东方汇理银行的款额⋯⋯⋯⋯215,442.20 两

在花旗银行的款额⋯⋯⋯⋯94,258.47 两

在华比银行的款额⋯⋯⋯⋯107,721.06 两

各银行也已应允存款利息按二厘记入帐簿内,它总共为 4,004.50 两,已包括在上述各项结算中。

我还附上至 7 月 31 日海关总税务司在汇丰银行的"常关税帐目"的副本。

这封信通过此地的首席领事送给您；给各有关国家的领事送去一份副本。

国际银行家委员会秘书

曼谨上　1912 年 8 月 13 日于上海

**附件 2:上海代理税务司致国际银行家委员会秘书函**

亲爱的先生：

我收到海关总税务司所开的厘金税帐目上的两张汇票,每张各七万六千上海两,分别向汇丰银行和德华银行提取款项。我很感谢您,如果您惠允将这两张汇票送交该有关银行,同时通知他们,这两张汇票代

表总税务司所能提供的那部分厘金税款,用来偿还1912年7月5日到期的关于1898年四厘半利息借款中每月分期摊还的款项。

关于此事,我奉海关总税务司之命说明:自从付清1911年12月5日到期的那部分款项以来,各有关税区的厘金汇款几乎已经中断;现在从这方面得到的款项,代表了帐目上仅从苏州和杭州这两个税区不定期得到的那部分货厘,另有很少一部分宜昌的盐厘。

代理税务司　克罗斯谨上

1912年7月1日于上海海关

《英国蓝皮书有关辛亥革命资料选译》,第618—622页

## 库朋斯齐致尼拉托夫的紧急报告

### 1912年9月11日[24日](第767号)

第83号。

阿纳托利·阿纳托利耶维奇先生阁下:

在北京获得的中国政府签署1000万英镑贷款契约的消息,同中国的财政总长非正式恢复与这里的六国银行团代表们的贷款谈判几乎是同时得到的,这在银行团代表中引起了特别强烈的印象。

尽管伦敦贷款看来遇到了相当大的困难,尽管中国人继续向银行团呼吁,但明显地表明,他们终究不再需要银行团。他们只是力求从中得到更多的优惠条件,怎样享用在伦敦事实上强迫缔结的贷款资金——很可惜,除了郭业尔和美国人麦克纳塔之外,开始表现得极为焦躁不安,特别是汇丰银行经理熙礼尔,由于担心中国人停止已经恢复的他们同六国财团的谈判,准备向中国人作出实质性的让步。继熙礼尔之后,就是德国财团的代表柯达士先生,他在银行团的会议上,几乎总是支持熙礼尔,其特点是,他以最大的倾向,对中国人持让步态度。法国银行的代表贾斯纳先生,从银行团最初成立时起,他的作用是如此地平淡,引起了普遍的惊奇,在他的同事中,无论谁都不能确切地指望他的支持。尽管总的说来,他同样准备尽快地就有利于中国人的意向发

表意见。需要指望他的后任皮埃尔先生尽快到达这里,并使法国在银行团中的作用具有更大的应有的地位,同法俄关系的性质更符合的地位。最后,日本财团的代表小田切先生一直是同中国谈判的强硬政策的拥护者,但自最近中国财政总长借助他开始同银行团进行非正式谈判之后,相当突然地改变了自己的观点,并如此明白地主张让步。这样的改变,无意中引起了猜疑,难道不是他和财政总长之间某些秘密协议的结果吗?

我觉得,如果中国人缔结的预定的伦敦贷款最终举办的话,事件本身不应该特别地使我们感到不安。中国人没有从中得到大笔资金,而只是在一定时间内,满足其最紧迫的国家需要,一天挨一天地延长其生存的可能性。但是,我担心,伦敦贷款不能想象是唯一的机会,这样一来,银行团的虚弱的一面就显露出来了,甚至可能导致它的完全的崩溃。问题在于,其实象法国、德国和美国财团真正具有代议制的性质,他们包括了本民族的最主要的银行,因此,可以不担心来自其他法国、德国和美国资本家的竞争。英国财团仅仅只有一家汇丰银行组成,它希望无论如何也要起来保护自己在中国的金融业务的垄断地位,并且不赞成同其他英国银行分享这些从中国的贷款中可指望得到的利润。因此,依旧在一边的所有其余的英国大银行是银行团的抵制者和竞争者,在这方面需要经常注意他们。因此,可以预料,同现在的伦敦贷款类似的事件,在将来可能容易重复。如果这一次英国政府给予在伦敦缔结的贷款以公开的、有力的抵制,那末,往后它未必就没有能力遵循同样的活动方式。英国社会舆论,对于把最大的英国银行都排除出去的银行团,都声声反对赋予它同中国缔结财政契约的垄断权。在著名的莫理循博士的积极参与下,现在报刊上传出了关于这点的反对汇丰银行的抨击,自然在议会中也为自己找到了反映,伦敦内阁对此未必能够依然装聋作哑。

在那样的情况下,汇丰银行对将来怀抱着忧虑,以及它准备对中国人让步都是完全合理的。但是,任何类似的从银行团方面来的虚弱的表现,都对中国政府起到最大的振作精神的作用。这里中国政府凝神注视着六国财团代表情绪的最微小的反映,对欧洲发生的一切极为灵通,并促使它坚持抵制银行团向它提出的对贷款用途的监督条件。据我看来,类似的情景完全不符合我们的利益,我觉得,倒是所有的银行团的其余参加者,希望迫使汇丰银行同其余的关心向中国供给资金的英国银行中最主要的银行达成协议,允许银行团在同中国的谈判中表现出更大的坚定性,并借助于六国政府,要不是向它提出限制条件就不允许中国缔结对它如此必须的贷款。

　　我向郭业尔解释了我现在的报告,他完全赞同其中阐明的观点。据我所知,这里的法国代办同样在向本国政府表示类似的意向。

　　致诚挚的敬意

库朋斯齐

《近代史资料》总第 90 号,第 213—215 页

### A·米切尔·英尼斯致国务卿函(摘录)

英国大使馆　缅因州基尼欧(Kineo),1912 年 9 月 28 日

　　涉及以前通信中谈到的中国借款问题,我荣幸地通知阁下,我国政府从英王陛下驻北京公使处获知,中国政府已中止同六国银行团的谈判。中国政府采取这一行动以后,伦敦一家银行立即发表了一千万英镑借款章程,其借款额之半数本月 27 日已在伦敦进行认购[①]。

　　为了替自己的行为辩解,中国政府宣称,银行团的固执态度造成不能找到任何解决办法;他们认为银行团要求的独出心裁的条件是无法接受的,而后者明确拒绝考虑对他们提出的条件作任何变更。

　　英王陛下政府认为,由于下述情况,放宽条件可能是有道理的:(1)中国总的局势已出现改进的迹象;(2)中国政府显然有决心不惜一切代价拒绝接受把抵押品交归外国人管理的任何建议;(3)人们已经

---

　　① 即克利斯浦(Crisp)借款。

同意用数额较小的借款取代原定的六千万英镑借款,情况说明可以采取不甚严格的监督制度。

英王陛下政府曾经保证在谈判中及谈判期间只支持银行团,但谈判明显失败使情况完全改变。考虑到形势的变化,除非对正当使用所得款项有充分的保证和恰当的抵押品,列强无疑将继续反对有关各国国民募集任何贷款。作为同意募集此类贷款的条件,他们将坚持要求向银行团偿还业已提供的垫款。但是,如果没有可能同银行团达成协议,禁止中国按照任何方式从外面获得财政援助一事便不能作为问题提出。英王陛下政府发现,即使在理论上也很难为这种禁令辩护;同时,目前令人遗憾的经验显示出,这种做法在实践中并无效果。

因此要考虑,各财团应否作最后的努力与中国政府谈妥条件。伦敦的英国财团并不认为中国人最近的建议没有道理。他们感到惊讶和十分遗憾的是,在未向国内作任何介绍的情况下,这些建议在北京当即遭到拒绝。伦敦的英国财团正敦促其他财团,以中国政府的建议为基础,在北京立即重开谈判。英王陛下政府希望有关各国政府迅速赞同这一方针,因为除了毫不延迟地签订一项协定,就是不顾后果地最终放弃这一谈判,此外别无选择余地。

A·米切尔·英尼斯

《北洋军阀》第二卷,第258—260页

### 库朋斯齐致尼拉托夫电

1912 年 9 月 17 日[30 日](第 837 号)

第 805 号。

为贷款事。

郭业尔写信给我,其中就必要性来说,他主张:(1)向中国政府提出抗议,把盐税作为新的伦敦贷款的担保。(2)向中国人声明,帝国政府打算要求在将到期的 12 月 31 日,支付欠缴的庚子赔款,并以盐税来承担既到期的和将来的支付款项。(3)向中国政府指出下述的必要性:从伦敦贷款总额中偿还无论是从前的华俄道胜银行给各地方机关的贷款,还是由于无秩序而造成的帝国政府的损失,并且从伦敦贷款的总额中储存到期必须交还银行团垫款的款项。

所有的六国列强在这方面共同活动的条件下,所有的这些措施,在我看来是完全适当的和合理的。除了已经列入要求交还的某些款项之外,关于无秩序造成的银行损失已确定另外的活动方式。但是,由于英国就银行团问题向五强通告的呼吁书,此刻,公使们没有任何共同活动的可能。关于呼吁书,英国公使今天通知了我,显然这是有危险的,或者将导致六国政府和财团在中国的不能接受的要求面前完全投降,或者导致银行团的瓦解以及各银行争相建议在没有任何监督条件下,自己向中国政府效劳。我的英国同事从本国政府得到新的训令之前,就贷款问题完全拒绝采取任何行动。法国还有日本公使虽承认郭业尔和其他银行所指明的方面采取措施都是合理的,他们也同意我在 9 月 15 日[28 日]第 799 号电报中所说的意见,即必须继续果断地遵循从前的政策并以那样的精神齐心协力地继续活动,但他们同样认为,我们现在首先应该等待由英国引起的政府之间交换意见的结果。

库朋斯齐

《近代史资料》总第 90 号,第 218—219 页

## 收熊秉三函

### 1912 年 10 月 6 日

敬启者:借款事宜,弟于五阅月中,略有经验。拟有条议一篇,印成呈览,并祈教正。唯未决定以前,乞勿宣布也。专肃。敬叩台祺。熊希龄。九月廿二日。

**附件:照抄熊秉三所拟借款条议**

借款一事,为本年全国重要之一大问题,国务院、参议院之会议,南北报纸之舆论,各省都督之抗争,外国政府商民之辩论,纷纭纠葛几一年矣。而其中之真相实无一人能知者,何况得失之所在耶。某身负重

谤，咎有应得，然当困难之际，关系国家生死存之，实不敢不忍辱含默，以期见谅于将来。今者伦敦姜克生借款已成，六国银团又出而相阻，吾国官民恐不免以局外之观察，而或致应付之失当者。谨就五阅月来之所经验，草陈大略为我国人告之：

一、当知此次革命之能成功者，以何而操战胜之权，国人必曰种族之学说也，军队之反正也。而不知清国之所以速亡，民国之所以速定者，即财政问题也。满清末年，国家财政，已蹈于破产地位。闻当时英使报告其政府，即谓中国财政，将不免有监督之事。考之清朝借债历史，独于宣统三年，与四国银团所订币制实业借款合同条例，关于稽查用途，较之以前借款甚为严密，足测其信用之深浅矣。革命初起，金融恐慌，度支奇绌，各国严守中立，南北财政均蹈于危险之极点，此和议之所以速就也。迨至共和宣布以后，雍容揖让，五族一家，各国赞助者，以为全球革命之冠。洋商群起争揽借款，四国银团先付二百万，以期捷足先得，并无格外之要求。不料南北建都忽生意见，北京兵变威信坠地，四国银团于是迟疑观望不肯付款，致有华比之合同。而各省理财不得其人，糜费耗滥，入不敷出，内容纤悉，外人皆知。以是中央与地方同时逼于枯窘之境，借款以此更难，条件以此更酷。实则各省都督，苟能公忠爱国，力图统一，规复旧日财政制度，按期照付洋债，则借款问题，亦当易于解决矣。内政不能统一，财政不能自理，而望债票发行，信用巩固，犹缘木而求鱼也。

二、当知此次借款之纠葛，其失败之原因，殆有四端：

（一）误于函请各国政府之出而主持。中国向来借款，均系由政府直接与银行商订。前清四国币制实业借款，亦系银团自主，并无该国政府主持。此次因兵变之后，银团观望，各国政府遂有干涉之意。三月初七日，度支部与银团函内声明，商请银团转请各国公使批准，预交中国临时政府现银一百一十万，以济急需等语。于是经济上之交涉，变为政治上之交涉。不独中国借款为各公使所把持，即四国银团亦限于各公使之拘束矣。此其失败一也。

（二）误于华比银款之未先声明。查三月初七日，四国银团函允垫款一百一十万两，即要求优先借贷之权。三月初九日，中政府复书，允其所请。而银团忽又延宕交款，唐总理遂于十四日，与华比银团另订借款合同。由三月初七以至十四日，相距不过一星期，何以决裂至是殊不可解。然当时唐总理如因四国银团迟于交款，尽可声明另借。则三月初九一函，自归无效。今既未曾当面声明，而又私与华比立约，此四国银团及其政府，所以藉口于唐总理之失信义，以命令其本国各商人，不准借款于中国也。此其失败二也。

（三）误于六千万镑之巨额。民国初，基未固，信用未孚，若为行政经费，及付还短期借款起见，只宜预算用途，如其所需之数而止。且谋国者，必须规画政策之轻重，以定借款之多寡，未有虚指五年六千万镑数目者。外人因我借额之巨，不得不慎重其担保抵押，加严其监视支出，以期债票发行之踊跃，债主信用之巩固，而后该银团乃遂其垄断借款之私图也。其觊觎我边疆诸国，见我借款愈大，疑虑愈深，谋亦愈亟，而监督财政条件，亦以此而愈严矣。此其失败三也。

（四）误于遽许日俄国之加入。前清宣统三年，四国币制实业借款，有东三省各税之抵押，移民开垦之计画，日俄所最忌也。四国银团既成立，俄于是另立俄、比、英、法之财团，以期与之对待。今若分而为二，彼此尚有竞争，即于外交政策亦可利用。迨至南京政府，有向道胜银行借款一千五百万两之合同。四国银团恐其得手，因饵我政府以均势美意，欲约日俄两国入团，以为消弭侵略之计。唐总理不察，遽即允许，而六国银团之势力益强，我之借款遂握于六国之掌握，不能自拔矣。此其失败四也。

有此四失，根本已坏，不可救药。而其最可畏者，当华比借款时，人人知为华比银行，而不知其暗幕中实俄人耳。俄之阴谋设计，无时不欲破坏四国银团之计画。初因南京一千五百万两之合同未经通过，遂阴与华比相通。迨至六月初旬，四国银团与日俄加入，未经决定之际，俄复阴遣华比，饵我政府，以向彼借款，破坏四国银团之利，幸我等不为所动。巴黎会议乃经通过,于是四国银团,向所不许以借款偿还华比者,今乃于六月二十四日,外交部会议时,提出华比偿还之问题矣。此可见其居心之叵测也。夫六国银行团既已联合,我可保其均势之局矣。顾何以初次提出四项条件,即致谈判之决裂也。此其原因亦有五端:

(一)盐务用海关办法。查我国改良盐法,雇用外人本非绝对难行之事,而彼此提出仿照海关办法者,试问海关由外人办理数十余年,并未为我造就海关人才。至今边远小关税务司,及大写等员,并无一华人在内。总税司赫德辞职,而英政府提议必用英人继任,是纯粹视为英人世爵。即我雇用外人之权,亦为所限,岂可再蹈前辙耶。

(二)经理五年债票权。我之经济政策,全垄断于六国银团托辣司之手。此后我若撮办一实业,视彼之竟向,以卜借款之可否,事事仰其鼻息,我安有自由之一日乎。

(三)聘用银团为财政部顾问。查财政部延用外人为顾问,本属寻常之事,然彼之意,则不在此。彼因垫款章程第三条,稽核员权任太轻,不能十分干涉,且仅限于垫款用途,于财政部全国收入支出,无可插手,乃思更改条例,变轻为重,以遂其监督全国财政之谋。

(四)该团交款并非大宗。查我国现在状况,重在得一宗大款,将各省兵队急行撤遣。撤遣之后,税收即可有余,支出即可减少,财政自可规复。今该团所交之款,每月数目不过数百万两,我只可维持现状,既不能支发欠饷,又不能撤遣军队,实于我国政治无所裨益也。查该团此举无非仰体该国政府之意,藉此减缩我之经济范围,只令赡给腹地不能兼顾边疆而彼得为所欲为,以蚕食我边陲也。

(五)我国急要之款不能照付。查新疆伊犁及蒙古各办事官所驻之地,前清例有协饷,为数甚少,无则生变。今六国银团,凡关于以上各款,多不肯付。六月十二日所送银团清单,列有协饷一百余万两,该团即以碍难交付为词。然则大借款若成,我之棘手之事,亦必甚多也。

以上五端关系重要,国之安危实在于此。此停止借款谈判之所由来也。今伦敦姜克生,一千万镑合同既定,某公使又从而阻挠。于是我国士夫相顾失色,咸生惊恐。有谓六国银团将要求速还垫款者,有谓六国政府,将索追赔款者,有谓新银行团垫款不足恃,仍须向六国银团开议者,余以为不足虑也。第一项六国银团前次所垫一千二百万两,虽有先尽偿还之语,但该款系九七扣用,论其性质属于一年借款期限之内,我应按照一年期满再行归还。以时度之,在明年三、四、五、六月间矣。第二项六国索追赔款,查自去年九月起,至今年十二月止,共需赔款二千六百万两,除今年海关税余存九百万抵还外,尚欠一千七百余万两。我可与六国约定日期,电令各省摊解,或另筹他法补偿。各省撤兵之后,足以应此急需也。第三项伦敦银行团所定合同,交款均有定期,到期不交,该行自失信用,非我有背合同。且华比借款,唐总理未经声明于前,故四国银团责其失信。彼既未按照三月初九日函照付垫款,我七月初九函业经声明另借他款,其曲在彼,殊不足以难我也。惟是六国银团,历年承办中国借款,与我交谊关系甚深,一旦与之决裂,在我有所不能。且该团要求条件,往往藉口于中国财政基础之不稳,信用之不固,以求确实保证之品。我为顾全发行债票计,亦不得不自筹良法,以杜该团之口实。特拟办法四条,用备采择。

(一)中国现在财政状况,一千万镑仅敷行政经费之用,其整理盐政,偿还短债,需款尚多。可向六国银团另借一千五百万镑,与伦敦新债并行不悖。一切条件亦应按照相等之债款合同办理,发行债券可分先后,自不致有冲突之患。

(二)伦敦借款合同既经成立,又免监督条例,在我既固主权,在彼实不免有疑虑,以财政若不整理,债票即遭停滞也。今我宜于国务院自设审计处或雇用外人为顾问,仍照垫款章程切实稽核,以免浮滥,而昭信用。至于改良盐法,亦所当急,速于财政部外设立筹办盐政处,延雇外人,定立就场专卖政策,使之加增收入,足付外债利息,外人又何要求之有。

(三)借款虽成,特以救急则可,特以经常则不可。盖世变无时,万一中国或有内乱,欧美或有事变,即使六国银团巨债成立,亦恐不免有停付之事,前清币制实业借款可为鉴也。故倚赖借款以存活者,其国亦终蹈于危亡之境。今为政府筹画,无论何项外债成后,均宜自行筹款以为后援。除印花、验契两新税案可增收入外,救急之方,莫如盐斤加价、地亩租捐为最要。盖盐为日用所必需,每斤加价十丈,平均担负,民间所出无几。地亩租捐仿照四川、湖南铁路办法,今年各省丰收,人民亦不致有反抗。约计两款,可收四五千万元,以一年为期,此后不得成例。盐斤加价,各按地方所征多寡数目,由中央给以公债票,充作地方公益经费。租捐则照铁路股票章程,各按人民所纳之捐,填给公债票,按年付息。当此外交吃紧之时,激以救国热诚,此案必能通过也。

(四)六国银团及各公使,往往藉口于民国收入不足以抵偿洋债,以主张其监督用途,管理盐税之议论,今我宜设法抵制。查前清预算册,每年外债本息,须付银五千万两,若加以民国新债二千五百万镑,及战争时各项小债增付本息一千万两,合共不过六千万两。从前抵押之品,多系关盐、菸、酒厘金各杂税,摊搭作抵,实不便于统一计算。今拟与各银团商酌,将从前各项合同所载杂税概行删除,纯改以关税、盐税作抵。查前清预算册,关税收入共录四千四百七十万两,盐税收入四千七百五十万两。今以新旧外债按年付本息六千万两扣算,除以关税四千万两全数抵付外,再于盐税中提出二千万两,补足六千万之数,我尚可余盐税二千七百余万两。不独可以昭信于债主,且腾出各项杂税,随时作我抵借之品,省却无数纠葛,甚合算也。

以上四条,为目前借款最要之策,是否有当,乞付公议施行,不胜切祷之至。

《中日关系史料——一般交涉》,第28—33页

**库朋斯齐致尼拉托夫电**

1912年9月26日[10月9日](第965号)

第826号。

为贷款事。

中国外交部今天向英国公使发送了在伦敦缔结的 1000 万英镑贷款契约的文本,其中,应该指出的利益攸关的条款是,盐税盈余作为贷款担保,盐税收入被确定为 4700 多万两,其中 2400 万两已被抵押,因此,可以动用的盈余被确定为 2300 多万两,并且,中国政府声明,这笔盈余完全不能再用作任何其他担保的对象。在积欠贷款的情况下,英国辛迪加可以要求把盐务转交海关管理。契约条款中有一条,在这项贷款完全发放之前,中国承担不缔结对债权人条件更优惠的任何其他贷款的义务。在有意作出同目前的条件一样或对中国条件更好的贷款时,伦敦辛迪加享有承销债券的优先权。

库朋斯齐

《近代史资料》总第 90 号,第 221 页

## 收财政部函

### 1912 年 10 月 16 日

敬启者:本部前致银行团信两件亟须公布。兹将原件底稿抄录华洋文各一份,送呈贵部,希分登中外各报,俾资传布,实纫公便。专肃。即颂日祺。计七月九日函华洋文各一件,八月五日函华洋文各一件。财政部启。章宗元代签。

**附件一:致银行团禧代表函照译**

李总长六月十二日函中,业经声明磋商借款条约,系以垫款为必要。自六月二十四日会议,贵团允电伦敦各资本家,酌量所议之一千万镑,现已两星期之久,尚无签复。各省待款甚殷,屡电请款维持,中央政府无以济其急需,所以昨日会议时,本总长商垫数十万两。贵团既不照允,本总长当即宣言,如不垫款,本部惟有令各省自行设法,或中央政府另行设法,以应日前急需。明日当将此办法寄出,以示实行等语。今此函即所以请贵团一定夺也。虽然本政府与贵团感情素好,本总长深信贵团得各贵总行答复后,仍可再议将来所需也。财政部启。七月初九日。熊希龄署名。

## 附件二：致银行团函照译

熊前总长，当七月初八日会议时，见贵团不照三月初九日函内所开之第三条，垫本中央政府六、七、八三个月款项，固向贵团声明，不得不令各省自行设法，或中央政府另行设法。次日并将此言书出，以示实行。兹再奉告贵团，本政府为磋商借款事，既不能与贵团得良好之终果，决计与他银行团商借。此函希督核为荷。财政部启。八月初五日。赵秉钧署名。

## 附件三：照抄财政次长章宗元函

骏人、昶云两兄大人阁下：启者，本部伦敦金款，现存十九万镑又零五百五十镑，本月本京亟宜发给兵饷，而一时难以汇京，焦急万分。前承骏兄示，沪关尚存银一百五十万两，备付上年十月分赔款。本部现拟在伦敦金款内拨付此项赔款，一面提取沪关存银，一俟商定镑价银数，同日发电划拨，实于沪关存项毫无损碍。业经咨行税务处，暨贵部在案。昨晤骏公知昶云兄业已至总税务司处晤商，兹本部特派黄君宪澄体濂先到贵部，会同昶公再赴总税务司处切商，恳照允以免本月兵饷短阙，是否之处，仍希骏公大酌为荷。专肃。敬请公安。愚弟章宗元谨启。十月十七日。

《中日关系史料——一般交涉》，第34—35页

# 收交通部函

## 1912 年 10 月 21 日

径启者：案查前沪道与关于赔款各银行，订立购买去年西十月付还赔款所需之金镑合同一事，前准节略，业经本部于九月十九日将决定实践合同，设法偿还等因，复达在案。查此项办法，即系将常税项下现存之银，尽数拨充归还去年西十月分批赔款之用，其不敷之额，则由总税司向银行商垫，所有一切手续，均由总税务司经理，合再函达贵署大臣查照。专泐。顺颂日祉。

英朱使　奥讷使　法康使　俄库使　和贝使　比艾署使

美嘉使　日白使　义斯使　德哈使　日本伊集院使　葡沙署使

《中日关系史料——一般交涉》,第 35 页

## 收简要新闻

### 1912 年 10 月 26 日

论者谓,中国于其允许之件,未免虚饰,而于其要请预先垫款时,又多诡计。缘其请求垫款,已经商允之条件未能履行也。闻自六国银行团,与中政府停议商议后,该银行团又自行开议,研究此项条件,可否减让,并商议对于监理盐税之事,可否只限于一二省,而不普及全国。论理若此数省盐税改良办法后,已足敷担保之用,则其他各省当然置诸不问。记者以为,银行团可不致解散。惟各宗小借款,冠以实业借款之名者,实大不利于该团。即如上年十二月杨子码头借款,以汉阳铁厂,及华南招商局为担保之日本借款、安诺克伯借款,以及现在茅得里克森之电车借款是也。记者甚怪,夫德公使之不阻止德人,以款贷与中政府,深盼其余五政府出而抗议,否则银行团将因之解散,而复演竞争之剧矣。记者最后之忠告,则切盼该团亟求因终,盖该团之力足能停止中国借款之紊乱也。

《中日关系史料——一般交涉》,第 36 页

## 朱尔典致葛雷函

### 1912 年 12 月 23 日收到

阁下:

关于我 9 月 6 日的信,转寄国际银行家委员会对于至 1912 年 7 月 31 日为止的三个月所提出的第二份季度报告的副本,我荣幸地附上那些银行家们处理至 1912 年 10 月 31 日为止的季度内海关岁入拨款情况的另一份报告。

正如该报告中所说明的那样,至 10 月 31 日,以海关岁入作担保的所有各次借款分期摊还的本息都已偿清,该日手头的结余达

9,486,626两。

应于 1911 年 10 月支付的那部分分期摊还的赔款相当于 2,070,187两,其兑换率现已确定,也已于上季度内付清。由于可用的税款偿付这笔款项尚欠 39,656 两,差额由汇丰银行从"常关税帐目"内透支弥补,后来已通过各口岸的汇款付清。

朱尔典谨上　1912 年 12 月 6 日于北京

**附件:麦加利银行致朱尔典函**

阁下:

按照您在 1 月 30 日的信中所作的指示,我奉命随信送上:

(一)说明至 10 月 31 日为止的季度内为偿还中国借款的海关岁入收支净额报书书。

(二)自 7 月 31 日至 10 月 31 日海关总税务司在上海汇丰银行的"洋税"帐目的副本。

(三)自 7 月 31 日至 10 月 31 日上海税务司在上海汇丰银行的"中国借款偿还帐目"的副本以及结算单。

(四)上海税务司在上海德华银行的"中国借款偿还帐目"的副本以及结算单。

(五)上海税务司在上海华俄道胜银行的"中国借款偿还帐目"的副本以及结算单。

(六)自 7 月 31 日至 10 月 31 日由汇丰银行支付的中国借款分期摊还的本息表。

(七)由德华银行支付的中国借款分期摊还的本息表。

从这些报告书中,您将看到:自 7 月 31 日至上月 31 日所收的净税款共达 10,567,935.66 两,而上季度为 10,011,524.73 两,第一个季度为 12,308,828.36 两。

支付借款分期摊还的本息共为 4,444,450.24 两;至上月 31 日而且包括该日在内应付的所有分期摊还的那些款项都已偿清,该日手头的结余为 9,486,626.60 两,由三家保管款项的银行分配如下:

　　汇丰银行…………3,162,208.87 两

　　德华银行…………3,162,208.87 两

　　华俄道胜银行………3,162,208.86 两

　　总共　　　　9,486,626.60 两

我又奉命送上：

（一）说明至 10 月 31 日为止的季度内为中国赔款所收的常关税净额报告书。

（二）自 7 月 31 日至上月 31 日上海税务司在上海汇丰银行的"中国赔款帐目"的副本。

（三）自 7 月 31 日至上月 31 日上海税务司在德华银行的"中国赔款帐目"的副本。

（四）自 7 月 31 日至上月 31 日上海税务司在华俄道胜银行的"中国赔款帐目"的副本。

（五）自 7 月 31 日至上月 31 日上海税务司在横滨正金银行的"中国赔款帐目"的副本。

（六）自 7 月 31 日至上月 31 日上海税务司在东方汇理银行的"中国赔款帐目"的副本。

（七）自 7 月 31 日至上月 31 日上海税务司在花旗银行的"中国赔款帐目"的副本。

（八）自 7 月 31 日至上月 31 日上海税务司在华比银行的"中国赔款帐目"的副本。

　　上季度内付清了应于 1911 年 10 月支付的那部分分期摊还的赔款，共合银 2,070,187.63 两。可是，全部入款仅为 2,045,827.87 两，在付清总税务司所开的支票 15,306.88 两后，尚缺银 39,306.88 两。大家商定，所缺银两由汇丰银行采取对总税务司"常关税帐目"透支的办法垫付。各口岸汇来的所有常关税款收到后，即用来扣除这笔透支的款项。

　　还附上至 10 月 31 日总税务司"常关税帐目"的副本，说明借方的

差额为 39,656.64 两。不过,透支款项已于后来付清。

这封信照常通过此地的首席领事送给您;副本将分送给各有关国家的领事。

国家银行家委员会秘书

曼谨上 1912 年 11 月 22 日于上海

《英国蓝皮书有关辛亥革命资料选译》,第 628—631 页

## 收驻日本使署函一件
### 1913 年 1 月 9 日

径启者:赔款尾数展期事,已于二十三日将大概情形电陈贵部在案。二十七日晤日本外务次官仓知,言赔款展期事,日政府意在赞成。惟昨日北京外交团集议,其中有赞成者,有未接本国政府训条者,有反对者,此系列国共同之事,故此际日政府只能表明始终立于赞成一面,须俟外交团议定,再一面知照阁下,一面电知伊集院,转达贵国外交部云云。先此奉闻,即希查照。此致外交部。汪大燮。中华民国元年十二月二十九日即壬子十一月二十一日。

《中日关系史料——一般交涉》,第 92 页

## 收英使馆函
### 1913 年 1 月 9 日

节略。查于商办维新借款,有关系之六国大臣,于上年十二月三十一日,公请日本、法国两大臣,作为代表,与中国政府所派之代表外交、财政两部总长面订各节。应由本大臣等缮写明晰,呈与贵总长,以便备案。

一、中国政府允认,将改革时凡外人所受之损失,公允赔偿。是以中国政府,以为将该借款数目,由二千五百万镑,增至二千七百万镑。以所加之二百万镑,移备偿补以上所提之赔款。其各要索者应否承认,及赔之数目多寡,均归各使馆与中国政府会同核定。倘有未能同意

之处,应照仲裁办理。

二、聘用外人为顾问官及官员并与定立之合同。

中国政府尝表明,聘用外人为顾问官及官员之意,以备整顿财政之紧要机关,其中专提及盐政及审计院。迨至其时,本六国大臣,即行备文至外交部,请问所应聘之外人,系属谁何,何等权限。其合同内,有何条件。嗣由外交部,将所拟聘外人之名,及所拟之合同,备文答复本六国大臣,言明该文系属秘密。

本六国大臣,已将以上各节,陈请各本国政府允准,言明俟奉到批准后,方能定局。一九一三年一月九日。

《中日关系史料——一般交涉》,第92—93页

### 发周学熙函
#### 1913 年 1 月 13 日

缉之仁兄阁下:敬密启者,上年十二月三十一日,日本、法国两使在本部商议借款事宜,提及两项问题,业经彼此商定办法。日昨接准六国驻京大臣节略,大致亦系依照前项办法而言。惟其间语句尚有应行修改之处,兹将原文节略抄送,并拟致六国驻使私函稿一件,函送台端查阅,如属妥协可行,即希示明,以便照办。此泐。顺颂台祺。总长署名。附件(略)见一月十五日发六国驻京公使密函。

《中日关系史料——一般交涉》,第93页

### 收周学熙函
#### 1913 年 1 月 13 日

骏人先生阁下:敬密启者,顷奉台函以日本、法国两使,前在贵部商议借款事宜,提及两项问题,业经商定办法。昨准六国驻京大臣节略,大致亦系依照前项办法而言,惟语句尚有应行修改之处。兹将原文节略并拟致六国驻使私函稿一件,钞送查阅等因。查本日六国银行团接伦敦电,前项借款,只能二千五百万镑,与前议稍有不同。又第二项字

句,亦稍有修改之处。兹特另拟一稿,钞送台阅,即祈查核照覆为荷。此泐。顺颂台祺。周学熙拜启。一月十四日。

《中日关系史料——一般交涉》,第 93 页

### 发六国驻京公使密函
#### 1913 年 1 月 15 日

径启者:此次商办维新借款,闻有另有询问之处,本年一月九日接准贵大臣等节略,业已阅悉。兹经本总长会同财政总长,商定办法两条,开列如左:

一、中国政府允将南北交战期内,外人在交战地所实受之直接损失,查明情形酌予赔偿。是以中国政府在此次借款二千五百万镑内,划出二百万镑,备充前项赔偿之用。至何者应行赔偿,及赔偿之数目如何酌给,可由各使馆开明详细清单,送与中国政府查阅后,交仲裁委员会酌定办理。此项仲裁委员会之组织、权限与办法,再行协定。

二、中国政府现因整顿盐务,业由财政部制定章程,设立稽核造报所。其总所内应用洋会办,分所内应用洋协理,以资襄助。又审计处拟定章程,设立稽核室,专司考核外债用途,用洋稽核员,会同华员办理。并拟聘用外洋财政大家,充审计处顾问。届时六国驻京大臣,可备私函向外交部询问,所聘以上各洋员系属何人,权限若何,以及延聘合同内定何条件。外交部即将中国政府所聘之人,及所订之合同,亦备私函答复。惟此项来往函件,彼此言明,系属秘密。

以上办法两条询属妥协可行,即希查照为荷。专助。顺颂日祉。

《中日关系史料——一般交涉》,第 93—94 页

### 收财政部函
#### 1913 年 1 月 16 日

径启者:六国银行团借款合同内,订明在盐务未整顿以前,由直隶、山东、河南、江苏四省筹解款项,备付第一年息款。当经本部电商四省,

现已先后电复认解。合将往来电文钞送贵部,即请函达领袖公使,转致六国银行团查照可也。此致外交部。附钞电。

**附件一:财政部发直隶、山东、河南、江苏四省电**

1913 年 1 月 6 日

天津冯都督、济南周都督、开封张都督、南京程都督、应民政长鉴:辰密。大借款将次成立,抵押仍为盐税。惟自光复后,从前在盐务项下指抵各款,悉未照解,信用已失。现虽力求统一,藉图补救,然本年度正当入手整顿之初,能否如期应付外人,尚未能见信。磋商至再,爰议由中央指定距京较近四省,分别按可认解,专备抵交大借款第一年付息之用。一年以后,信用既孚,即统归盐务项下按数筹解。计指定直隶一百六十万两,山东、河南各二百四十万两,江苏三百六十万两,共计一千万两,按照上开总数分月摊解。明知各省同一艰窘,未必府有余财。惟所指之数,直隶、山东、河南,均视该省向来应行解京之各项饷费,以及应解协饷各款,两比均有减无增。江苏仅解京各款,从前已不止此数。现在借款条件大致议妥,专候此事决定,便可造塔合尖。诸公热忱爱国,必能合力维持,大局所关,当蒙鉴谅。特此电达。务祈迅赐复允,无任跂盼。财政部。麻。

**附件二:财政部收天津冯都督〔国璋〕电**

1913 年 1 月 9 日

财政部鉴:辰密。麻电敬悉。国基初建,百度权舆,政治设施非财莫举。如得外债以厚集能力,即可超故步而济。至富强全局安危,胥系乎此。外省对于中央本有辅助之义务,况大部指定之数又为本省应遵解拨之款。无论如何为难,自应勉顾大局,力肩担负,无所用其斟商。所有直省奉派之一百六十万两,当饬司按月摊解,备付利息,以坚信用,而促进行。特此电复,尚希垂察。国璋。青。

**附件三:财政部收江苏程都督〔德全〕应民政长〔德闳〕电**

1913 年 1 月 11 日

财政部鉴:辰密。麻电敬悉。大借款告成,既以盐税作抵,自须筹有的款,预保信用。承示苏省指定三百六十万两,分月摊解。现时正在划分税目,赶办预算,事关借款条件,自遵嘱列入支出项下。大局艰危,何分畛域,尚希鉴察。程德全、应德闳。真。

### 附件四:财政部发直隶、江苏、山东、河南四省电

1913 年 1 月 13 日

直隶冯都督、江苏程都督、应民政长、济南周都督、开封张都督鉴:辰密。大借款第一年息银,以盐务秩序回复尚需时日,议由直、苏、汴、鲁四省,共摊认银一千万两,按月分解,以坚借款信用。业于麻电详达,并已准冯都督青电复允,饬司按月照解在案。兹因前电内,并未指定于何款项下动拨,各省筹解时恐无标准。兹由本部拟定,直隶省在地丁项下拨银一百万两,契税项下拨银四十万两,蒸酒税项下拨银二十万两。江苏省地丁银一百四十万两,漕粮银一百万两,厘金银一百二十万两。山东地丁一百四十万两,漕粮六十万两,契税四十万两。河南省地丁一百四十万两,漕粮四十万两,契税六十万两。以上所指之款,本部系就各省收入酌量拟拨,如贵省查核情形,或有他款可以改指,即祈核定详示。但期于总数相合,并候卓裁径复为盼。财政部。元。

### 附件五:财政部收开封张都督〔镇芳〕电

1913 年 1 月 14 日

财政部鉴:中国地大物博,非无筹款之方,惟暂救燃眉,不得不息借外债。豫省进款尚能支持,辅助中央自当勉力担任。况大部所指,均系应解之款。遵即饬司筹措,以坚信用,而济时艰。河南都督张镇芳。叩。寒。

### 附件六:财政部收南京程都督〔德全〕江苏应民政长〔德闳〕电

1913 年 1 月 14 日

财政部鉴:辰密。佳承电示,四省摊解借款利息,苏省指定三百六十万,事关借款条件,业经电复遵照列入预算在案。兹奉元电应于地丁、契税,及宁属厘金项下照数认解,备付利息,以坚信用。敬乞查照。程德全、应德闳。盐。

### 附件七:财政部收山东周都督〔自齐〕电

1913 年 1 月 14 日

财政部鉴:拱密。元电敬悉。六国借款保息之项,第一年山东应认二百四十万,事关大计,自当勉力认筹。兹于山东地方漕粮、临清关税,及烟酒税项下匀拨作抵,不至有误。除电呈大总统外,谨请贵部立案。自齐。塞。印。

### 附件八:财政部收天津冯都督〔国璋〕来电

1913 年 1 月 16 日

财政部鉴:辰密。元覃两电敬悉。直隶奉派之第一年债款利息银一百六十万两,自当遵照指定数目,行令藩司,在于地丁项下拨银一百万两,契税项下拨款四十万两,烝酒税项下拨银二十万两,按月解交中国银行兑收存储,以备拨用。特此电覆。国璋。咸。

《中日关系史料———一般交涉》,第 94—97 页

## 朱尔典致葛雷函
### 1913 年 1 月 20 日收到

阁下:

我荣幸地随信奉上外交部关于在伦敦用英镑偿还中国对外借款问题的一份照会的译文。

财政部认识到,按照目前的制度,在上海支付大量白银,使中国在兑换率上遭受损失,所以希望采取一种可以在伦敦用英镑偿还到期外债的办法,以代替那种制度。外交团考虑这个问题后决定:该问题是好几个借款合同规定的,所以只有通过同债券持有人直接达成协议,才能够获得解决。因此,这项决定已于本月 2 日送交外交部。

朱尔典谨上　1913 年 1 月 3 日于北京

《英国蓝皮书有关辛亥革命资料选译》,第 634 页

### 美国公使致国务卿电（概要）

美国公使馆　北京,1913 年 1 月 21 日

总统今天通知我说,中国亟需钱款,而六国银行团不愿垫支,因而他必然要从别处设法。旧历年关来临,结帐时候已到。军队大部尚未关饷,各省发行的大量票据急待贴现。人们相当担心,缺乏钱款总统无法维持秩序。嘉乐恒。

《北洋军阀》第二卷,第 260 页

### 陆徵祥与日伊使、法康使问答
### 1913 年 1 月 27 日

伊使云:前次会晤关于赔偿问题,及财政监理与顾问问题,彼此妥议,而使团亦甚满意。当日以财政部周总长须于下午四时与银行团会议,故本大臣与法公使将所议一切报告使团,转告银行团,并电达各该国政府在案。本以彼此已协商妥当即可作准,若见诸笔墨恐反生误会。日前将所议定各点,备一节略,以便存案耳。乃贵部所答覆者,竟尽翻前议。今日本大臣与法公使、代表使团来见贵总长与财政总长,重申前议,以解决一切。今财政总长既因病不到,即请将所言各事转达周总长,大总统前亦请陈一切。查对于前次所议赔偿,因此次革命受损各洋人一事,贵部节略内所答覆者,仅限于武汉战界内所受损伤者。然洋人之因此次革命受有损伤者,何止武汉一隅,中国各处均有之。今立此限制,颇不以为公允。至于聘用财政顾问,本以合同一时难定,且不便以此事载在借款合同内。彼此乃商妥以公函询问贵国政府有无其事,贵国亦以公函答覆,乃贵部之节略易公函为私函,使团亦不能表其同意。

总长答云:财政总长因偶尔违和,今日不能在座,贵大臣所言各节,当与周总长会商后再行答覆。前此节略系会同财政总长办理,当无不当。赔款一事,当日所言略嫌范围过广,故不得不设为限制,故于节略内加入之。至聘用顾问一层,周总长当日系明言用私函,并非公函也。

伊使云:当日只言中国政府担任赔偿,其详细待后日再议,若议而

不成,付诸公断。即欲设为限制,亦应俟诸异日。私函一事何能作准,各国政府殊不放心,故非用公函不可。当日周总长系明言各公使用信询问,贵国政府亦用信答覆,并请各公使秘不宣布而已。

陆总长云:关于聘用顾问一事,一般国民反对极力,各国政府诚不宜干预之。中国政府本允聘用财政顾问,但有鉴于前财政总长熊君之因此事受国民排击,故亦欲各国不干预之,用私函即所以避各国有干预我们用人行政之嫌耳。

总长又云:现有欲宣布者,请贵大臣注意,并请代达各公使。昨日总统府会议后,以银行团不能垫款,不能不停止会议,以待时机。贵大臣等好意出面调停,中国实深感之。中国亦开诚布公,停止各小借款,以与六国银行团商议借款,凡可迁就者无不迁就。今既议而无成,甚为可惜。中国需用巨款甚急,不能不另向他处筹借款项。今日贵大臣等所提议各款,系根据于借款条件,今借款既停议,则此次提议各件,亦宜暂行搁置不议也。

伊使云:贵总长所言,当报告各公使再行奉覆。但本大臣以为现在尚有商议之余地,若文行搁置,则前此所定数款,恐因而动摇,根本动摇,将来更难收拾也云云。

《中日关系史料——一般交涉》,第103—104页

### 收林桐实①函
#### 1913 年 1 月 27 日

敬肃者:窃查巴黎财政报载论中国借款一节,当即照译呈寄钧部,以备披览。专肃。敬颂勋绥。驻法代办使事二等二参官林桐实谨肃。

**附件:照译巴黎财政报论中国借款文**

十二月二十五日

中国六百二十五兆佛郎之新借款,已议有头绪,六国银行团内代表

---

① 时任驻法代办。

英国一部分之五银行,对于新拟条件大纲均有同意,专待欧洲各团会商妥洽后,即可定议。查借款问题磋议已久,情形颇为杂复,本报试详述之。按本报所闻关系借款一切消息,或传自六国银行团,或传自他银行团,其中情节颇多矛盾。如比京银行团,曾与中国另订借款一千万镑,专为建筑铁道之用。泰晤士报登载此事,谓该团曾拟在法京市场发售债票,嗣为法政府所拒绝,遂将此举作罢。乃数日后路透报内载有,华比银行电报声明,并无此事,实系传言·之误。又有人言,六国团大借款业已定议,彼时本报即疑此说不确。嗣阅远东报 L'Agence of Extreme Irient 所载,始知六国团尚有种种难题未经解决。兹将该报所登,中政府及银行团两方面所争执各节列下:

一、银行团要求聘用外人为中政府财政顾问官,中政府业已承认。惟声明此顾问如有不合,应归中国自由撤退。银行团则谓撤去顾问官,须得各团之同意,且由中国赔偿全年薪水三千镑。

二、中政府要求银行团,于借款未定议之前,先付垫款三百万圆。而该团不允,中政府遂不得不取用克利斯浦(Crisp)所缴第一批之借款矣。

嗣闻六国团已将借款新条件拟定,惟借款额数限为二千五百万镑。其条件大纲约分四端:

一、中政府另派借款专员。

二、取消克利斯浦借款合同第十四条之优先权。

三、中政府将新立审计院之组织及事权布告银行团,以便考查该院所订各项抵款之虚实。

四、盐税不必并入海关,由中国派员管理,惟须聘用西人为稽查员。

以上条件,中政府业已允认,并派汇丰银行为代表,与克利斯浦会商合并之事,是所待解决者,只此一问题耳。六国银行团,前因克利斯浦团与之竞争,遂视之为仇敌,至此亦愿与之联合而事攻击矣。现闻六国团与克利斯浦团,所订联合之条款,业经签押,此事之结果关系甚大。盖六国银行团内代表英国者,仅有一汇丰银行,彼时各银行家颇有违言,遂发生此竞争之事。今既合并为一,则英之一部分,已有(Hongkong compang, Paris-Bank London-County and Westimister Company, Baring, Schroeder)五银行在内,因此六国团始得重议借款,而脱离他人之竞争也。德京(Yazette Cologne)论中国对于六国借款,已预筹抵押之策。袁大总统曾令前财政总长熊希龄君,拟订整顿盐政条陈。据熊君报告之预算,自盐税改良后,每年进款应增至四千七百五十一万两。除抵付中央政府,及各省所订洋债,每年本利银二千五百五十八万五千两外,仍可余一千七百万两。以新借款六万万佛郎计之,已得其百分之九用以抵付借款,何忧不足。现参议院已议定设立商业银行,集股本二十五兆佛郎,每股二百五十佛郎,专由华人购买,总行设于上海,并在各省设立分行。创立银行之宗旨,在扩充内外商业,政府允于借款项下,拨付一百万镑,为开办经费。

《中日关系史料———一般交涉》,第104—106页

## 发六国驻使函

### 1913年2月1日

径启者:此次商办维新借款,闻有另行询问之处,本年一月九日接准贵大臣等节略,业已阅悉。兹经本总长会同财政总长商足办法两条,开列如左:

一、中国政府允认将改革时,凡外人所受之损失公允赔偿,是以中国政府允由此次借款二千五百万镑内,划出二百万镑备充前项赔偿之用。其各要索者,应否承认,及赔款数目之多寡,均由各使馆与中国政府会同核定,倘有未能同意之处,应照仲裁办理。

二、中国政府尝表明聘用外人为顾问官,及官员之意,以备整顿财政之紧要机关。其中专提及盐政,及审计院。届时六国驻京大臣,可备文向外交部询问,所聘以上各洋员系属何人,权限若何,以及延聘合同内定何条件。外交部即将中国政府所拟聘之人,及所拟之合同,备文答复。惟此项往来文件,彼此言明系属秘密。

以上办法两条,洵属妥协可行,即希查照为荷。此泐。顺颂公祉。

《中日关系史料——一般交涉》,第108—109页

## 朱尔典致葛雷函
### 1913年2月4日收到

阁下:

我在1912年1月30日的信中,曾荣幸地奉上外交团向上海国际银行家委员会发布的那些指示的副本。该委员会的成立系为了安排从海关岁入中按期偿付它所承担的外债。这些指示的第六款如下:

"如果到1912年底还没有恢复正常情况,那么,届时将把可供偿还赔款之用的结余款项立一帐目;此项帐目将送交外交团,由它决定其处理办法。"

国际银行家委员会秘书于1913年1月4日送给我(作为首席公使)一份帐目,说明1912年12月31日上海三家保管款项的银行中联合借款偿还帐目贷方的结余为10,268,202.59两,这个款额后来改正为10,273,682.09两。我于本月8日收到这个帐目后,立即把它在我的同事们中间进行传阅,并订于本月16日召集一次会议,讨论该项结余的处理办法。

为实现外交团最后通过的决议,已在两个文件中作了安排,现随信附上其副本。第一个文件是各有关国家公使写给银行家委员会成员的一封同文指示信;第二个文件是我作为外交团首席公使致外交部的一份备忘录。

朱尔典谨上　1913年1月20日于北京

**附件1:朱尔典致上海汇丰银行和麦加利银行经理函**

先生:

关于国际银行家委员会秘书本月4日的信,我谨通知您,外交团已作出下列决定:

12月31日海关岁入存款的余额以及该日常关岁入存款的余额,

应照各国政府在赔款中所占比例,照常汇给各国政府,以偿还这笔款项足以支付的几个整月的赔款以及每年复利四厘的利息。

上述通知将送交中国政府,并要求它对海关总税务司发布必要的指示,以便他发电报转告上海税务司。

请您注意这项通知,并立即实现关于对目前的余款所作出的决议。

朱尔典谨上　　1913 年 1 月 18 日于北京

**附件 2:首席公使致外交部备忘录**

首席公使请外交部查阅外交团与前外务部于 1912 年 1 月商定的八项条款中的第六款,该款是关于把海关岁入用来偿还以该岁入作担保的外债的。该款规定:如果到 1912 年底还没有恢复正常情况,那么,届时将把可供偿还赔款之用的结余款项立一帐目;此项帐目将送交外交团,由它决定其处理办法。

国际银行家委员会现已提出报告,可供偿还赔款之用的此项结余款项达 10,273,682.09 两,所以外交团决定:这笔款项以及 12 月 31 日常关岁入的余款,应照各国政府在庚子赔款中所占比例,照常汇给各国政府,以偿还这笔款项足以支付的几个整月的赔款以及每年复利四厘的利息。

今天,各国使节将对各该国有关银行经理发布上述意思的指示;首席公使奉各国使节之命要求外交部对海关总税务司发布同样的指示,以便他发电报转告上海税务司。

1913 年 1 月 18 日于北京

《英国蓝皮书有关辛亥革命资料选译》,第 635—637 页

**发六国驻使节略**

1913 年 2 月 5 日

本年二月三日,接准贵大臣等节略称,奉请贵部将中国政府所拟聘用为顾问官及官员之外人系属何人,权限若何,以及延聘合同内定何条件,均望详为示及等因。兹将中国政府所拟聘各员,及各该员之权限,

并所拟合同之条件,分别开列答复贵大臣等。并希秘密。附件。

**附件:清单**

甲、中国政府所拟聘用为顾问官及官员之外人:

a 盐务处稽核造报总所会办(Audit for Salt)拟聘丹国人欧森(J. F. Oiesen)。

b 审计处稽核外债室洋稽核员(Audit for Foreign Loan)拟聘德国人戎普,或和兰人费妥玛(C. Rump or T. T. H. Ferguson)。

c 审计处顾问(Adviser to Seneral Audit Department)拟聘义国人罗希(Prof. L. Rossi)。

乙、各该员之权限:

前项所聘各员之权限,各视其就聘之职守而定。如盐务处稽核造报总所会办,其权限则系会同华员办理稽核造报事宜。审计处稽核洋员债室之稽核员,则其权限在于稽核洋债,审计处顾问则专备咨询。

丙、所拟各项合同:

合同草稿分为三种:

a 拟聘盐务处稽核造报总所会联合同草稿。

b 拟聘审计处稽核洋债室洋稽核员合同草稿。

c 拟聘审计处顾问合同草稿。

《中日关系史料———般交涉》,第111—112页

## 俄国大使致国务卿[①]

俄罗斯帝国政府认为,对中国实行财政控制,有利于中国及其债权人,而俄国在债权人中占据显著地位。

可是首先需要的似乎是,为了提高效率和避免流于形式,应该委托由列强而不是由中国政府挑选的外国顾问实行控制。过去的经验证明,中国政府会轻而易举使这些顾问实际上丧失一切影响。

---

① 此为俄国大使1913年2月19日向国务卿递交的节略。

　　而且,1895年在圣彼得堡签署的俄中声明规定,如无俄国均沾、中国不给任何国家监督中国任何税收部门的权利。

　　因此,帝国政府认为,俄国臣民应包括在为中华民国服务的洋员之列,并且已表示支持有关六国驻京代表提名四名外国顾问的方案。帝国政府相信,如果得到所有有关强国赞同,这一方案必将被中国接受。同时,为避免中国不受上述控制条件约束另行签署新的借款合同,帝国政府建议,列强应该提出要求,把这类新借款实际提供的数额首先用于偿付庚子赔款欠款。

《北洋军阀》第二卷,第260页

## 威尔逊关于退出六国银行团借款声明

### 1913年3月18日

　　据报美国某银行团曾应前届政府之请,参加中国政府现所希望之借款(约一万二千五百万圆)。我政府固愿美国银行家与他国银行家共事,因美国对华之善意颇愿藉此以实际表现之,美国资本应投入此大邦,美国更应立于一种地位,与其他列强分任政治的责任,就其工商事业,共同发展中国之外交关系。此银行团现询问政府,是否仍行参加此项借款。本政府业对银行代表宣示,只若政府请其如此进行,彼等仍可继续参加此项借款。本政府决谢绝此举,因借款之条件或责任之牵连,未能允准,此可以其内容明白解释者也。

　　借款之条件,对于吾人似已触及中国之行政独立,本政府感觉,即使被牵连,亦不应参与此类条件。银行家请求参与此项借款,其所含之责任,或将造成不快之趋势,对彼东亚大邦之财政,甚至政治,作强力之干涉,此东亚大邦现方觉醒对其人民尽其能力与义务也。借款条件不仅以特种税收作抵,且以外人管理税收之行政,我政府若参与此种借款,在主义上显然将受人民之咎责。

　　美国政府不特愿欲,且诚恳希望,以各种方法援助大中华人民,此固美国无所拘束且与其向来主义相一致者也。中国人民之觉醒,在供献其责任与自由政府，即在吾人，此亦重大之事，此种运动与精神，美国人民至为同情，彼等确愿参加，并慷慨参加，但不接触或逐鹿中国之富源。

美国政府热望增进本国与中华民国之最广大而亲密之通商关系。现政府愿以合法方法，援助美国商人、工厂、建筑家及工程师，给以必须之银行及其他财政的便利。此其职责。此其人民对于开发中国之主要的物质利益。吾等之利益为开放门户——友谊及互益之门户。此为我等所愿进入之惟一门户也。

《六十年来中国与日本》第六卷，第8—9页

## 收英馆节略

### 1913年3月29日

本大臣等现据英日德俄法五国银行团代表禀称，上年二月二十八日及三月初九日垫与中国之款，中华政府应将所发之国库券，于本年该二期限满时付还，迄今未见实行等情前来。查该银行等本月十四日所致财政总长函内开列款目如下：

二年二月二十八日应还者计英金四万八千七百九十八镑十五仙零十一本士，又九十九万九千六百四十三马克零百分马克之四十二，又一百二十三万二千四百四十三佛郎零百分佛郎之六十，又四十六万三千一百九十八卢布零百分卢布之二十一，又四十八万零四百八十日金四十二分。

二年三月初九日应还者计英金二万六千四百二十六镑八仙零七本士，又五十四万一千三百四十五马克零百分马克之三十二，又六十六万七千三百九十九佛郎零百分佛郎之三十六，又二十五万零八百三十九卢布零百分卢布之六十三，又二十六万零一百九十八日金六十九分。本大臣等现请贵政府早将所欠之款，设法归还，并由应还之日起至付清之日止，须按常年七厘五加息结算。一九一三年三月二十九日。

《中日关系史料——一般交涉》，第140页

## 收财政部函

### 1913 年 4 月 5 日

径启者：接展四月一日公函，以准英使等节略，据英日德俄法五国银行团代表禀，上年二月二十八日及三月初九日，垫与本国政府之款，所发之国库券，现已限满，请将此款早日设法归还。并由应还之日起，至付清之日止，须按常年七厘五加息结算等因，并附钞件到部。查六国银团上年垫款，现已到期，本部前准该银团代表函催归还，当以大借款未成，此项垫款一时难以归偿，函请该团原谅困难情形，将此项垫款展期一年或六个月，竭力筹措，到期清偿等因。业于三月十八日函复该银团去后，旋于三月十九日接该银团复称，展期一节，碍难转达各资本团，按照成例，不得不通告各本国使署等因前来。兹准函开，前因本部目前财力如其可以清偿，极愿早日归还。惟大借款既成画饼，急切甚难筹还，此项垫款应请贵部咨复英日等国公使，转知五国银行团代表，务须体谅本国政府暂时困难情形，设法推展一年或六个月。本部一面当竭力设法，苟可筹措，即当提前如数清偿，所有利息一节，自应按照原节略所开，照常年七厘五结算。相应函复贵部查照转复可也。此致外交部。

中华民国二年四月四日

《中日关系史料——一般交涉》，第 144—145 页

## 陆徵祥与日本伊集院使问答

### 1913 年 4 月 22 日

伊云：大借款之事，昨日贵总长派施君到署面说各节，业已领会。今日专为此事，特来与贵总长相商。

总长曰：日前国务会议，以大借款有重行开议之机会，特以中日两国交谊素敦，商定派员往请贵大臣，力为维持。原拟请刘次长前往，诚恐语言不通，是以改派施君。今日贵大臣来部甚为欢迎，此事于国务会议，已有头绪，贵大臣有何意见，今日均可答复。

伊云：贵政府对于大借款事，近日之情形如何。

总长云:大致业已商妥,顾问一问题,贵国一方面,前承顾念友谊,最初即未主张此事,本国政府深为感激。其他各国俄国、法国各有顾问一名在审计处,英国一名在盐政院,已将合同送往,大无甚疑难。

伊云:德国如何。

总长云:德国先有一名在审计处,名荣普,是当日六国团中所公举者,此事早已定局。近日复拟添派一名加入盐政院,尚未议妥。近日贵大臣果知外交团中之态度如何。

伊云:近日外交团中详细研究,均极力主张一致。惟贵国所与议之人,务须负完全之责任。如此无责任之人,而出无责任之言,必致杂乱无章,反恐迁延时日,于事不济。

总长云:此言甚为感佩,不过向来借款一事,均由财政总长主持办理,本总长向未接洽。最好应由财政总长表示一定方针告知本部,然后由本部转达各公使方为正当办法,幸近数日内,此事均已接洽妥当。

伊云:法公使有无异议。

总长云:法公使于合同稍加更改,今日来部已见改。

伊云:本国政府对于借款之事毫无他意,原本顾问一职,本列入条件之中,嗣因顾全贵国之体面,并鉴国民之舆论,外交团始行迫让,改为由贵国政府延聘。既属延聘,应属于贵国之自由,故本国政府对于顾问一职,并不要求加入。惟各省盐务会办,本国人必须多派,此当日在六国团中曾经言及者,已荷各公使之同意。近闻天津盐务会办为日本人郑姓者,其他各省并无日本人,拟请将日本人多派数名。而东三省盐务会办,并闻有派美国人之消息。窃以美日感情近颇不洽,前闻美国颇有排斥日人之说,如果以美人为东三省盐务会办,日本国民必疑中国政府故意派定美人以监督日本,及恐惹起国民之误会,特请改派日本人为东三省盐务会办。况山东盐务会办,已派德国人,则东三省派日本人亦未为不便。

总长云:以美国人为东三省盐务会办,贵大臣自何处得此消息。

伊云:闻之于周总长。

总长云:本总长尚未闻知。至美人排斥日本人之说,本总长亦曾闻之,此事直接虽为排斥日本,间接实排斥东亚也,容再商之财政总长。

伊云:尚有应请注意者,盐务会办一职,元来借款合同所商定者为会办,今贵国政府所送合同,多为协办。又凡派各省盐务会办,须与税务司接洽,亦为商定之事。今则专由蔡廷幹先生独行派定,万一各国公使提出抗议,反恐延误时日,应请格外注意。

总长云:此言诚然,容转达之,不过协办与会办,亦无甚差异耳。

《中日关系史料———一般交涉》,第150—152 页

## 收财政总函

### 1913 年 4 月 24 日

径复者:前准贵部函,查外债清单及铁路债款单等件,兹已分别列讫,相应抄送查照可也。此致外交部。中华民国二年四月二十三日。

**附件 1:照录中央长期外债清单**

截至西历一千九百十二年年底止

汇丰镑款英金四十万镑。

汇丰银款规银一百零九万两。

克萨镑款英金二十万镑。

瑞记洋款英金二十万镑。

俄法洋款法金二万七千七百八十四万五千二百二十一佛郎。

英德洋款英金一千一百六十八万五千九百十六镑。

续借英德洋款英金一千三百六十四万五百七十九镑一先令六本士。

庚子赔款关平银四万三千六百六十三万六百七十九两五钱七厘。

瑞记第一次借款英金三十万镑。

瑞记第二次借款英金四十五万镑。

华比借款英金一百二十五万镑。

币制实业借款英金四十万镑。

克力士卜借款英金三百万镑。

《中日关系史料——一般交涉》,第152—153页

## 朱尔典致葛雷函
### 1913 年 4 月 24 日收到

阁下:

关于我今年 1 月 20 日的信,我荣幸地随信附上上海国际银行家委员会秘书的一封来信的副本,该信要求对分配今年海关岁入余款的安排进行修改。关于目前的安排,您从 1912 年 1 月 30 日外交团致该银行家委员会的同文信件的记述中将会看到,该信列为我那天写的信件的附件五。

在本月 7 日举行的外交团会议上,考虑了这个问题,一致接受该银行家委员会的建议,并于今天用同文信件通知上海各有关银行。我随信附上该同文信件的副本。

朱尔典谨上　　1913 年 4 月 8 日于北京

**附件 1:国际银行家委员会致朱尔典爵士函**

阁下:

我奉命通知您:本月 20 日星期四举行了国际银行家委员会会议,讨论关于保管偿还借款的专款问题。

会议决定要求您删去 1912 年 1 月 30 日您的信中的第六款,并把下列词句加入第二款:

"但当存入这些银行的专款一旦供本年偿还 1900 年前缔订的所有借款之后,余款便应立即在主管偿还赔款的那些银行中间按比例地进行分配,直到 1913 年底为止。"

于是,该款的全文如下:

"各主要有关银行,即汇丰银行、德华银行和华俄道胜银行,应当是上海海关专款的保管者,但当存入这些银行的专款供本年偿还 1900 年前缔订的所有借款之后,余款便应立即在主管偿还赔款的那些银行

中间按比例地进行分配,直到1913年底为止。"

我将很高兴地听到外交团批准上述修改的消息。

秘书　罗伯逊谨上　　1913年3月26日于上海

**附件2:朱尔典爵士致汇丰银行和麦加利银行经理函**

先生:

我请您参阅国际银行家委员会秘书3月26日写给外交团首席公使的信,该信建议对我1912年1月30日的信中所传达给您们的那些指示作某些修改;谨通知您们,外交团已同意删去1912年1月30日的信中所列的第六款,并把下列词句加入第二款:

"但当存入这些银行的专款一旦供本年偿还1900年前缔订的所有借款之后,余款便应立即在主管偿还赔款的那些银行中间按比例地进行分配,直到1913年底为止。"

于是,该款的全文如下:

"各主要有关银行,即汇丰银行、德华银行和华俄道胜银行,应当是上海海关专款的保管者,但当存入这些银行的专款供本年偿还1900年前缔订的所有借款之后,余款便应立即在主管偿还赔款的那些银行中间按比例地进行分配,直到1913年底为止。"

朱尔典谨上　　1913年4月8日于北京

《英国蓝皮书有关辛亥革命资料选译》,第659—661页

## 赵秉钧、陆徵祥、周学熙关于签订善后借款草正合同之呈文

### 1913年4月26日

为呈请事。窃维六国银行团借款,先后磋商,已逾一年,上年九月间,曾经国务会议拟定借款大纲,于十六、十七两日赴参议院研究同意,以为进行标准,唇焦舌敝,往复磋磨,直至岁杪,合同条文,大致就绪,当于十二月二十七日,出席参议院,先将特别条件逐条表决,复将普通条件、全体表决,均经通过。正拟定期签字,该团忽以原议五厘利息,藉口巴尔干战事,欧洲市场银根奇紧,要求增加半厘,只得暂行停议,惟是赔

洋各款,积欠累累,一再延期,屡次商展,追呼之迫,等于燃眉,百计筹维,无可应付,数月以来,他项借款,悉成画饼,美国虽已出团,而其余五国,仍未变易方针,大局岌岌,朝不保夕,既无束手待毙之理,复鲜移缓就急之方。近接各省都督来电相迫,如江苏程都督电,毋蹈一时之毁誉,转为万世之罪人。安徽柏都督电,借款监督,欠款亦监督,毋宁忍痛须臾,尚可死中求活等语,尤为痛切。迫不得已,而继续磋商,尚幸稍有进步。利息一节,该银行团,允仍照改五厘,其他条件,亦悉如十二月二十七日通过参议院之原议。事机万变,稍纵即逝。四月二十二日奉大总统命令,五国银行团借款合同任命赵秉钧、陆徵祥、周学熙全权会同签字此令。等因。遂于二十四日与该银行团双方签订草合同,复于二十六日签订正合同。彼此分执存照,以免复生枝节。理合将华洋文合同各照备二份,并附用途单二份,呈请大总统鉴核,俯赐咨交议院查照备案,以昭信守。谨呈。

《中华民国外交史资料选编》(1911—1919)(一),第54—55页

## 周学熙致省议会通电

### 1913 年 4 月 26 日

六国借款自上年春间开议,条件极严,谅所深知。八月学熙受任之始,即值谈判中止之时,外觇大势,内审国情,窃以此事不仅关系经济,未可因噎废食,复以银行团开议,并经国务会议拟定借款大纲五条,于上年九月十六日、十七日出席参议院协商,幸得同意。本此标准,迭与磋商,波澜万端,屡议屡辍,中值蒙事之危急,又经法使之调停,委曲磋磨,历时数月,始将合同拟定,即于十二月二十七日,与总理同赴参议院报告全文,并撮要缮印分布,公同研究,先将特别条件逐条表决,再将普通条件,全体表决均经通过,签字有日。而银行团原议五厘利息,忽藉口巴尔干战事,欧市金融奇紧,要求强加半厘,窃计此项借款,数巨期长,半厘之增,受亏非浅,坚持未尤。且以此等饮鸩止渴之举,可已则已,无如洋赔各款,积欠累累,除赔款上年结欠二百万镑外,本年洋款之

已过期者二百三十余万镑，洋款之不久已到期者三百六十万镑。各省历欠外债二百八十七万镑，综欠英金一千一百万镑之多。而本年份又已积欠四个月赔款均一百万镑，此外前清暨南北临时政府短期零借之款，尚不在内。数月以来，英使既开单索偿，俄使则催逼尤急，应付之术俱穷，破产之祸立见，呼吁于各省，而内外同一困穷，旁求之他图，而所议悉成画饼，美虽力主公道，宣告脱团，而其余五国态度依然，方针不变，设再任意宕延，不独有失信用，必致债权干涉，大局危急，情势昭然。是以程都督电称，无蹰一时之毁誉，转为万世之罪人。柏都督电称借款监督，欠款亦监督，无宁忍痛须臾，尚可死中求活等语。措词允为痛挚，学熙谬负重任，遭此时艰，既无移缓救急之方，姑为两害取轻之计，而五国银团，亦以欧洲银市稍松，情愿继续磋商，利息一节，该团允仍照改五厘，其他条件，悉如上年十二月二十七日通过参议院之原议，大要为借额二千五百万镑，年息五厘，发行票债，随市相机，不得少于百分之九十，除银行扣赏六厘外，净交不得少于八十四，偿期四十七年，第十一年起还本，以盐务收入为抵押，用途大半为还债务。其中央行政经费，各省裁遣军队，整顿盐务，仅占少半，均一一列明附单，乃事甫就绪，而某国尚思从中破坏，幸赖他使力持正论得以转圜，事机万变，若不乘此解决，非惟坐失时机，且恐别有要求。本月二十二日，大总统令赵总理，陆外交总长暨学熙会同全权签字，二十四日先签草合同，二十六日复签正合同。窃思其事磋议年余，全球注视，现幸告成，虽合同内稽核盐务审计用途等款，由我聘用洋员，会同华员办理，为从前借款所无，而为九月院议大纲所得同意。且列强干与吾国财政，前清币制借款，已启其机，况值鼎革之后，公私荡然，国信未著，得此结果，实已智能俱竭，笔舌皆穷。但使用途确实，而盐税所入，足敷偿还本息，外人即无可藉口，业于合同内订明借款本利按期交付，则不得干预盐政事宜。所以防微杜渐，亦已深切著明，不致别有危险。况此次借款，除中央洋赔欠款划扣外，其从前各省自借外债，凡关于五国银行者，亦均划还，为数甚钜，此后外人，亦不致以欠款虚悬，向各省饶舌，不独旧债赖以整理，且可就所入腾出之款，为一切建设之需。至若事后利钝，本难逆觇。然际此存亡呼吸，诚如柏都督电，忍痛须臾，尚可死中求活，此后根本至计，全在内外一心，共维信用，福民裕国，端赖群公，敬陈概梗，原希亮察，周学熙宥。

（按，此巨额外债成立，致盐政管理权落于外人之手，为我国财政史一大痛事。且此次借款，为数虽钜，然债券九折出售，八四实收，实得之数约为二千一百万镑，再扣除四国，六国，比国之垫款，五国银行团，各银行之小借款共六百万镑，各省向五国银团所借之二百八十万镑及革命时期内各国损失赔款二百万镑，只为债面百分之四十耳。而四十七年间之利息四千二百八十五万余镑。本利合计至六千七百八十五万余镑。我国财政之损害为何如也！）

《中华民国外交史资料选编》(1911—1919)(一)，第64—66页

## 张继、王正廷通告各省反对违法大借款电
### 1913 年 4 月 27 日

各省都督、民政长、省议会钧鉴：六国借款，虽经前参议院开秘密谈话会，将政府提出大纲商榷一次，然未正式通过，且不足法定人数，当然无效。今国会成立，乃政府竟与五国银行订约，借债二千五百万镑，不交国会通过，蹂躏立法机关，其悖谬一。此次借款之条件，与在前参议院秘密谈话会商榷借款之条件大相悬殊，前参议院所商榷者，为五厘息九七折交付，此次政府借款，照五厘八三五折交付。前参议院商榷者，只许雇外人为盐务稽查员，此次政府借款，竟许英人为盐务稽查所总办，俄法两国人为审计处总办，德国人为借债局总办，日本人为长芦盐政局总办，丧失主权，贻害胡底，一时便利之图，召将来瓜分之祸，其悖谬二。依约法第十九条，关于借款及国库有负担欠契，须交院议决方能有效。今政府竟擅自借大宗外债，反谓日前参议院已经通过，祸国殃民，其悖谬三。继等甫闻此信，即往责诘，则百端推诿，已经签字，今实探之，签字实在今日（二十七），违法横行，至于此极！政府如此专横，前之参议院既屡被摧残，今之国会又遭其蹂躏，不有国会，何言共和，继

等惟有抵死力争，誓不承认。特恳诸公主持舆论，为之后盾，俾得达取消此案之目的，民国幸甚！国民幸甚！

《中华民国外交史资料选编》（1911—1919）（一），第 66—67 页

## 收财政部函

### 1913 年 4 月 27 日

径启者：五国借款事，所有合同条件，前经双方议定，四月二十二日奉大总统命令，国务总理、外交总长暨本总长，会同签字。遵于二十四日先签草合同，继于二十六日复签正合同。查此案磋议经年，经前参议院，于九月十六日通过借款大纲，十二月二十七日，议决全体借款条件。现在合同签字，除由本部照备合同，呈请大总统咨交参众两院查照备案，并分函国务院外，相应检具合同等件，随函送请贵部查照可也。此致外交部。附华英文正式合同各一分，华英文用途单各一分，审计处审计规则华英文各一分，监税抵押单一分，垫款合同华英文各一分。

《中日关系史料——一般交涉》，第 157 页

## 收施履本函

### 1913 年 4 月 28 日

总长钧鉴：顷赴日本使馆晤高尾参赞，告以大借款事，东三省及他省聘用日本人盐务会办各节，总长已在国务会议提商。群谓俟借款成功以后，容易商办，请其转达伊集院公使，渠云，必为转达。又原信确系日本使署所发。肃此敬呈。顺叩钧安，附原信一封。施履本谨肃。二十五日。

### 附件一：日本使署原函

#### 1913 年 4 月 24 日

敬启者：借款一事，现各国公使异常周旋，谅于日内似有成立之望。日前所谈东三省，及他省聘用敝国人盐务会办一节，当蒙邀允，在国务会议妥商办法，未悉如何情形。因此事敝国政府视为要件，如有接奉电

询,必须复报。即请早为示知大略,以备电询,而资进行,是为切盼。耑此。顺颂勋祉。伊集院彦吉。四月二十四日。

**附件二:照抄施佥事晤日参赞密告摘要**

中华民国二年四月二十五日,本部佥事施履本,赴日本使馆会晤汉务参赞高尾亨,告以大借款事,东三省及他省聘用日本人盐务会办一节,总长已在国务会议提商,佥谓俟借款成功后,容易商办。请其转达伊集院公使,渠云必为转达。

《中日关系史料———一般交涉》,第157—158页

## 收周学熙函
### 1913 年 4 月 28 日

敬启者:按善后借款之垫款合同第五款载,本合同之条款,须由外交部以正式公文,照会驻北京之英国、德国、法国、俄国及日本国公使等语。兹特送上该合同之华英文各五份,即希贵部迅为查照办理,总以明日午前,送到各该公使馆为荷。专函。即请公安。周学熙启。四月二十八日。

**附件**

再启者:垫款英文合同,据汇丰熙礼尔说,明日上午方可印出,俟其送到后,即行送上。兹先将中文送上,尊处收到后,即希预备公文,俟明日上午十点钟左右,将英文送上,即乞照送五国公使为荷。所以请明日上午送到者,因照会公使后方垫款也。熙附启。

《中日关系史料———一般交涉》,第158页

## 发驻各国代表电
### 1913 年 4 月 28 日

洪。五国银行团借款合同,已于本月二十六日,双方正式签字。查此项借款,上年九月间,曾经国务会议拟定大纲,赴参议院说明,取得同意。嗣经反覆磋商,直至岁杪,大致议定。复于十二月二十七日,赴参

议院报告合同全文,各项条件,均经通过。旋以银行团要求增加利息半厘,遂相持未签字。现幸磋商转圜,仍照原议利息五厘。所有合同条文,均根据院议通过之件,未越范围。效力发生,毫无疑义。诚恐远道传闻,或滋误会。特此电达。即希查照。财政部。宥。

《中日关系史料——一般交涉》,第 158—159 页

### 发俄库法康英朱德哈日本伊集院使照会
#### 1913 年 4 月 29 日

为照会事:查此次善后借款之垫款合同,业经签订成立,按照该项合同第五款所载,须由本部用正式公文,照会驻京之英国、德国、法国、俄国及日本国公使等语。除分别照会外,兹特将该合同华英文各一分,照送贵大臣查阅备案可也。须至照会者。

《中日关系史料——一般交涉》,第 159 页

### 发赵秉钧、周学熙函
#### 1913 年 4 月 29 日

敬密启者:东三省及他省聘用日人为盐务会办一事,该国政府甚为注意。本月二十四日,驻京日使以借款将次成立,复来函询及此事,当经本部派员面告大略。相应将该使来函,暨本部派员面告纪略,抄送台端,并希查照密存为荷。专渎。顺颂勋祺。附总长署名。

《中日关系史料——一般交涉》,第 159 页

### 发俄库法康英朱德哈日本伊集院使照会
#### 1913 年 4 月 29 日

为照会事:照得一千九百一十三年,五厘利息金镑大借款合同,业于本月二十六日签押,兹特正式照会,以备存案。查此次所签之借款合同本诸法律,系现时中国政府,及继续政府必须遵守之契约,此情已于本月二十四日,由本部达知贵公使。特再声明,以为信守可也。须至照

会者。

《中日关系史料——一般交涉》,第 159 页

### 发周学熙函
#### 1913 年 4 月 29 日

径复者:接奉台函,并附来垫款合同五分,均已拜悉,业经饬司赶速办文,分别照送去讫。合行奉覆,以纾尽廑。并颂勋绥。总长署名。

《中日关系史料——一般交涉》,第 160 页

### 发财政部公函
#### 1913 年 4 月 29 日

径启者:此次善后借款签订成立,业由本部用正式公文,照会英、德、法、俄及日本国驻京公使查照备案。兹将照会底稿抄送贵部,即希密存为荷。此致财政总长。

《中日关系史料——一般交涉》,第 160 页

### 收国务院函
#### 1913 年 4 月 29 日

径启者:准参议院咨开,本院于本月二十八日开会公决,关于五国借款一案,应要求国务总理暨外交总长、财政总长,于二十九日午后一时,来院出席答覆质问。相应咨请贵总理查照,希即届时邀同外交、财政两总长,来院出席可也等因。除分函财政外,相应函知贵部查照办理可也。此致外交总长。

《中日关系史料——一般交涉》,第 160 页

### 收国务院函
#### 1913 年 4 月 29 日

径启者:奉大总统发下参议院咨送参议员汤漪质问书一件,除分函

财政部外,相应抄录原咨质问书,一并送交贵部查照可也。此致外交总长。附抄原咨、质问书。

**附件一:照抄参议院咨文**

查国会组织法第十四条第二项规定,民国议会两院,各得专行质问。兹据本院议员汤漪,提出质问书一件,连署者在十人以上,应即转咨大总统查照,希即于一日内答覆可也。此咨(计咨送参议员汤漪质问书一件)。

**附件二:照抄质问书**

政府在临时期内,力持借债政策继续进行。临时参议院对于政府此种政策,亦始终表示同意。职此之故,现政府日向外人磋商借款,不留余力。本员亦能深谅其所由来,不至更生疑虑。乃近闻政府与五国资本团,订立二千五百万镑之借债条约,已于前二十七日,由双方签字。此等绝大财政,民国存亡攸关,而条件内容秘不宣示,人心惶惑,咸目政府为违法丧权。查此次借款一案,临时参议院不过赞成大意,并未全案议决,遽行签字实属骇人听闻。今按照临时约法第十九条第四项,及国会组织法第十四条第二项之规定,提出质问。限于一日内,应由国务总理、外交总长、财政总长出席,明白答覆,以释群疑。

提出者汤漪。

连署者张我华、蒋举清、宋渊源、徐镜心、马君武、吕志伊、王试功、周振麟、朱念祖、杨永泰、居正、曾彦。

《中日关系史料——一般交涉》,第160—161页

## 参议院正式咨大总统否决借款案咨文
### 1913 年 4 月 29 日

参议院咨:四月二十九日准国务院咨开,本年四月二十八日准贵院咨开,本院于本月二十八日开会公决关于五国借款一案,应要求国务总理暨外交总长、财政总长于二十九日午后一时来院出席,答复质问相应咨请贵总理查照,希即届时邀同外交、财政两总长来院出席可也等因,

又奉大总统交下贵院咨开:查国会组织法第十四条第二项规定,民国议会两院各○○质问书一件连署者在十人以上,应即转咨大总统查照,希即于一日内答复可也。计咨送参议员汤漪质问书一件,等因。查借款条件曾在上年十二月二十七日,交由临时参议院开秘密会议,业经表决通过,此次所定中国政府善后借款合同,与前次条件大致相同,本拟俟国会构成,即将签字合同全文咨送两院,一面出席宣布,兹准前因除关于大借款详情即日另文咨明外,相应咨请贵院查照可也等因到院,经于本日开会讨论,佥以此案未经大总统提交临时参议院议决咨复,此次遽行签字,殊与临时约法第十九条第四项之规定显相违反,经多数议决,对于政府所定中国政府善后借款合同,认为未经临时参议院议决,违法签字当然无效。相应咨请大总统查照可也。此咨大总统四月二十九日。

《中华民国外交史资料选编》(1911—1919)(一),第67页

## 参议院通过反对大借款案之决议

### 1913 年 4 月 29 日

对于政府所定中国政府善后借款合同,认为未经临时参议院议决,违法签字,当然无效。相应咨请大总统查照可也。此咨大总统。

《中华民国外交史资料选编》(1911—1919)(一),第68页

## 孙中山致各国政府和人民电

### 1913 年 4 月下旬

各国政府人民公鉴:敝国国民党领袖宋教仁君在沪遇刺一案,经政府派员彻查后,北京政府之种种牵涉已成事实,无可掩饰。人民因此大为愤懑。现在大局岌岌,最可恐慌之危机即在目前。政府自知罪大恶极,有负国人委托之重,势必引起全国公愤,难保禄位,于是以迅雷不及掩耳之手段,与五国银行团缔结二千五百万(磅)〔镑〕之大借款,以破坏约法。全国代议士提出严重抗议,政府竟悍然不顾。国人因宋教仁

君横遭毒手,已不胜愤懑,而政府复有此种专横违法之举动,舆情因之益为激昂。现在国人忿火中烧,恐不免有激烈之举动,大局之危,已属间不容发。全国人民之愤激一致爆发,旦夕间事耳。余自共和告成以来,竭力从事于调和意见,维持安宁,故推袁世凯为总统。原冀全国得从此统一,人民得早享安居乐业之幸福耳。溯自起义以来,大局扰攘,余亟欲维持全国治安,故不惜殚精竭虑,以求一善良之政府。今银行团若以巨款借给北京政府,若北京政府竟以此款充与人民宣战之军费,则余一番苦心尽付东流矣!革命以来,商业凋敝,国人已受种种损失。目下正在渐就恢复,若再兴兵戎,势必贻国人以莫大之害。然国人前此既以极大代价换得共和,则今此必当誓死拥护此共和。若国人为誓死拥护共和之故,竟与政府决战,非特国人受无限之损失,凡外人在华之权利亦将受间接之影响矣。故北京政府未得巨款,人民与政府尚有调和之望,一旦巨款到手,势必促成悲惨之战争。此可预言者也。世界文明各国,莫不尊重人道,用敢奉恳各国政府人民设法禁阻银行团,俾不得以巨款供给北京政府。盖北京政府此时若得银行团之巨款,必充与人民宣战经费无疑。尚希当世人道为怀之诸君子,出而扶持,俾敝国诸同胞不致无辜而罹惨劫。此余所敢呼吁于各国之前者也。

《中华民国外交史资料选编》(1911—1919)(一),第68—69页

<h2 align="center">收公府秘书厅函</h2>
1913 年 4 月 30 日

　　径密复者:顷奉来函,敬悉一切。大借款内容概略,选据国务员报称,早向临时参议院说明,曾邀同意。现以应还积欠庚子赔款二千万,逾期已久,俄使催索甚急,此外洋款到期者,亦纷纷要求偿清。如再迁延,前欠各款均有抵押,势必横加干涉,大有破产之虞。此时虽赖数友国从中维持,而一方意存破坏者,仍不遗余力,每于粗有成议时,忽合忽离,变幻莫测,民国前途至为危险。近日多方调停已可定议,破坏一方面暂无异词,稍有犹豫,险象环生。且赔款洋款逾期过久,倘又生变,必

致牵动大局,穷于因应,实难负此责任。是以特将定议各款,迅速签字等语。除饬秘书长梁士诒,先行赴部详询,趋诣台端面陈未尽各节外,特先奉复。即颂台绥。诸惟为国珍所。袁世凯拜启。

《中日关系史料——一般交涉》,第 162 页

## 收国务院函
### 1913 年 5 月 1 日

径密启者:奉大总统令,五国银行团借款合同,任命赵秉钧、陆徵祥、周学熙全权会同签字。此令。除是项命令毋庸发布,并分函财政部,相应函知贵部查照可也。此致外交总长。

《中日关系史料——一般交涉》,第 162 页

## 收审计处函
### 1913 年 5 月 2 日

敬启者:本处现因大借款成立,特设外债室,以资审查,而专责任。并设洋室长一员,已由本处聘订德人戎普为洋室长,订立合同,于五月一日在本处会同签字。兹将原订合同华洋文各一份送上,即希察收备案可也。此致外交总长。附华洋文合同各一份。

《中日关系史料——一般交涉》,第 163 页

## 袁世凯关于"善后大借款"给参众两院咨文
### 1913 年 5 月 2 日

五月二日,大总统将借款事件咨交参、众两院备案,文曰:

本年四月二十六日,据国务总理赵秉钧、外交总长陆徵祥、财政总长周学熙呈称:"窃维六国银行团借款,先后磋商,已逾一年。上年九月间,曾经国务会议拟定借款大纲,于十六、十七两日赴参议院研究同意,以为进行标准,唇焦舌敝,往复磋磨,行至岁杪,合同条件,大致就绪。当于十二月二十七日出席参议院,先将特别条件逐条表决,复将普

通条件全体表决，均经通过，正拟定期签字，该团忽以原议五厘利息，借口巴尔干战事，欧洲市场银根奇紧，要求增加半厘，只得暂行停议。惟是赔洋各款，积欠累累，一再愆期，属次商展，追呼之迫，等于燃眉，百计筹维，无可应付。数月以来他项借款，悉成画饼。美国既已出团，而其余五国，仍未变易方针。大局岌岌，朝不保夕。既无束手待毙之理，复鲜移缓就急之方。近接各省都督来电相迫，如江苏程都督电，"毋局于一时之毁誉，转为万世之罪人"，安徽柏都督电，"借款监督，欠款亦监督，毋宁忍痛须臾，尚可死中求活"等语，尤为痛切。迫不得已而继续磋商，尚幸稍有进步。利息一节，该银行团尤仍照改五厘，其他案件亦悉如十二月二十七日通过参议院之原议。事机万变，稍纵即逝。四月二十二日奉大总统命令："五国银行团借款合同，任命赵秉钧、陆徵祥、周学熙全权，会同签字。此令。"等因。遵于二十四日与该银行团双方签订草合同，复于二十六日签订正合同，彼此分执存照，以免复生枝节。理合将华、洋文合同各照备二份，并附用途单二份，呈请大总统鉴核，俯赐咨交议院查照备案，以昭信守。等情。查此项借款条件，业于上年十二月二十七日由国务总理暨财政总长赴前参议院出席报告，均经表决通过，并载明参议院议事录内，自系当然有效，相应咨明贵院查照备案可也！

《中华民国外交史资料选编》(1911—1919)(一)，第69—70页

## 袁世凯就参议院退回政府借款咨文后再致参众两院咨文
### 1913年5月7日

据财政总长呈称，此次大借款之定议，系出于维持国家生存上万不得已之举。政府与银行团反复谈判，全国皆知困难，并无何等反对，徒以该团条件严重逾恒，政府为国权起见，不得不于死中求活，但求有一分之轻减，即少一分之负担。是以交涉数月未能就绪，直至上年九月间，始将国务院决议大纲，提出参议院要求同意，当经参议院讨论，大体业经赞同。遂即依此标准接续磋商，中间情形变幻，垂成辄败。迨上年年底，俄使因大赔款到期，追追甚急，是时适合同稿亦已拟定，当于十二

月二十七日与国务院总理赵秉钧出席参议院，一面报告交涉之经过，并俄使催款情形，一面即将合同底本，分为特别普通条款，当场提出议案，经参议院将特别条件逐条表决，悉予赞同。末后又经议长将普通条件咨询院议，佥谓毋庸表决，悉予赞同，即责成政府迅速照此进行，当经声明银团如无别项挑剔，当于二十九日即行签字，以免因大赔款牵涉他事。不意此项合同通过以后，银行团忽以巴尔干战局未定及增加利息等问题，顿翻前议，磋磨数月，几至无法挽回，令兹幸就范围，大体悉如原议，实为政府始愿所不及，其中千回百折，牵及国际经过之困难，至今追思有难言之苦衷，亦有不忍宣布之隐痛，政府为民服务，即系为国效忠，但求大局之保持，何敢避人言之诘责。且临时政府成立以来，外人之对我虽未认国家之资格，而可行使前清之债权，统计上年结欠之洋款赔款及本年已过期之洋款赔款，各省历欠之外债已达英金一千二百万镑之多，皆属政府应负之责。屡次催逼，百无一应，国信不立，安能奠定邦基，每一念及，此心如痗。且前欠各项款均有抵押，设再迁延，势必横加干涉，实行监督财政，致陷民国有破产之虞，彼时政府对于人民，不惟不能当此重咎，即万死亦不足自赎。是此次签字固有不得已之情势，且系按照前参议院表决之案，始行定议，正可证明政府之尊重议会，何敢蹈蔑视国会之罪戾，更何敢稍存轻视国会之心，若议院谓合同签字，形式上手续略未完备，则政府又有不得不反复声明者，查上年十二月二十七日参议院会议系属秘密，政府为郑重起见，故提出方法，不用书面，而用口头，当时屡经声明，系奉大总统命提案。试思此种重要合同，国务员苟非奉有大总统命令，岂能以私人资格，遽行请求院议，若谓仅止报告，则又何须将合同提出，而参议院，对于报告事项，更无逐条表决之必要，细观当日议事录情形，不辩自明。若谓未经三读，则当日到院报告条文后，先经要求将此案一次通过，以省手续之烦，议长遂先咨询全院，经众赞同，才用逐条表决之法，以实行通过，是实与参议院法第三十八条，政府要求省去三读会原法相符，且表决以后，政府声明签字日期，彼时并无一人反对，假使当时银行团绝无变动情事，则上年十二月二十九日早经签字,何待今日? 凡诸者所言,在政府并非执法理之争辩,以图卸责。按诸事实委无丝毫遁饰之处。值兹财政艰窘,国际债权催逼更甚,借款一日不成,国本一日不定,此次合同签字,在势无可取消,倘国会能谅苦衷,实为国家之幸,否则,惟有向国民代表引咎自谢,以明责任。等情,相应咨请贵院查照。此咨。

《中华民国外交史资料选编》(1911—1919)(一),第 70—72 页

## 发吴代表〔宗濂〕、王公使〔广圻〕、张代表〔康仁〕、魏公使〔宸组〕、沈代表〔瑞麟〕公函

### 1913 年 5 月 12 日

径启者:查五国借款成立,正式合同业经双方签押,乃银行团藉口于中国曾向奥商另借款项,各存观望。而英于奥商借款合同内所订应同德奥买钢购舰一事,尤为指摘。当经政府据理陈说,以释银行团之疑虑,并由本部将以上情形,电达驻该五国公使暨代表查照,嘱其径向驻国政府,详切辩明。兹将电稿抄送台端,以资接洽。此致。

**附件:照抄发驻英德法日俄公使电**

五国借款成立后,曾由财政部通电知照在案。合同双方签字,自须切实履行。乃银行团藉口奥借款,忽存观望。英予奥合同向德奥买钢购舰一事,尤为指摘,横生阻力。查奥款定义在大借款签押之前,既无抵押,又暂不发行债票,实与五国借款毫不相干。买钢购舰,乃吾国主权,岂能以此藉口破坏借款。至目前风潮,仅属内部分之党争,不久即可平靖,尤不足引为疑虑。以上各节,希向驻国政府详切辩明,致令银行团照约履行,以昭大信,即电覆。

《中日关系史料———般交涉》,第 167 页

## 发驻外各公使、代表函

### 1913 年 5 月 13 日

径启者:查六国银行团借款,经政府与各银行磋商经年,始得就绪。

当于上午十二月二十七日，由国务总理、财政总长将借款合同，暨重要文件，携赴参议院秘密会议，报告磋商困难之情形，及当时所得之结果。须经各议员讨论质问，遂得表决通过。现在政府履行议决之案，甫将合同与五国银行团正式签押。竟有指为未经国会通过，率尔成立者，自系未明原委所致。已由赵总理、周总长先后解释，并印刷参议院通过情形纪实，广为宣布。惟恐远道传闻，外人亦有误会之处。相应将前项通过情形纪实一分，函送台端以资接洽。此致驻奥沈、英刘、美张、日本汪、义吴代表，驻俄刘、德颜、法胡、比五、和魏公使。

**附件：善后借款合同经参议院通过情形纪实**

中华民国元年十二月二十七日，先由国务院备文咨参议院，为国务总理及财政总长本日出席事。是日，学熙偕赵总理，携带借款合同全文，华英文各一份。又誊印简明，及重要各条文，附以九日所议大纲一百分到会。议长宣告开秘密会议，先将印本分送各议员每人一分，然后学熙报告，自九月以来，依据大纲五条，与银行磋商困难之情形，及现在所得之结果，尚未出大纲之范围，其条件已达极点，无可再进。而按照前清宣统二年与各国所订条约，订明本年新历年底赔款到期，应扫数清还。英使早已开单，俄使催逼，词尤激烈。今已十二月二十七日，距年底仅三日。今日之来，系奉大总统令，特请贵院决定办法。时势急迫，如果贵院今日能通过此合同，则明日与银行见面，后日签字，尚不误赔款之期。大局所关，务请注意。于是将合同全文顺序报告，宣读毕，将英文一份交议长，就议员中指定精英文者某某，取去细阅，亦无异词。惟嫌名称维新二字不确，当答以此小节可商改。议长乃宣言，今日政府之意，是来取决，大家须定办法。当时议员中提议用表决法，先表决特别条件。大众赞同，遂由议长逐条提议，均经表决，多数可决。

其中第五款盐务一节，彼时有议员主张删去，或又主张作为附件。问学熙能否做到，学熙谓此两层均已争至千言万语，实做不到。明日与银行再争，倘仍做不到，是否即不签字，是否仍须到院报告，而议员谓断不能因此一节耽误大局。乃以倘办不到,即照原案表决多数认可。迨特别条件通过后,时已届五钟,议长言今日必须全案通过,可否延长一点钟,众皆赞同。议长乃问普通条件应否逐条表决,议员中先有谓此普通条件,可作为一次讨论,一次表决者。后又有谓,此无大推敲,可毋庸表决者。于是众将普通条件,覆阅一遍,均无异词。学熙乃言此普通条件,有两件须声明者,一为利息,政府意见执定五厘,而银行现要求五厘五,将来学熙一定不使越此界限。再一件为折扣,政府拟援照陇秦豫海成案,定为随贾价准银行坐扣六厘用钱。此层银行已经应允,但彼要求五厘五之利息,则票价自望稍高,我抵允五厘利息,则票价自必较低,此节请注意。议员中多数谓,债票息率关于国体,宁可使票价低,不可使息率大。学熙言政府所持,亦是此义。当是时议员有陆续退席者,最后有二人起身甫离席,议长止之谓,现在法定人数仅多一人,今日之事关系紧急,明日即来不及,务必稍留将全案通过,于是此两议员仍就席。议长乃言普通条文经大众毋甚讨论,即为通过毋庸表决,众皆赞同。学熙又言,政府此次借款为时势所迫,实出于无可奈何。即学熙降心忍性,与银行磋商,亦备历生早未有之苦境,而外边仍有闲话谓此中尚有沾润,此等无稽之谈,原不值一笑,但将来如有正式文字道及此者,学熙必与之诉讼。学熙自问庸愚,而生平历政界二十余年,从未受过分毫此种回扣。况国家办此借款,稍有心肝者,何能再生此妄念,此心天日可表。众皆鼓掌。议长乃言合同今日已全通过,政府应赶紧办毕备印文到院备案。学熙唯唯,于是宣告散会。此时当日通过此案之实在情形也。学熙如有一句虚假罪甘万死。

　　查中华民国参议院法第三十八条,关于法律、财政及重大议案,须经三读会,始得议决。但依政府之要求,议长议员之提议,经多数可决,得省略三读会之顺序。第三十九条,政府提出之议案,非经委员会审查,不得议决。但紧急之际由政府要求,经多数可决者,不在此限。克力士卜海兰铁路两案,均依此办理。第四十二条,参议员于议场上临时动议,附议在一人以上方成议题,得请议长付讨论。试问此案前参议院之议决通过,为合法乎,不合法乎。如谓手续不完,则当时前参议院应拒却不议,既未拒却而又经议员提议成为议案,则议决后当然发生效力。政府履行议决之案,即是尊重立法,不得谓之违法。学熙因病不能出席,然具有天良,决不敢作欺人之语。谨纪事实,以代亲供。现在参众两院内原本当日议员不少,果秉公理当能追忆之。伏维公鉴。赵秉钧、周学熙谨具。

《中日关系史料——一般交涉》,第169—170页

## 日本伊集院使会晤陆徵祥问答

### 1913 年 5 月 14 日

民国二年五月十四日,日本伊集院使偕参赞高尾亨到署,总长接见。

伊云:大借款事之风潮如何。

总长云:借款事,前承贵大臣极力斡旋,甚深感谢。周总长筹于此事,颇为著急,且各省纷纷请款,周总长现已患病。

伊云:周总长之病,恐系忧劳过度所致。

总长云:闻各党中人,多有往银行团谈话者,彼等大约不深知其内容,如银行团中以大义开导之,当无异辞。

伊云:彼等所谈各节,外交团深不以为然,故其所主张,亦均置之不理。

总长云:此次借款,并非供政府之挥霍,所有赔款,代各省清还债款,优待皇室经费,整顿盐务等费,均一一开列清楚,不可更议,彼等不知其详,是以为此哓哓,现在国务会议已议定提出前参议院未通过之法律案等件,使彼等研究,大约有事可作别无暇时,或可讲求国务,不致竞争意见。

伊云:诚然。

《中日关系史料——一般交涉》,第171页

## 发汪大燮、刘玉麟、刘镜人、胡惟德、颜惠庆电

### 1913 年 5 月 15 日

五国银团总代表熙礼尔向财政部面称,拟于五月二十一日发售债票,请电达驻各借款国之代表、公使,按照合同第七条、十三条与银行接洽,准备一切等因。查该合同业于日前由邮分寄,计尚未达,兹将上述各款摘录如下:第七条载,此项借款准银行按总额数目,发售金币债票与承购之人。其债票之币名,及每张票面之金数,由银行酌定。债票式样文字,由银行与财政部,或中国驻伦敦、柏林、巴黎、圣彼德堡及东京公使核定。债票由银行刊印,费用由中国担任。并将中国财政总长签名字样摹印于上,以省其亲自签押,且将中国政府印信摹刻加于其上。各债票未发以前,可听凭银行请中国驻伦敦或柏林或巴黎或圣彼得堡或东京公使,将其签名并其关防摹印于上,以为中政府认可,并担任发售此项债票之证据。银行之驻伦敦、柏林、巴黎、圣彼得堡或横滨代表人,亦可在债票上加签,以证其为发售债票之经理人。又第十一条载所有债款招帖,以及付利、还本拈阄、赎回债票一切详细办法,未经本合同载明者,由银行会商中国驻英、德、法、俄及日本公使核定。现准银行俟本合同签押后,即行相机分发此项债款之招帖,并由中国政府饬知以上所开,驻各该国京都公使,遇有应行会同办理之事件,即由银行协同酌办,并得随时请其签押此项借款之招帖。第十三条载,此次借款债票或其分批之价值,中国政府所应得,系按债票在伦敦发售于公众之价值,而由银行按照票面虚数扣下百分之六。其在伦敦发售之价值,不得少于百分之九十。而中国政府所得借款总额之净价,则不得少于百分之八十四。

至发售债票费,除印刻债票费外,统归银行担任。发售债票由银行定夺最完美之日期,预先照会财政总长,以便将应办事件,转告中国驻各该国公使。此项借款首半年所应付之利息,及银行所应得之经手费用十分之二分半款,银行得于欧洲或日本。由此项借款款第一批所得之进项内,留存于各该国,足敷所言各项之数。现中国政府准银行将此项前半年之利息,及经手费用,由此项留存之进项支付。至于首次息

票之期限内,各该省按照本合同第六款所载,应交存于在中国之银行之款,为付此项借款所需者,必须将此六个月所存积留,以备将来各该省,或有中止交付情事,至按照该款所开暂行停止交存之时为止,此项借款之进项,除是付本借款首次息单之款,及交还关于此项借款所垫各款之本利,并本合同第二款所详之一、二、三各号,所应备各款项外,其余净数应存伦敦之汇丰银行、柏林之德华银行、巴黎之东方汇理银行、圣彼得堡之道胜银行及横滨之正金银行,归入中国政府善后借款帐内。其分批及分期,均按照招帖所定,承购章程办理。凡由欧洲及日本,汇寄借款之项来华,均由银行在中国之行办理。汇来时,须设法使各该银行,汇寄之数目相等。其每次汇价,应与各该汇寄之银行,同于一日订定。倘不能使其均匀,则财政总长与银行商订,或银行自行彼此商订完美办法。此项借款之款项,凡存于伦敦、柏林、巴黎、圣彼得堡或横滨者,即周年按百分之三付息。至于存在中国之汇寄银行者,则按照各该银行之流水帐之息率付息,其多寡以后商定。此项借款之进项,存于欧洲或日本,归入中国政府善后帐下者,应听候财政部,按照本合同第十四款所载提用。每星期汇款来华之数,随时与银行商定,但每一个星期不得逾五十万镑。其汇到之款项,分存于在中国各该汇寄银行,俟办理此项借款所应办各事之时,应按照本合同第十四款所载提拨各等语。希查照办理(并转法、德、英馆)。外交部。

《中日关系史料——一般交涉》,第172—173页

## 发财政部公函

### 1913年5月16日

径复者:接准函称,五国银行团,拟于五月二十一日发售债票,应请将合同第七款、第十一款、第十三款电知驻各借款国之中国公使,与该银行接洽,准备一切等因。业经本部将上开合同条款,摘银电达各该驻使查照办理。相应函复贵部查照。此致。

《中日关系史料——一般交涉》,第174页

## 国民党关于反对违法大借款的宣言

### 1913 年 5 月 20 日

自善后借款合同出现，政府违法签约之问题，予以发生，欲解决此违法签约之问题，当先考究前参议院是否确已通过此案。查前参议院议事录，于此案有关系者，为去年九月十七日及十二月二十七日之议事录。九月十七日议事录载议长吴景濂因病请假，副议长汤化龙代理议长，主席宣告开秘密会议，封闭议场，请国务员说明财政案之理由。国务员登坛说理由，并就席答复议员之质问。主席声明此项条件系政府报告之条件，并非政府提出之案，无会议之必要，请全院注意。讨论结果，俟政府筹有端绪，正式提出后，再行会议。十二月二十七日，议事录载议长吴景濂主席宣告开秘密会议，国务总理赵秉钧报告事件，休息时间已到，主席咨询全院停止休息，众赞同。财政总长周学熙报告事件，张耀曾、汪荣宝、刘彦等提议对于本案特别条款之大体，须用表决（是请表决其大体），主席咨询全院得众赞同。（可见当时系报告非交议，如系交议则当然讨论，当然表决，何待张议员等之要求表决，又何待主席咨询全院得众赞同然后付表决耶。）第二款照原案，主席用举手表决法，多数可决（现在所订合同第二款条文已大有变更）。第五款照原案，汪荣宝提议本款能删最好，否则作为附件，万办不到，即照原案，附议在一人以上，主席用举手表决法，多数可决（此可决系赞同汪议员之动议）。第六款照原案，主席用举手表决法，多数可决。第十四款照原案，主席用举手表决法，多数可决。第十七款照原案，主席用举手表决法，多数可决。主席咨询全院其余普通条件，毋庸表决，众赞同（此系赞同当日讨论大体时无须将普通条件表决，非赞同其未经提出之原文）。主席宣告散会等语。可见去年九月十七日及十二月二十七日议事录，皆为政府议告之件，非政府提出之案。即十二月二十七日表决特别条款之大体，亦不过示政府以交涉之范围，盖非正式提出之案，即无所谓表决。故议事录中尚有本款能删最好，否则作为附件，万办不到，即照原案等游移之词。又有普通条件，毋庸表决之文，若为正式议案，断无有词涉游移之议决,亦断无有因其为普通条件,即毋庸表决。况利息折扣各要件,均在此普通条件中,如系通过议案,岂能以毋庸表决了之耶。乃政府强谓参议院确已通过,并谓有议事录可证,究不知议事录中可证其确已通过者安在? 以上所述系据议事录而言,令再以约法及参议院法并政府此次咨文逐层辨别于下:

临时约法第三十八条,规定大总统提案权,则国务员并无提案权可知。况当日仅有周学熙报告借款情形说帖,则根本上不成为交议案者一也。说帖中声明将条件草稿,撮要译印,恭候审决,仅附特别五条,拜撮记合同大义一件,并无全文,则条文上不成为交议案者二也。又政府此次咨参众两院文谓,周学熙奉大总统命令到院提案,不用书面,而用口头。查财政要案,须经审查,须经三读会议决,是否可以口头提出,姑不具论,惟大总统当时并未将委任周学熙到院口头提案命令,咨行到院,今何所根据,而谓奉大总统命令可以口头提案耶? 则口头上不成为交议者三也(以上三项皆可证明其除报告外并未提交院议)。参议院法财政案,非经三读会不能议决。此案即无全文,则初读手续且未完全,遑论二读三读。政府何能仅据报告时所表决之大体,即谓为全体通过耶? 其未成为议决案者一。又约法第三十二条,参议院议决事件,咨由临时大总统公布施行。试问前参议院有此项议决借款咨文否? 其未成为议决案者二。又参议院通过案件,皆列入参议院议决案,并议决案日表之内。试问前参议院所刊之议决案,及议决案日表中,有此项借款案否? 其未成为议决案者三(以上三项又可证明其并未议决咨行)。综上六项观之,则前参议院确未通过此案。此次政府不交国会议决,擅行签字,咨院查照备案,其为违背约法第十九条之规定,毫无疑义。迨两院提出质问,由代理总理段祺瑞出席众议院答复,承认手续未完备,请各议员原谅等语,则政府之自认有违法又毫无疑义,所以两院皆多数否决,绝不承认者即为此也。

或谓反对政府违法签约即系反对借款,甚为造作种种诪罾言论,耸动听闻,不知处今日而言整理民国财政,借款为不可逃之事实,无论何人执政，不能拒绝借款，本党自前参议院时代，关于政府借款交议事件，无不曲予赞同，可为明证。假如政府于此次签约之先提交院议。则本党曲予赞同之态度，仍无间曩昔，此次反对政府之违法签约，系为保障约法起见，有不得不争之势，非反对借款，此不能不明白宣示者一也。

或谓借款已成，不必责其交议，只可监其用途，不知政府此等擅断行为，已蔑视约法。若委曲迁就，则政府将来无事不可以此为例，况附件所订用途，纯系国会之预算权，政府亦并蹂躏无余，立法机关已同虚设，更何能喙其用途，此不能不明白宣示者二也。

为今之计，虽有政府迅将合同提交议院，本党亦无不力予维持，俾底于成。否则本党惟有始终一致，不承认此违法之签约，但使共和制度一日尚存，则一日违法签约之合同，即为无效，敢布区区，公诸国人。

《中华民国外交史资料选编》(1911—1919)(一)，第72—74页

## 朱尔典致葛雷函
### 1913 年 5 月 30 日收到

阁下：

我荣幸地随信送上外交部关于外国借款问题的一份备忘录的译文。

您将看到：在没有获得中央政府的同意前，中国政府拒绝承认外国商人以国家的铁路或矿藏等财产作抵押，在中国任何地区贷给公私团体的任何借款。

我正在把该备忘录的副本通知英王陛下的各领事官员，以供英国商人们参考。

朱尔典谨上　1913 年 5 月 13 日于北京
《英国蓝皮书有关辛亥革命资料选译》，第674页

### 艾斯敦致葛雷电

1913 年 6 月 30 日发自北京,同日收到

中国政府希望从善后大借款的收入中,于 7 月 3 日在伦敦用英镑偿清直到 1912 年 12 月 31 日欠付的赔款。

如果您同意这个步骤,请电告至 7 月 3 日为止应付的英镑总额,包括利息在内。

《英国蓝皮书有关辛亥革命资料选译》,第 678 页

### 艾斯敦致葛雷函

1913 年 7 月 19 日收到

阁下:

关于朱尔典先生 3 月 7 日的信,我荣幸地报告:上海国际银行家委员会已把他们关于自 1913 年 2 月 1 日至 3 月 31 日那段期间的报告送交外交团首席公使,该报告说明那个期间海关所收税款的拨付情况。

自 2 月 1 日至 3 月 31 日所收净税款共达 6,287,877.52 两,或每月平均为 3,143,938.76 两,而上季度每月平均为 3,311,764.36 两。

偿付分期摊还的借款本息共达 2,261,802.24 两;到 3 月 31 日应付的所有分期摊还的款项都已偿清。

至 1912 年 4 月 30 日分期摊付的赔款,已由各有关银行汇去。

艾斯敦谨上　　1913 年 7 月 4 日于北京
《英国蓝皮书有关辛亥革命资料选译》,第 680 页

### 艾斯敦致葛雷函

1913 年 7 月 19 日收到

阁下:

我荣幸地报告:《北京日报》发表了关于 1913 年上半年预算的摘要,该预算已提交中国国会。虽然那些数字只不过是为了供众议院审阅而编制的估算,但它们可以被用来或多或少地反映中国目前的财政

状况。这半年所列的赤字为 117,486,572 元,或将近 12,000,000 英镑。收入仅仅为 51,336,800 元(合 5,000,000 英镑以上),当然没有把通过善后大借款所得到的款项估计在内,那笔款项将为国家债务偿付 79,199,844 元(合 8,000,000 英镑),减少了一半以上。另一方面,就行政费用而言,五国银行团为此目的拨出的五百五十万英镑,将支付六个月的费用,即自 4 月起至 9 月止,而且包括四、九两个月在内;因此,这笔款项的三分之二不能够用来减少今年上半年所预计的赤字,而因为这笔借款将不得不负担每年一百二十五万英镑的额外利息。

因此,这样揭示出来的财政状况是严重的,当人们记起目前的预算仅包括中央政府的实际费用,而且各省政府都不量入为出的时候,情况尤其如此。例如,陆军部的全部费用规定为 22,836,758 元(或 3,000,000 英镑),仅供他们目前控制的约七万名军队发饷之用。其余的大约是那个人数的四倍的军队,都依靠他们所驻扎的那些省份维持,而且从盐税和田赋中发放饷银,那些税款按理是应当上交北京的。在向各省多次拍发电报提出紧急要求之后,政府似乎已从它们那里得到勉强的许诺:1 月至 6 月间汇款总额为 18,501,846 元(合 1,900,000 英镑)。它们没有说明提供这些款项的来源,但各省的许诺中最大的一笔款项是江苏的 5,370,531 元(合 500,000 英镑以上),人们认为该省仅从盐税中每年所得到的款项便超过这笔款额三倍以上。在盐税改组以前,根据借款合同各省所许诺的每年提供的款项如下:

直隶:1,600,000 两(合 240,000 英镑),以田赋、地契税和烟酒税作抵押。

河南:2,400,000 两(合 360,000 英镑),以田赋、漕粮和地契税作抵押。

山东:2,400,000 两(合 360,000 英镑),以田赋、漕粮、厘金、常关税和烟酒税作抵押。

江苏:3,600,000 两(合 540,000 英镑),以田赋、漕粮和厘金作抵押。

上述四省已经提供了它们所分担的全部款额,但很难期待它们愿意无限制地继续肩负起全国的重担。特别是广东,它是最早主张建立共和国的,不仅对公共款项未做任何贡献,而且不断迫切要求北京方面提供收回它那些已贬值的纸币所需的款项、部队的饷银以及行政费用。

当然,关于这件事情,是有政治上的原因的。通过汇款前往北京,南方各省将只不过加强它们所坚决反对的北方的优势;而对北京来说,汇款给现已被免职的江西、安徽和广东三省都督,将会向他们提供反对中央政府的军费。

预算中仅提到三个盐区,估计它们在今年上半年内提供下列款项:

长芦盐区⋯⋯⋯⋯1,572,542 元

山东盐区⋯⋯⋯⋯180,000 元

奉天盐区⋯⋯⋯⋯115,000 元

总数为 1,867,542 元(合 200,000 英镑)。毫无疑问,将经过一段很长的时间之后,中央政府才能够有效地争夺南方各省所主张和行使的那个权利,即保留它们所征收的盐税作为地方的费用。

北京入城税的收入估计为 453,380 元。邮政局可望提供 40,620元。铁路局预算的赤字为 8,830,000 元(含 900,000 英镑),而拨给巴拿马博览会的款项为 1,000,000 元。

海关六个月的收入,估计为 29,706,701 元(合 3,000,000 英镑)。

由于没有得到去年同期的实际支出和收入的数字,所以不可能对上述款项的可能准确程度进行任何比较或检验。通过总统发布许多命令责成所有部门实行最严格的紧缩开支,以及通过他们真正急于想要获得对各省财政事务的控制权,表现出政府认识到节约的必要性。目前的善后大借款至多使该国获得一个喘息的余地,除非对盐税的改组能够有效地实现,将不会留给中国任何确实的抵押品供今后国家借款之用。

艾斯敦谨上 1913 年 7 月 4 日于北京

《英国蓝皮书有关辛亥革命资料选译》,第 680—683 页

## 艾斯敦致葛雷函

### 1913年7月31日收到

阁下：

关于我本月4日的信，我荣幸地随信附上一份报告书。该报告书系根据提交审计处的实际数字，说明中国1913年上半年的预算经过修改后的估计数。

从记入1月至6月各部贷方的款额中，您将看到：根据统计数字判断，已实现节约三千万元或三百万英镑以上。内阁对工商部和海军部的经费作了最大的削减。

关于税收，它指出（也许是相当乐观地）：今年上半年的入款很可能是中央政府所征收的最低限度的款额；拯救中国财政的办法，取决于中央政府能够把那些一直被视为国家税收的款项征集起来并解入国库，以区别于各省的税收。目前，中央政府的这项集中政策，正在经受考验。

艾斯敦谨上　1913年7月16日于北京

### 附件：报纸摘要：预算和节约

我们收到审计处的一封信，对两星期前发表的今年上半年的预算摘要作了进一步的说明。其中所列数字，系提交众议院的铅印册子中所披露的款项，但他们说明：这本册子是1912年底编制的，而且包括政府打算从大借款中支付的对各项善后工作提供的款项。3月初，由于善后大借款没有订立，达成协议的前景也是不明确的，所以预算中所包含的那些费用估计数，由内阁重新进行考虑，并作了相当大的削减。那时，不可能把它们提交国会，因为国会还没有组成。下表说明：原来预算中所估计的费用，内阁所削减的款额，内阁所批准的估计数，以及审计处所收到的各部每月费用的估计数。

从该表中（见下页），人们将会看到，内阁把估计的费用自168,412,540元减至136,870,003元，差额为31,542,516元。审计处从各部收到的每月费用估计数仅为44,480,646元，但这是因为上半年对外债

| 部别 | 原来的估计数 | 内阁所作的削减 | 内阁批准的估计数 | 审计处所收到的估计数 | 向审计处报告的估计数与内阁批准的估计数之间的差额 | |
| --- | --- | --- | --- | --- | --- | --- |
| | | | | | 增加 | 减少 |
| 外交部 | 2,033,143.00 元 | …… | 2,033,143.00 元 | 2,081,075.103 元 | 47,932.103 元 | …… |
| 内务部 | 2,135,701.00 元 | …… | 2,135,701.00 元 | 2,151,168.325 元 | 15,467.325 元 | …… |
| 财政部 | 90,630,104.00 元 | 67,353.200 元 | 90,562,750.10 元 | 8,563,662.460 元 | …… | 81,999,188.400 元① |
| 教育部 | 6,287,651.00 元 | 2,304,842.000 元 | 3,982,809.00 元 | 2,413,652.832 元 | …… | 1,569,156.168 元 |
| 陆军部 | 22,836,758.00 元 | 3,366,287.405 元 | 19,470,470.59 元 | 20,607,535.425 元 | 1,137,064.830 元 | …… |
| 海军部 | 9,954,204.00 元 | 7,403,290.000 元 | 2,550,914.00 元 | 1,986,482.498 元 | …… | 564,431.502 元 |
| 司法部 | 1,102,035.00 元 | 426,001.000 元 | 676,034.00 元 | 971,724.000 元 | 295,690.000 元 | …… |
| 农林部 | 2,914,553.00 元 | 2,147,736.000 元 | 766,817.00 元 | 444,086.544 元 | …… | 322,730.915 元 |
| 工商部 | 13,018,724.50 元 | 11,550,931.000 元 | 1,467,793.50 元 | 4,549,630.866 元 | 3,081,837.366 元② | …… |
| 交通部 | 17,499,647.00 元 | 4,276,076.000 元 | 13,223,571.00 元 | 711,727.985 元 | …… | 12,511,343.015 元③ |
| 共计 | 168,412,540.50 元 | 31,542,516.605 元 | 136,870,003.89 元 | 44,480,646.038 元 | 4,577,991.624 元 | 96,967,349.481 元 |

①这笔款额代表政府必须于 1913 年上半年内偿付的外债(76,759,842 元)和内债(2,440,608.81 元)的款项。

②这笔款额主要是打算供修建铁厂之用的,已被拒绝。

③提交审计处的数字仅供该部的实际费用。

和内债应付的 81,999,188 元以及供铁路和交通部其他费用的 12,511,843 元,都没有计算在这些估计数之内。如果把这些款额加入 44,480,646 元,总数将接近内阁所批准的款数。

在审计处收到和审核今年上半年的全部帐目之前,不可能了解各部的确切费用,但下列款额已记入 1 月至 6 月间各部的贷方:

外交部…………2,050,000 元

内务部…………2,150,000 元

财政部…………89,000,000 元

教育部…………3,500,000 元

陆军部…………20,000,000 元

海军部…………2,200,000 元

司法部…………800,000 元

农林部…………600,000 元

工商部…………1,500,000 元

交通部…………13,000,000 元

共计…………134,800,000 元

因此,同提交国会的估计费用 168,412,540 元的款数相比较,已节省 30,000,000 元以上,没有超过内阁实际批准的费用。

关于中央政府的实际收入,现在还没有得到报告书。人们将记得,预算估计上半年的全部税收仅为 51,336,880 元。然而,我们可以说:中华民国二年上半年的收入总额是中国政府将征收的最低限度的税款。原因是很明显的。被革命彻底破坏的行政当局迄今还没有恢复它的正常状况;政府没有得到它从前能够依赖的各省的定期汇款。现在,各省的财政情况正受到严厉的检查;我们只能够重述人们最近着重表示的那个意见,即拯救中国财政的办法,取决于政府能够把那些一直被视为国家税收的款项征集起来并解入国库,以区别于各省的税收。

《英国蓝皮书有关辛亥革命资料选译》,第 686—689 页

### 艾斯敦致葛雷函

1913 年 9 月 8 日收到

阁下：

我荣幸地报告：上海国际银行家委员会已给外交团首席公使送来他们的至 6 月 30 日为止的季度报告，说明那段时间内海关所收税款的拨付情况。

自 4 月 1 日至 6 月 30 日所征收的全部税款达 10,500,118.74 两，如果与前两个月的平均数 3,143,938.76 两相比较，每月平均为 3,500,039.58 两。偿付按月摊还的借款本息达 8,674,664.84 两，至 6 月 30 日应付的所有分期摊还的款项都已偿清。存在三家保管款项银行内的余款于 6 月 30 日为 8,197,591.11 两。

上季度内没有偿付赔款，税务司在各有关银行"中国赔款帐目"内的贷方所有款项总额为 1,104,059.94 两。

艾斯敦谨上　　1913 年 8 月 23 日于北京

《英国蓝皮书有关辛亥革命资料选译》，第 704 页

## (五)修改税则案

说明：由于清朝自鸦片战争以后，积弱积贫，所以，中外进口税则一直操纵于外人之手，进口货物的税率一直居低，严重损害了国家利益。民国二年八月份，北京政府基于财政困难，始提出修改税则的外交要求，但遭到列强的软硬抵制，其中尤以日本为甚。经过旷日持久的交涉，中外税则最终获得修改，虽然列强让步不大，但也表明了北洋政府外交上的积极态度。

### 北京政府就声明修改通商进口税则致驻京各国公使照会

1912 年 8 月 14 日

为照会事。案查前清光绪二十八年续修通商进口税则，施行至今

已届十年。曾于中英商约内订明此项税则。若修改须于十年期满，六个月内先行知照等语。又查此项税则系照辛丑各国和约增至切实值百抽五，其估算货价之基，以一千八百九十七、八、九三年卸货时各货牵算价值。今已阅十年，各货价值多有增减，自应及时修改以符切实值百抽五之原约。兹特将中国愿修改税则之意，向经签押于续修通商进口税则之各国驻京大臣声明，应请贵署大臣查照见复为盼，须至照会者。

英朱使　德哈使　俄库使　法裴署使　美嘉使　日本伊集院使　和贝使　奥讷使　义斯使　比艾署使　日白使　葡马代使　瑞倭使　丹阿使

《外交文牍——修改税则案》，第 1 页

## 北京政府为催促早日答复中国修改税则
## 声明致驻京各国公使照会
### 1913 年 10 月 14 日

为照会事。案查现行洋货进口税则已届十年期满，业经本部将声明修改之意于去年八月十四日照会曾经签字于该税则之各国驻京大臣在案。现民国政府既与各友邦保持正式完全之关系，中外商务必将日臻发达，前项进口税则自应切实修改，以期于税课商情两有裨益。相应照会贵署公使，代理大臣查照见复，以便早日商办此事。是所感盼。须至照会者。

英艾署使　德司署使　俄库使　美卫署使　法康使　日本山座使　义斯使　比贾使　日白使　葡符使　瑞典倭使　丹阿使　和思署使　奥德署使

《外交文牍——修改税则案》，第 2 页

## 美驻京公使为中国修改税则事致孙宝琦的照会
### 1913 年 12 月 20 日

为照复事。修改进口税则之事，日前会晤时，贵总长面称，现在各国政府对于上年八月十四日及本年十月十四日本部照会,虽无辩驳之处,然尚有多数国家未曾答复等语。查贵政府拟订现行税则,俾将值百抽五办法切实征收,本国政府深愿表示同情。本公使用特声明,相应照复贵总长查照可也。须至照复者。

《外交文牍——修改税则案》,第4页

## 英驻京公使就中国修改税则事致孙宝琦的照会
### 1913年12月23日

为照会事。前准贵部十月十四日文开,愿将进口税则照贵部元年八月十四日来文之意修改等因前来,曾经达知本国政府。现奉本国外部大臣训令,嘱向贵部声复,本国政府允将该税则修改矣。须至照会者。

《外交文牍——修改税则案》,第5页

## 北京政府外交部就修改税则事致驻各国公使暨代办电
### 1914年1月15日

修改税则事,美英两使已照复允办,比使亦正式来文述其政府从中赞成之意,其余各使尚未复到。此事根据条约为彼此所应办并非特别要求,希向所驻国政府切实陈说,请其从速复允,俾早日开议。并复。外。

《外交文牍——修改税则案》,第5—6页

## 孙宝琦为催促从速答复中国修改税则事
## 分别致驻京各国使节的照会
### 1914年1月17日

为照会事。案查现行通商进口税则已届十年期满,应行及时修改一事,迭经本部于民国元年八月十四日、二年十月十四日,照会曾经签字于该税则之各国驻京公使在案。兹准美国、英国、比国、和国驻京公使先后正式来文,均应照办。谅贵国政府顾念中(俄、日、法、瑞典、丹、意、葡、德)睦谊,亦必乐于推诚赞助,相应照会贵公使、代办查照,并希从速见复,以便早日商办此事,是所感盼。须至照会者。

《外交文牍——修改税则案》,第 5 页

### 法国驻京公使为有条件修改税则事致孙宝琦照会
#### 1914 年 1 月 18 日

　　为照会事。现行通商进口税则已届十年期满,拟行修改一事,业于本月十七日接准来文催询本国政府意见如何。查此事早经本公使将贵国政府表示之意转达本国政府去后,兹准复称,此次所拟修改之处,如得相当酬报,焉有不允酌改之理等语。并训令本公使云,俟革命损失赔偿公平完美了结之后,始可继议此事。据此相应照会贵总长查照可也。须至照会者。

《外交文牍——修改税则案》,第 5—6 页

### 孙宝琦驳复法国驻京公使的照会
#### 1914 年 1 月 23 日

　　为照复事。接准照称,现行通商进口税则提议修改一事,兹准本国政府文称,此次所拟修改之处,如得相当酬报焉有不允酌改之理,并训令本公使云,俟革命损失赔偿公平完美了结之后,始可继议此事等因。查通商进口税则施行已届十年,各货价值多有增减,自应再行切实修改,俾各商所纳税额与实际之约定税率相符,而后商情税课乃能两得其平。是以曾经派员签字于该税则之各国政府,于本部按约提议之公平办法,多已深表赞同。矧我中法两国邦交素笃,而贵国在华之商务现正日臻发达,对于此举当亦乐于推诚赞助,不令各国专美于前,岂于此项纯系条约上应办之事而有别求酬报之理。至革命损失如何赔偿,业由审查会秉公商议,将来必有良善之结果,且与修改税则截然两事,更无从强行牵合以为条件。若贵国政府顾念邦交并重通商相互之利益,当

不难立应本部之提议。相应照会贵公使查照,并烦转请贵国政府再加考核,早予圆满之答复,是所感盼。须至照会者。

《外交文牍——修改税则案》,第6页

### 俄库使复孙宝琦照会

#### 1914 年 4 月 1 日

为照复事。案查中华民国元年八月十四日、二年十月十四日、三年一月十七日及三月九日先后接准照开,修改通商进口税则之从量税率,以符按照各货价值增减值百抽五之约一事,兹奉本国政府训令,应行声明:本国政府虽无必允修改之理由,而拟徇中国所索之主义赞成此问题。惟应商订条件如下:甲、水路税则,本国政府允准修改。惟北满洲陆路各税关,仍按照一九〇二年现行税则征收。该税则内未列入之俄货亦应加入。乙、俄国政府此次退让之谊,中国亦应相酬。一、货品由满洲经海参崴运入中国内地,或由内地经海参崴运往满洲者,均按通过货品而论。查刻下满洲与中国内地通商货物,大半或经海参崴或经大连湾埠,系与中国通商口岸无异。经过该埠之货,均享有特许之利益。如于一口完纳或出口税或进口税一次,至第二口时仅交沿岸税,即按出进口税之半数。其运经海参崴之货,虽系华货,且运往华境,于出俄境后至中国,税关乃以洋货而论,并入华境时,仍按进口税全数征收。是以本国政府要求,凡货物由中国内地经海参崴运往满洲,或由满洲经海参崴运入华境内地,应按照大连湾现行之例一律办理。二、中国政府应允认俄中蒙三方会议时,中国政府不得要索蒙古政府退让中蒙贸易捐税权分之主义。以上各节,相应照复贵总长查照可也。

《外交文牍——修改税则案》,第8页

### 孙宝琦致俄格署使照会

#### 1914 年 4 月 14 日

为照会事。案查修改税则一事,中华民国三年四月一日接准库公使来照,大致谓俄国政府兹特声明,赞成中国之提议,惟应行商订条件。甲、水路税则本国政府允准修改,惟北满陆路各关,仍按照一九零二年现行税则征收。该税则内未列入之俄货亦应加入。乙、一、凡货物由中国内地经海参崴运往满洲,或由满洲经海参崴运入华境,应按照大连湾现行之例一律办理。乙、二、中国政府应允俄中蒙三方会议时,中国政府不得要索蒙古政府退让中蒙贸易捐税权分之主义等因。本部查修改税则一事,贵国政府既已赞同中国之提议,本部实深感谢。惟来照所述应商各款,本部应将未便同意之理由约略言之。查通商进口税则于光绪二十八年经各关系国共同订立签字,声明十年期满得酌量修改。现在施行已届十年,几由海道陆路进口各货,其价值复多有增减,本国政府按之条约征之事实,不得不加修改,俾各商所纳税额与实际约定之税率相符,而后商情税课乃能两得其平。决无水路税则可允修改,北满陆路各关独照旧则抽收之理,且贵国商货大半由陆路运进中国,若陆路各关税则不改,似与贵政府赞成此举之盛意不符。又来照所列乙款两项,查海参崴非中国通商口岸,未便引大连作比例。至于外蒙收税问题,中国在该处有宗主之权,将来三方面会议自应以极公允之一办法处分之,现在尚非其时,且均不在修改税则范围以内,无从强行牵合以为条件。总之,此次修改税则纯系条约上应办之事,是以各国政府于本部按约提议之公平办法,多已深表赞同,并未要求酬报。矧我中俄两国邦交素笃,遇事赞助,岂独于此项照约应行之举另提条件。来照所述另行商订各条件,本部按照条约上之声明,实属碍难商办。相应照会贵署理公使查照,并请转达贵政府为盼。须至照会者。

《外交文牍——修改税则案》,第 8—9 页

## 外交部致驻俄刘公使函

### 1914 年 4 月 14 日

径启者。案查修改税则一事,近准俄使照称,兹奉本国训令,应行声明本国政府虽无必允修改之理由,而拟徇中国主义赞成此问题,惟应

商订条件如下：甲、水路税则，本国政府允准修改，惟北满陆路各税关，仍按照一九〇二年现行税则征收。该税则内未列入之俄货，亦应加入。乙、俄国政府此次退让之谊，中国亦应相酬。一、货品由满洲经海参崴运入中国内地，或由内地经海参崴运往满洲者，均按通过货品而论。虽系华货且运往华境，于出俄境后至中国，税关仍以洋货而论，并入华境时仍按进口税全数征收。查大连湾埠经过该处之货，如于一口完纳或出口税一项，或进口税一项，至第二口时仅交纳沿岸税，即按进出口税之半数。是以本国政府要求应照大连湾现行之例一律办理。二、中国政府应允认俄中蒙三方面会议时，中国政府不得要索蒙古政府退让中蒙贸易捐税权分之主义等因。本部查通商进口税则，系订于光绪二十八年，其时俄国公使亦曾签字。此次本部修改税率，即向曾经签字之各国要商，共十四国。现在施行已届十年，各货价值多有增减，自应切实修改以与约定之税率相符，决无水路税则可允修改，陆路税则仍须照旧之理。且英法日本均于中国有陆路通商关系，设皆以俄之所要求为请，则是修改税则之举徒有其名而无其实。况俄国商货大半均由陆路运进中国，如果陆路税则仍旧，则彼虽允我修改而于我进口货税上实仍无关系。至该使照会所述乙款两项，尤为无理之要挟。查海参崴既系俄领，与大连之有中国税关者不同。其由华境经该处而运入满洲，与夫由满洲经该处而运入华境各货品，自应按照由外国入口之货一律征收，不能与由此通商口岸运往彼通商口岸者相提并论。又查外蒙叛立以来，私将毗连俄界之恰克图税卡撤销，而以库伦为征税之地，非威迫华商出境，即对于华货任便苛征。现正拟于恰克图会议时力图补救，以作边陲之权政。今俄政府乃并以此二者为要挟之条件，其无理取闹实堪诧异。总之，修改税则纯属条约上应办之事，决无可附条件之余地，现在各国政府于我按约提议之公平办法，业已多数赞同，独俄政府思藉此要求酬报，以扩张其在蒙古北满之势力，自应内外合力拒驳，以戢其叵测之谋。除照会俄使并先电达外，相应抄录致复俄使照会函达贵公使查照。即希酌向俄外部切实解释，以期就范，并见复为盼。

## 驻俄刘公使复外交部函

### 1914 年 5 月 10 日

修改税则问题,同时又遵大部四月十四日函,向彼逐层切实解释,并由镜告以贵国赞成中国提议修改,达成美意,惟带有条件,则反令我为难。倘各国相起效尤,中国将何以对付。彼称贵国惟与英美两国订有十年修改税则之约,其于诸国并无此项条款,倘允修改,自必各求互换相当利益,决不仅俄一国。所请货品按照大连现行之例,实与贵国从前与法国所订货物由安南进口办法相同。贵国何厚于他而薄于我。至外蒙税权一层,因有连带关系之故。总之,此次俄国赞成贵国提议,实为迎合贵国之意,倘贵国以所提条件为非,不碍续行旧有税则等语。

## 孙宝琦驳复意使 5 月 23 日来文的照会

### 1914 年 5 月 28 日

为照复事。接准照称,现行通商进口税则提议修改一事,兹奉政府回文嘱令声明,如能由外交部允许在汉口若有扩充各国租界或一国之界,虽仅不过划直界线,或另在他国租界,或已有该埠租界,授以附近地段何等专利,则应给义国同等之权利。此议若正式照准,本国政府即行完全允诺,并可即由本大臣将允诺修改之意,立行照知,等因。查通商进口税则施行已届十年,各货价值多有增减,自应再行切实修改。俾各商所纳税额与实际之约定税率相符,而后商情税课乃能两得其平,是以曾经派员签字于该税则之各国政府;于本部按约提议之公平办法,多已深表赞同。矧我中意两国邦交素笃,谅贵政府对于此举当亦乐于推诚赞助,不令各国专美于前,岂于此项纯系条约上应办之事,转有另提条件之理。且汉口租界,英俄德法日本各公使虽曾以推广为请,业经本部据案切实驳复并未允认,更不能以此事牵合以为允修税则之条件。所盼贵国政府顾念邦交,并重通商相互之利益与各国赞同本政府修订税则之提议。相应照会贵公使查照。并烦转请贵政府再加考核,早予圆满之答复,是所感盼。须至照复者。

《外交文牍——修改税则案》,第 11 页

## 日本驻京代理公使为有条件修改税则事致孙宝琦的复照

### 1914 年 6 月 8 日

为照复事。民国元年八月十四日,二年十月十四日,迭准来照提议现行进口税则按值百抽五切实修改一事,经本国政府慎重审议,细加考核,兹奉外务大臣训令,嘱将另开各条件复达贵国政府。相应照会贵部查照。

大正三年六月八日

按照现在情形,前项提议日本政府不惟于条约上无应履行之义务,且就中日两国贸易之状况而言,则关税增加日本商人负担益重,其所蒙影响决非各国商人所可比拟。虽然日本政府鉴于两国善邻之谊,特以另开条件(并附属条件以外之要求事项)愿表同意于中国政府之提议,并信中国政府于日本所要求之条件当亦不持异议。盖进口货物求与内国货物均沾一律之待遇者,征之列国通商条约,已成普通之事实也。且关于本条件所载进口货物之待遇,无论若何情形凡外国货于条约上既有之权利,均应仍旧继续,更不待言矣。

条件

关于现在及将来各种课税上及其他一切特权特典利益并豁免事项,不得以比诸在中国制造之机制洋式货物较为不利益之待遇,施于由外国进口同类之货物。

条件以外之要求事项

第一,中国应将商标章程从速制定实行。

第二,对于进出口之货物,应将下开不法之课税速为矫正,并改良

其处置方法。

　　一、矫正进口货之不法课税。厉行条约,凡已纳进口税之货物,贩运于开放地方,或已纳进口税及抵代税之货物,贩运于内地时,不课以一切之内地税及其他各项摊派。

　　二、矫正出口货之不法课税。厉行条约,凡条约国商人持三联单采运之华货,不得于出口税及抵代税以外,征收内地税及其他各项摊派。

　　三、改良处置进出口货之方法。发给三联单、子口单及免税单,并关于各项进出口货之现行规则,应按照条约所定妥加订正。又,对于不持有三联单或子口单之进出口货,亦应改良其征收厘金及各项内地税捐之手续,妥设方法,使条约国商人得免不当之负担及其不便。经条约国之同意,特将此项规则明白宣布。

《外交文牍——修改税则案》,第11—12页

## 孙宝琦驳复日本代理公使的照会

### 1914年6月16日

　　为照会事。民国三年六月八日接准照称,提议现行进口税则按值百抽五切实修改一事,兹奉外务大臣训令,嘱将另开各条件复达查照等因。查修改税则一事,贵国政府既鉴于善邻之谊,赞同中国之提议,本部实深感谢。惟来照所开条件及条件以外之要求事项,本部应将未便同意之理由约略言之。查各国于输入外国之货物均沾一律之待遇,征之各国通商条约,虽未得谓为已成普通之事实,而各国体察国内工商情形,于进口货物课以极重税率,以保护其国内货物之懋迁,而又酌择某项进口货物许与内地之货一律待遇,以与外国交换同类之利益者,固属不少。但此事按诸现在中国与各国通商情形,实未便执以为例。且事近修订商约,更未可于按约提议修改税则之事任使牵合,以为条件。至商标章程,中国政府现正实行订定,并已照会驻京各国公使在案,将来必有良善之结果。又外国商人报运已完进出口正税及抵代税之货物,各处税局或误向征收他税,虽未必绝无其事,而商人违章输运致于课罚

之事,亦复时有所闻。似此偶然发生之事实,尽可由中国各省官宪与外国领事官和平办理则是。二者更皆无庸列为条件以外之要求事项,而使贵国政府推诚赞助之盛意转为所挏。总之,现行通商进口税则实施已届十年,各货价值多有增减,自应再行切实修改。而中国政府提议修改之目的,亦即欲使各商所纳税额与实际之约定税率相符,而后商情税课乃能两得其平。是以曾经派员签字于该税则之各国政府,于本部按约提议之公平办法,多已深表赞同,并不另附条件。矧我中日两国谊属同洲,邦交最笃,而贵国在华之商务现且日臻发达,对于此举当亦乐于推诚赞助,不令各国专美于前,岂于此项纯系条约上应办之事而有别提条件之理。来照所开条件及附属各项,本部实属歉难承认。相应照会贵代理公使查照,并烦转达贵政府为盼。须至照会者。

《外交文牍——修改税则案》,第 13 页

## 俄驻京代理公使为重申有条件修改税则事致孙宝琦的复照
### 1914 年 6 月 16 日

　　为照复事。本年四月十四日接准照开各节,当经转达本国政府查核,兹奉训令应行声明。查来照内开,通商进口税则于光绪二十八年经各关系国共同订立签字声明,十年期满得酌量修改等语,本国政府不以为然。缘一九零二年各国通商进口税则善后章程,以及一九零三年三月二十八日俄委员签押之税则善后章程,并未载入修改期限。惟一九零二年中英条约以及一九零三年中美条约各载有十年修改之期,但该各条约之义,凡英美各商较俄商增添扩充利益之款,俄国与有关系其他项条款,如税则十年期满酌量修改各语,均与彼国无涉,是以俄国有驳阻中国要求修改税则之理由。惟因表示两国之睦谊,乃赞成此次中国之提议。然俄国恐修改税则之举不免侵犯俄商于中国贸易之利益,故于允认重要问题之际,不能不要求报酬。而顾念邦交仅止要求其适度,既于中国商务不受影响,且不抵触中国与各国通商之原理。此适度之要求,库大臣于本年四月一日照会内业经申明在案,贵总长谅已洞悉。

查北满洲陆路各关仍按一九零二年税则征收一节,甚属公允。第一九零七年商定税关专条声明,水路税则适用于陆路,系为格外相让,并无俄国允认水路税则用于陆路税则。将来修改水路税则时,势必依据他国所允将陆路税则亦同时修改之语。兹中国政府若不肯保守陆路税则,以及加入税则未列入之俄货税率,足表拒绝一九零七年税关专款之第三条,致使俄国将该专条视为无效。似此情形实与中国无益,因该专条系为满洲里及绥芬河税关之根据也。其第二之要求,凡货物由中国内地经海参崴运往满洲,或由满洲经海参崴运入华境,应按照大连湾现行之例一律办理一节,亦非格外要求,乃系俄国应享。按照最惠国之权分,并依据成案,即光绪二十一年五月二十八日北京中法条约之第四款,内载经过越南之货,以及中国盐斤由内地经海参崴运入东三省抵绥芬河时,此项盐斤即不以洋货而论。至第三之要求,本国政府或可允认延至三方面会议之时,不必立即决定,惟应声明,中国政府若现在不许可外蒙古组织中蒙贸易捐税,则俄国必待三方面会议决定此问题后,始克允认修改水路税则。相应照复贵部查照可也。须至照复者。

《外交文牍——修改税则案》,第 13—14 页

### 孙宝琦驳复俄驻京代理公使的照会

#### 1914 年 7 月 1 日

为照会事。案查提议现行通商进口税则按值百抽五切实修改一事,中华民国三年六月十六日接准照复,声明第三之要求或可允认延至三方会议之时,不必立即决定,而于第一第二之要求,仍未允即撤回,殊为可惜。查来照内称税则十年期满酌量修改与俄无涉,是以俄国有驳阻中国要求修改之理由等语。不知一九零二年所订各国通商进口税则,其修改期限业于中英续约订明在前。一九零三年俄国及各国委员加入签押之时,统无特别声明,即系一律承认,毫无疑义。矧辛丑和约第六款各关系国一律言明,进口货物之税应即切实增至值百抽五,是该约有效期内进口洋货,应随时抽足值百抽五之数,方与约章相符。现在

该税则实行已逾十年,货价今昔相差甚远,若不允修改,或仅允修改其一部,并藉此而为要求酬报地步,似非彼此尊重条约、敦笃邦交之道。夫入口货物应纳切实值百抽五,此系约应办之事,不得谓为修改税则之举侵犯俄商在华贸易之利益。又来照称陆路各关仍按一九零二年税则征收一节,查俄国货物多在北满陆路运来中国,其由水路运者为数无几。从前俄允认水路税则用于陆路,系因得三分减一之利益。此次修改税则,倘只施行于水路,则俄货大占便宜,不惟非国际间之持平办法,更恐各国之已不附条件赞成中国提议者,亦必群相食言,要求他种条件,以为与俄货竞争之地。其结果仍于俄国无利,而徒碍修改税则之进行。俄国政府若真为两国睦谊计,当允认北满陆路各关税则一律修改切实值百抽五。俟此事定后,仍于中俄约章所已声明之限,可照此次所新修之税则三分减一交纳,方足以昭公允,而与约章无背。至未列入税则俄货应如何查明商订加入之处,此节可俟开议时由两国委员和衷商办。来照又称第二条件亦非格外之要求,乃系俄国应享。按照最惠国之权分,并依据成案,即前清光绪二十一年中法条约第四款,以及中国盐斤经海参崴运入东三省不以洋货而论等语。查中法商务专条第四款订定土货经过越南,仍非土货看待办法,贵国政府拟援引此条推行于海参崴,似有误会。盖该款所订土货经过越南办法,只限定龙州、蒙自、思茅、河口四处,他国固不能援引,即法国通商他口亦不能援以为例。况当日中国政府所以允订由该四处来往土货办法,亦因滇桂两省与各通商口岸交通颇有不便,中国货物假道运往各通商口岸者居多。然现在北海通商情形既不可与之相提并论,自更无援引可言。至食盐一项,向不准贩运进出口,载在约章。东三省食盐经由海参崴运入,系中国国有之特权,如欲以他项土货比照食盐办理,似属牵强。总之,此次中国提议修改税则,纯系履行条约所应为之事,绝不能牵入条件,要求酬报。谅贵国政府未及熟思此点,而又误会为税则一经修改必将增加俄商之额外负担,乃至另提条件以为酬报。兹经本部一再详细解释,倘贵国政府于中俄友谊愿为具体之表征,并于此项提议再行平心考虑,当必乐为无条件之赞同也。相应照会贵公使查照，即烦转达贵国政府为荷。须至照会者。

《外交文牍——修改税则案》，第15—16页

### 孙宝琦为要求无条件同意修改税则事致俄日驻京公使的照会

#### 1915年11月30日

为照会事。案查现行进口税则应按切实值百抽五修改一事，上年七月一日、六月十六日复经本部将议办此事未可附带条件之理由详细奉复，兹于上年十二月十二日照请贵公使，小幡代使从速照允，以敦睦谊，各在案。现又逾时甚久，迄未见复，殊为殷盼。当此两国力求亲睦之时，凡本政府力所能办之事，无不迅速办理，赖以解决之问题不少，谅必为贵政府所谅察，况此事根据公约早经声明，实无可以延诿之理由。是以各国政府鉴于本政府之实情及公约之声明，早已多数同意。尚希贵公使即行转达贵政府，照本政府之所请求者迅予同意，以便早日实行，至纫睦谊。须至照会者。

《外交文牍——修改税则案》，第17页

### 北洋政府修改通商进口税则经过

#### 1912年—1918年

最近关税情状

最近关税情状，即本岁之修改进口税则。斯事也，提议于民国元年八月，其后得各国之完全承认，是为六年九月。及中外委员会商，始于本年一月，而告成于十二月。今为参考起见，特将本案源尾，撮要录之。

甲：修改预备

民国元年八月五日外交部始咨商财政部，略谓通商进口税则，订于前清光绪二十八年，现已十年期满，当时中英商约第十五款载明，此税则若欲修改，以十年为限，期满六个月先行知照，若彼此未于期前声明，则复俟十年再行修改等语。中美商约第十七款所载亦略同。查此项进

口税则,系按照辛丑和约所订,增至切实值百抽五。其估算货价之基,以一千八百九十七(光绪廿三年)、八(廿四年)、九(廿五年)三年各货价牵算。若现在修改,以近三年货价牵算,其价值增加者,必居多数,进口税可期增收。现在民国成立,虽各国尚未承认,而此时在我提议修改税则,似可免将来逾误期限之口实云云。时陆徵祥以总理兼外交,赵秉钧代财政,胡惟德督税务,英人安格联为总税务司。

七日,财政部电知各省都督,谓裁撤厘金与协议加增进口税有联带关系,须俟加税约成,乃可免厘。

八日,财政部咨外交部,赞成提议修改进口税则,请速照会各使,并咨税务处,请札行总税务司,饬按近三年货价,切实核估,折中牵算列表,呈由税务处转咨该部。

十四日,外交部照会驻京各使,略云:为照会事,案查前清光绪二十八年续修通商进口税则,至今已届十年,曾于中英商约内订明,若欲修改,须于十年期满六个月内先行知照。又查此项税则,系照辛丑和约增至切实值百抽五,其估算之基,照一千八百九十七、八、九三年卸货时各货牵算价值,今已阅十年,自应及时修改,以符切实值百抽五之原约。兹特将中国愿修改税则之意,向曾经签押于续修通商进口税则之各国驻京大臣声明,请查照见复。时英为朱尔典、瑞使倭伦白、日本使伊吉院彦吉、和使贝拉斯(按:和即荷兰)、日使白斯德(按:查中华书局出《清季中外使领年表》,白斯德为西班牙驻华公使,西班牙时称日斯巴尼亚)、美使嘉乐恒、比使贾尔牒、义使斯莆尔扎(按:义即意大利)、德使哈豪森、奥使讷色恩、俄使库朋斯齐、丹使阿列斐、法使康德、葡使符黎得斯、墨署使胡尔达、古巴代办博赉美。

二十四日,财政部筹议加税裁厘应与修改税则并案办理。特提议案于国务会议,并谓所有事前筹划诸事,应否请大总统特派专员办理,抑由外交、财政、税务各衙门派员会办,仍候公决。同时亦抄咨外交、工商两部,嗣于九月六日,经关务会议议决照准。时内务总长赵秉钧代理关务,财政总长为周学熙,刘揆一长工商,朱启钤长交通。

　　九月五日,工商部赞同修改税则暨裁厘加税并案办理。咨复财政部,并请由外交部另设商约研究所,会同关系各部详细核议。以备承认后改约。

　　七日,国务院以议准修改税则与裁厘加税并办,由外交部、财政部、税务处等衙门会同办理各情,一份咨各该部处。

　　十八日,外交部以修改税则裁厘加税碍难并办等情,密商财政部。略谓:本部查光绪二十八年中英续议商约及二十九年中美续议商约,均订有加税免厘详细办法一款。二十九年中日续议商约,亦允一律照办。只因各国商约未尽续接议定,或议而未定。三十四年十二月间,前外务部曾向各使提议协商,而英、日二使均谓本国政府以中国政府于条约上应尽之义务,如制定商标章程,划一国币及度量衡等均未完全履行,此事自难商办。至加税免厘之举,至今未能实行,矧加税免厘,虽与英、美、日订有成约,其附有各种条件(如中英续约第二款及第八款内第二节,第二项第十四、第十五节,又中日续约第六第七两款)彼此各有主张,未易就范,非若修改税则,可调查最近三年之货价以为准绳。现在民国始创,我照约期满以前,提议修改税则,无论能否办到,总可免将来赔误期限之口实,若以加税免厘之事并案协商,难保不托词拒绝。现在此事既由国务会议通过,可否酌量办理,俟各国允将税则议定,再与商议加税免厘之处。应密达查照酌复。

　　三十日,财政部函复外交部,仍请遵照院议并办修改税则暨裁厘加税,并谓厘订商标章程及划一度量衡等,业经咨请工商部迅定办法,至统一国币,本部现正筹议进行。务使将来开议,不贻外人口实。时陆徵祥病免,赵秉钧为总理,梁如浩为外交总长。

　　十月五日,工商部咨财政部,略谓商标章程,本部正在筹议。至划一度量衡法,前已拟定说明书及办法,经国务会议议决,不日提交参议院核议。

　　二年八月八日,财政部呈准公布关税改良委员会简章凡十二条,设委员会于税务处,由外交、财政、工商、交通等部暨税务处派员会商改正关税税率,暨实行裁厘加税等事,时段祺瑞代理国务,先于七月末日任命熊希龄为总理,本月二十八日始就职,即日呈派该会委员,指定税务处会办赵椿年为会长,总办陈錟为副会长。

九月二日,财政部函致税务处,请以关税改良委员会名义调查货价。

二十七日,关税改良委员会以议决两案函陈财政部税务处。

一、该会委员白育良提意见书,略谓:查宣统元年洋货进口估值四万万一千八百十五万八千零六十七两。二年值四万万六千二百九十六万四千八百九十四两。三年值四万万七千一百五十万三千九百四十三两。以上三年平均计算,每年为四万万五千零八十七万五千六百三十四两。此就进口估值言之,今应一面请工商部饬各商会就近调查,一面由本会搜集关税及贸易册报书籍,专心研究,俾资考镜。

二、副会长陈錟拟完进口货价调查表,调查一九〇九年(宣统元年)、一九一〇年(二年)、一九一一年(三年)、一九一二年(民元)、一九一三年(民二)平均货价(是月税务处即据表令行粤海、江海、津海、大连、安东、哈尔滨等关调查)

十月六日,第一届大总统选出,各国于本月一律正式承认民国。

十四日,外交部续照驻京各使,略谓:现行洋货进口税则,已届十年期满,经本部将声明修改之意,于去年八月十四日照会曾签字于该税则之各国驻京大臣在案。现民国政府既与友邦保持正式完全之关系,前项税则,自应切实修改,相应照会贵公使查照见复,以便早日商办。同日亦函财政部,请转知税务处饬令各关认真调查货价,时蔡廷幹为税务处会办。

十九日,比使贾尔牒照复外交部,请修改税则案,已转达政府。

二十日,法使康德照复,谓应转达政府。

二十一日,外交部电致驻外各使,嘱以修改通商税则事宜陈说各国政府。

二十二日,葡使符礼德照复外交部,修改税则案已转达政府。

二十四日，驻和公使魏宸组电复外部，谓昨见和外部，修改税则事，如各国赞成，和亦允办。

二十五日，和署使思迪楞照复外部，称修改税则案已转达政府。时德使为哈豪森、义使斯莿尔扎、日〔西〕使白斯德、瑞使倭伦白、俄使库朋斯齐、丹使阿列裴、日本使山座圆次郎、墨代办胡尔达、美代办卫理、英代办艾斯敦、奥代办德福尔。

驻日本代办马廷亮电外部，称该国外部谓修改税则，须酌而后复。

二十六日，驻奥代表沈瑞麟电外部，称修改税则，奥外部谓俟查案即复。

二十七日，外部电驻日马代办，以修改税则案再向该国声明，此次并非加税，请勿误会。驻德公使颜惠庆电外部称，修改税则，德外部须研究始复。财政部函致税务处，请饬各关调查货价。

二十九日，财政部令全国二十六关监督，暨总管吉林珲春、广西龙州、云南腾越等关务观察使，饬其速查货价，限文到一个月内开单送部。

三十日，驻比公使王广圻电外部，称修改税则，比外部俟研究再复。驻俄公使刘镜人亦电称俄政府谓本案须经户、商二部研究，方可答复。驻义代表吴宗濂又电称：本案义外部已商商部。

三十一日，驻德公使颜惠庆电外部称：本日接文，重订关税事，如有约各国均允开议，德必赞同。

十一月十五日，新任驻京美使茵恩施谒大总统。

十九日，关税改良委员会委员赖发洛提出考查货价意见书，主张征收进口税时，于评价一节，当执定现行通商税则善后章程所载，估价应按该处市价为本。

二十四日，关税改良委员会请财政部饬令海关填注一千九百九年、十年、十一年、十二年、十三年进口货价表，并请咨工商部转饬天津、上海、广州、哈尔滨、大连、安东等处商会，详查进口货市价，按表填复。

十二月二日，外交部函复财政部，谓修改税则案，自十月以后，未续据各使照复，答财政部之函询也。

六日,关税改良委员会以议决委员周宏业所提加征进口烟酒税意见书,函达税务处,其大旨如左:

一、各国允中国加重烟酒入口税,但至多不得过百分之四十。

二、中国使内地同质烟酒与入口者课同一税率,税则由总税务司禀承中国政府于值百抽四十之范围内,每年修改一次,使随时伸缩,与内地税则相等。

三、所有外人在中国通商口岸制造烟酒所纳之税,中政府另行积贮,充减债基金。

十五日,关税改良委员会以议决采用吴贯因条陈报告财政部税务处,原条陈分三要端:

一、评定进口货价,须依市价以为准。

二、现行条约,每市价一百十二两,应扣除税银五两,资本利息、洋行经手酬劳等费七两,仅以百两纳税,拟修改为每市价一百零五两之内。扣除税银五两外,即以百两纳税。

三、社会进步,物价日腾,以后拟以五年为一期,每届五年,即得重行调查市价,以定进口货之价值。

委员会讨论,于第二项所拟,拟于税银五两外,再扣除酬劳等费二两,即定为每市价一百零七两之内。扣除七两,以一百两纳税。

三十一日,外交部函达财政部,报告英、美承认修改税则,美使承认照会以二十二日到,英使承认照会以二十四日到。又称驻俄刘使来电,谓此事户、商二部会议允行,满洲里、绥芬二关亦可照允。惟拟请将东省运麦出口及松花江行船等事一并商妥。已交国务会议。又称驻德颜使函送德外部文称:中国重订进口物价,以符值百抽五,如各国均允,德国定能赞同。

三年一月二十八日,关税改良委员会以议决四纲,函送财政部。

一、现在议约着手之方法,又分为二:

第一、声明此次只办加纳裁厘,其余通商事宜,应俟各该国通商条约已届修改之时,再行提议,如此层办不到,则用此法。

第二、只就已签字之英、美、日三约暨未批准之葡约,择其条件之最普通者,定一约本,请各国照办,而坚持英约第八款第十四节各国不得明暗要求权利之文,又必须抱定与各国一同开议,此在辛丑公约及长江通共章程已有先例,否则一国一议,恐难就绪。

一、已订商约利弊之研究,最要者有二端:一为英约第八款第二节第二项,凡经陆路边界运入中国十八省及东三省之货,与从海路运入中国之货,一律征收此项加税,惟按中俄、中法、中英旧约,皆有陆路减税之条,今若援照此条一律改为值百抽十二五,英约既经载明,自可照办,恐俄、法两国因陆路运费较重之故,尚有异议,但昔时陆路皆由人力及车、驼运送,今多改由铁路火车,难易不同,税则应改。或允于值百抽十二五之后,仍按陆路减成办法办理,或另筹变通办法。此皆最要之一端也。一为美约裁去内地常关,允中国自抽出产税以抵常关裁去之税,载在中美代表来往照会第二。然英约所谓内地常关应抽之二五税,系照新约出口货应加之二五税,与美约之出产税性质不同,截然两事,今照美约虽应裁内地常关,而英约应加之出口二五税,必应在出口时并抽,不能与出产税相混,此次续议时,必须纠正。此亦最要之一端也。

一、加税之预备。此次欲议加税,应先将进口税则按照光绪二十七年和约所载,改为切实值百抽五。至议加税时,方有标准,已饬海关将西历一千九百九年、十年、十一年、十二年、十三年五年之货价,一并调查,至开议时,或以前三年或后三年为率。

一、裁厘后改办出产销场两税之预备。裁厘之后,照约只可举办该两税,光绪二十九年商约大臣曾召集各省厘务人员在沪开会,有拟产税由牙行报税,销税由铺户报税或认税者,有拟两税同设一局者,有拟兼采认捐坐买贾捐之办法者,有拟将大宗之货设局抽收,细碎之货由各业认捐者,将来如届举办时,必须召集各省人员公议。

至是以后,关税改良委员会闭会,共开会二十四次。

六月某日,全国商会联合会呈农商部,略云:吉林延属、日韩各商,在商埠界外贸易,于关税外毫无厘捐,而华商到境,先纳国税局七分四厘,次交一分营业附加税,及至卖钱,复纳国税局九厘捐,随交商会卖钱乐输捐,此外尚有警务局每月警捐,按等多至二十五串,少至三五串,若以日韩各商比较,实已捐税过重,应即取缔,日韩各商,彼既在中国商埠界外贸易,须照华商一律纳税,免华商日就萧条,以昭公允。农商部于本月二十五日按情转咨财政部,时政府已设政事堂,今大总统徐世昌为国务卿。

此后即遭欧洲战事,本案遂停。迟至民国六年,乃继续提议。

六年三月十四日,吾国已对德绝交,修改进口税则案始复活。

四月,财政部咨税务处,请令总税务司安格联,饬查民三(一九一四年)、民四(一九一五年)、民五(一九一六年)等年之进口货市价,以备修则。前仅查及民二。故以此补之。本月二十七日总税务司呈复税务处略云:部限三个月调查民三、民四、民五进口货价,为时太迫,若遵令转行各国,恐难免将每年贸易册中所列之货价,强半填送。但此等货价,系按全国运进货物折中之价值,并非各口分别之货价,虽核与各货实价相差无多。然究不足为修改税则之标准。且查民三、四、五等年货价,因欧战暴涨,若考三年实价作修则之准,恐各国未必承认,查一九〇九年至一九一三年五年货价,已经粤海、江海、津海、大连、安东、哈尔滨等关查报,此表全可证明现在税率不足切实值百抽五之根据。总税务司之意,以为可待中外两方均承认修改之时,由中国与有约各国订明应以某数年之货价作为修改税则之准绳,彼时再行调查该数年之货价。况修则繁难,非少许时间所能办。考目前全球形势,亦非办理此事之时,设有约各国目前承认修则之理由,似不如先凭上列五年已查之货价,由双方订明,各种货税折中应增加若干分,即将现行税率加增若干分,作为一项暂行通融之办法。至实行修改税则一举,可待至全球已平,时机已至,再为提议办理。理合呈复并正呈复间,适造册处税务司报称编译上年(民国五年)贸易册时详查是年货价所有税则列名之货,核其所收税数,折中约为值百抽二六六之谱,备表上呈前来,此表与修改税则互证折衷之事有关。特检送鉴核税务处阅呈,于五月一日即据以转咨财政部。

九月十三日，外交部咨复财政部，报告有约各国完全承认修改税则。并云探询各使称：修改税则，重在调查货价，须在上海设之调查会，双方派员会商订定。请从速办理。时段祺瑞为国务总理，陆徵祥长外交，梁启超长财政，张国淦长农商，孙宝琦、蔡廷幹为税务处督会办，英使朱尔典、美使芮恩施、日使林权助，此三使者，为本案之中坚。

十四日，财政部以设立驻沪修改税则委员会案，提付国务会议。

二十八日，税务处函致财政部，议设委员会暨订暂行办法，并声明日使借阅货价调查表，略谓：上海设会，如待调查完竣税则改定然后实行，则数月中失利甚巨，兹拟就外交团之意，一面设会，一面先定暂行办法。本月四日，据总务司所呈五年货价，约为值百抽二六六，衡以抽五原则，约亏二三四。拟请外交团允我于税则未改前，照现行税则征税外，并补一值百抽二三四之税补目前损失，作为暂行办法。倘不见允，即求照辛丑壬寅间先例，先将现行税则作废，凡进口货物暂照估价征足值百抽五之税（自西一九〇一年至〇二年均系如此办理）亦请提出国务会议公决。正缮写间，适准日本林使函请，将本处前编提议修改税则一览表寄供参考。业经检送一册，并声明以现时货价论，表内所列各数，已不免过低云云。

二十九日，财政部咨复外交部，请以暂行办法转商各使。税务处以总务司节略抄送财政部，其略云：修改税则，非累月不为功，各国既承认将现税增至值百抽五，中政府以早享应得利益为快。应于税则未改前，先与各国订一通融办法，查税则内列明非按照值百抽五各货，据造册处税务司所查报货价，与税率折衷比较，不过值百抽二六六，此时中政府应要求将此类货物现征之数，为每百两征银二两六钱六分，其百分之八十八，即为二两三钱四分。两相加并，每百两共可征银五两，与各国所认之抽五相符，如各国不允，则宜援上次改税成案，要求双方订定，自某日起，除免税各货外，所有现行税则非按值百抽五完税之货，改为一律按照抽五征收云云。

十月二日，财政部以税务处转送之总税务司节略转咨外交部。国务院议决修改税则在上海设会，暨采用暂行办法等情，咨行财政部外交部及税务处接洽办理。

六日，国务院咨各部处，修改税则案，应会同农商部办理。

三十日，大总统发对无约国行国定税率之令。

十一月十日，外交部照会各使，略谓：据总税务司估计，现在各关抽税，平均扯算，只及值百抽二六六，如俟新税则议定施行，中国政府于此议修期内，受损颇巨，兹拟于新则实施以先，各国收税，悉照现行税则加抽百分之二三四，以符抽足值百抽五之数，或即照一九〇二年例，将现行税则作废，凡进口货，概暂照估价抽五。一俟新税则议定，即照新税则征收。以上二法，应请择定其一。外交部咨财政部，称各使到部，请以十二月一日为在沪开会之期。

十五日，外交部咨财政部，日本林使请将委员会开会期展限一月。和、丹、日〔西〕使亦同请展限。

二十三日，外交部咨财政部称：义阿使照会，派驻沪总领事罗希、丝蚕业委员会德乃骧为委员、比麦使照派驻沪总领事薛福德、华比分行总办德麦赐、法玛使照派驻沪总领事魏禄敦、领事柯乃德、日本林使照派总领事有吉明、副领事岸仓松、税关监查官早川繁雄、技师大山清一郎等为委员。

二十六日，外交部咨财政部称：今允各使之请，将委员会展期。拟订明年一月五号开会。

二十八日，财政部外交部会呈，派上海交涉员曾宗鉴会办委员会事宜。

三十日，大总统简派曾述棨为委员会主任，李景铭、赖发洛为副主任，并准以财政部部员项骧，外交部张煜全、陈海超，农商部施弼，派充会办。余皆为委员。惟会员只勷办事务，不得列席。

十二月六日，外交部咨财政部称：丹阿使照派驻沪总领事罗诚、东亚公司经理克泥波斯，代理瑞典使事，丹阿使照派驻沪总领事胡特门，日〔西〕白使照派驻沪总领事巴林下等为委员。时王士珍为总理、陆徵祥长外交、王克敏长财政、田文烈长农商。

十日,财政部税务处会派江海关监督冯国勋会办委员会开会事宜,税务处又请派许金水为会办。

十一日,外交部函致财政部称:本月六日日本林使致函领袖英朱使,谓修改税则之标准,本国政府提议:以欧战前三年,即一九一一(宣三)、一九一二(民元)、一九一三(民二)三年份商货起岸之平均价格为标准。并声明上次(指壬寅年)修改,亦系先在北京所得此种同意,然后举行。外交部咨财政部称:俄使照派驻沪总领事格罗斯、阿穆尔省税务监督莱特金,使署商务委员雄内贝等为委员。

十四日,日本林使派委员大山清一郎、早川繁雄赴沪调查货价。财政部咨税务处称:此次修改税则,应按通例,以近三年物价为准,现本部已派员赴江海、粤海、津海三处调查民三、四、五等年物价,以备采择,即使不然,亦宜酌中以民三、四、五等年平均价格为准。

十七日,税务处咨财政部称:据总税务司面陈,修改税则,宜以一千九百十四(民三)、十五(民四)、十六(民五)三年平均价格为标准,嗣经部、处会商,先后分咨外交部,请向使团提议,以近三年(即民三、四、五)平均物价为准。如不允,则改照民二、民三、民四等年平均物价。

十九日,外交部函复日本林使,略谓:此次修改税则,本国政府拟请以一九一四年、一五年、一六年为货价标准年度,一面由委员会查明何项货物确因欧战影响,而为一时的涨价者,可用从价之法每值五分,课税五分,俾所征税数之多寡,可按货价之涨落而为伸缩。欧战终局之后,如此次新修税则施行期内,果有何项货物之跌价,致愈于值百抽五之定率,则可由各国政府与中国政府各指派公正委员会,查明确实酌量修改。

二十日,外交部始照会各使,请以一九一四年、一五年、一六年为物价标准年度。

二十一日,曾述棨等赴沪。

　　二十八日,法玛代使续照派上海法商会经理马铁为委员,美芮使照派安立得赛、格博尔屯等为委员。财政部咨外交部、农商部、税务处,拟于部中设修改税则会议处,由各部派员集会,以便对驻沪委员会报告,有所接洽。

　　三十日,曾述棨等函报财政部,略云:二十四日抵沪,沪上舆情,均注意棉货,以日本与我之竞争甚烈,我已一落千丈。又面晤税务司戴乐尔。彼谓税则讨论,无论以何年为标准,总是吃亏,且为十年所束缚,安有伸缩之余地,候战后各国开议时中国乘机求进口之货,但就货单抽五不应预定税则,此为东西各国所无,中国何以独异,此是极大关系云云等。

　　三十一日,曾述棨等电告以七年一月五日为开会期。外交部通照各使,取消本月廿日去照,以一九一四、一五、一六年为货价标准,案改提以一九一七年(民国六年)之货价为标准,并以此情电曾主任。而日本则坚持一九一一(宣三)、一二(民一)、一三(民二)之说。财政部以修改税则应行注意各端开示委员会。

　　一、税目分类,应另行厘订,以期精细。现行税则分类止十七,分目止六百八十九,失之太简。

　　一、各关货价应否折衷互计以昭正确。

　　一、评价方法,应将扣除洋行经手使费一项酌议核减。

　　一、奢侈消耗之货品应另表提出,酌议加税。

　　一、此次修改税则,应声明推及陆路边关,查中俄、中日陆路通商章程,进口税三分减一,中法、中美、越南、缅甸通商章程,进口税十分减一,损失太巨,理宜商改。

　　乙:修改会商

　　七年一月五日,驻沪修改进口税则委员会开成立会,曾主任电报开会情形,主宾欢洽。并电问暂行加成办法,可否在会提议? 部复:应即提议,请于二六六之外加二三四。税务处咨财政部,请坚持以一九一七年为年度,如不允,惟有提议目前先按估值抽五,俟欧战终结,货价平复,再议修改税则。

七日,外交部照催各使,请允上年十一月十日所提之两种暂行办法。

八日,外交部咨财政部,谓葡符使照称派驻沪总领事欧礼维拉暨罗嘉为委员,和贝使照称派总领事雷斯暨克恩为委员。外交部照催各使,请速赞同以一九一七年货价为标准。

财政部咨外交部,略云税务司戴乐尔谓税则十年修改,束缚过甚,其言可采。拟于此次善后章程内,规定货价低昂过甚之品,得就该货进口后当地市价按单估抽。以后修则之期,应缩为三年或五年,请提与各使交涉,并以赞同五日税务处咨各节,请一并提商。

十一日,税务处咨财政部,主张此次修则以后,将来遇有货物,其实价与原估之价过差者,无论何时,得由我指出议改,以符抽五原则。且既十年一修,彼此均烦手续,否则商将修改期限,改为三年或五年,并已咨行外交部。

十六日,财政部赋税司移文钱币司,略谓关税拟改征银元,请查我国新币已铸若干?是否足资各口岸市面流通之用?又成色公差能否一律。

十七日,曾主任电陈本日开第一次会议,提议本会议事大纲及暂行办法。并约定二十三日为次会,又议定会中设一秘书,由会指派。暂行办法,美国赞成,日本委诸无权议决,英允加百之三十(我提加百分之八十八,即由二两六厘六分再加二两三厘四分),极差可到五十,其余各国并不坚持。巴西总领事要求出席,后日允之。

十八日,外交部咨财政部称:准英使照派商务参赞傅复礼,副领事卜乐暨英商安顿为委员,瑞威代使照派总领事克奴助为代表。

二十日,外交部、农商部、税务处分咨财政部,赞成该部组织修改税则会议处,均派员与会。

二十二日,曾主任电告次会展期为三十以议事,大纲条文,日领事须请示政府。外交、农商两部咨财政部,赞成关税改征银元。

二十三日，财政部钱币司移文赋税司称：现行新币截至六年终，已铸一万七千四百六十余万元。旧大银元现在流通约一万六千七百七十余万元。似足敷各口岸流通之用。又现行新币，纯分为库平银六钱四分零八毫、铜七分九厘二毫。

二十六日，财政部修改税则会议处（后简称会议处）开第一次会议，公决数事：

1. 海关税收拟改银元，须由税务处将镇南、山海、江汉、江海等关平与银元申合之情核算。

2. 烟、酒、糖加税，先由农部拟稿。

二十八日，俄委员函告曾主任，声明此次不能议及陆路通商。

三十日，曾主任电告本日开第二次会议情形：一、议事大纲通过。唯三、七两条未决。二、暂行办法，日本反对，英、美赞成。三、派张煜全为秘书，已通过。四、议事大纲三、七两条仍未决。五、暂行办法，日委员称无权议决，约定二月六日再开会议，此时法国委员要求本会议事录及重要文件兼用法文。

二月一日，曾主任函答俄委员：陆路通商应否提议，请由北京解决。

五日，会议处开第二次会议：一议决按江海关平申合库平每百两合库平一百两零一钱六分四厘三毫。遵国币条例，以纯银六钱四分零八毫折合银元，计每百两合一百五十八元六角有奇，可以采用。二议决照农部提案，凡糖在荷兰标本糖色十九号以上，拟值百抽七五。冰糖、方糖抽八。十八号以下照旧抽五，由外交部提付使团。

二日，俄委员再函曾主任，请勿提议陆路税则。

六日，曾主任函报一月三十一日美秘书博尔屯来，询年度标准中国是否坚持一九一七年？设以十一、十二、十三年为准标，每百两货价再加十两计算，可否许诺？一暂行办法加八十八分有无退让？主任答以年度问题使团未复。照十一等年加十两之法请再从长计较。暂行办法，可让至六十六分。

七日，曾主任电告六日开第三次会议情形，议事大纲三、七两条已通过。大纲告成,随即提议暂行办法,英、美、俄均赞成付审查,日委仍以未接训令为辞。不能提议。当约十五日再开会议。

八日,会议处开第三次会议,议决暂行办法,以让至加百分之六十六为最低数。电饬委员会速决。年度仍坚持以一九一七年为标准。

十五日,曾主任电告本日开第四次会议,日本委员谓已接训令,可议暂行办法。英委员提议以中、英、美、日、法、俄、比七国为审查员,定于二十日开审查会,均通过。

十九日,外交部咨财政部,略谓已允法使之请,上海委员会议事录兼用法文纪录。会派本部主事徐同熙前往办理。

二十日,财政部密函外交部,请坚持一九一七年之标准问题,即不得已而让步,亦只能以一九一六年、一九一七年之平均价值为准。并抄六年十二月二十二日总税司说帖中所列之税项平均表如下:

一九一二年:约收百分之四。一九一三年:约收百分之三零九八。一九一四年:约收百分之三零九六。一九一五年:约收百分之三零六零。一九一六年:约收百分之三零一三。一九一七年:约收百分之二零八九。据申明此表为赖发洛所算,与前称一九一六年仅收二六六者微有不同。

二十一日,外交部咨财政部称:巴西派驻沪领事雷斯为委员。

二十二日,会议处开第四次会议,讨论日本代理公使芳泽氏新提说帖,对于年度标准,彼请以一九一一年至一九一六年六年间之货价扯算,对于暂行办法,请以一九一一年至一九一三年中,择适当之一年为标准,值百抽五,如混定加成,决不承认。会议处开会议决:于年度仍主用一九一七年之货价,于暂行办法可让至加百分之五十,或改照临时估价抽收办法。又阅总税司二月十五日节略,借中国银元未统一暨借赔各款皆用纹银为抵押等语为理由,不允海关改征银元。

二十三日,曾主任电告第一次审查会,推比委员为主席,英允加百分之三十三,美允加五十,曾主任亦让至五十。各国赞成,惟日本不允。财政部经国务会议之决,暂行办法可让至加百分之四十以上。电示委员会。

二十五日，外交部以进口烟、酒、糖加税案，照会外交团，请分别加重，按照各国通例办理。要求数目根据农部拟案，曾主任电告本日开第二次审查会，暂行办法，英允加四成，日本准照英议，请示政府，惟须详分货类。而英、美又反对分类之法。日本一面仍主持以一九一三年海关估价册为根据定暂行法，以是年物价最低，于彼大利，断不可许。又日本方面，无论于暂行办法，于正式修改，总要求以关册货价为凭，可恶。

二十六日，税务处电请驻日章使以暂行办法说日政府援助。

二十八日，比使照复：奢侈消耗品增税案现拟详细研究（指烟、酒、糖）再复。法使照复：奢侈品增税，此系切实抽五外之新要求，本国政府能否接受此项提议，尚不可知。

三月三日，章使电复税务处，谓暂行办法日政府仍持一九一三年关册抽五之议。

四日，财政部函致税务处，仍主持关税改征银元，希转行总税务司核议。

七日，财政部请外交部电驻日章使，谓暂行办法，日政府止允加二成六，至多亦不能过三成。损失太巨，请向日本政府磋商。

十一日，会议处开第五次会议，讨论赖发洛呈文，其内容主以一九一一、一二、一三年平均货价为准，每百两另加十二两计算，作为修改税则之根据，以为较外交部原提一九一四、一五、一六年平均货价为准者相同。本日会议，外交部委员报告，英使拟照赖发洛案，增十二两为十二两五钱，遂决议。再探英使可否再增？暂行办法拟让至加三成三，俟接沪报再议。驻日章使电复外交部称：日政府于暂行办法浑言加成万难承认。止能指定某一年货价估抽，如不允势须脱体另议。及与彼婉商，始允以一九一三、一九一五两年平均货价为准，另函详。

十五日，曾主任函报十二日续开审查会情形，谓是日我提二法：一、纺织品暨五金品均加抽四成，杂货加二成。二、凡货均照一九一三、一六两年关册货价抽五,最高者不得照现行税则增加四成以上。日本委员赞成以第二法请示政府,英、美则赞成第一法。各国均附英、美。主席比委,请日委于请示时,并述及各国均赞成第一办法之意,并定十五日再行审查,二十日决开大会。本月曾主任电告本日续开审查会,议定五金布类加四成,杂货加二五,以半年为期,日本独求日商亦可照一三、一五两年关册估价纳税,此节万难照允。

十八日,会议处开第六次会议,议决对于十五日曾主任电告各节,须俟章使函到再酌。即电曾主任于二十日大会相机应付。

二十日,外交部致节略于领衔英使,谓年度标准,拟改以一九一一、一二、一三年平均价格为定,惟应加百分之二十。暂行办法,拟改为加百分之四十。请以此法商之各使请其承认。

二十二日,会议处开第七次会议,因驻日章使来电,谓顷与日本大藏省要员西原龟三谈论,彼谓暂行办法,中国请求太重,如能另提办法,或可商量云云,盼复。本日就此电会议,适因西原氏不日即抵北京,故议决俟其抵京后接洽再议。

二十三日,国务总理王士珍既起段祺瑞以代之,曹汝霖署财政总长。

二十五日,曾主任函报二十日大会情形,略谓本日之会,议决暂行办法,五金、布类加四成,杂货加二成五,各国全体赞同。惟日本反对。要求商人亦可照一三、一五两年关册估价平均纳值百抽五从价税。以上办法,一个月实行,以半年为期。主席尚请杂货加三成。至日本委员之主张,碍难承认。且以半年为限,应请展长。比代表尚云:可于会议录内声明可以延长。而日本又决不取消其关册估价之议。嗣经公议,约下星期再行表决。

二十八日,委员会重开大会,均决暂行办法,以十四票公决:五金、布类加四成,杂货加三成,全体通过。惟日本一国反对,公定另以委员会名义用英文电告外交部暨领袖公使,并询年度标准,此曾主任之电告也。是日日本委员提出不能承认加成办法之意见书,并声明其要点如左:商家得以按照现今市价完纳值百抽五从价税,或按照一九一三年、一九一五年关册平均价完抽五从价税,二条件皆不可缺。

会办施弼于本日当场特提意见书,痛驳日本委员之提议。同日日委又提议和好办法,按照一九一三、一五两年海关估价册平均价格,征收值百抽五从价税,并有少数货品另行分类,此为最后之提议。公办施弼又提出暂行办法之修正案,其文甚长,可就近面问之。本日外交部抄具驻日章使十五日发来密函暨日本所提出之说明书、比较表等件到财政部。对于暂行办法,日政府决定不认英、美之加成法,亦不强美、英以从日本之年度平均价格法,拟各照所取之法各别课税,如再不能通过,惟有宣告脱离另议云云。

四月十二日,税务处以总税务司节略函送财政部,略谓:据赖发洛呈称,请询在京各使之意,应以某年货作为核定税率之标准,新税则内,政府可否附加一条,此次税则,俟欧战议和四年后,即行更改。本日外交部照会领衔英朱使,请援助奢侈品增税案。

二十四日,日使提出让步的暂行办法达外交部,列于左:以一千九百十三年及十五年上海关册平均价格百分之五为暂行税率,但其条件为棉纱之暂行税率,一概每担一·二五,天竺布(标布)中现行税率属于(a)宽三十四英寸者每尺〇·〇八三,纸烟中现行税率二等品及木料为从价五分。并谓此后无论有何事情,再无让步之余地。

五月二十日,令准曾主任辞差,改派蔡廷幹为主任。曾主任上呈云:述于上年十二月间抵沪,本年一月五日开会,查修改税则必自调查物价入手,而年度标准,须俟外交部与各商妥知照,讵年度标准,迄今未决,虚耗光阴,因于开会伊始,提出暂行办法,征求各国同意,迭经再四磋商,于三月二十八日议决,照现行税则,五金、布类加四成,杂货加三成,一月后实行。以六个月为限,届期若修改未竣,尚可展限,计英、美等十四国均赞成,惟日本坚持加入条件。准商人照一千九百十三暨十五两年照关册货价纳税一条,而此项附件,英、美两国又决不愿加入,致未能议定,当由委员会电请外交部外交团协商解决,并催询年度办法,近复一月有余,据日使送节略到外部,仍坚持前议数月之久,笔舌俱贫,复经本会将各项货品按照加成暨关册估价两种办法应得税率若干分别核计另行修正。先以私人资格与日委切商,能否收效,当不可知,此述在沪开会节节为难之情形也。后略。

六月二十一日,英使送年度问题决定之文于外交部:一、修改税则。拟以一九一二年即民国元年至一九一六年即民国五年之平均货价,实行值百抽五为标准,货价之规定,应由委员会参考中国海关各货价报告及其他可采之凭证办理。二、战事告终后两年,此次修改之税则,可得全部或部分之修改。此后即不再议暂行办法。

三十日,开大会,通过组织审查会,审查货价。以中国、日本、英、法委员为枢纽,审查货物时,各国委员均可加入。

七月十七日,开审查会筹议审查事宜,公决新税则分类为三十类。

八月二日,开第一次审查会,此后逐类审查。

丙:修改告成

十二月二十日,新税则告成,行将送京签字(十月十日今大总统就职,以内务总长钱代理总理)。陆路修改税则,英赞成,俄、法反对,今专注目法国之诺否。烟、酒、糖加税案不谐,以值百抽五之约未破也。

《关于 1911—1913 年中俄外蒙问题交涉——俄国外交文件选译》,第 6—16 页

# 三、中俄外蒙问题交涉

说明:俄国之干预外蒙事务,始于晚清。日俄战争失败后,俄国势力退居北满,其注意力遂转向外蒙。为了加强对外蒙的控制,俄国与日本结盟,从经济、政治、文化等各方面,全面渗透外蒙,推动外蒙脱离中国"独立"。1912 年 11 月,俄国与外蒙古签署《俄蒙协约》及附约专条,顿时引起舆论哗然,一直静观拖延的北京政府为舆论所迫,不得不与俄国展开外蒙问题交涉。1913 年 11 月,中俄双方签署《中俄声明文件》。1915 年 6 月,经过四十多次中俄恰克图会议,最终签署《中俄蒙协约》,确立了外蒙古的自治地位,名义上恢复了对外蒙古的"宗主权",外蒙"独立"暂告一段落。

本章主要资料来源:

陈春华译:《沙皇俄国贷款外蒙史料选译》,《历史档案》1990 年第 4 期

张蓉初译:《红档杂志有关中国交涉史料选译》,三联书店,1957 年

陈春华、郭兴仁、王远大译:《俄国外交文书选译(有关中国部分 1911.5—1912.5)》,中华书局,1988 年

胡滨译:《英国蓝皮书有关辛亥革命资料选译》,中华书局,1984 年

陈春华译:《1912—1915 年中俄呼伦贝尔交涉史料选译》,《历史档案》1989 年第 2、3 期

陈春华译:《关于 1911—1913 年中俄外蒙问题交涉——俄国外交文件选译》,《民国档案》1990 年第 1、2、3、4 期

上海商务印书馆编印:《东方杂志》第 9、12 卷,民国期刊总辑全文数据库

程道德等编:《中华民国外交史资料选编》(1911—1919)(一),北

京大学出版社,1988 年

　　王铁崖编:《中外旧约章汇编》第 2 册,三联书店,1982 年

　　邹念之等译:《日本外交文书选译——关于辛亥革命》,中国社会科学出版社,1980 年

　　中国第二历史档案馆编:《中华民国史档案资料汇编》第三辑《外交》,江苏古籍出版社,1991 年。

### 尼拉托夫致廓索维慈电

#### 1911 年 9 月 30 日[10 月 13 日]

　　第 1482 号。

　　中国代办奉本国政府之命,口头通知我,业已饬令库伦办事大臣缓办蒙古新政,避免在实行新政时采取急躁手段。

　　但我们认为,此项通知和中国政府向您表示同意就蒙古问题与我国交换意见一样,并不足以结束蒙古问题现阶段的谈判。

　　此刻,我国的注意力必须集中到近东,这于在远东采取任何主动行动不利,亦于采取重大措施解决蒙古问题不利。但另一方面,我们可利用中国南方革命运动给中国政府造成的困难,将中国人口头上所承认的我国解决蒙古前途问题的原则,以某种文件固定下来。如若不然,万不得已时,我们还可根据同我国达成的协议,暂时满足于中国政府不在蒙古实行新政的书面保证。日后我们可利用该文件尽量使蒙古现行制度不受侵害。您对本电主旨有何看法,请电告。

尼拉托夫

《俄国外交文书选译(有关中国部分 1911.5—1912.5)》,第 114—115 页

### 驻北京公使密电

#### 1911 年 10 月 15 日

　　第 619 号。

　　据可靠方面消息,四国银行团〔最初对中国建议的借款(目的之一

是建筑锦爱铁路,其二是改革中国及满洲的币制)〕是由北美合众国所提议的。后来(一九一〇年十月)在伦敦就供给中国资金问题经德、法、英、美银行团达成协议,并于一九一〇年十一月一日签订相当的协定〔参看一九一〇年十一月二日(十五日)奥斯登·沙根由柏林所发密电第七十九号及一九一〇年十一月三日(十六日)尼里多夫由巴黎所发密电〕。与中国政府间为实行币制改革的新合同业已制定,签字之所以延迟,只是由于革命运动的发生及盛宣怀地位的动摇。为了不致再面对已成事实,也许最好在拟定的行动上建立我们的观点,并事前将它通知法国和英国政府。看来币制改革的实行不能完全看作是金融手续,实质上它是纯政治的,势均力敌的行动。尤其是在目下情况中,是四强在中国的特权地位的建立。实际上它比收回铁路引起了更严重的骚动,因为必然要使广大居民群众遭受物质的损失。由于问题有这样的政治性质,万一事情没有我国参加而决定的话,我们可以保留要求补偿的权利。

库罗斯托维支

《红档杂志有关中国交涉史料选译》,第330—331页

## 库罗斯托维支密电

1911 年 10 月 29 日北京

第 672 号。

接获第一六〇八号电。

一俟我获悉与东三省总督所成立的借款条件,一定以最大的注意审查这些条件。依据代理人的电报,也希望询问南满铁路和横滨正金银行所签订的五百万日元借款的条件。关于我国所建议借款由中央政府批准的问题,我认为有责任报告,在资政院最近闭幕前将只限于讨论中国政府与四国银行团有关军费的三千万两借款的预先协议,其条件尚未获悉。资政院给皇帝上了个奏文,这个奏文是关于组织不包括皇族在内的责任内阁,立即大赦一切亡命海外的人及包括目下持武器者

在内的革命党人,及由资政院的参加而制定基本法,使政府要作一个决择:或者和资政院冲突,或者实质上改变统治的形式,二者都使情况大为复杂。

库罗斯托维支

《红档杂志有关中国交涉史料选译》,第 340—341 页

## 廓索维慈致尼拉托夫电

1911 年 10 月 23 日[11 月 5 日](第 711 号)

第 1 号。

郭业尔自奉天发来的电询以及我的复电,已在第 2 号电①及第 3 号电②中奉告,帝国政府是否已最后同意给东三省总督贷款,请速告。鉴于阁下最近来电示知,业已决定与日本一致行动,鉴于此间事变发展非常迅速,冒昧对此提出询问。庆亲王内阁实已不复存在,而袁世凯内阁又尚未组成。尤其在今日摄政王为奖励革命党的才干,颁旨使他们有权担任公职及组织政党之后,袁世凯能否执掌政权尚不清楚。在北京如此纷乱的情况下,旧政府已不复存在,新政府又尚未组成,与地方当局达成协议务须更加审慎,切莫忘记 1901 年与满洲将军达成协议③的先例,后来北京政府又不承认了。最后,我对华俄道胜银行董事会违背我不宜公开表示给中国人以资助,免得激起对〔清〕王朝普遍怀有敌意的百姓仇外的指示,竟以法文明码电报将库古舍夫公爵有全权签署

---

① 廓索维慈在 10 月 23 日[11 月 5 日]第 712 号(第 2 号)电中向尼拉托夫报称,关于华俄道胜银行同意以北满关税收入作贷款抵押是否破坏 1901 年所承担的国际义务一事,郭业尔曾向他发出电询。

② 廓索维慈在 10 月 23 日[11 月 5 日]第 713 号(第 3 号)电中向尼拉托夫报告了他给郭业尔复电之内容,略谓:他尚未获悉目下俄国政府对向东三省总督提供贷款持何态度,故对"刻下在奉天如此仓卒缔结合同"问题难于作出正式解释。

③ 指是年与吉林将军和黑龙江将军签订的有关采矿等五个文件,见《中外旧约章》卷 1 第 988—1001 页。

五百万贷款合同通知我一事,不能不表示遗憾①。

廓索维慈

《俄国外交文书选译(有关中国部分 1911.5—1912.5)》,第 172—173 页

## 廓索维慈致尼拉托夫电

### 1911 年 11 月 16[29]日

第 806 号。

上次外务部接见时,胡惟德告诉我,北京尚未接到我国关于修改通商条约提案的对案②,他们的商讨将延迟数日,内情尚不清楚。胡氏继而表示希望,倘蒙古发生骚乱,俄国念中俄睦谊,切勿利用中国现时困难,支持蒙人及鼓励蒙人的自治企图。军谘府愿充分满足我国的要求,将召回受权在库伦组织新军的上校。我仅答称,近来我国对蒙古问题采取的全部措施,正是希望避免主动干预蒙古事务,据给我国的模棱两可的书面答复判断,大概中国政府并未领悟我国是何意图。

廓索维慈

《俄国外交文书选译(有关中国部分 1911.5—1912.5)》,第 212 页

## 拉弗多夫斯基致尼拉托夫电

### 1911 年 11 月 18 日[12 月 1 日]

第 1102 号。

今晨,诸王公已发表宣言,宣告喀尔喀独立。答应给中国居民以充

---

① 尼拉托夫已将本电 10 月 23 日[11 月 5 日]第 712 号(第 2 号)电、第 713 号(第 3 号)电随 10 月 24 日[11 月 6 日]第 1128 号函送给科科弗采夫。科科弗采夫在 10 月 26 日[11 月 8 日]第 706 号函中援引本电,答称,目前北京"实际上不存在任何政府",迄今"尚谈不到订立原先拟定的符合我们愿望的借款合同"。是日尼拉托夫以第 1726 号电通知廓索维慈"华俄道胜银行董事会已奉财政大臣之命电告在奉天的库古舍夫暂行停止借款谈判"。

② 10 月 25 日[11 月 7 日],俄国政府已将对案交与在彼得堡[谈判]修改 1881 年彼得堡条约的中方代表陆徵祥。

分保护。三多业已屈服,并未提出抗议,日内将经西伯利亚赴满洲。一切顺利。领署业已采取措施维持秩序。详情另行函告。已通知公使①。

拉弗多夫斯基

《俄国外交文书选译(有关中国部分 1911.5—1912.5)》,第 214 页

## 世清致尼拉托夫紧急报告

1911 年 11 月 25 日[12 月 8 日]

第 109 号。

阿纳托利·阿纳托利耶维奇先生阁下:

为补充第 842 号电,谨将今年 11 月 23 日[12 月 6 日]皇太后懿旨附呈钧览,这道懿旨在形式上已使摄政王退位合法化,实际上自袁世凯抵京以来摄政王已不预政。此举使满清政府业已动摇的威信再次遭到沉重打击。今后满清王朝由幼儿与皇太后代表。皇太后本人承认,她深处"宫闱",未闻大计。摄政王自摄政以来,于今三载,实际不过是别人手中的傀儡而已。此事以摄政王面奏表示"追悔"开始,以他完全承认自己无能为力而告终。

全部权利转到总理大臣及各国务大臣手中,实即转到袁世凯一人手中,因在袁氏内阁中,为数不多而稍有影响的正副大臣相继辞职,未留下一个出类拔萃的主事之人。

袁世凯很狡猾,这不仅表现在筹划摄政王退位,为此目的正利用皇太后的近臣,而且还特别表现在使自己摆脱对年幼皇帝的卫护方面。这样,袁氏既将权力集中在自己手里,又不使其命运与王朝的命运连系在一起。同时两位太保,袁世凯的友人及拥护者徐世昌以及渐近老境

---

① 拉弗多夫斯基以 11 月 23 日[12 月 6 日]第 1149 号电告知尼拉托夫:"中国士兵拒绝保护三多,他们业已投向活佛。三多请求在领署避难,我接待了他以及他的亲信及其眷属。我还为三多前往恰克图作好安排,派了卫队。办事大臣并未签署交接书。呼图克图临时授权土谢图汗盟长负责掌管国家政权。统治形式拟取君主制。活佛将被宣布为喀尔喀皇帝。"

而无个性的世续,不可能成为内阁总理大臣的危险对手。

一位政府代表在同革命党人谈判时称:袁氏非常明显地指出,满清王朝已"有名无实",他显然希望促成妥协和停战。在双方逐渐衰竭的情况下,战争将迅速导致中国发生混乱和外国进行干涉。当时武昌仍处于停战状态,同革命党人的谈判尚未中断。据最近消息称,袁世凯让唐绍仪以调停人资格参加谈判。另一方面,阁下从电报报告中可以获悉,聚集武昌的起事各省代表来得及制定临时政府组织大纲,同时革命党人的活动更加积极了。在此种情形下,妥协问题已成悬案,如不能达成妥协,袁世凯或只好牺牲君主立宪原则,接受共和国总统职位,随之在满清王朝彻底倾覆时,可能发生动荡;或只好寻求外国调停;或最后如能借到外款,只好继续进行战争。如前所述,这后一情形有迅速导致国家发生混乱之危险。

致诚挚敬意

世清

B·拉弗多夫斯基

《俄国外交文书选译(有关中国部分 1911.5—1912.5)》,第 215—216 页

## 拉弗多夫斯基致科扎科夫报告

1911 年 11 月 28 日［12 月 11 日］

第 1166 号。

格里戈里·亚历山德罗维奇先生阁下:

我在今年 10 月 30 日［11 月 12 日］致帝国驻北京公使第 1028 号报告中,及 11 月 1［14］日第 1046 号函寄呈第一司的副本中均已提及,喀尔喀王公受中国内地骚乱鼓舞,决心采取更坚决的行动,以达梦寐以求之目的——喀尔喀脱离中国。我国政府同意向蒙人提供武器,以及四等文官廓索维慈经由领署私下劝告他们,切莫放过中国发生革命这一非常有利时机,以保证喀尔喀的独立发展,此等情形使蒙人此一愿望更加坚定起来。

诸王公首先筹划建立蒙军，以便必要时以武力为自己的要求作后盾。

俄国政府虽已决定将武器提前发给蒙人，但诸王公认为，此事比他们所期望的时间可能要拖后许久。活佛处有数十支枪，诸王公决定以此等枪支武装蒙兵，并决定蒙兵从库伦附近各旗尽速招募。他们并不指望在库伦所在旗招募，因该旗贝子，库伦办事大臣绷楚克车林身居官位，被认为不堪信任。当〔诸王公〕派急使赴各旗时，兵备处总办唐某及新军全体军官与教官已离开库伦。只有四十名私人卫队及近三百名马步兵留在满洲办事大臣身边。但王公们并不感到马步兵可怕，因马步兵已随同全体军官投向活佛，并向他宣誓效忠，故只有衙门里的四十名士兵听命于三多。

诸王公见情势于己有利，遂于 11 月 15〔28〕日向三多宣布，他们已从各旗征调蒙兵。办事大臣问，为何征调军队，王公答称，他们系按 1900 年成例，当年中国发生骚乱，各旗军队曾集结库伦。王公的答复使三多十分震惊，他于 11 月 16〔29〕日派秘书前来见我，请求对此事进行干预，并让蒙人提出自己的要求。我答称，因本代理领事未获任何训令，故不能正式负起调停之责，但可私下将办事大臣的建议转告诸王公。他们答称，他们要求以三多为首的中国行政官员撤离蒙境，他们不会侵犯其人身及个人财产。诸王公拒绝同办事大臣谈判。17 日〔11月 30 日〕我将王公的答复转告三多，他已完全绝望。三多本想亲自找活佛及王公们谈判，但他们不予接见。

18 日〔12 月 1 日〕，办事大臣的杨秘书前来告知说，王公刚才向办事大臣宣布，喀尔喀已宣告自治，并责令三多等主管官员一道离开蒙境，办事大臣正式请求允许他本人及其家眷，连同僚属及其家眷在领署避难。当然我已答应他们的请求，并在领署接待了他们，总共有三十人。

三多来到领署之后，便来见我，对殷勤招待称谢一番，继而表示，正式托付帝国领署保护留在库伦的全部中国人。三多本人将以个人身份在领署逗留数日,然后前往恰克图。

原来,办事大臣接到诸王公上述要求后,中国军队便不再保卫该大臣,他们早已投向活佛。三多的私人卫队得知此种情形后亦各自离去。三多及其亲信惊恐万状,不知所措。在此种情形下,三多遂决定屈服,并未提无济于事的抗议,便离开了衙门。

是日,活佛通过土谢图汗盟长察克都尔扎布公及达喇嘛车林齐密特,将所发生的重大转变正式通知我。同以前一样,我根据帝国公使电示,向他们着重指出,不能容许蒙人对中国人使用暴力,尤其是屠杀。王公答称,活佛慈爱众生,中国和平居民不会遭到任何迫害,他们业已采取措施维持秩序。

我并不相信蒙人所采取的措施,为保障俄商(他们同中国人杂居,距领署有三俄里)及受我们保护的中国和平居民的安全,我已派卫队长对俄中两国臣民以及中国电报局与银行组织保护。我之所以保护这两个机构,是因为这些机构不遭破坏,于领署于我国臣民均有好处。当时王公想赶走电报员和抢劫银行。11 月 20 日[12 月 3 日]晚,我获悉,已投向蒙人的中国士兵企图抢劫库伦的华人店铺。我对王公的指挥能力并不抱希望,当时他们来不及研究自己的职责,我所担心的是,在抢劫时我国居民会受到损害,此种情况在所难免,遂命令卫队长派一名军官去见中国士兵长官,以我的名义,请求采取一切措施,勿使中国士兵行抢,如有可能,则缴他们的械。我的老相识,中国士兵长官答称,他将采取一切措施维持部下秩序,并将亲自下命令将士兵手中之武器收存起来。我们不容许任何暴力行为,对中国人的行为亦应进行监督。次日,活佛派人前来说,他为自己的臣民担保,亦为华兵担保,请求不要再对他们进行监督。数日后,因已完全恢复平静,遂撤回我驻库伦及买卖城的巡逻队。

〔11 月〕21 日[12 月 4 日],办事大臣三多离开库伦,前往恰克图。行前他再次请求对中国人加以保护。王公派了十二名蒙兵,我派了两名译员及十名哥萨克兵护送三多,直至边境,一路平安无事。〔11 月〕

27日[12月10日]晚,三多抵达恰克图。

目前活佛已将临时管理机构交与达赖贝子、杭达亲王、那木萨赖公、车臣王、前蒙古办事大臣绷楚克贝子、察克都尔扎布六位王公及达喇嘛车林齐密特所组成的特别委员会。土谢图汗盟长察克都尔扎布公被任命为临时政府首脑。

在初期新政府的能力当然尚难判断。但迄今为止库伦秩序井然、居民平静,看来蒙人在竭力消除引起误解的一切口实。故时至今日库伦地区未放一枪,未流一滴血。

事变后王公们立即派员前往买卖城接替扎尔固齐,在此之前他已接到三多有关电示,毕恭毕敬办好移交,随后前往恰克图。当时(王公们)还曾派遣急使携带喀尔喀自治公告及蒙人接管中国行政机关的提案前往乌里雅苏台、科布多等地。

目前库伦除已投诚的华兵外,尚有蒙兵约五百名。在《蒙古金矿公司》金厂及恰克图执行任务的中国士兵,一回到库伦即被自己的同伙缴了械,并加入他们的行列。蒙兵用刚在库伦收寻到的各式武器(旧式别旦式枪、火石枪、毛瑟枪,从华兵手里缴获的盒子枪)武装了起来。拟于12月16[29]日宣布活佛为喀尔喀皇帝。喀尔喀诸汗及王公应前来参加庆贺。宣布仪式大约将按成吉思汗王朝最初几个汗时期的蒙古古风进行。

谨报告如上,致帝国驻北京代办报告的副本亦一并呈上。

顺致诚挚敬意

B·拉弗多夫斯基

《俄国外交文书选译(有关中国部分1911.5—1912.5)》,第217—220页

## 沙查诺夫致世清电

### 1911年12月10[23]日

第2114号。

第 908 号及第 909 号电①悉。

我们基本同意您拟定的谈判蒙古问题的方针,但认为您拟的关于中国政府将不利用其对蒙古的宗主权以达敌视我国目的的书面声明并无裨益。中国人从不承认抱有此种目的,这并不妨碍他们在蒙古进行危害我国利益的活动。您拟的书面声明不会给此事带来新东西。

我们认为,现在是直接奔向我们在第 1987 号电中所阐述的目标和同意出面进行桂芳有求于您的调停的时候了。其条件是,此种调停之目的在于缔结一项中蒙条约,以保证蒙古自治。我们认为,该条约应包括中国方面要承担义务,不在蒙古驻扎中国军队,不让中国人开垦蒙地,不在蒙古设置中国行政机构。在此种情形下,根据本条约蒙人应承认中国有宗主权,并允许中国驻扎官进入蒙古。

我们向中国政府提供此种帮助,并在签署该条约的情况下同意在蒙古问题上依然同中国保持条约关系,是希望中国政府承担某种义务,同我国磋商它在蒙古的措施,从而保证中国履行其与蒙人签署的条约;我国领事亦有可能对中蒙缔约双方的守约情况进行监督。

此外,蒙古可能需要修筑铁路,我们希望取得修筑该铁路的优先权,特别是取得中国政府原则上同意,由俄国人修筑从库伦至俄国边境的铁路。

上述情形均与外蒙有关。至于内蒙,因我国已对日本承担政治义务,该区的地位有所不同,故我们认为,目前不涉及该区为好。

---

①　世清在 12 月 9[22]日第 908 号电及第 909 号电中,业将科布多办事大臣桂芳的声明——他已受命前往库伦"就协议问题同活佛及诸王公进行谈判"——报告沙查诺夫。办事大臣秘密询问,在该问题上能否指望俄国给予协助,世清答称,只要他能"提出确实证据,证明中国已彻底放弃原来敌视俄国的对蒙政策,则他可将该请求转呈俄国政府裁夺"。最后,世清提出条件说,要俄国在中蒙谈判中帮助中国,〔中国〕得"向我国发表一项书面声明,中国将不利用其对蒙古的宗主权及其在蒙古的军事、行政、经济及财政方面的权力,危害俄国及其臣民的利益"。

我认为应提醒您,后一情况仅供您个人知悉①。

沙查诺夫

《俄国外交文书选译(有关中国部分1911.5—1912.5)》,第236—237页

## 沙查诺夫致世清电

1911年12月28日[1912年1月10日]

第2244号。

第981号电②悉。

关于在扎尔肯特训练一支部队,以防伊犁府发生骚乱危害俄国臣民一事,我们正与陆军部联系③。请警告中国政府,倘发生上述情况,我们将不得不自行采取措施,维持该府秩序。

但请注意,占领伊犁地方并非我国所愿,惟确有必要,我国部队始可开往宁远。另一方面,切勿指望北京政府能采取措施镇压伊犁地方

---

①　世清在12月11[24]日第914号复电中征询沙查诺夫的意见,他是否应该向中国政府发表一项口头声明:"我国同意调停,只是为缔结一项保障蒙古自治的中蒙条约,并未规定该条约的要点,或者我同时应将来电所列其他条件加以补充。"总之,世清对中国人将接受这些条件,将接受俄国政府进行调停的建议表示怀疑。沙查诺夫在12月13[26]日第2133号电中指示世清采取行动同中国大臣进行交涉,并指出在保护大清银行库伦分行及恢复与库伦的电讯方面业已提供帮助。此外,根据沙查诺夫的指示,世清应暗示中国政府,修改1881年《圣彼得堡条约》涉及蒙古的部分条款,俄国政府可能不同中国政府,而同事实上的蒙古政府谈判。

②　世清以1911年12月27日[1912年1月9日]第981号电告知沙查诺夫,他已接到驻宁远领署秘书季亚科夫电报,内称,绥定已发生兵变,请派一连哥萨克骑兵前来保卫。世清认为,派一连哥萨克骑兵不能保障伊犁府一千二百家俄国臣民生命财产安全,并指出:"唯一有效的办法是,一遇危险即以集结在扎尔肯特的部队占领宁远,自行维持该府秩序,我国在该府的利益至关重大,对此,我们切不可忽视。"

③　沙查诺夫在1911年12月27日[1912年1月9日]1373号函中援引宁远领署的消息说:杨协统所部于当地发动兵变,业将政权交与革命党人,并向苏霍姆利诺夫谈及下述情况:"兵变时我国臣民未受扰害,但领事担心发生骚乱,倘发生骚乱,宁远现有俄国卫队不足以保障二千家俄国侨民生命财产安全。我认为,伊犁地方事变的进一步发展,确实可能时刻要求我国军队进驻以达上述目的,关于立即着手训练适当名额的部队,以便必要时派去保卫我国在伊犁地方的利益一事,恳请尊贵的阁下务必同土尔克斯坦总督电商。"

骚乱。因此,我们将上述警告视为在谈判蒙古问题及修改《圣彼得堡条约》时对中国人施加压力的手段①。

沙查诺夫

《俄国外交文书选译(有关中国部分 1911.5—1912.5)》,第 249 页

## 伊集院致内田电

### 1912 年 1 月 10 日

第 23 号。

因获悉俄国方面已就蒙古问题向清国政府提出要求,遂派高尾前往密访曹汝霖,向其探询真相。曹氏透露:去年十二月下旬(据奥尔对水野所谈,为去年十二月二十七日),俄国代理公使曾向胡惟德谈及蒙古问题,口头提出若干要求。当时外务部表示:此等要求,应以书面交来,俄使遂于日后(据奥尔对水野所谈,为同月二十八日)以备忘录(用英文写成)提交外务部。据曹汝霖记忆,该备忘录之要点如下:

(一)授与俄国在外蒙古以敷设铁路之权。

(二)清国政府不向外蒙古派兵。

(三)清国政府不干涉外蒙古内政(但不排除派驻办事大臣)。

(四)今后清国政府如对外蒙古有何设施,须先商得俄国同意。

(据奥尔谈称,尚有禁止清国人移居外蒙一项,但曹谓其本人无此记忆。)

关于此项交涉,俄国代理公使自谈判之初即要求外务部绝对保守秘密,外务部已予谅解,且亦秘而不宣。最初消息泄露时,清俄双方似均为之颇感困恼,刻下俄国代理公使仍对外界矢口否认。数日前英国公使与俄国公使会晤时,曾经问及此事,俄使只简单予以敷衍,略谓:不

---

① 沙查诺夫在 1911 年 12 月 30 日[1912 年 1 月 12 日]第 1393 号函中对苏霍姆利诺夫的函询答称:他认为,拟派往宁远的部队"可能远较今年三月在扎尔肯特所组成的部队为弱"。沙查诺夫在结束该函时写道:"不言而喻,惟有伊犁府发生骚乱,确实威胁我国臣民安全时,上述部队始可越过边界。据最近来自当地的消息,可能不会发生此种情形。"

过向清国政府提出一项警告,说明清国政府如向外蒙出兵,则非维持和平之妥善办法,云云。尽管如此,事实已经无法掩盖。另据曹汝霖对高尾言称:此项要求并非正式提出,且其所交之备忘录系用英文写成,由此两点看来,此项备忘录之提出,究系根据俄国政府训令抑或仅系俄国代理公使与该国驻西伯利亚地方高级官员商谈后所采取之行动,外务部对此抱有怀疑,故迄今为止尚未采取任何措施。又据其后英国公使对本职谈称:美国公使亦曾秘密向其透露:所谓之铁路敷设权,似系指自恰克图至伏尔加一线而言。水野自英、美新闻记者方面所获消息,亦与此说相吻合。

《日本外交文书选译——关于辛亥革命》,第 129—130 页

## 伊集院致内田电
### 1912 年 1 月 10 日

第 25 号。

第 3 号来电今日收悉。

关于前电第 23 号所述问题,仿佛是一月八日上午先由外务部向外国新闻记者泄露,随即迅速传播,本馆也立即得到消息。本职认为此事关系重大,清国政府绝不可能马上应允。为进一步深入探查,掌握确实情况,即向蔡廷幹[①]试行探询,蔡氏漠然答称:俄国曾要求中国,今后关于蒙古行政如有任何改革措施,均须先同俄国磋商,云云。本职遂又特派高尾往访曹汝霖,进一步秘密探问,其结果已如前电所述。综合其后所获各方面报道,或谓其中有要求清国撤去现驻蒙古之军队,今后不得向蒙古派兵一项;或谓有要求清国不得处罚里通俄国之蒙古王公一项,等等,是否属实,俱难断言。另据莫里逊[②]氏谈称:彼曾于一月九日访

① 蔡廷幹,宣统三年曾任海军部军制司司长。

② 莫里逊(George Ernest Morrison),时任伦敦泰晤士报驻北京特派员,一九一三年受聘为袁世凯北洋政府顾问,于 1920 年归国。

晤俄国代理公使，就此事进行探询。俄国代理公使曾向莫氏表明：关于蒙古问题，自去年六月十日以来即曾不断向清国政府进行种种折冲，决非始自今日，等等，关于曾提备忘录问题，则矢口否认。至于其所提要求之内容，该代理公使谈称：除在蒙古敷设铁路或开采矿山时俄国享有优先权外，不外如下几点：

（一）俄国承认清国主权，但清国政府不得干涉蒙古内政。

（二）清国政府不向蒙古人征兵，亦不向蒙古人征收军费。

（三）不许清国人移居蒙古。

（四）清国如对蒙古有何设施或策划，须事先与俄国政府磋商，征求同意。

上列俄国代理公使所谈，可能是为填补此次秘密暴露所造成之漏洞。关于此次秘密之外泄，有说是先由外务部向美国公使泄露，又由美国公使馆泄露给美国新闻记者；另有一种推测，说是清国政府为唤起世界各国注意，牵制俄国，以摆脱目前困境，而故意向外界泄露。不论真相如何，此事尚有必要进一步深入探索。如欲深入探索，除本职直接向袁世凯或向俄国代理公使进行探询外别无他途。但由本职直接出面，很可能引起某些猜忌或疑虑，以为本职将对俄国要求或加赞助或加破坏。因此，本职迄今尚未直接采取行动。关于此事，如有何本职须加注意之点，希即电示。

关于此事，另外还有一种猜测，认为日俄两国之间早已互有默契，例如曹汝霖在回答高尾提问时，即曾对日本国完全不知此事表示出意外神情。英国公使亦曾询问本职：关于此事，俄国方面是否曾以某种形式告知日本国政府？本职当即给予明确回答：毫无所知。于是英公使才肯继续与我方交换情报。英公使之怀疑，当必早已消除。

《日本外交文书选译——关于辛亥革命》，第130—132页

## 本野致内田电

### 1912年1月11日

第4号。

关于蒙古问题,俄国外交部于一月十一日发表公报,概要如下:

蒙古人在库伦宣告独立,要求俄国给予支持。俄国政府向其提出忠告,希望蒙古人平稳行动,同清国寻求妥协途径。同时,俄国驻库伦领事,对于清国电讯线路、银行及官员、衙署等曾尽力加以保护。其后,双方又提出委托,要求俄国政府在清国与蒙古间开始谈判时居中调解,俄国政府已决定接受此项委托。然而俄国政府认为:双方协商,只有在蒙古方面保全其固有制度之目的得以实现的前提下方能成立,故有必要敦促清国人对于上述蒙古人之目的予以尊重。由此见地出发,同时考虑到蒙古人已视清国政府所采取之下列三项措施为目无蒙人权利,即:(1)清国政府在蒙古设置行政机构;(2)驻扎清国军队;(3)纵容清国人移居蒙古。因此,俄国政府在给清国政府委托居中调停的回答中曾经唤起清国政府注意:双方谈判应以上列三项为签订协定之基础。此外,俄国政府还认为有必要促使蒙古人理解:为蒙古安宁起见,举凡促进蒙古发达之各项措施,均为俄清两国政府所承认。关于蒙古问题,俄清两国间并无任何意见分歧。因此,俄国政府为促进蒙古之各方面发展而提供援助,均与俄清两国及蒙古之利益相符合。此即俄国政府所以接受双方委托,进行调解之原因所在。俄国政府已通过俄国驻清代理公使将上述旨趣告知清国政府同时言明:清国政府如能接受上述旨趣,俄国外交官员将不辞为清、蒙双方协商进行斡旋之劳。俄国政府并无干涉清国国内事变之意,亦无侵略蒙古之野心,但如国境地区秩序混乱,即将使俄国利益蒙受损害,俄国政府不愿出现此种情况。此又为俄国政府所以接受双方委托,进行调解之另一原因所在。尽管如此,俄国对于蒙古具有重大利害关系,故不能无视事实上业已成立之蒙古政府;倘若蒙古与清国断绝关系,俄国政府即不得不同蒙古政府开展事务关系。

《日本外交文书选译——关于辛亥革命》，第148—149页

## 布坎南致葛雷电

### 1912年1月14日发自彼得堡，同日收到

关于蒙古问题。请查阅我1月11日的电报。

昨天，在与沙查诺夫先生谈话时，我提到了这个问题。他告诉我：中国驻此地公使曾经询问他，俄国政府发表那项公报的意思是不是企图吞并蒙古。对这个问题，沙查诺夫先生的答复是：对俄国来说，吞并这么广大的一片领土的想法肯定是发疯。蒙古人和蒙古的中国人都已同俄国政府联系，俄国政府在回答时表示愿意在双方之间进行调停，目的是要防止蒙古宣布独立，并且保证由中国允许蒙古自治，所采取的方式是使蒙古能够管理它自己的内部事务。

当我询问俄国是否建立对蒙古的保护关系时，沙查诺夫先生回答说：这不是俄国的意图，因为它不想接管行政职责。关于俄国声明它准备提供友好支援一事，沙查诺夫阁下向我解释说：蒙古人已经建议，俄国为他们希望组织的军队提供教官。不过，目前似乎不存在可以在其周围建立一支军队的任何核心；但如果以后要求俄国派遣军事教官，俄国政府大概将派他们前往。中国的一位官员将驻在俄国领事馆所在的某个城市，也许是库伦。可是，他怀疑，如果北京的中央政府采取共和的形式，蒙古人是否仍将承认中国的宗主权；如果蒙古宣布独立，俄国将不得不予以承认。

关于伊犁，沙查诺夫阁下在回答我的问题时说：那个地区完全处于无政府状态，该地的满族人正在被杀害。有很多俄国人在那里居住，但迄今没有对他们造成任何伤害。只要是情况如此，俄国将不进行干涉。

《英国蓝皮书有关辛亥革命资料选译》，第242页

## 小幡[①]致内田电

### 1912年1月15日

第7号。

前库伦办事大臣三多,因蒙古宣告独立,在驻库伦俄国领事保护下只身逃出,经由西伯利亚铁路,约于十日前到达本地,转赴北京。本月十三日再次前来本地,拟在本地暂住。据闻下列各点,系三多亲口所谈:库伦,目前仍在独立状态中,办事大臣所辖地域约有七千平方华里之大,而手中所握兵员仅有二百四十名。且此等兵员又分驻在各要地,办事大臣手下亲兵不过八十名左右,而俄国领事馆附近驻兵,则经常在三百名以上。基此情况,该地区平日即为俄国势力所压倒。此次俄国又乘事变之机,借口保护侨民,连续增兵,分驻在库伦至西伯利亚铁路沿线一带。目前该地形势,俨然如同俄国之一属国,云云。另据该大臣言称:刻下外界所传俄国已向清国政府提出七条要求之说,确属事实。

《日本外交文书选译——关于辛亥革命》,第135页

## 沙查诺夫致世清电

### 1912年1月2[15]日

第4号。

中国公使口头通知说,中国政府对我国表示愿在中国政府与蒙人之间进行调停表示感谢,然而,因担心其他大国亦提出同样要求,故不能在我国提出的原则上接受此一建议。中国政府希望派往库伦谈判的桂芳能同蒙人达成一项能满足其全部要求的协议。

我答复中国公使说,我们了解蒙人的情绪,没有我国担保,他们是不会相信中国政府的诺言的,在目前情形下,他们大概将拒绝同桂芳谈

---

①　日本驻天津总领事。

判。无论如何,桂芳不应指望我国给予协助。

沙查诺夫

《俄国外交文书选译(有关中国部分 1911.5—1912.5)》,第 252 页

## 小幡致内田函

1912 年 1 月 18 日发,同月 29 日收到

第 3 号。机密

前库伦办事大臣三多日前自外蒙古归来,刻下暂住本地。据闻其本人曾亲口谈述库伦近况,日前已以电报禀闻。当此俄国对蒙古活动频繁而警报纷至沓来之际,三多所谈,当可做为重要参考资料。因此,昨日特派濑上通事前去访问,亲聆所述,现将其谈话要点随函附上,即呈钧览。

此致

外务大臣子爵 内田康哉阁下

驻天津总领事 小幡酉吉 [印]

明治四十五年一月十八日

**附件:前库伦办事大臣三多谈话纪要(一九一二年一月十八日于《大公报》报馆楼上)**

(一)本人(三多自称)就任办事大臣以来,已在库伦度过两年之久。在此期间,未曾吃过一顿舒畅饭。这是因为我朝廷恩威不及于边陲之地,蒙古喇嘛(活佛)专横过甚,强邻(俄国)干涉已达极点之所致。

(二)本人赴任以前,曾就本人应采取之方针、措施等问题与政府负责官员筹议磋商,已取得政府同意。故到任之后着手办理的第一件事,就是剿伐土匪,以保持地方安宁。不料土匪所用武器十分新锐,看来似系俄国所制新式武器。我兵伤亡二十余名尚不能毙伤土匪一名。致使我第一项措施遭到惨重失败。

(三)鉴于此次失败,本人曾立即向政府提出建议,并经政府同意,着手整顿军旅,聘任某日本留学生对军队开始正规训练,同时购买新式

武器,充实装备。不料当地俄国领事无理提出强硬抗议,横加干涉。本人曾再三报请政府设法排除此种干扰,不料反造成不利后果,终于不得不停止练兵。

(四)鉴于俄国干涉已达极点,始知本人在赴任前与政府要员协商决定之各项施策万难实行。并且领悟到:遇事先与俄国领事商量,取得同意,然后在其赞助下逐步推行,方为妥善。于是,本人遂就我方方针问题向俄国领事征询意见,不料俄国领事言称:贵大臣所拟各条办法,就个人而言,无不一一深表敬佩,但做为贵国政府之施策,则不能不说已落后五十余年,深为遗憾。本人身为领事,不但不能同意,而且决不能承认其实行。

(五)我国一切施策已全无实现可能。本人受命为办事大臣,由清国政府所派遣,但无任何权力,不过只是一个装饰品而已。

(六)关于对俄关系之一切事务,终至无法措手,仅在对蒙政策上稍稍留下一点微小成绩。即本人在当地筹得三十万两,已用此款从俄国购得新式枪支,转交禁卫军使用。这也许是本人在任期间唯一的一点贡献。

(七)俄国在库伦方面的现有势力,已为俄国领事的上述谈话所证实。即彼等五十年来着力经营,地盘愈趋巩固。时至今日,任何国家恐已无法干预。目前在该地区,俄国一切机关俱已应有尽有。领事馆经常驻兵百余名,声称保护本国商民。此外,又借口保护邮件及贸易商品等等名义,经常有二百名士兵往来交替,故库伦地区之俄国驻兵,当不下三百余名。

(八)本人身为办事大臣,手下仅有兵员二百五十名左右,且分驻于各要地,驻扎库伦之清兵仅有七八十名而已。

(九)关于库伦蒙古喇嘛宣告独立前后情形,各报纸已有详细报道,不必赘述。在其宣告独立以前,本人曾极力晓谕该喇嘛等不可如此恣意妄为,但彼等恃有俄国之背后支援,反而对我横加辱骂,并强迫本人立即退出该地。本人仅有手兵七八十名,而喇嘛在俄国援助下拥有兵力将近一千人,经再三向政府告急,请求训示,杳无消息。当本人最后发出第四次电请之后,才接到政府回电:指令本人退出该地,并革除办事大臣职务。

（十）本人得到俄国军队保护,由库伦到达乌丁斯克,转乘西伯利亚铁路列车,始得辗转返回北京。

（十一）俄国在库伦一带着力经营,业已著见成效。如教堂、学校、邮局之类,已在各市、镇、村普遍建成,移民政策正在步步取得成果。遇有必要,在旬日之内即可调动数万兵力,集结库伦。即在平时,由库伦至乌丁斯克之间,各村镇都有数十名兵员驻扎。

（十二）情况已如上述,故在库伦宣告独立以后,并未看出俄国态度有何明显改变,实则没有必要改变。只是各要地驻兵正在逐渐增加。

（十三）此次回京途中,曾略事调查,俄国在各要地驻兵情况大致如下:

| | |
|---|---|
| 库伦 | 300 人 |
| 恰克图 | 15,000 人 |
| 乌丁斯克（车站附近） | 1,500—2,000 人 |
| 赤塔 | 20,000 人 |
| 满洲里 | 4,500 人 |

俄国驻扎各地之兵员全不是其本国人,教育程度均极低下。但各部队指挥官,俱由其本国选拔派遣而来。其中多数,系曾留学欧美等国之优秀官佐。

（十四）如上所述,在外蒙古一带,俄国势力业已根深蒂固,牢不可拔,事实上只能承认该地区已为俄国所有。不久以后,俄国必将加紧操纵已告独立之蒙古,形成长驱直进之势。

《日本外交文书选译——关于辛亥革命》,第135—139 页

## 世清致沙查诺夫电

### 1912 年 3 月 20 日［4 月 2 日］

第331 号。

第581号电悉①。

今日我严格按照尊贵的阁下在该电中下达的训令,同袁世凯举行过一次会晤。我阐发了我国在历次谈判中的论点,而且我还可援引参加会晤的胡惟德的话,以后向他作了这番解释,表面上虽极为委婉,但对帝国政府所通过的决议不能改变这一点未留下任何怀疑的余地。袁氏的答复可归纳为三点:(一)就蒙古问题同俄国达成协议不仅仅取决于他本人。内阁总理及其他总长不日即可返京,袁氏表示愿将问题提交他们讨论,他个人赞成同我国达成协议,并将讨论结果立即通知我。(二)中国人并无以武力镇压蒙人运动之意,拟通过和平方式达成妥协。(三)他事先并不知道谈判副手们在以前谈判蒙古问题时有失礼之处。他责备这种行为并将尽力使谈判只在有关的两个政府间进行。

世清

《俄国外交文书选译(有关中国部分1911.5—1912.5)》,第385页

## 世清致沙查诺夫紧急报告

1912年3月22日[4月4日]

第23号。

谢尔盖·德米特里耶维奇先生阁下:

为补充本年3月20日[4月2日]第331号电,谨将我在帕拉塔郡王协助下得到的蒙古王公联合会在北京起草的蒙古管理章程草案译呈钧览。某些条款的更改及袁世凯对这些更改的意见均已载入该文件。

考虑到联合会某些成员与中国人有密切联系,草案的起草难免不

---

① 沙查诺夫在3月17[30]日第581号电中责令世清向袁世凯指出:关于蒙古自治问题,俄、中、蒙三方最好尽快达成协议,并表示希望,切勿将事情搞到以武力镇压蒙人运动的地步。

受其影响。草案的主旨系加强王公的权力及摆脱佛教事务,这是赵尔丰当时在西藏顺利实行的那项中国政策。王公们业将有关全蒙性问题中应与列强交涉、联系以及蒙古防务列入首都中央机关职权范围的原则性决定自行载入最初草案,袁世凯仅对在这些问题上授予他们的谘询权作了限制。

第八、第九两款对于蒙人至关重要。前一款要撤消原将军、办事大臣等职位,并规定,蒙古新行政机构虽由中央政府建立,亦只委派蒙人去任职;后一款谈及中国人从蒙人手中夺得的某些土地应予归还。袁世凯业已决定将该两款提交国会讨论,他还预先说明,前一款应作修改。第一款亦很重要,在袁世凯认可的文稿中该款规定蒙古与中国内地诸省平等,并从管理蒙古事务的中央机关的名称中删除"移民"、"垦殖"等字样。蒙古王公联合会赶紧抓住这一让步,并对在上海成立的向蒙古移居汉人的团体发出抗议电。然而,倘章程依然由中国人擅自作主,则禁止移民实际上将伊于胡底,自然不难预料。

整个草案的意义在于,它实际上是中国人自行解决蒙古问题的第一次重要尝试。值得注意的是,尽管由中国人解决蒙古问题在我们看来不能令人满意,但草案并未忽略我们所提出的主要三点(蒙古地方中国不得驻兵、移民、设官)。这样制定的新的蒙古管理纲要,可酌情用于问题的各个方面。这个试探性文件的名称与袁世凯所修改的蒙古王公联合会草案尤其接近,该团体在外蒙及内蒙许多旗内均无任何直接影响,中国人本身亦不能不认识到,指望联合会建立新型蒙古管理机构是何等靠不住。况且最初加入联合会的四十名王公又相继离去,躲到各旗去了。袁世凯对草案八、九两款(这两款对蒙人至关重要)的不利决定,使蒙人想与中国人达成一项有利协议的希望更加动摇了。出席上次联合会会议者不过十名王公。照官方的说法,甚至与袁世凯关系密切的阿穆尔灵圭亲王为完全献身于本旗,亦已辞去都统职务。很可能在尚未完全汉化的王公看来,近来蒙古诸旗日益向往库伦乃北京谈判进展不大所致。

致诚挚敬意

世清

《俄国外交文书选译(有关中国部分 1911.5—1912.5)》,第 391—392 页

## 袁世凯关于共和政府不设理藩专部令
### 1912 年 4 月 22 日

　　现在五族共和,凡蒙、藏、回、疆各地方,同为我中华民国领土,则蒙、藏、回、疆各民族,即为我中华民国之民,自不能如帝政时代再有藩属名称。此后蒙、藏、回、疆等处,自应统筹规划,以谋内政之统一,而冀民族之大同。民国政府于理藩不设专部,原系视蒙、藏、回、疆与内地各省平等,将来各该地方一切政治,俱属内务行政范围。现在统一政府业已成立,其理藩部事务,著即归并内务部接管,其隶于各部之事,仍划归各部管理。在地方制度未经划一规定以前,所有蒙、藏、回、疆应办事宜,均各仍照向例办理。

《中华民国外交史资料选编》(1911—1919)(一),第 84 页

## 库朋斯齐致沙查诺夫紧急报告
### 1912 年 4 月 10[23]日

第 27 号。

谢尔盖・德米特里耶维奇先生阁下:

　　现在袁世凯总统根据原先联合"五族"为统一的中华民国的宣言,发布一项命令(兹附上译文),蒙、藏、回、疆各地方与内地诸省和满洲统一于总的行政管理之下[①]。

---

　　①　袁世凯 4 月 8[21]日的命令随称:"现在五族共和,凡蒙、藏、回、疆各地方,同为我中华民国领土,则蒙、藏、回、疆各民族,即同为我中华民国国民。自不能如帝政时代,再有藩属名称,此后蒙、藏、回、疆等处,自应通筹规划,以谋内政统一,而冀民族之大同。"命令继称,将来各该地方之行政管理与内地各省一样,均属内务部管辖范围。

　　此项命令至少在字面上已经实现统一中国各部的思想,已废止蒙古藩属的名称,并似乎表示愿意接受蒙古王公联合会承认中华民国,坚持蒙古及内地诸省完全平等的要求。五等文官世清在今年 3 月 22 日[4 月 4 日]第 23 号报告中指出,王公联合会将此种平等视作中国放弃蒙古殖民计划的保证。

　　当然,事情实际上尚未达到中国政府正式接受王公们此种解释的地步。

　　此项命令无疑证明中国不愿考虑我国提出的蒙古自治纲领,而欲在蒙古问题上准备发表更积极的意见。

　　我同袁世凯初次会晤所得印象与此种估计完全一致,关于会晤的情况,我已于昨日致第 399 号密电报告阁下。总统除发表一项不承担任何义务的空泛声明外,丝毫未表示愿意接受我们的要求,亦未表示愿意进一步讨论实质问题,如往常一样,只不过允诺在不久的将来予以答复而已。

　　致诚挚敬意

库朋斯齐

《俄国外交文书选译(有关中国部分 1911.5—1912.5)》,第 413—414 页

## 沙查诺夫致库朋斯齐电[①]

1912 年 5 月 6[19]日

　　第 919 号。

　　第 448 号电悉。

　　承认呼伦贝尔并入喀尔喀并不合我们心愿。您指示吴萨谛[②]切勿做可能被说成我们承认上述归并之事,确有道理。

---

　　①　选自《帝国主义时期的国际关系》(《俄国政府与临时政府档案文件汇编》)(以下简称《国际关系》)第 2 辑第 2 卷,上册,第 21—22 页,第 26 号文件——译者。

　　②　俄国驻海拉尔副领事——译者。

请饬令吕巴①在他同呼图克图会谈时提出这一问题,并向呼图克图指出,我们再继续拒绝中国军队利用我们的铁路运送军队,我们就不能支援呼伦贝尔的运动了。东省铁路之特殊地位使我们不得不允许中国当局进入铁路地区。毫无疑问,中国当局可能在巴尔虎人中煽动不和,并使他们屈服于中国人而无任何保障。因此,我劝告呼伦贝尔同中国人达成谅解,目前也有可能达成谅解,而且可以获得若干优待。不过,呼图克图不在呼伦贝尔建立能抵御中国人或使各族居民顺从的武装力量,即使将武器运往呼伦贝尔(吕巴曾打电报谈过此事②),亦难于缓和那里的既成局势。

为促使巴尔虎人放弃同喀尔喀合并,或在调查喀尔喀局势之前暂缓合并,还请您询问吴萨谛,他认为可采取何种措施③。

沙查诺夫

《1912—1915 年中俄呼伦贝尔交涉史料选译》,第 61 页

## 沙查诺夫致科科弗采夫函④

1912 年 5 月 16[29]日

函第 494 号。

弗拉基米尔·尼古拉耶维奇先生阁下:

为答复 5 月 14—15[27—28 日]第 3859 号函,谨告知尊贵的阁下,早在今年 3 月,就曾指令驻北京代办警告袁世凯:虽然我们并不支持内

---

① 俄国驻库伦领事——译者。

② 吕巴在 5 月 5[18]日第 804 号电中报称:"呼图克图已将我们出售的二千支别旦式枪送给呼伦贝尔,因巴尔虎人无钱雇用车辆,尚未起运。"

③ 库朋斯齐在 5 月 8[21]日第 461 号复电中向沙查诺夫报称,已向吕巴及波佩发出有关指示,并报称:"在向巴尔虎人提供优待方面,中国人毫无同巴尔虎人达成谅解之意。"库朋斯齐认为,中国人有意延迟谈判,以"等待有利时机,完全恢复其在呼伦贝尔之政权"。库朋斯齐在 5 月 16[29]日第 477 号电中重申了这一看法,并在该电中转述了吴萨谛的报告:"惟有呼图克图或中国人施加更大的压力才能促使巴尔虎人放弃同喀尔喀合并之打算。"

④ 选自《国际关系》第 2 辑第 20 卷,上册,第 84—85 页,第 96 号文件——译者。

蒙运动,然而,倘事情发展到以武力镇压我们所关注地区之这一运动,则我们不会漠然置之,因为这过于侵犯我国利益。随后,于4月前半月,据得自驻齐齐哈尔领事之消息说:准备将中国军队派往海拉尔①,驻北京公使遂对中国代理外交总长提出警告:此项措施必将导致俄中两国间令人不快的纠纷②。

可见,北京十分明确地提出向呼伦贝尔派遣中国军队问题,并非条约有明文规定,而是完全出于政治考虑,这促使我们支持蒙人在中国占特殊地位之愿望。

因此,驻北京公使在接到东省铁路总办之电报③(该电与尊贵的阁下随上述第3859号函送来的电报相同)后,便答复霍尔瓦特中将说,不该应允以我国铁路运送中国军队。而且他已提醒中国政府:关于向海拉尔派遣中国军队一事,已向中国政府提出抗议。我赞同四等文官库朋斯齐的这些指示。

在向尊贵的阁下报告上述情况时,我认为应该说明一点,根据蒙古问题现状,我们不能允许中国人以武力镇压巴尔虎人。因为听任镇压巴尔虎人就会在蒙人中造成这样一种印象,似乎我们保护喀尔喀免遭中国侵害之全部努力已化为乌有。因此我认为,倘中国人不顾我国抗议,仍企图将中国军队派往海拉尔,则边防军外阿穆尔军区应准备以武力予以制止。

致诚挚敬意

沙查诺夫

《1912—1915年中俄呼伦贝尔交涉史料选译》,第62页

---

① 4月9[22]日,阿法纳西耶夫以第531号电向沙查诺夫报称:"业已接到准备将配有机枪之三营军队派往海拉尔之命令。"

② 4月12[25]日,库朋斯齐以第406号电向沙查诺夫报称:今天我向胡惟德表示,尽管袁世凯已向世清保证,我不相信关于齐齐哈尔准备向海拉尔派讨伐队之消息。不过应该警告袁氏,以武力镇压呼伦贝尔运动,可能导致俄中两国间令人不快的纠纷。

③ 5月13[26]日,库朋斯齐在第470号电中称,霍尔瓦特将军在谈及齐齐哈尔准备将军队派往呼伦贝尔,及在行军途中,中国军队将不可避免地通过东省铁路时请示说:"我们是阻止中国军队通过铁路,还是允许他们自由通过?"

### 俄驻京公使就协商外蒙事向北京政府提出三项条件

#### 1912 年 6 月

一、中国不得在外蒙驻兵。

二、中国不得向外蒙移民。

三、外蒙如取消独立，内政应由蒙人自治。

《中华民国外交史资料选编》(1911—1919)(一)，第 84 页

### 库朋斯齐致沙查诺夫紧急报告①

#### 1912 年 6 月 9 日［6 月 22 日］

第 50 号。

谢尔盖·德米特里耶维奇先生阁下：

在中国新任外交总长所举行的第一次外交招待会上，我曾就蒙古问题同他进行交谈，其交谈情况，我曾于 6 月 6 日［6 月 19 日］荣幸地以第 533 号密电向尊贵的阁下作了详细报告。

谅阁下从我的历次电报及报告中业已得悉，自我抵达北京之最初几天起，我就确信：中国人根本不愿考虑我们在蒙古问题上之要求。五等文官世清曾于 3 月 20 日［4 月 2 日］向袁世凯发表一项声明。虽然我对陆徵祥反对此项声明在精神上已有所准备，但我依然希望他象中国人往常那样，作个模棱两可的答复，以赢得时间。使我感到震惊的是，外交总长竟如此坚决和充满信心，他十分明确地坚持这样一种观点：虽然中国政府在同呼图克图谈判时自然会注意我们提出之要求，但预料中国不会对我国声明作任何答复。尽管陆徵祥讲得很委婉，态度很谦恭，但其答复之实质，对于中国视为内政，应按北京政府与呼图克图直接达成之协议解决的蒙古问题不许我国进行任何干涉一节，未留下任何怀疑之余地。从前中国方面在讨论一个毗邻大国提出之要求

---

① 《国际关系》第 2 辑第 20 卷，上册，第 223 号文件——译者。

时,未必敢如此坚决而公开地表示拒绝。这显然证明,由于新政体之建立,中国人对外国人讲话之腔调已有所改变。

我竭力说服陆徵祥,我们不能不参加解决如此侵犯我国利益之蒙古问题。对中国而言,为自身利益计,亦最好尽快解决蒙古问题,该问题亦只有同我们商议才能尽快解决。我指出:我们得到日后不许中国人向蒙古移民,不许在蒙古恢复中国行政机构及不许向蒙古派中国军队之必要保证,中国人才能保住面子,但我们并未得到这种保证。外交总长依然坚持己见。只是在我提请他注意他的答复必将在圣彼得堡造成极不良影响之后,他才允诺将此事提交内阁讨论,并将把内阁之决定告知我。不过,陆徵祥当时谈及,众议院不可调和的民族主义情绪已在这些问题上给政府造成困难。他再次重申,他根本看不出蒙古问题怎会成为中俄两国协商之主题。

陆徵祥允诺将予以答复,不过可能要再拖些时日。他的答复根本不会使我们满意,此点大概不用怀疑。对此,我们应有所准备。无论不久前中国人派军队前往西藏,或是中国人在科布多地方采取措施(这些情况我国驻库伦、承化寺及乌里雅苏台领事已作报告),均是明显的迹象,即中国开始奉行更积极、更坚决的政策,其目的在于将业已脱离中国之地方再次置于自己权利之下。另一方面,据八等文官希奥宁今年5月22日[6月4日]第319号电称,乌里雅苏台蒙古统治者获悉中国当局在科布多采取严厉、坚决措施后很恐慌。这显然表明,蒙古人已清楚地意识到自己无应付力。因此,倘若中国人确信我国不会立刻给予蒙人真正帮助,则中国人便可轻易地再次迫使他们完全屈服于中国之统治。

我认为所有上述情况均已证实我和前代办向尊贵的阁下多次阐述之看法,在蒙古问题上只通过外交谈判,我们不可能从中国人那里得到任何东西。唯有使中国确信:倘若他们拒绝我们的要求,他们有全部理由担心我们将按照自己之意愿自行采取断然措施解决蒙古问题,他们才会对我们的要求让步。毫无疑问,目前北京政府尚无此种观念①。

致诚挚敬意

库朋斯齐

《关于1911—1913年中俄外蒙问题交涉——俄国外交文件选译》,第67—68页

## 库朋斯齐致尼拉托夫电②

### 1912年7月20日[8月2日]

第679号。

为蒙古事。

今天就蒙古问题交谈时,陆徵祥请我出谋,中国如何行动才能解决蒙古问题。我答称:他应该十分清楚我们对此事之态度,我提醒他注意世清向袁世凯提出的三点要求。陆氏对我言称,中国政府愿意接受我们的要求,但因担心众议院及报界指责,碍难请我们居间调停。他问,可否通过与呼图克图直接谈判解决问题。我指出,蒙古人已明白表示,不同意此种解决问题之办法。陆氏提出,给呼图克图的大总统令可以承认蒙古特权,此令可通过我们转达呼图克图。我对此种妥协办法能否充分保证蒙古日后生计表示怀疑。但鉴于陆氏坚决请求,便答应将他的提议呈报阁下。我通过全部谈判可以得出结论,中国人力图尽快结束蒙古问题,尽可能保全面子。但他们尚未作出明确决定,尚未放弃以武力恢复其在蒙古的权力之想法。因此,我依然认为最好单独同呼图克图及诸王公尽快缔结帝国政府认为可行的协约,以便使中国人确信局势之严重性以及他们必须请我们居间调停。倘阁下能告诉我,我们是否要采取上述措施,我将不胜感谢。我应如何答复陆徵祥之提议,

---

①　科科弗采夫在6月14日[6月27日]第629号函中,以库朋斯齐第533号电中令人不安的内容为由,表示有必要立即阐述我们对蒙古事态之变化持何态度,并请沙查诺夫谈谈对该问题之观点。沙查诺夫在6月16日[6月29日]第608号复函中告知科科弗采夫,他正准备关于喀尔喀问题的报告,他"在最近的将来"将把报告送交科科弗采夫,请他提交政府批准。

②　《国际关系》第2辑第20卷,上册,第404号文件——译者。

还请予以训示。

库朋斯齐

《关于 1911—1913 年中俄外蒙问题交涉——俄国外交文件选译》,第 69 页

## 尼拉托夫致库朋斯齐电①

1912 年 7 月 24 日[8 月 6 日]

第 1458 号。

为蒙古事。

第 679 号电悉。

陆徵祥所提解决蒙古问题之办法并不能使我们满意,因上述办法并未向帝国政府提供对维护喀尔喀自由进行监督之法律根据。甚至可以认为,鉴于我国报刊发表一些主张同喀尔喀缔结条约②之文章,陆徵祥向您提出请求之目的不过是进行试探而已。因此,我们从中国总长这一行动中看不到有充分理由要求我们放弃对蒙古问题之立场。

您可以答复陆徵祥,他提出的给呼图克图的大总统令,虽然可通过我们转交,但并不能使蒙人满意。蒙人十分明确地要求,在有俄国参加之情况下确定他们的地位。毫无疑问,惟有蒙人意识到,俄中两国就他们的命运取得一致意见,他们日后的和平发展才有可能。因此,我已表示意见,像其他大国那样,惟有俄中两国缔结适当协约,才能使蒙古问题彻底解决。

尼拉托夫

《关于 1911—1913 年中俄外蒙问题交涉——俄国外交文件选译》,第 69—70 页

---

① 《国际关系》第 2 辑第 20 卷,上册,第 418 号文件——译者。

② 库朋斯齐 7 月 20 日[8 月 2 日]第 679 号电(见第 404 号文件)及本文件随尼拉托夫 7 月 24 日[8 月 6 日]奏折附呈尼古拉二世。关于库朋斯齐发表的最好单独同呼图克图及诸王公缔结协约之意见,尼拉托夫奏称:"此种设想实出自外交部,目下正同总理大臣及其他有关大臣磋商,为阐述彼此之意见,斗胆恭折申陈,伏乞皇帝陛下训示。"尼古拉二世在该奏折上批道"应从速办理",并注明 7 月 27 日[8 月 9 日]于"什坦达尔特号"游艇。

## 库朋斯齐致尼拉托夫电①

1912 年 7 月 27 日 [8 月 9 日]

第 684 号。

为蒙古事。

第 1485 号电及第 1499 号电敬悉。

今天我就派兵讨伐蒙古及乌梁海地方以及派那彦图前往乌里雅苏台并由军队护送一事向陆徵祥提出严重警告。陆氏本想以必须在蒙人破坏秩序之地方建立秩序及防止蒙人向前推进为由，为调动军队进行辩解，但我断然表示，中国军队进入外蒙，我国必将进行干涉，我请他提请总统认真注意这一点。随后，陆氏谈起解决蒙古问题之办法，我根据阁下第 1485 号电所示精神向他指出，惟有俄中两国根据早已告知中国政府之三点要求缔结一项协约，才能使该问题得到解决。陆氏当时指出：在此种情况下，俄国亦应承担中国所承担之三项义务。我对此提出异议：据我所知，俄国人从未向蒙古派过军队及行政人员，亦从未向蒙古移民。陆氏当时问我，中国可能得到什么保证，并问，在根据上述原则同我们缔约及中国向我们承担一定义务之后，呼图克图本应同意放弃他业已宣布之独立并承认中国主权，倘若呼图克图表示拒绝，我们是否允许中国以武力迫使呼图克图放弃独立？我问总长，我是否应将总长所言理解为：倘若中国在呼图克图放弃独立方面得到保证，则中国政府原则上同意根据上述原则与我们缔结有关蒙古之条约，我是否可将此意电告彼得堡？陆氏称：他尚不能对如此重大之问题作出决定，他必须事先请示总统，然后将总统决定告我②。

库朋斯齐

《关于 1911—1913 年中俄外蒙问题交涉——俄国外交文件选译》，第 70 页

---

① 《国际关系》第 2 辑第 20 卷，上册，第 441 号文件——译者。

② 库朋斯齐于 8 月 2 日 [8 月 15 日] 以第 702 号电称，外交部一位官员通知他，将派那彦图前往乌里雅苏台，并未给他派军队，为个人防卫及维护秩序起见，只派一小支部队。库朋斯齐答复说，他向中国外交部提出的抗议"谈及反对向蒙古派任何性质的武装力量"。

## 北京政府外交部关于中国在满、蒙、藏主权的五项声明

### 1912 年 8 月 14 日

一、满、蒙、藏为中国领土,凡关于满、蒙、藏各地之条约,未经民国承认者,不得私订,已订者亦均无效。

二、满、蒙、藏各地矿产,无论何人,不得私自抵押,向各国借款。各国亦不得轻易允许遽行开采。

三、民国对于满、蒙、藏各地,有自由行动之主权,各国不得干预。

四、民国政府对于各国侨民力任保护,各国不得藉保护侨商之名增加军队及分派警察等事。

五、蒙、藏反抗民国,为国法所不许,外人不得暗中主使一切。

　　　　　　　　《中华民国外交史资料选编》(1911—1919)(一),第85页

## 北京政府颁布蒙古待遇条例

### 1912 年 8 月 19 日

一、嗣后各蒙古均不以藩属待遇,应与内地一律;中央对于蒙古行政机关亦不用理藩、殖民、拓殖等字样。

二、各蒙古王公原有之管辖治理权一律照旧。

三、内外蒙古汗、王公、台吉、世爵各位号应予照旧承袭,其在本旗所享之特权亦照旧无异。

四、唐努乌梁海五旗、阿尔泰乌梁海七旗系属副都统及总管治理,应就原来副都统及总管承接职任之人,改为世爵。

五、蒙古各地胡图克图喇嘛等原有之封号,概仍其旧。

六、各蒙古之对外交涉及边防事务,自应归中央政府办理,但中央政府认为关系地方重要事件者,得随时交该地方行政机关参议,然后施行。

七、蒙古王公、世爵俸饷应从优支给。

八、察哈尔之上都牧群、牛羊群地方,除已开垦设治之处仍旧设治外,可为蒙古王公筹划生计之用。

九、蒙古人通晓汉文并合法定资格者，得任用京外文武各职。

《中华民国外交史资料选编》(1911—1919)(一)，第85—86页

## 袁世凯致库伦哲布尊丹巴电

### 1912 年 8 月

#### 电一

外蒙同为中华民族，数百年来，俨如一家。现在时局阽危，边事日棘，万无可分之理。贵喇嘛，慈爱群生，宅心公溥，用特详述利害，以免误会。各洲独立之国，必其人民、财赋、兵力、政治，皆足自存，乃可成一国，而不为外人所吞噬。蒙古地面虽广，人数过少，合各蒙计之，尚不如内地一小省之数。以蒙民生计窘迫，财赋所入至微，外蒙壮丁，日求一饱，尚不可得，今乃欲责令出设官、养兵、购械诸费，不背畔则填沟壑，何所取给？若借之于人，则太阿倒持，必至喧宾夺主。又自奉黄教以来，好生忌杀，已成天性，各部壮丁，只知骑射，刀矛尚不能备，何论枪炮？欲议攻战，必无可恃。政治则沿贵族之制，行政司法，以较各洲强国，万无可企，更难自立。且各蒙并未尽能服从。贵喇嘛号令所及者，仅图车赛音三部，且闻尚未尽服。阅时稍久，人怨财匮，大众离心，虽悔何及？试问百年以来，凡近于蒙古而不隶中国之蒙、回各部，有一自存否？有不为人郡县者否？各蒙与汉境唇齿相依，犹堂奥之于庭户，合则两利，离则两伤。今论全国力量，足以化外蒙之贫弱为富强，置于安全之域。旧日弊政，当此新基创始，自必力为扫除。此外若有要求，但能取消独立，皆可商酌。贵喇嘛识见通达，必能审择祸福，切勿惑于邪说，贻外蒙无穷之祸。竭诚致告。即希见复。

#### 电二

电悉。贵呼图克图，慈爱群生，维持大局之苦衷，并辱奖誉，殊深感愧。近年边吏不职，虐待蒙民，以致群怨沸腾，激成独立。此等情状，内地胥同。贵呼图克图之歉忱，固国人所当共谅。刻下国体确定，汉蒙一家，必须合力以图，新基方能巩固。来电操纵一节，深知归重中央，不欲

恋无谓之虚名。贾汉蒙以实祸,致人坐收其利,天地圣佛,实鉴此心。今联合五族,组织民国,本大总统与贵呼图克图,在一身则如手足,在一室则成弟昆,利害休戚,皆所与共。但使竭诚相待,无不可以商榷,何必劳人干涉,自弃主权。前此各省,怨苦虐政,相率独立。自共和宣布,先后相继取消,盖皆不忍人民涂炭之心而无争地争城之念。来电词旨,大惬鄙怀,务望大扩慈心,熟观时局,刻日取消独立,仍与内地联为一国,则危机可免,邦本可固。民国对于贵呼图克图,同深感戴,必当优为待遇。即各王公及他项人员等,亦必一体优待。此后一切政治,更须博访舆情,详为规定,定有以餍蒙族之希望。为进大同之化,共和幸福,其各无涯。否则阋墙不已,祸及全国。将有同为奴隶之悔。以贵呼图克图之明智,当不出此也。至蒙古与内地宗教种族,习尚相同。合则两利,分则两伤。前电已痛言之,所有应行商榷各节,电内未能尽达者,已派专员前往库伦趋谒住锡,面商一切。到时切望赐晤,至所企祷。库伦哲布尊丹巴呼图克图复袁大总统第二电曰:贵大总统量涵大海,联合五族,创造共和新基。大为中外景仰。惟我蒙旗,遭此竞争时代,处此危险边境,所有一切,究与他族迥不相同。其中委曲,不待细陈,谅在洞鉴,劳人干涉,有碍主权,略知梗概。只以时势所迫,不得不如此耳。否则鹿死谁手,尚难逆料。再四思维,与其派员来库,徒事跋涉,莫若介绍邻使,商榷一切之为愈也。袁总统接电后,甚为愠怒,然亦无如之何也。盖蒙人胆小如鼠,畏俄滋甚。宁可开罪于母邦,不敢爽约于邻国。引狼自卫,为虎作伥。而外蒙之事,遂非两造口舌间所能解决矣。

《中华民国外交史资料选编》(1911—1919)(一),第 86—88 页

## 沙查诺夫致科科弗采夫函[①]

1912 年 9 月 10 日[23 日]

秘密　第 937 号。

---

① 选自《国际关系》第 2 辑第 20 卷,下册,第 244—246 页,第 739 号文件——译者。

弗拉基米尔·尼古拉耶维奇先生阁下：

　　驻库伦总领事打电报向外交部报告称，首席大臣三音诺彦汗一到库伦，以他为首的蒙古诸大臣就请他转告一项请求，请求俄国政府在金钱方面再次给予喀尔喀援助①。诸大臣解释说，喀尔喀宣布独立及必须建立行政机构，所需费用蒙民负担不起。近年来蒙古普遍推行之制度，使受经济压迫之蒙民几乎已完全破产。因此，在目前情形下，姑且不谈行政费用，库伦政府的国库收入甚至还不能满足诸如制作被服、发放军饷、购买武器、修建兵营等项急需。诸大臣深信，若无外援，喀尔喀便无法维持下去。因此，他们奉呼图克图之命，请求最好由我国国库向蒙古政府提供两百万卢布贷款。

　　我个人认为，倘若我们不想失去我们在喀尔喀所取得之地位，而此种地位又是我们为捍卫喀尔喀不致被中国彻底吞并所需要的，则我们必须接受蒙人上述请求，并通过某种方式给蒙人以金钱援助。

　　驻北京公使报告称，在北京举行的众议院秘密会议上，业已决定在没有俄国参加之情况下直接与蒙人订约，并以中国政府清偿呼图克图所借俄款为诱饵。驻库伦总领事另外报告称，为弄清中国与喀尔喀之关系，三音诺彦汗拟将关于允许中国政府代表驻扎库伦问题提交其他大臣讨论。五等文官吕巴还打电报称，库伦统治者打算向发行银行在喀尔喀开设之机构提供让与权并赋予该机构造币、发行钞票之权。我授命五等文官吕巴向蒙古诸大臣指出，为在蒙古开办发行银行提供让与权，不能不影响到我们对诸大臣向俄国政府提出的借款请求作出决定②。但我们不可能根据此种理由指望长期阻止蒙人同将答应给予他

---

　　①　系指吕巴 9 月 4 日[17 日]第 1611 号电，该电内容本文件已基本谈及。尼古拉二世在该电上批示："不给予蒙人金钱援助，我们将无法应付。"9 月 10 日[23 日]，于别洛维日。

　　②　这里所谈的是科扎科夫 9 月 8 日[21 日]第 1872 号电。科扎科夫在该电中谈及廓索维慈已前往库伦，并询问吕巴："拟将上述特许权授与何人？"吕巴于 9 月 10 日[23 日]以第 1651 号电报称："拟将特许权授与尤费罗夫，已授权他组织股东会。"

们所需款项之人来往。当然中国人会立刻利用蒙人之此种情绪,以数百万为代价使喀尔喀屈从于中国。

由此得出结论,我们势必向喀尔喀提供巨额贷款,我根本未打算预先确定贷款规模及来源,或许,不动用国库款项,而通过某一银行提供此项贷款最为得策。不过,现已清楚,倘我们决定向喀尔喀提供巨款,则我们同时应对蒙人偿还全部贷款之担保及调整喀尔喀金融业予以关注,以防喀尔喀接二连三地请求金钱援助。为此目的,我认为,倘向蒙人提供贷款问题原则上已确定下来,则有必要将该问题与向蒙古政府派任财政顾问一事联系起来,前任中国哈尔滨关税务司葛诺发担任此职十分合适。

我还认为,是否满足诸大臣提出的给予金钱援助之请求,要看他们同廓索维慈谈判时是否满足我国要求而定。因此,在此次谈判开始之前,了解尊贵的阁下对可否满足蒙人请求的基本看法,对外交部至关重要。我们向蒙人提出的政治协约及商务专条如能缔结,则帝国政府必将就同意向蒙人提供款项满足其急需之条件进行磋商。

您对本函内容有何意见,即希来函示知①。

顺致诚挚敬意

沙查诺夫

《沙皇俄国贷款外蒙史料选译》,第63—64页

## 库朋斯齐致尼拉托夫电

1912年9月20日[10月3日]

第812号。

此件已抄转库伦。

---

① 科科弗采夫在9月15日[28日]第846号复函中称:"在目前情势下,当我国信贷机构尚未表示愿意在蒙古开办业务时,指望吸引某一私人银行向喀尔喀提供巨款相当困难。"关于以国库款项用作上述贷款一节,科科弗采夫已请尼拉托夫"务必将该问题提交内阁会议审议"。

为蒙古事。

今日外交次长颜惠庆前来造访,并以中国政府名义发表了下述口头照会:俄国政府曾通过驻北京使署及驻中国西部地区各领署,对中国出兵外蒙一事屡次提出抗议。中国出兵科布多及阿尔泰虽非侵略之举,而是为防止骚乱向此等地方蔓延必须采取之行动,但俄国使领署已对出兵上述地方提出抗议。中国政府方面曾多次提请我们注意中国人在蒙古追求之目的。蒙古目前形势实难忍受。迄今中国政府仍在考虑俄国政府之要求,但现应提请俄国政府,切勿阻挠为恢复外蒙法制和秩序而必须采取之措施。中国政府发表此项声明,是出于对俄国之友好动机,在靠近边界地区继续发生骚乱可能导致纠葛发生,这并非俄中两国所愿。两三天后将把正式照会送交我处。中国政府请求我们尽快予以答复。我答称,当然我将转呈中国照会,不过,现在应该指出,中国出兵蒙古可能导致纠葛发生,这一点他也曾提及。关于彻底解决蒙古问题之唯一办法,我们早已向中国政府指出过。在随后的交谈中外交次长表示:有必要通过某一友好国家公断来调解俄中两国对蒙古问题之不同意见,我反驳说,该问题不是通过仲裁解决之问题,而应通过俄中两国直接协商解决。外交次长问,进行此种请求,应采取何种方式?我答称,方式问题纯属第二位问题,它不能成为绊脚石。至于问题细节,唯有就原则问题达成协议之后方可谈及,而在原则问题上中国人对我们的意见依然坚持其反对态度。

中国照会使我想到,中国军队可能准备从各路向蒙古进发。看来,中国人已得到情报:革命运动正在俄国蔓延。他们据此认为,此刻是他们采取断然行动之良好时机,他们期望巴尔干问题在欧洲引起麻烦。

库朋斯齐

《关于 1911—1913 年中俄外蒙问题交涉——俄国外交文件选译》,第 70、55 页

## 尼拉托夫致库朋斯齐电①

1912 年 9 月 23 日［10 月 6 日］

第 2076 号。

并转现在蒙古的四等文官廓索维慈。

为蒙古事。

第 812 号电悉。

赞同您对外交次长的答复。不言而喻,我们既不同意通过仲裁解决蒙古问题,亦不同意中国向外蒙派遣讨伐军。您可向外交次长重申这一点,劝他切勿向我们正式提出这一问题,并提出,中国政府向与东省铁路毗邻的内蒙集结军队,必将促使我方采取相应措施,以防我国权利及利益受到损害。

我再补充一点,关于采取措施,训练我国一支部队于必要时进驻满洲一事,我们正在与陆军大臣商洽,我们坚决要求他将库伦军队调往乌里雅苏台,库伦部队将由其他部队接替。

尼拉托夫

《关于 1911—1913 年中俄外蒙问题交涉——俄国外交文件选译》,第 64 页

## 尼拉托夫致库朋斯齐电②

1912 年 9 月 27 日［10 月 10 日］

第 2117 号、第 2128 号。

第 825 号电悉。

第一,我们认为,您同中国政府会谈时,只要继续提出众所周知的三点,并根据这三点,要求中国向俄国承担义务就可以了。由这三项义务可得出结论,俄中两国政府有必要共同磋商日后开发蒙古之措施。在就此问题进行会谈时,您可利用我们在去年 12 月 27 日［1912 年 1

---

① 《国际关系》第 2 辑第 20 卷,下册,第 908 号文件——译者。
② 《国际关系》第 2 辑第 20 卷,下册,第 968 号文件——译者。

月 9 日]第 2240 号电①中所阐述之理由。

关于我国修建蒙古铁路之优先权问题,我们认为暂且不提为好。因为,倘若我们根据上述原则就蒙古问题同蒙古政府订约,则在磋商蒙古铁路计划时,我们将有充分发言权。

第二,在就该问题同中国诸总长会谈时,您可提醒他们,袁世凯于 3 月 20 日[4 月 2 日]已向世清许诺:内阁讨论蒙古问题时,他将表示赞同与俄国订约,因为他认为订约有好处。

倘若中国人向您询问派遣廓索维慈去蒙古之目的,您可答复说:派他查明我们与蒙古政府建立事务性联系之前景。还可提醒他们,我们业已提出警告,延迟解决蒙古问题将使我们不得不建立此种联系。

尼拉托夫

《关于 1911—1913 年中俄外蒙问题交涉——俄国外交文件选译》,第 65 页

### 沙查诺夫致库朋斯齐电

圣彼得堡,1912 年 10 月 16 日[10 月 29 日]

中国代办请求我们就派廓索维慈前往库伦一事作出解释,对此,我们已口头答复如下:

我们事先已通知中国政府,倘若俄中两国关于蒙古问题之协约推迟缔结,则我们将不得不同蒙古政府进行公务来往。因中国政府继续回避同我们磋商蒙古问题,故授命廓索维慈探明我们进行上述公务来往之前景。我们并不想承认蒙古脱离中国而独立,但我们亦无可否认,此种独立实已存在近一年之久,我们将来是否承认这一事实,这将取决于中国。

---

①　沙查诺夫在 1911 年 12 月 27 日[1912 年 1 月 9 日]第 2240 号电中告知世清,他与来访的中国公使进行了会谈。中国公使奉本国政府之命指出,俄国政府就蒙古问题提出之要求,已违反他"不干涉中国内政之许诺",并请求"收回"此等要求。沙查诺夫答称:"我们将一如既往不干涉中国发生之斗争,让中国人自行决定符合其愿望之国体。我们只希望中国确立持久之制度。"

中国代办指责我们与库伦政府来往是干涉中国内政,对此,我们答称:我们并无干涉中国内政之意,但要保卫自身利益。因此,我们已断然决定,既不容许以武力使库伦政府屈服于中国,亦不容许将外蒙古变成中国一个行省。经验证明:中国政府在外蒙设立行政机构时,就认为可借此取消俄人在改为行省地区所享有之特权(按照条约,俄国在全蒙均享有此种特权)。为避免对条约作这种错误解释,我们要求中国政府允诺保留蒙古历来自有之秩序,为此,应承诺不在蒙古设官、不在蒙古驻扎中国军队、不向蒙古地方移民。

中国代办允诺将此事电告本国政府。他请我们相信,中国政府愿就蒙古问题同我们达成协议,但又指出尚存在一些困难。此种困难是社会舆论所引起的,而中国政府对社会舆论又不能不予考虑。对此,我们答称,中国政府可对中国人民舆论施加影响,头脑清醒的中国人民将会认识到,为自身利益计,有必要同我国订约。

中国代办亦注意到中国派军队讨伐西蒙。因中国政府如此无视我国警告,从我们对蒙古宣布独立之态度及对自治蒙古领土范围之观点出发,我们才不得不重新考虑我们对蒙古之看法。反之,如中国明智,愿现在满足我国愿望,则两国间最棘手之问题便可迎刃而解,并可为顺利解决近来两国间所发生之种种冲突,为恢复俄中两国传统睦邻关系,打下基础。

您同外交总长会谈时,可表示上述意见。

沙查诺夫

《关于 1911—1913 年中俄外蒙问题交涉——俄国外交文件选译》,第 66 页

## 俄蒙协约

### 1912 年 11 月 3 日

蒙人全体,前因欲保存蒙地历来自有之秩序,将中国兵队官吏逐出蒙境,举哲布尊丹巴呼图克图,为蒙古之主。旧日蒙古与中国之关系,遂以断绝。现俄国政府,因此情形,并因俄、蒙人民友谊,及须确定俄、

蒙商务之秩序,特遣参议官廓索维慈,与蒙古主,及执政各蒙王、委任之议约全权,蒙古总理大臣、万教护持主,三音诺颜汗那木囊苏伦,内务大臣沁苏朱克图,亲王喇嘛策凌赤蔑得,外务大臣兼汗号额尔德尼达沁,亲王杭达多尔济,陆军大臣额尔德尼达赖,郡王贡博苏伦,度支大臣土谢图郡王札克都尔札布,司法大臣额尔德尼郡王那木萨来,会同议定以下各条:

(一)俄国政府,扶助蒙古保守现已成立之自治秩序,及蒙古编练国民军,不准中国军队入蒙境,及以华人移殖蒙地之各权利。

(二)蒙古主及蒙政府,准俄国属下之人,及俄国商务照旧在蒙古领土内,享用此约所附专条内各权利,及特种权利。其他外国人,自不能在蒙古得享权利,加多于俄国人在彼得享之权利。

(三)如蒙古政府,以为须与中国或别外国立约时,无论如何,其所订之新约,不经俄国政府允许,不能违背或变更此协约及专条内各条件。

(四)此友谊协约,自签押之日实行。

《中华民国外交史资料选编》(1911—1919)(一),第88—89 页

## 俄蒙协约专款

### 1912 年 11 月 3 日

第一条　凡俄国人民在蒙古境内,照向例有自由居住迁徙及经营各种商工业或他项业务之权。又俄国人民与各项人以及公司社会,无论该人民及各项公司社会等之为公或私人资格,并无论其系俄、系蒙、系华或其余他国,皆可订结各种契约合同,以行贸易。

第二条　俄国人民在蒙古境内,照向例无论何时,其输入或输出俄蒙华及他各国所产制各项农工货品,得享有免缴入口出口税之权。又贩卖上述各项农工货品于蒙古内地,俄国人民,概无庸缴纳税费以及各种捐课。

惟为本条例外,凡俄华商人合营商业,以及俄人民代他国商人出名

贩卖商品者,本条规定,概不适用。

第三条　俄国各贸易银行有在蒙古设立分行之权。又该银行等得在蒙古境内,与各项社会公司或各私人,订结关于款项或他项业务契约。

第四条　俄国人民在蒙古境内售买货品,可以现金或物物交换法行之,并可订结各项信用契约。惟关于个人信用之私债,蒙古王公及蒙古财政机关对之,概不负担保责任。

第五条　蒙古官署不得阻止蒙华人等之与俄国人民订结各项商务契约,或应俄国人民雇佣及服务于由俄国人民所经营之商工营业机关等行动。惟不得以各种工商专利,给与公私公司会社或个人。其公司等在本约订结以前,蒙古政府给与专利特权者,得继续享受,至原定期限为止。

第六条　俄国人民在蒙古境内,得于各处城市都邑,租赁地基,或购归己有。惟此项地基,只准充筑建工场商厂住房铺栈以及堆房等用项,不得贩卖图利。又俄国人民,得租赁荒地以营农业,其租赁按照蒙古现行律,凡圣地以及牧场,概在律外。

第七条　俄国人民,享有与蒙古政府订结开采矿产经营林渔等业合同之权。

第八条　俄帝国政府因相度情形,遇各处应设立俄领事时,得商允蒙古政府在该处设立。蒙古政府欲在沿俄国各边境派驻该政府代表,经两方同意视为必要时,亦得即行派驻。

第九条　凡驻有俄国领事各处以及虽未驻有领事而俄国商务较为发达者,由俄领事与蒙古政府磋商,划地设置租界,以便俄国人民居住及充布置各种营业之用。该租界遇设有俄领事处,由该领事管理一切。其未设有领事处,则由该处俄国商会侨居最久之一人管理。

第十条　俄国人民,经商允蒙古政府后,得在蒙古境内设立邮局,以便于蒙境各处相互间,以及该各处与沿俄边境各处,运送信件商品。邮局经费,概由俄国人民负担。又如遇站房以各种房屋之堪充邮局用项而为蒙古所有者,可由俄国人民照本附约第六条规定,租赁或购买。

第十一条　俄国领事遇需要时,得利用蒙古驿站,递送公牍文件及其他各种公件,概不缴费,惟以每月费用,用马不过一百匹、驼不过三十匹为限,由驿站所递各公件,由蒙古政府颁粘号标,以示标别。遇俄领事或其他俄官署人员,以私件由蒙古驿站递送者,概须纳费。又俄国人民经商允蒙古政府,照所定价格纳费,亦可利用蒙古驿站。

第十二条　俄国人民可在由蒙古流入俄境各河川以及其旁流航行商船,与沿岸蒙古人民贸易。蒙古政府欲改良航业,俄国政府当以种种方法,补助蒙古。蒙古许俄国人民以在沿岸各处得租赁装卸码头及货物木材堆栈等权,其租赁按本约第六条规定办理。

第十三条　俄国人民得利用蒙古境内水陆桥梁,以搬运商品牲口等。如商允蒙古政府,俄国人民并得在蒙古境内筑建桥梁,设置渡船,其经费由俄国人民负担,惟遇蒙古人民利用此项桥梁渡船时,得征收较高赁钱,以自补救。

第十四条　俄国人民在蒙古境内,因喂养或休息牲口,得自由屯驻,惟遇屯驻时期较久者,由蒙古政府照拨草场,以便售卖牲口,其屯期逾三月时,蒙古政府得征收料金。

第十五条　沿俄边境俄国人民,照向例得在蒙古边境草场牧畜及渔猎等。

第十六条　俄国人民、公司与蒙古及中国人民间订结契约,或口说,或笔书,均可以订结契约者之同意,得以该项契约,呈由地方官署签证为凭,如该地方官署,以为不能即行签证者,须由该地方官署,即时通知俄领事,互行讨究,以免争执。凡关于不动产契约者,必须呈由蒙古官署以及俄领事签证。其关于开采矿产等契约,必呈由蒙古政府签证。又凡以契约起争执时,无论该项契约之系口说或笔书,争执两造,可呈明俄蒙二国裁判所判决。如仍未能判决,即移交俄蒙混合裁判所重行审判。混合裁判所,或永久或暂时均可。永久混合裁判所,设于俄领事驻扎地,以俄领事或其代表及一与该领事官级相等之蒙古官员组织之,暂时混合裁判所,设于未驻有领事地,以领事代表及争执案发生地蒙古地方官组织之。裁判所审判时,得延请法庭顾问,以俄蒙二国人充之,所有判决案,其曲在俄国人民受罚者,由俄领事执行惩罚。其曲在蒙古中国人民者,由蒙古王公执行惩罚。

　　第十七条　本附约自签押之日始,有实行效力。

《中华民国外交史资料选编》(1911—1919)(一),第89—91页

## 沙查诺夫致库朋斯齐电

### 圣彼得堡,1912年10月24日[11月6日]

　　协约及专条业经廓索维慈与蒙古政府签署。您将此事通知中国政府时,可提醒说,我们已预先通知中国政府:因我国在喀尔喀之地位尚未确定,我们才不得不同实已存在之蒙古政府往来。我们希望,中国人之理智无疑将使他们意识到必须同我们就蒙古问题达成协议。目前我们并未承认蒙古完全脱离中国,我们仅答应蒙人在维护自治(有权不许中国向蒙古派官、派兵、移民)方面将给予协助。因此,我们希望中国政府在赞同本协约大纲及两方顺利、全面解决蒙古方面不要遇到障碍。不言而喻,倘若我们这种愿望不能得到满足,则我国在蒙古之利益将迫使我们在巩固实已存在之蒙古政权方面进一步采取行动。

《关于1911—1913年中俄外蒙问题交涉——俄国外交文件选译》,第70页

## 梁如浩就俄蒙协约提出抗议致库朋斯齐照会

### 1912年11月7日

　　蒙古为中国领土,现虽地方不靖,万无与各外国订条约之资格。兹特正式声明,无论贵国与蒙古订何种条款,中国政府概不承认。

《中华民国外交史资料选编》(1911—1919)(一),第93页

### 库朋斯齐致沙查诺夫电

#### 北京,1912 年 10 月 26 日[11 月 8 日]

10 月 24 日[11 月 6 日]电敬悉。

今日已将俄蒙协约之内容转告外交总长,且已向他表示尊电所述意见。总长答称,他定将协约呈本国政府讨论,但他现在应该声明:中国政府认为,未经中央政府同意,外国同中国之一部分所订协约无效。

总长同时指出,俄国现已承认蒙古政府,但蒙古政府迄今仍拒绝承认中华民国。我对外交总长表示异议说,我们缔结协约绝不意味我们承认蒙古政府独立,中国政府一直不愿同我们共同解决蒙古问题,才使我们不得不作出上述决定。

库朋斯齐

《关于 1911—1913 年中俄外蒙问题交涉——俄国外交文件选译》,第 57 页

### 沙查诺夫致库朋斯齐电

#### 圣彼得堡,1912 年 10 月 27 日[11 月 9 日]

10 月 25 日[11 月 7 日]电悉。

今日中国公使来访,向我发表一项声明:中国不承认俄蒙协约。

我对公使解释称:我们并不打算让蒙古完全脱离中国,倘中国政府加入俄蒙协约,则我们愿意承认中国在蒙古之宗主权。这样解决问题,是出于中国自愿,并非我国强制,这并不伤害中国人之自尊心,且可以事实证明公使要我确信的俄中两国之传统友谊。

公使表示异议称:保留在蒙古之宗主权恐难满足中国民众之愿望,俄国在该问题方面应向中国作更大让步,我答称,总有一天,中国人会认为在蒙古之宗主权是极为宝贵的,但因中国人不愿就蒙古问题同我们订约,我们只好拒绝承认蒙古对中国之从属关系。

沙查诺夫

《关于 1911—1913 年中俄外蒙问题交涉——俄国外交文件选译》,第 57 页

## 库朋斯齐致沙查诺夫电

### 北京,1912 年 11 月 3 日[11 月 16 日]

今日外交次长在援引外交部 10 月 25 日[11 月 7 日]声明及外交总长在我转达协约内容时对我的答复之后,以中国政府名义声明:无论如何,中国万难承认协约,因蒙古为中国之一部分,凡有关蒙古之协约均须与中央政府,而不能同库伦缔结,库伦仅代表外蒙古之不大部分。他还谈及,签订协约出乎中国预料,俄国此种不友好之举决非什么事由所引起。中国政府请求我们现在放弃俄蒙协约,并表示愿意随后同我们开议,友好地解决蒙古问题。我对外交次长答称:我将把他的声明转告帝国政府,但应当预先告知次长,显然他的声明将产生不良影响。我感到惊异的是,中国人竟然要求俄国政府答应废除刚刚由其全权代表签署的协约。在此间各政党会议上,在上海、广州集会上通过了好战的决议,还接到了各省发来的挑衅性电报。报界正在煽动运动,若干政府成员也在鼓动。

库朋斯齐

《关于 1911—1913 年中俄外蒙问题交涉——俄国外交文件选译》,第 58 页

## 沙查诺夫致库朋斯齐电

### 圣彼得堡,1912 年 11 月 6 日[11 月 19 日]

11 月 3 日[11 月 16 日]电悉。

今日中国公使来访,向我发表一项声明,请求我们放弃俄蒙协约,并向我担保,中国愿随后同我们开议,解决蒙古问题。

我对公使答称,此项建议为时已晚。数月以前,我们曾表示愿意按照同中国政府达成之协议,确定俄蒙关系,且不止一次吁请中国政府就该问题交换意见,但均无结果。现在我们不能放弃刚刚由我国全权代表签署的文件。但我们依然希望就蒙古问题同中国达成协议,且不打算伤害中国人之自尊心。我认为,帝国政府同中国政府可按照俄蒙协约之原则缔结协约,从该协约中可以找到摆脱目前困境并为双方所接

受之解决办法。

　　请按照上述精神同中国诸总长进行会谈。

沙查诺夫

《关于1911—1913年中俄外蒙问题交涉——俄国外交文件选译》,第58页

## 陆徵祥在国务院发表处理俄国与库伦问题的意见

1912 年 11 月 18 日

　　(一)先交涉而缓用兵;俄以协约通告日、英、法,虽别有关系,足征尚待他国赞同,未能即行武断,若遽用兵,各国或不免有词。(二)对库对俄宜分为两事:库伦独立系对内关系,前既有碍,未能先事平定,现俄出而干涉,应分别对待,不可牵混,反落俄人彀中。(三)交涉宜从旁面着手,世界均势已定,非一国所能破坏,此事关系极大,各国未必放松,若中国无敏活手腕,他国自不便搀首,此中机括,当视吾手段何如。

《民立报》1912 年 11 月 20 日

## 库朋斯齐致沙查诺夫电

北京,1912 年 11 月 10 日[11 月 23 日]

　　今日外交总长向我表示:中国政府坚持俄中协约一经签订,俄蒙协约即行失去效力之观点。我提出异议说:俄蒙协约不能由缔约任何一方与第三方所订其他条约代替,但外交总长依然请我将中国之观点告知您。不过我认为,外交总长本人也意识到坚持此种观点是不可能的。

　　在开始磋商俄中协约内容时,陆徵祥表示了下述愿望:(一)应预先说明蒙古为中国之一部分,我们得承认中国政府在蒙古之主权。(二)在协约本文中切勿过于明显地提及中国允诺在蒙古不驻兵、不设官、不殖民,而只是一般地说明欲恢复蒙古旧状,中国无意向蒙古土地殖民等等。我表示异议说:此种含糊语句只能为日后争吵和争论造成口实。(三)我们得向中国担保呼图克图放弃独立。我当即向陆氏指出,这一点我们办不到。(四)由中国政府,而不由蒙古政府保障俄人

在蒙古之贸易权。（五）应预先声明，未经中央政府同意，蒙古政府不得开发矿藏及其他资源。我对此表示异议说，依我之见，以上各端均已列入蒙古自治政府管辖范围。

外交总长还谈及中国驻蒙古办事大臣及其卫队留居库伦问题及其他事项。我向他指出，在主要原则问题彻底解决之前，讨论此等事项并无裨益。

库朋斯齐

《关于1911—1913年中俄外蒙问题交涉——俄国外交文件选译》，第59页

## 陆徵祥关于外蒙问题的声明

1912年11月25日

一、蒙古领土权完全属中华民国。

二、除前清已有大员三人外，民国不再添派官吏。

三、民国得屯兵若干，保护该处官吏。

四、民国为保护侨寄该处华人，得设置警察若干。

五、将蒙古各官有牧场分赠蒙王公，以示优待。

六、各国人不得在蒙驻屯各种团体，且不得移民，中国与各国同。

七、蒙古未经民国许可，不得自由开垦、开矿、筑路。

八、蒙古与他国所定协约，一概作为无效。此后蒙古若未得民国政府同意，所缔之约，亦皆不能发生效力。

《中华民国外交史资料选编》（1911—1919）（一），第94页

## 库朋斯齐致沙查诺夫电

北京，1912年11月13日［11月26日］

11月13日［11月26日］电悉。

今日我同外交总长就西蒙局势举行了会谈，我指出，命令中国军队留住原地停止前进是不能令人满意的，还必须将中国军队全部撤走。因为中国军队驻扎科布多及乌里雅苏台附近，会对蒙人经常构成威胁，

我同时向陆徵祥声明,在此项要求得到满足之前,我们碍难就蒙古问题继续进行谈判。外交总长向我允诺,他将把我的声明转告总统及陆军总长,但他十分坚持,倘若中国军队撤出西蒙,则我们得答应将派到库伦的三连哥萨克骑兵撤走。

关于拟订的俄中协约,陆徵祥称:内阁坚决要求,我们除承认蒙古为中国之组成部分外,还得承认中国之"主权",而不是中国之"宗主权"。他继而建议,将指明恢复前清管理蒙古的制度的条款列入协约;倘蒙人不请求向蒙古派兵和殖民,则中国将不派兵、不殖民,中国人还特地预先声明所有商务问题均属中国政府管辖范围。外交总长断然反对在协约中提及蒙古自治,不过看来,惟有在以新协约代替俄蒙协约之情况下,他才同意在协约中提及蒙古自治。我对陆徵祥答称,我认为所有上述中国建议是根本不能接受的,他应该明白,我们不能改变既成事实,不能放弃俄蒙协约中的条款。

库朋斯齐

《关于1911—1913年中俄外蒙问题交涉——俄国外交文件选译》,第60页

## 沙查诺夫致库朋斯齐电

圣彼得堡,1912年11月14日[11月27日]

关于蒙古问题的俄中协约主要条款之主旨我们业已拟就,现电告您。

中国政府不愿声明承认库伦政府,上述条款在措词时,我们已尽可能考虑到这一点。

10月21日[11月3日]签署之协约及专条业已通知中国政府,当然我们既不可能将其收回,也不可将其废止,以俄中协约代之。关于同库伦政府建立条约关系一节,我们已推延很长时间,只因中国人不愿接受我们的建议,才促使我们签署上述协约和专条。

现在已不可能恢复到10月21日[11月3日]以前那种状况了。理智应使中国政府意识到:在关于蒙古问题之俄中协约问题上,任何拖

延只能导致中国进一步失去同蒙古之联系和扩大呼图克图政权之领土范围。

在阐述俄中协约第三点主旨时,我们的主导思想是:中蒙关系问题,库伦政府之权利及领土问题,应通过蒙中谈判解决。为捍卫我国利益计,我国要求中国在谈判时接受我国调处。如库伦政府强烈渴望完全独立,则我国之调处只能于中国有利。不过我们不能允许中国对呼图克图及其政府施加影响。因为我们必须考虑对他们的许诺。

主要条款之主旨如下:

导言指出,缔结协约之目的,在于日后消除我国与蒙古之宗主国中国在蒙古问题上产生误解之根源,并在坚固基础上确立蒙古自治。

协约内容如下:

一、中国担任对于蒙古种族上及历史上之行政制度,毫不更动,承认蒙古人民在其领土内自有防御及保护治安之特权,得有军备及警察之组织,并不许外国人,其中包括中国人,在蒙古境内有殖民之举。

二、俄国担任尊重蒙古领土不受侵犯,除领署卫队外,若不先行知照中国政府,不得向蒙古派遣军队。

三、中国愿与蒙古建立正常关系,且可宣告愿接受俄国调处,以解决此种关系之原则问题,自治蒙古领土边界问题以及因蒙古自治而产生之权利问题。

四、俄国人民及商务在蒙古享受之权利,当列入本约之附件内(1912年俄蒙协约所订条款已载入本约)。

《关于1911—1913年中俄外蒙问题交涉——俄国外交文件选译》,第60—61页

## 库朋斯齐就谈判"俄蒙协约"问题提出四项交涉条款
### 1912年11月30日

为消除将来蒙古上国之中国与俄国,对于蒙古问题之误会,并确定蒙古之自治基础,兹提出条件如下:

一、中国担任对于蒙古历史上及种族上之行政制度,毫不更动。承

认蒙古人民在其领土内自有防御及保护治安之特权,得有军备及警察之组织,并不许外人在境内有殖民之行为,中国人民亦在其内。

二、俄国担任尊重蒙古领土之完全,除领署卫兵外,若不先行知照中国政府,不得遣派军队。

三、中国愿欲蒙古恢复旧状,宣告允许俄国调处,以便规定中蒙交涉及领土范围事宜,并蒙古自治发生之权利。

四、俄国人民及商务在蒙古享受权利,当列本约之附件内(即俄历十月二十一日俄蒙所订各条款)。

《中华民国外交史资料选编》(1911—1919)(一),第94—95页

### 库朋斯齐致沙查诺夫电

北京,1912年11月24日[12月7日]

今日我在外交总长处得到中国对案,其法文本附后。我对总长答称:我为中国方面根本不愿考虑我国要求,根本不顾及实际情势感到遗憾。中国所提建议根本不能接受。该建议在彼得堡只能造成中国根本不愿同我国就蒙古问题达成协议这样一种印象。我补充说,看来缔结俄蒙协约一事,并未使中国充分吸取教训;倘若我们不得不沿这条路继续走下去,则中国政府必将后悔莫及。我请他提醒总统对这一情况予以严重注意。

库朋斯齐

**附件:中国对案本文**

一、俄国政府应尊崇中华民国在蒙古完全之领土主权。

二、俄国政府应尊崇中华民国政府办理或主办关于蒙古商务上及其他事项对外之一切交涉主权。

三、中华民国政府声明,其所有之治理外蒙之权,按照前清旧例办理。

四、俄国政府担任,凡于中华民国政府为维持外蒙旧有之治体而随时举行之政策,概不干涉,亦不妨阻。

五、中华民国政府声明,非先体察外蒙人民之意愿,不于旧例外,在蒙古地方径行驻兵设官及鼓励殖民。

《关于 1911—1913 年中俄外蒙问题交涉——俄国外交文件选译》,第 61—62 页

### 沙查诺夫致库朋斯齐电

圣彼得堡,1912 年 11 月 26 日[12 月 9 日]

11 月 24 日[12 月 7 日]电悉。

赞同您就中国对案致外交总长的答复。

通过分析该文件,我们得出结论,中国政府竭力要我们作出承诺:不阻碍中国政府在蒙古恢复其在蒙古宣布自治前所处之地位。可见,中国政府不仅无视这一事件及 10 月 21 日[11 月 3 日]协约,且已忘记迫使我们对中国清王朝对蒙政策提出抗议之原因。当时中国政府所发表之声明(如 1909 年 7 月 20 日[8 月 2 日]外务部照会断言,中国在蒙古设官将使俄国在蒙古之特殊条约权利不复存在)曾迫使我们采取措施反对这种随意解释条约之行为。对我国而言,恢复前清时期之制度还意味着使我国在蒙古之条约权利重新回到毫无保障之境地。

您向外交总长阐明上述意见之后,请向他指出,我们不能把他的对案作为谈判蒙古问题之基础。

中国政府应使自己的提案同业已告知中国政府的我国要求更趋一致。如若不然,我们只能认为没有必要再举行谈判,并将自行采取必要措施,支持蒙古自治。我们将把中国政府干涉此事之任何尝试,视为对俄国不友好之举。

沙查诺夫

《关于 1911—1913 年中俄外蒙问题交涉——俄国外交文件选译》,第 62 页

### 库朋斯齐致沙查诺夫报告

北京,1912 年 11 月 30 日[12 月 13 日]

近来蒙古问题之状况并无任何实质性变化。关于我同陆徵祥会谈

之情形以及中国政府在蒙古问题上所追求之政治目的,我已荣幸电告,现下几乎无何补充。

中国人口头上一再向我们保证,他们希望同我们缔约,但实际上并未表现出任何诚意。

当时,尽管俄蒙协约已签订月余,但中国整个报界及各政党并未停止对俄国进行恶毒诽谤,若干政府成员亦暗中参与其事。除呼吁对俄开战外,当局还公开支持为组织征蒙远征军捐款,并在讨论〔发行〕国内公债,以应军需问题。

不管如何叫嚷,政府仍在积极进行军事准备,并将军队及预备兵集结在中蒙各交界地带。我们许多领事可证实此种情形。在绥远、张家口及热河亦可见到上述情形。中国政府未必会慎重考虑对俄国采取军事行动,但很可能想通过虚张声势,即通过在全国制造人民反俄气氛及中国人在同我们谈判时坚持其要求,迫使我们在谈判蒙古问题时作出让步。

库朋斯齐

《关于 1911—1913 年中俄外蒙问题交涉——俄国外交文件选译》,第 63 页

## 库朋斯齐致沙查诺夫电

北京,1912 年 12 月 5 日〔12 月 18 日〕

外交总长给我看了新对案(本文附后)。我对陆徵祥称,此种对案我们不能接受,因为它根本未考虑库伦协约签订后所形成的蒙古目前形势,且与我们在俄中协约草案中所提建议相悖。我继而对中国对案本文作了详细分析,并对中国对案只字未提蒙古自治,确认"主权",而不是中国在蒙古之"宗主权"向陆徵祥提出警告。我还表示反对以"库伦"一语代替"蒙古"一语。从谈话中已完全清楚,中国人坚持使用"库伦"一语,意在把自治蒙古之领土仅仅限制在库伦及其周围地区,万不得已时,可限制在土谢图汗部及车臣汗部。我还表示反对提及"旧例"及"恢复旧有之治体"。我对总长称,中国对案这两点,一点系指废除

10 月 21 日[11 月 3 日]俄蒙专条,另一点系指向蒙古派遣大批中国军队,这是根本不容许的。陆徵祥答称:他今晨将把我的全部意见(这些意见他作了详细记录)转呈总统,并将考虑这些意见,对中国对案尽可能加以修改。不过,今天我来到陆徵祥处时,他告知说,他已同总统交换过意见,并将对案本文交给我,本文只字未改,请我把本文转给您。

**附:中国对案本文**

为解除将来为蒙古主国之中国与俄国对于库伦现状所发生之误会,兹提出条件如下:

一、中国担任对于库伦,遵照向例所设之行政制度,不加更动。库伦之蒙古人民,在其区域内有防御及治安之责。中国因此亦许其有军备及警察之组织,并担承不许非蒙古籍人,在其境有殖民之行为。

二、蒙古既为中国之完全领土,俄国担承永远尊崇中国在彼之主权,并担任不遣派军队,不在彼殖民,又除条约所许之领事外,不设他官。

三、中国愿用和平办法,使库伦恢复旧状。故允许俄国调处,以便取消库伦呼图克图擅自宣布之独立,至中国与库伦未尽事宜,另行规定。

四、凡关于蒙地之一切中俄国际问题,仍由中俄两政府协商办理。

五、如蒙人许与外国或外国人以特别权利,非经中华民国允准,不能有效。

六、俄国政府担任凡于中国维持库伦旧状之行动,概不妨阻。

《关于1911—1913年中俄外蒙问题交涉——俄国外交文件选译》,第63—64页

### 沙查诺夫致库朋斯齐电

**圣彼得堡,1912 年 12 月 10 日[12 月 23 日]**

12 月 5 日[12 月 18 日]电悉。

我们认为,中国对案贯穿一种思想,即恢复最近事件以前的蒙古秩序。中国政府同意接受我们提出的众所周知的三项要求,作为交换条

件,我们得同意恢复蒙古秩序。此外,中国政府还希望我们承担以前从未承担之许多义务。况且,中国之承诺只涉及蒙古的不大一部分,而我国之承诺涉及蒙古全境。这种提法我们不能接受。

我们既不想谋取蒙古领土,亦不愿作蒙古保护国。我们愿在这方面向中国作切实担保。至于俄中两国之相互承诺,则应该扩大到外蒙古全境。鉴于我们已同蒙古政府缔结协约,外蒙古在国内立法、行政、国家防务及国家资源开发方面均应自主。

请向外交总长说明上述意见,并向他说明,关注蒙人承认同中国政府之关系者,不是我国,而是中国;我国军队当时进驻蒙古及目前驻扎蒙古均是根据蒙人之愿望,而向蒙古派驻中国军队,则将具有军事行动之意义。因此,不是中国可向我们提出其同意考虑蒙古目前形势之条件,而是我们要求中国承担一定义务,向我们保证蒙古不再发生不久前危害我国在蒙利益之事件。倘若中国认为没有必要满足我们的要求,则我们认为没有必要改变我们对蒙古之态度。同蒙古直接来往,已使我们在保障我国权益方面取得满意之结果。

沙查诺夫

《关于 1911—1913 年中俄外蒙问题交涉——俄国外交文件选译》,第 64 页

## 袁世凯召见驻京各国公使就中俄关于外蒙问题的交涉发表意见

### 1913 年 1 月 2 日

一、库事交涉,俄政府刻下稍为退让,我政府主张甚力,无论如何,必以武力为后盾。(按:是日我驻俄代表刘镜人有电告政府云:我国交涉略有转机,俄人苦于内乱,确有让步之意。)

二、如再开议之时,俄人仍坚持强硬态度,即将中俄库事交涉始末宣告各国,派任专使赴荷国,请求开临时海牙和平会议仲裁裁判。

三、此时政府只宜镇静交涉,不能轻举妄动,如交涉决裂,中国实无磋商之余地,时只得实行最后之办法。

《中华民国外交史资料选编》(1911—1919)(一),第 97 页

## 库朋斯齐致沙查诺夫电

北京,1912 年 12 月 29 日[1913 年 1 月 11 日]

现呈上中国政府新对案。因我不能离开寓所,陆徵祥将新对案交给了格拉卫。他向陆氏表示,新对案再次提出了我们认为不能接受的要求,此等要求与蒙古目前形势,与 10 月 21 日[11 月 3 日]在库伦缔结的协约及专条相悖。

库朋斯齐

### 附:对案本文

为解除承认蒙古现状在将来能发生之误会,中国即蒙古之主国,与俄彼此商订协约,以下开各款为张本。

一、俄国承认蒙古为中国领土完全之一部分。兹担任不谋断绝此项系链,并担任尊崇由此系链上生出历史上中国之种种权利。

二、中国担任不更动外蒙古历来所有之地方自治制度。因外蒙古之蒙古人,在其领土内有防御及维持治安之责,故又许其有军备及警察组织之权利,及不纳非蒙古籍人在其境内殖民之权利。

三、俄国一方面担任除领署卫队外,不派兵至外蒙古,并担任不将外蒙古之土地,举办殖民。除条约所许设之领署外,亦不在彼设立别项制度,代表俄国。

四、中国于施用其在外蒙古之主权,原用和平办法。兹声明愿受俄国之调处,以便取消库伦呼图克图擅自宣布之独立,并照上开各项张本,定立中国与外蒙古之关系之要纲。

五、如外蒙古有与俄国政府商订关于商务问题之契约,未经中华民国政府准可,不得有效。至他项问题,则认为中国政府独管之事件。

《关于 1911—1913 年中俄外蒙问题交涉——俄国外交文件选译》,第 65 页

## 沙查诺夫致库朋斯齐电

圣彼得堡,1913 年 1 月 3 日[1 月 16 日]

关于您的 12 月 29 日[1913 年 1 月 11 日]电。

今天中国公使探询,我们对中国政府关于蒙古问题的最近提案是否满意。我们答称,除其他不同意见外,对草案第五条之修改意见亦不能接受。中国公使企图要我们相信,中国政府已采取重大步骤,以满足我国要求,并表示坚信,我们可就悬而未决之分歧达成谅解。他要我们指出,我们希望中国提案作何修改。

我们答称,中国政府所作让步是在协约形式方面,而不是在实质方面。拟议的协约之目的,是要中国政府承认10月21日[11月3日]库伦协约。我们同意在形式方面作若干让步,这可能便于中国人承认上述协约,但在实质方面,我们应当坚持自己的要求。我们希望缔结一项可能解除将来俄中两国在蒙古问题上可能产生的误解的协约。倘不能缔结此种协约,则我们认为还是不缔结为好。

我们已提出三项政治要求(见库伦协约),中国只表示满足其中两项,即允诺不改变外蒙古之行政制度,不向外蒙古地方移居中国人。至于向外蒙古派驻中国军队问题,尚未得到解决,因为根据对协约之修改意见,与编练蒙古警察之同时,在外蒙古编练中国军队,并不违反中国之承诺。当时中国政府竭力要我们承诺不向外蒙古派俄国军队,我们不能作此种承诺。

同样,不以已给争执造成借口的圣彼得堡条约之提法,而以库伦专条更准确之提法,明定俄人在外蒙古之"商务"权利,对我国至关重要。至于承认以库伦专条为指导之形式,对我国则无关紧要。其实,中国之协约草案丝毫不能解决这一问题。

谨将上述情况通知您,以便同中国政府会谈时有所遵循。我们认为,您还应当向中国人指出,他们提出的草案不符合我们的要求,并应强调指出,我们不急于同他们签署关于蒙古问题的协约,我们坚信,中国比我们更需要协约。

沙查诺夫

《关于1911—1913年中俄外蒙问题交涉——俄国外交文件选译》,第65—66页

## 沙查诺夫致廓索维慈电

### 圣彼得堡,1913 年 1 月 22 日[2 月 4 日]

您可将我们同中国谈判之真实情况告知蒙古政府,我们在谈判中坚持要求中国政府承认库伦协约所造成之形势。从一开始我们就预先告知蒙人,他们不能指望目前同中国断绝关系。然而,中国政府同我们谈判时,却企图要我们事先同意撤销库伦政府,我们已断然表示拒绝这一要求,并且强调指出,目前外蒙古存在着我们所承认的呼图克图政权及其政府,我们打算今后继续同他们来往。我们通过此种办法已使中国人作出保证,他们将考虑存在上述中央政权这一事实。我们还坚持蒙古政府在内政、立法及资源开发方面应不受约束。在此等条件下,我们所承认的中国在外蒙古之宗主权将只具有法律效力,而恢复中国原来的政权问题,现在还不能谈及。

沙查诺夫

《关于 1911—1913 年中俄外蒙问题交涉——俄国外交文件选译》,第 67 页

## 廓索维慈致沙查诺夫电

### 库伦,1913 年 4 月 30 日[5 月 13 日]

我已谒见呼图克图,向他说明了北京谈判之宗旨、未来协约之意义。该协约将确认库伦协约,确定蒙古之国际地位。蒙古可保留自己之政府,并保持内政自主。我指出,承认宗主权具有法律性质,且不违反俄蒙协约,因为我们从未允诺捍卫蒙古完全独立,我们认为并无理由承担此项任务。我们不想强迫蒙古政府承认宗主权,我们允许蒙古政府确定其同中国之关系,并在库伦协约范围内给予协助。我们的共同敌人散布谣言说:俄国企图使蒙古臣服,独作蒙古之保护国。我断然驳斥了这一谣言。我们中的任何人均未考虑此事。此种诽谤之目的在于煽动蒙人,使蒙人不相信我们的行动。倘若我们怀有此种图谋,则我们可利用许多机会。相反,俄国希望蒙古独立,并对蒙古十分友好。呼图克图细心听了上述情况后,答称,他一心追随俄国,主张同俄国友好亲

善。他请求向白沙皇转达他忠贞不渝及对赐福蒙古的感激之情。他坚信，我们同中国缔约之意图于蒙人有利。但他认为承认宗主权，承认由此而形成之局势不符合蒙人之利益。因此，他请求帝国政府删去此款，并允许蒙人参加谈判。最后呼图克图对直言忠告表示感谢，并表示，他将尽可能遵行。

廓索维慈

《关于 1911—1913 年中俄外蒙问题交涉——俄国外交文件选译》，第 40 页

## 中俄蒙事协议六款

### 1913 年 5 月 20 日

中俄两国为免除现在所能发生之误会起见协定条款如下：

一、俄国承认蒙古为中国领土完全之一部分。……

二、中国担任不更动外蒙古历来所有之地方自治制度……并许其有拒绝非蒙古籍人在其境内移民之权。

三、俄国一方面担任，除领署卫队外，不派兵至外蒙古，并担任不将外蒙古之土地举办殖民，又除条约所许之领事外，不在彼设置他项官员代表俄国。

四、中国愿用和平方法，施用主权于外蒙古。……

五、中国政府因重视俄国的调处，故允在外蒙地方将下开商务之利益，给予俄民（依照一九一二年十一月三日俄蒙通商章程）。

六、以后俄国如与外蒙古官吏协定关于该处制度之国际条件，必须经中俄两国直接商议，并经中国政府许可方得有效。

《中华民国外交史资料选编》(1911—1919)(一)，第 100 页

## 库朋斯齐致沙查诺夫电

### 北京，1913 年 6 月 4 日[6 月 17 日]

外交次长业将众议院要求列入蒙古协约之修改意见告诉我。意见颇多，涉及所有各款，实已完全改变协约主旨。如议员们要求蒙古军队

受中国人节制,除蒙古人及中国人外,要求禁止所有人〔向蒙古〕移民,要求蒙古自治区域将《蒙古待遇条例》赋予蒙人之优待给予蒙人(《蒙古待遇条例》去年业经大总统咨送众议院批准),要求赋予俄人之贸易优先权仅以十年为限,等等。我完全拒绝对这些修改意见进行磋商,并且表示,我甚至认为不能把这些意见报告帝国政府。看来,外交次长并不期望别种答复,他对此感到满意,声称,他将把这一答复报告内阁。近来政府在此间报纸上登载了蒙古王公之同盟者热河都统的一些电报及声明。蒙古王公指出,鉴于内蒙古局势动荡不安,南方人心浮动,中国人必须尽快同俄国缔结协约,以结束蒙古问题。蒙古王公还指责议员们固执己见、制造困难,这可能使蒙古失去。

库朋斯齐

《关于 1911—1913 年中俄外蒙问题交涉——俄国外交文件选译》,第 41—42 页

## 库朋斯齐致沙查诺夫电

北京,1913 年 6 月 6 日〔6 月 19 日〕

日前代理内阁总理在众议院请求议员们同意缔结业经政府修改的蒙古协约。执政集团某些成员虽想支持此项建议,但南方人却企图利用蒙古协约使政府威信扫地,对政府进行猛烈抨击。最后,众议院以压倒多数通过决议,要求外交总长(虽然他在生病)同俄国公使就众议院所提修改意见进行谈判。陆徵祥刚才确实还在我处,他在谈话中只是探询,我是否接到对他的最后修改意见的答复,并请求尽快给予答复,以便政府将其通知两院并作出最后决定。他还恳请我们同意全部修改意见,并说,在此种情况下,政府才可能不动摇地签署协约。我答称,我十分怀疑帝国政府会同意全部修改意见。在随后谈话中,陆徵祥企图提出众议院关于其他一些修改意见之问题。他还提及实施协约之种种细节。现已清楚,中国人期望呼图克图放弃其蒙古君主尊号,期望蒙古内阁将不复存在。我回避对所有这些问题及总长所提诸如中国电报员

返回蒙古电报局等细节进行讨论。

库朋斯齐

《关于 1911—1913 年中俄外蒙问题交涉——俄国外交文件选译》,第 42 页

## 沙查诺夫致库朋斯齐电

圣彼得堡,1913 年 6 月 28 日[7 月 11 日]

您应以帝国政府名义,就蒙古问题书面照会中国政府,内容如下:"帝国政府自开始谈判蒙古问题以来,曾十分明确地示意中国政府:帝国政府把 1912 年签署的俄蒙协约及商务专条所定各项原则,即保持中蒙间之法律关系,在蒙古全国统一之基础上赋予蒙古完全自治权,尤其有权设置自己之行政机构及保有自己之军队,不许中国向蒙古地方移民,作为谈判蒙古问题之基础。后来我们曾不止一次指出,我们不能放弃此等原则,因为我们坚信,惟有恪守此等原则,蒙古问题才不致成为俄中两国争执之根源。因为我们已向蒙古允诺保障蒙古上述特权。

我们在对中国关于所拟协约形式方面之要求作重大让步之同时,曾一再强调指出,我们认为这些修改意见不能侵害协约不可动摇之主旨。同时,我们在谈判过程中已沉痛地得到证实,中国政府对问题完全持另一种看法,并拟通过修改协约将其他内容塞入协约。如,以与蒙古最高行政机关相当的"中央政权"一语译成中文后可能成为争执之口实为由,坚决要求从约文中将其删去,即为突出一例。在以法文本为准之情况下,此种意见显然是站不住脚的。双方全权代表在会谈时已暴露出这一点。提修正案之目的,是想将蒙古恢复到昔日各部分散之状态,并取消呼图克图及内阁统一之政权。

中国政府半吞半吐之言,已导致中国社会舆论对所拟协约之真正意义作完全错误之解释,并把它理解为几乎要全部恢复中国对蒙古之统治。此种错误信念在国会及报界中均有所反映。中国政府认为,内容对立之有关条款经过修改之后,可将禁止所有人向蒙古地方移民,蒙

人、中国人除外；蒙古军队由中国军官指挥等项要求通知俄国全权代表。

像蒙古协约，这种所包含之重要问题如此之广的协约，惟有双方对其全部精神及意义取得一致看法，才可能达其目的。因为，倘若不注意协约之指导思想，根据个别词语也可对同一条款得出完全不同之结论。

因此，应谨防一运用协约，缔约双方就对所拟条款产生重大分歧。

在此种情势下，期望消除日后争执的协约签订之时，只能成为意见愈加分歧之始。

因此，帝国政府在拒绝中国关于某些修改意见的最后提案时，只得十分遗憾地承认，谈判并未获得所期望之结果，并将恢复自己在该问题上之行动自由。

不过，政府明确宣告：政府在原则上绝不放弃友好地解决有争议问题之愿望。如果确信俄中两国对解决蒙古问题取得基本一致意见，愿立刻恢复谈判，并希望能切实划分俄中双方在蒙古之利益。

为此目的，帝国政府认为，最好互换声明文件，明确两国对该问题之方针所持共同看法。

最后，帝国政府认为应当指出，在同中国缔结某项协约之前，帝国政府像以前一样，仍将以俄蒙缔结之各项协约及其所定各款大纲全面确定俄蒙关系。

互换声明文件草案如下述，您认为时机到来时，可将该草案交与中国政府。

**附件：互换声明文件草案**

中国承认蒙古之自治权（内蒙古地方除外）。

俄国承认中国在蒙古之宗主权。

中国承认蒙古人有自行办理自治蒙古之内政，并整理本境一切工商事宜之专权，中国允诺不干涉以上各节，是以不向蒙古派驻兵队及文武官员，且不办殖民之举。惟中国政府可任命大员，偕同应用属员及护卫队驻扎库伦。其人数不超过百人。

　　中国声明承受俄国调处,按照 1912 年 10 月 21 日[11 月 3 日]俄蒙协约及商务专条所述各款大纲,明定中国与蒙古之关系。

　　凡关于俄国及中国在蒙古之利益暨各该处因现势发生之各问题,当由三方政府酌定地点派委代表接洽。

沙查诺夫

《关于 1911—1913 年中俄外蒙问题交涉——俄国外交文件选译》,第 42—43 页

## 库朋斯齐致沙查诺夫电

### 北京,1913 年 6 月 30 日[7 月 13 日]

　　关于蒙古问题之书面照会及我所接电报之准确电文,我已面交外交总长。陆徵祥对我言称,他理解此项照会之意思是:倘若中国同意互换拟议之声明文件,则我们打算随后就缔约问题开议。我答称,他理解得很对。总长继而竭力向我保证,通过互换解释性声明文件将消除日后可能产生之种种误解,届时可签署一项经过修改之协约。我对此提出异议说:帝国政府不得不认为,原拟条文可能成为无休止争论及争执之借口,故帝国政府认为不可能再回到原拟条文上来,最好再拟定一个更加明确,不致引起歧义之修正案。我补充说,我们不再提任何新要求,倘若中国有诚意,则中国应赶紧利用我们有意和解之情绪,切勿错过良机,缔结一项主要有利于中国之协约。我同总统会晤时,将说明此意。

　　此件并转库伦。

库朋斯齐

《关于 1911—1913 年中俄外蒙问题交涉——俄国外交文件选译》,第 44 页

## 库朋斯齐为重议中俄协定提出四项条款致北京外交部的照会

### 1913 年 7 月 13 日

　　一、除内蒙古地方外,中国承认蒙古之自治,及该地方由自治上生出之权利。

二、俄国承认中国为蒙古之上国,并相认其相连之权利。

三、中国愿听俄国调处,查照本协约一千九百十二年十一月二十日俄蒙协约所载之本旨,以定其与蒙古政府后来之办法。

四、凡关涉中国、俄国在蒙古之利益,为该地方之新局面而发生者,由中、俄政府日后商议。

《中华民国外交史资料选编》(1911—1919)(一),第100—101页

### 沙查诺夫致廓索维慈电

圣彼得堡,1913年7月1日[7月14日]

我们向中国政府发表了下述声明:

帝国政府从谈判过程中注意到:俄中两国对几乎在最后拟定的协约内容持有根本不同之看法,担心签署协约会立刻引起许多争执和只能使两国意见愈加分歧。

因此,我们要停止原来基础上之谈判,只要预先宣布在蒙古问题上遵循下述大纲,我们愿意恢复谈判。

一、中国承认蒙古之自治权,内蒙古地方除外。

二、俄国承认中国在蒙古之宗主权。

三、中国接受俄国调处,根据库伦协约及专条,明定中国与蒙古之相互关系。

四、凡关于俄国及中国在蒙古之利益暨各该处因现势发生之问题,均应另行商定。

我国声明证实俄国对蒙古问题之观点始终如一,谈判伊始,我们即坚持此种观点,并在俄蒙协约中确定下来。请向蒙古政府说明我国声明之真正意义。与此同时,请借我国发表声明之机,指出在蒙古传播的关于俄国背叛之谣言是何等虚伪。

沙查诺夫

《关于1911—1913年中俄外蒙问题交涉——俄国外交文件选译》,第44页

### 库朋斯齐致沙查诺夫电

北京,1913 年 9 月 5 日[9 月 18 日]

我同中国人屡次交涉之结果是:今天同新任外交总长就蒙古问题晤谈时,中国人主动提出只签署更加明确之声明文件,不再签署协约。于是,我把我国声明文件草案交与了总长。我们当即对草案进行了详细磋商。我拒绝了他提出的若干修改意见,但同意将其他意见交帝国政府裁夺,现谨将修正案报告如下:

一、俄国承认蒙古为中国之一部分,承认中国在蒙古之宗主权。

二、中国承认蒙古之自治权(内蒙古地方除外)。

三、中国承认蒙古人有自行办理自治蒙古之内政,并整理本境一切工商事宜之专权。中国允诺不干涉以上各节,是以不将兵队派驻蒙古及安置文武官员,且不办殖民之举。惟中国可任命大员,偕同应用属员暨护卫队,驻扎库伦,其人数不超过百人。此外,为保护中国人民利益,中国政府亦可酌派专员驻扎蒙古地方,与地方当局接洽。俄国方面允诺不于蒙古驻扎兵队,不干涉此境之各项内政,并不在该境有殖民举动。

四、关于蒙古政治、土地问题,应交中国政府办理。

五、中国声明,承受俄国调处,按照以上各款大纲及 1912 年 10 月 21 日[11 月 3 日]俄蒙协约及专条所定原则,明定中国与蒙古政府之关系。

六、凡关于俄国及中国在蒙古之利益暨各该处因现势发生之各问题,当由有关三方酌定地点,派委代表接洽。

库朋斯齐

《关于 1911—1913 年中俄外蒙问题交涉——俄国外交文件选译》,第 46 页

### 尼拉托夫致库朋斯齐电

圣彼得堡,1913 年 9 月 11 日[9 月 24 日]

9 月 5 日、6 日[9 月 18 日、19 日]电悉。

我们认为中国关于蒙古的声明文件之对案大体可以接受。同时还应提出下述意见：

一、不必在第一款中提及蒙古为中国之一部分,因此项原则来源于我们在该款中承认中国政府之宗主权。此种重复只能为日后中国在蒙古之宗主权实质之争执造成口实。

二、有必要在第三款中预先指出,中国可在蒙古何等地方派驻代表,以保护中国人民。我们认为此等地方在所拟三方协约中可作明文规定,我们拟对第三款有关之点提出下述修改意见：

"……此外,为保护中国人民利益,中国政府亦可酌派专员驻扎外蒙古地方(但地点应按本文件第六款商订),并责成彼等与地方当局接洽。"

三、第四款不能接受。从中国宗主权并不能得出中国政府独自解决涉及蒙古政治、土地问题之权。不应剥夺蒙古政府在此等问题上之发言权。

因此,我们拟对第四款提出下述修改意见："关于外蒙古政治、土地问题,当由俄中蒙三方政府谈判解决。"

四、第三款应该载明,俄国允诺除领事署护卫队外,不向蒙古派驻兵队。

五、关于将协约中"蒙古"字样换成"外蒙古"一节,我们并未遇到阻碍。不过,就目前而论,最好以某种方式,即使互换另件也好,应预先声明：外蒙古系指除内蒙地方以外之整个蒙古言。

尼拉托夫

《关于 1911—1913 年中俄外蒙问题交涉——俄国外交文件选译》,第 47 页

## 库朋斯齐致尼拉托夫电

北京,1913 年 9 月 16 日[9 月 29 日]

续我 9 月 13 日[9 月 26 日]电。

兹报告在我断然拒绝我国根本不能接受之若干要求以后,中国政

府所坚持之修改意见。关于第一款，我认为应当指出，该款提及蒙古为中国领土之一部分，这是中国人至关重要之目标，他们同我们缔结协约之主要用意亦即在于此。中国特别坚持的另一条修改意见是，不在声明文件中，而在声明另件中提及蒙人参加解决政治、土地问题，而"蒙古政府"一语，中国尤其不能接受。外交总长继而坚持要求删去第五款中提及库伦政治协约之语，并且指出，此语似无必要，因为上述声明文件各款已对协约之原则作了阐述，而其他修改意见，主要在修辞方面，不甚重要。

第一款，俄国承认蒙古为中国领土之一部分，承认中国在蒙古之宗主权。

第二款，维持原案不变。

第三款，自第二句起作下述修改："惟中国政府可任命大员，偕同应用属员暨护卫队，驻扎库伦，此外，中国政府亦可酌派专员驻扎外蒙古地方，保护中国人民利益，但此点应按本文件第六款商订。

俄国一方面担任除各领事署护卫队外，不于外蒙古地方驻扎兵队，不干涉此境各项内政，并不在该境有殖民之举动。"

第四款，恢复我 9 月 5 日[9 月 18 日]电告之方案。但中国政府同意在另件中声明，关于外蒙古政治、土地问题，经蒙古当局同意，由俄中两国谈判解决。

第五款，中国声明，承受我国调处，按照以上各款大纲及 1912 年10 月 21 日[11 月 3 日]俄蒙商务专条，明定中国与外蒙之关系。

删去第六款中"有关三方……"一段话。但中国人愿将"正文第六款所载随后商定事宜，当由有关三方酌定地点，派委代表接洽"一段话载入另件。

库朋斯齐

《关于 1911—1913 年中俄外蒙问题交涉——俄国外交文件选译》，第 47—48 页

## 孙宝琦具报中俄协议经过情形之呈文

### 1913 年 10 月 3 日

　　查俄人干涉外蒙古，始于前清宣统三年，以我国在外蒙古移民练兵，于邦交甚有危险，要求裁撤兵备处，是年冬，库伦乌里雅苏台等处，相继独立。民国元年十一月间，报载俄派廓索维慈赴库伦议约，当经外交部照会俄使，并电驻俄公使刘镜人，向俄政府正式声明，蒙古为中国领土，无与他国订约之权，无论俄蒙订立何项条约，中政府概不承认。旋经俄使面交俄蒙协约条文，亦经外交部驳拒。迨前总长陆徵祥抵任，于十一月三十日与俄使初次会议，首先主张取消蒙约，俄使不肯允认，另行提出四款，此为中俄直接谈判外蒙古问题之始。此后迭次协商，互提条款，历时半年之久，会议至三十次，始克议定条文六款，颇费苦心。迨本年五月二十八日提交众议院，讨论日久，七月初八日，始行议决，复于七月十一日，提交参议院，竟至否决。而俄使因此亦顿翻前议，谓俄政府变更宗旨，将前议六条取消，于七月十三日复行提出四款，实无磋商余地，只得暂行停议。然大势所趋，殊难延宕，库伦独立，俄既阻我进兵于前，协约告成，外蒙更有恃而无恐，若不从速解决，终为民国北顾之忧。宝琦接任以后，即与俄使重申前议，要求仍就原议六款协商，俄使以时过境迁，不肯重议旧款，经与再三磋商，另提条款会议，至今已经十次，兹始议定声明文件五款，附件四款，虽较原议条文不同，然我国所注重者，为外蒙古为中国领土一语，几费争持，俄使迭电政府，始允列入附件第一款。其关系政治土地交涉事宜，允与俄国协商一节，亦列入附件，似于土地主权，稍获挽救，此迭次会议拟定办法之情形也。此次协商，系属声明文件，与订约不同，兹将拟定声明文件五款，附件四款，钞呈钧阅，恭候批准，以便由部备具汉法文件，订期分别签字互换，以昭信守。

《中华民国外交史资料选编》(1911—1919)(一)，第 101—102 页

### 尼拉托夫致库朋斯齐电

圣彼得堡,1913 年 9 月 22 日[10 月 5 日]

9 月 13 日、16 日及 18 日[9 月 26 日、29 日及 10 月 1 日]电悉。

我们不能接受中国对蒙事协约第一款、第四款提出之修改意见。我们既已承认中国在蒙古之宗主权,显然,我们亦将承认蒙古土地为中国之一部分。不过,如把由承认中国在蒙古之宗主权而得出的这一款,作为协约条款置于本文之首,则曲解了协约之宗旨。同样,中国对第四款之修改意见亦与协约宗旨不合。因为宗主国中国虽已同意蒙古政府作为自治政府有解决与其政治、土地有关之问题之权,但中国之修改意见却无视这毫无疑义之权利。

为满足中国政府之要求,我们只能采取折衷手段,建议互换另件,作为协约附件,说明俄国承认外蒙古土地为中国领土之一部分,而中国同意关于外蒙古土地、政治问题由有关俄、中、蒙三方解决,我们不会遇到阻碍。

关于中国人所提其他修改意见,我们同意接受。

惟现在因无蒙古详细地图,而各该处行政区域又未划清界限,尚不能准确指出外蒙古之境界,日后应由上述三方商定。另件可按此意措辞,说明自治外蒙古包括何地。

关于选择恰克图作为三方谈判地点,我们不会遇到障碍。

尼拉托夫

《关于 1911—1913 年中俄外蒙问题交涉——俄国外交文件选译》,第 48—49 页

### 尼拉托夫致库朋斯齐电

圣彼得堡,1913 年 9 月 28 日[10 月 11 日]

9 月 25 日[10 月 8 日]电悉。

我们依然认为,将外蒙古为中国之一部分一语列入声明文件第一款与声明文件精神不合。我们同意采取折衷办法,将"俄国承认外蒙古土地为中国领土之一部分"一语列入另件。

　　可删去第四款，"关于政治、土地问题，中国政府将与俄国政府通过谈判进行协商，外蒙古当局亦得参与其事"一语列入另件。

　　另件中关于自治外蒙古包括之土地，可如下述："自治外蒙古应以前清驻扎库伦办事大臣、乌里雅苏台将军及科布多参赞大臣所管辖之境为限，惟现因无蒙古详细地图，而各该处行政区域又未划清界限，是以确定外蒙古疆域及科布多、阿尔泰划界之处，应按照声明文件第五款所载，日后商定。"

尼拉托夫

《关于 1911—1913 年中俄外蒙问题交涉——俄国外交文件选译》,第 49 页

## 尼拉托夫致库朋斯齐电

### 圣彼得堡,1913 年 10 月 5 日[10 月 18 日]

　　10 月 2 日[10 月 15 日]电悉。

　　关于把承认外蒙古为中国领土之一部分列入声明文件第一款一事，中国驻俄公使向我作了解释，他把此事仅仅看作形式上之让步。

　　我们答称，此种让步对于我们不只有形式上之意义。诚然，在同陆徵祥谈判的最初阶段，我们曾同意在蒙古协约本文中提及蒙古隶属于中国，其实，我们并未改变自己的观点。但自那时起，我们只得确信，友好感化并不能使蒙古政府承认此种地位。中国政府虽未中止同我们谈判，但仍企图同蒙古政府直接商定库伦呼图克图归附中华民国一事。我们业已通知蒙人，中国政府同意以三方协约解决蒙古问题。上述事实使我们现在受到限制，我们不应忘记所拟声明文件将成为俄、中、蒙政府协约之基础。因此，作为我们俄方之意见，我们同意在另件中提及我们承认外蒙古土地为中国领土之一部分，不过将这种承认写入声明文件，那就成了俄、中、蒙协约之基础，这是蒙人所不能接受的。然而，就目前我们同蒙古政府之关系而论，我们认为自己不能采取压力措施，但也不能容许中国政府采取压力措施，迫使蒙古政府屈服于未经蒙古政府同意而由俄中两国所通过之决议。

考虑到国内政治情况,倘若将我国承认外蒙古土地为中国领土之一部分告知舆论界对中国至关重要,则中国政府可以公布两国互换另件,或将另件内容告知国民代表。

请根据上述情况向中国政府说明:我们为何坚持将俄国承认外蒙古为中国领土之一部分列入另件。此件并转库伦。

尼拉托夫

《关于 1911—1913 年中俄外蒙问题交涉——俄国外交文件选译》,第 50 页

## 中俄声明文件

### 1913 年 11 月 5 日

关于中、俄两国对待外蒙古之关系,业经大俄帝国政府提出大纲以为根据,并经大中华民国政府认可,兹两国政府商订如下:

一、俄国承认中国在外蒙古之宗主权。

二、中国承认外蒙古之自治权。

三、中国承认,外蒙古人享有自行办理自治外蒙古之内政,并整理本境一切工商事宜之专权。中国允许不干涉以上各节,是以不将兵队派驻外蒙古及安置文武官员,且不办殖民之举。惟中国可任命大员,偕同应用属员暨护卫队,驻扎库伦。此外,中国政府亦可酌派专员驻扎外蒙古地方,保护中国人民利益,但地点应按照本文件第五款商订。俄国一方面担任除各领事署护卫队外,不于外蒙古驻扎兵队,不干涉此境之各项内政,并不在该境有殖民之举动。

四、中国声明,承受俄国调处,按照以上各款大纲以及一九一二年十月二十一日俄蒙商务专条,明定中国与外蒙古之关系。

五、凡关于俄国及中国在外蒙古之利益暨各该处因现势发生之各问题,均应另行商订。

双方奉有本国政府委任签押盖印,以昭信守。缮具二份,立于北京。

大中华民国二年十一月五日

西历一九一三年十一月五日

### 声明另件

大俄帝国钦命驻华全权公使库

为照会事：照得本日签定关于外蒙古问题之声明文件，本公使奉有本国委任，以政府名义向贵总长声明各款如下：

一、俄国承认外蒙古土地为中国领土之一部份。

二、凡关于外蒙古政治、土地交涉事宜，中国政府允与俄国政府协商，外蒙古亦得参与其事。

三、正文第五款所载随后商订事宜，当由三方面酌定地点，派委代表接洽。

四、外蒙古自治区域应以前清驻扎库伦办事大臣，乌里雅苏台将军及科布多参赞大臣所管辖之境为限。惟现在因无蒙古详细地图，而该各处行政区域又未划清界限，是以确定外蒙古疆域及科布多、阿尔泰划界之处，应按照声明文件第五款所载，日后商定。

以上四款相应照请贵总长查照，须至照会者。

右照会

大中华民国外交总长孙

西历一千九百十三年十一月五日

大俄国一千九百十三年十月二十三日

### 声明另件

大中华民国外交总长孙

为照会事：照得本日签定关于外蒙古问题之声明文件，本总长奉有本国委任，以政府名义向贵国公使声明各款如下：

一、俄国承认外蒙古土地为中国领土之一部分。

二、关于外蒙古政治、土地交涉事宜，中国政府允与俄国政府协商，外蒙古亦得参与其事。

三、正文第五款所载随后商订事宜，当由三方面酌定地点，派委代表接洽。

　　四、外蒙古自治区域应以前清驻扎库伦办事大臣,乌里雅苏台将军及科布多参赞大臣所管辖之境为限。惟现在因无蒙古详细地图,而该各处行政区域又未划清界限,是以确定外蒙古疆域及科布多、阿尔泰划界之处,应按照声明文件第五款所载,日后商定。

　　以上四款相应照请贵公使查照,须至照会者。

　　右照会

大俄帝国钦命驻华全权公使库

大中华民国二年十一月五日

《中外旧约章汇编》第2册,第947—949页

## 沙查诺夫致库朋斯齐密电

1913年11月5[18]日

　　第3143号。

　　第733号电悉。

　　鉴于您已表示忧虑,不管日本公使如何行动,我们都不会阻止您就中国军队在内蒙古之行动向中国政府提出交涉,此事不必预先通知日本公使。交涉可采取一般形式,我在第3107号电末尾已提及此事。

　　有消息说,齐齐哈尔正作军事准备,这显然是针对呼伦贝尔的。阿法纳西耶夫在第2456号电中曾谈及此事。请您提请中国政府特别注意这一点。我们未把呼伦贝尔列入自治蒙古域内,原则上同意恢复中国在该区之主权。不过应通过和平谈判来实现,谈判时我们可居间调停。以武力使呼伦贝尔屈服于中国,过于侵害我国利益,我们对此不能漠然置之。

　　但请注意,我们并不想把恢复中国在呼伦贝尔之政权同中国在北满之武装问题联系起来。

沙查诺夫

《1912—1915年中俄呼伦贝尔交涉史料选译》,第63页

## 亚·密勒尔紧急报告

### 1913 年 11 月 8 日 [ 21 日 ]

第 312 号。

由于 1913 年 10 月 23 日 [ 11 月 5 日 ] 俄中两国互换了关于蒙事之声明文件，便产生一个问题，库伦政府将如何管理自治外蒙古内部组织，如何在自治外蒙古境内维护其政权之权威。

改革内政、维持内政，供养为数虽然不多，但组织纪律良好之军队，必须有经费，而蒙古政府目前并无经费。

库伦政府奉行徒劳无益、旷日持久之进攻策略耗尽了国力。各蒙旗对贫困之报怨声愈来愈高。

政变后蒙古诸大臣、各蒙旗王公及贵族虽然鄙视中国人，且已意识到经济上依赖中国人之危害，但仍不断向华人及华人商号借贷，他们不仅不考虑还债之日，而且坚信根本不要还债，因为蒙古已脱离中国，所欠中国旧账亦应一笔勾销。

蒙古政府仅欠大清银行库伦分行一家之本息约达一百五十万卢布。库伦分行经理收讨这笔债务时，得到下述答复，中国人既已推翻清王朝，蒙古政府认为所欠大清银行旧账已经完结。

此外，北京一些商号要向蒙古王公、官吏及平民收讨数十万卢布之债务。中国一些商号打算向蒙古要求赔偿蒙军在内蒙古及科布多的行动所造成之损失。

毋庸置疑，中国政府代表来到库伦，定将坚决讨还上述债务，这会使蒙古政府为难，官吏、员役及士兵因蒙古国库空虚没钱发饷而不满，这使蒙古政府更加为难。

中国政府代表抵达库伦之后，蒙古政府可能不再向中国货物征收关税，不再向中国人征收各种捐税，此等税项一年约计一百万卢布。蒙人自然要把这一切归罪于承认中国在蒙古宗主权的俄国。

继中国政府代表抵达库伦之后，中、日、美、德各国企业家可能接踵而至，他们或打着中国旗号，或独自出面，带来诱人的、从表面看条件并不苛刻的借款提案。届时再想阻止蒙人缔结各种合同和契约已不可能,结果整个外蒙古在经济上,继而在政治上将依赖中国人和外国人。

切勿指望蒙古政府拨款供养由俄国军官统率之蒙古旅。根据声明文件第三条,我国军队行将撤离蒙境,为维持尚不巩固之蒙古政府政权之权威,最好扩编蒙古旅。

出于上述考虑,并从我国在蒙古之利益这一观点出发,最好向蒙古政府提供三百万卢布新贷款(蒙古政府已提出这一请求),并从速在库伦开办蒙古国民银行,该行可会同所聘俄国财政顾问帮助蒙人与中国及外国经济强霸势力抗争。

上述借款之一部分应留作扩编后蒙古旅之薪饷。

蒙人对中国强霸势力开始感到恐惧。陆军大臣达赖王及达尔罕王妃为偿还中国债主之债务,坚决向我提出借款二十万卢布之请求。

我国恰在此时及时给予金钱援助,既可打消蒙人关于俄国通过今年10月23日[11月5日]互换声明文件承认中国在蒙古之宗主权,抛弃外蒙古这一信念,又可使蒙人更加信赖我们。

亚·密勒尔

《沙皇俄国贷款外蒙史料选译》,第64—65页

## 沙查诺夫致科科弗采夫函稿①

机密

弗拉基米尔·尼古拉耶维奇先生阁下:

抵达圣彼得堡的蒙古总理大臣三音诺彦汗,是当今蒙古最有影响之大臣,这不仅因为其家世,而且因为其才智及在蒙古政府中之地位。蒙古宣布独立以前,他并不亲俄。召他入库伦,不过是要他掌管国家。他对俄国利益曾表现出多方关切。近来,我们在库伦所解决的一切重

---

① 选自《红档》总第37期,第93—35页——译者。在函稿页边注明:"11月23日,星期六,科扎科夫以急件第98361号亲自将此件送交科科弗采夫。"

大问题,都是在其影响下解决的。此人既不像内务大臣达喇嘛这类极端沙文主义者那样多疑,也不像蒙古许多亲华派那样谋取私利。

因此,我认为有必要借三音诺彦汗在彼得堡逗留之机,把他完全拉到我们这边来,这样,我们在蒙古之活动便有了依靠。

正如尊贵的阁下所知,三音诺彦汗出使之目的,要在两个特别薄弱之方面,即在财政和军事方面,预先得到我们对蒙古政府之帮助。库伦政府一面在竭尽一切努力把蒙古诸部联合在呼图克图政权之下,一面已把军队派往内蒙及南蒙。由于轻易战胜软弱的中国军队,便使蒙古政府对取得这一事业之最后胜利抱有希望。为进行这场战争,蒙古政府需要武器,于是坚决请求向蒙人提供枪支及大炮。不言而喻,我们不能无保留地支持蒙古帝国主义,我们只能供给蒙人少量武器,免得蒙古帝国主义有借口指责我们不愿支持蒙古之事业。同时,不能允许蒙古帝国主义放手行动,因为,结果必将导致比蒙人强大得多的中国人把蒙古完全击溃。由于10月23日签署了声明文件,我们已不大可能像以前那样支持蒙人对领土之意图,我们应努力尽快结束蒙中之斗争。在此种情形下,显然谈不到向蒙古政府提供其所期望的大批武器。

如上所述,支持三音诺彦汗,勿使他空手而归,对我国在蒙古之地位至关重要。因此,我们应当考虑满足其第二项请求,即借款请求。否则,他回到库伦之后,会受到指责,指责他未完成所担负之使命,使他威信扫地,他可能不愿再为我们的意图和利益效力。

我们向蒙人提供的两百万贷款几乎已被蒙古政府花光。大约贷款的四分之一已用作蒙古旅薪饷。蒙古旅是由蒙古组建,由我国教官统率,在颇大程度上为我国政治目的服务的一支军队。贷款之其余部分用作蒙古政府日常用项及购买武器,这后一项我们难于拒绝蒙古政府,因为,我们要求蒙人参加保卫他们的领土,以防中国人入侵,威胁蒙古。目前蒙古国库依然空虚,没有经费着手办理内政。看来蒙古唯一有能力办理内政之人,还是三音诺彦汗。

在此种情况下,无论为蒙人利益,还是为我们自身利益计,应该承认均有必要向蒙古政府提供两百万或三百万卢布新贷款。当然,这笔贷款目前可以而且应当附以条件,以更可靠之方式保证贷款用于生产方面。我认为,提供上述贷款必须以建立正常蒙中关系、聘请俄国顾问为蒙古服务作为条件,聘约上应明文规定俄国顾问之主要任务,蒙古政府应利用俄国顾问着手建立蒙古正规税务制度。

尊贵的阁下也许认为,在向蒙人提供新贷款时,还应提出其他一些条件,但我认为,应当承认从原则上考虑提供贷款是必要的,一方面是为了使蒙古政府整顿经济,今后俄国不提供贷款也能应付,另一方面是为了维护三音诺彦汗之地位,他的协助对我们至关重要。

《沙皇俄国贷款外蒙史料选译》,第65—66页

## 亚·密勒尔密电①

### 1913 年 12 月 7 日[20 日]

关于我的第 354 号电。

呼图克图恳请我借给他三万卢布,以两个月左右为期,鉴于最好满足此项请求,我请求华俄道胜银行特罗依茨科萨夫斯基分行在领署账下,于最近交付这笔贷款以及为蒙古旅购买武器的二十万卢布的余款。

密勒尔
《沙皇俄国贷款外蒙史料选译》,第66页

## 库朋斯齐致奥萨谛公函②

### 1914 年 1 月 7 日[20]日

第 2 号③。

---

① 选自《红档》总第 37 期,第 42 页——译者。石印件上无编号。
② 选自《国际关系》第 3 辑第 1 卷,第 71—72 页,第 61 号文件——译者。
③ 库朋斯齐的这封公函已随 1914 年 1 月 10 日[23]日致沙查诺夫第 6 号函抄呈外交部。库朋斯齐在函中请求对呼伦贝尔问题作原则性指示。在库朋斯齐的函件上有御览的符号(％)。

您去年12月29日[今年1月11日]第7号报告①敬悉,我认为应告知您,我们何时同中国人开始谈判呼伦贝尔问题,谈判采取何种方式,谈判中心何在? 我尚未接到帝国外交部明确训令。我现在只能将我国对该问题的政策的下述一般性指示告知于您,仅供您个人知悉。

根据帝国政府之意见,呼伦贝尔应属北满之一部分。因此,我们未把呼伦贝尔引入自治蒙古境内,并原则上同意恢复中国在呼伦贝尔之主权。不过应通过和平谈判来实现,谈判时帝国政府将充当调停人。以武力使呼伦贝尔屈服,过于侵害俄国利益,我们对此不能漠然置之。因此,每当我得知中国准备攻打呼伦贝尔时,便向中国政府发表断然声明,中国政府保证说,愿通过和平方式恢复其在呼伦贝尔之主权,为此目的,准备请我们居间调停。

一俟接到更明确训令,我即向您发出有关指示。

库朋斯齐

《1912—1915年中俄呼伦贝尔交涉史料选译》,第64页

## 沙查诺夫致亚·密勒尔函②
### 1914年1月17日[30日]

第42号。机密

亚历山大·雅科夫列维奇先生阁下:

蒙古总理大臣三音诺彦汗,在圣彼得堡逗留两个月之后,已启程回蒙。三音诺彦汗曾两次觐见皇帝陛下,第一次,抵达俄国不久,在里瓦几亚;第二次,临行前,在皇村向沙皇辞行时。三音诺彦汗第一次觐见

---

① 1913年12月29日[1914年1月11日]驻海拉尔副领事致俄国驻北京公使的报告已随库朋斯齐第6号函抄呈。该报告谈及呼伦贝尔总管会议决定请蒙古政府将呼伦贝尔置于呼图克图统治之下,倘此项请求未被接受,则将通过呼图克图请求俄国政府容许呼伦贝尔在中国统治下,直属中国大总统管辖,自行管理内部事务,同时拟请求俄国在巴尔虎人同中国人谈判时居间调停,并请求俄国方面担保:不容许镇压巴尔虎人,巴尔虎人所取得之权利日后不得取消。报告还谈及齐齐哈尔中国当局打算同巴尔虎人开始谈判。

② 选自《国际关系》第3辑第1卷,第142号文件——译者。

时,皇帝陛下曾授予他一枚白鹰勋章。

我认为有必要将三音诺彦汗在圣彼得堡逗留期间我们同他会谈之情况告知阁下。

这次会谈首先涉及 1913 年 10 月 23 日[11 月 5 日]声明文件。我们竭力阐明该文件对蒙古之重要意义。中国通过签署该文件已正式承认蒙古国之存在。蒙古国虽对中国依然保持从属关系,但在各种事务方面,政治及领土问题除外,实已独立,而在决定上述两方面问题时,他们也有发言权。看来三音诺彦汗对我们这种解释感到满意,并对实际符合蒙古政府愿望及目前政治形势之上述声明文件表示欢迎。三音诺彦汗只不过在接到库伦训令后,才向我们发出照会(随函附上译文),内称,本国政府业已决定通过即将举行之三方谈判,使蒙古获得完全独立并在呼图统治之下统一全蒙各部族。三音诺彦汗还向各国驻圣彼得堡外交代表,包括中国公使,发出郑重照会(附有法文译文)。中国公使已将照会退给三音诺彦汗。其他各国代表也只是将蒙古照会转呈各自政府而已。

在同三音诺彦汗私人会谈中,我们坚决向他指出,蒙古政府将全部蒙人统一于一国,并使列强承认蒙古国独立之愿望实无法实现。我们向这位蒙古大臣说明了列强对蒙古问题之态度,并向他指出,多数国家不希望分裂中国,尤其不希望建立自治之蒙古。自治蒙古之存在全凭俄国之努力。我们对他解释说,宣布蒙古独立已引起英、日等列强不安。蒙人企图使业已确立日本势力之内蒙古,或与英国特别关注之西藏毗邻的库库诺尔及柴达木脱离中国。然而,我们如能及时防止外国干涉中蒙纠纷,则只能作出完全保证:我们不会支持蒙人之企图。此等理由对三音诺彦汗产生一定影响。他已意识到,蒙古政府要统一全体蒙人,无疑要征询意见,但他坚持应把业已承认库伦呼图克图政权之内蒙古诸旗划入自治蒙古国。我们向三音诺彦汗说明在三方谈判中切勿提出此种问题。我告诉他,可设法在中俄蒙协约中列入保障内蒙古人独立存在之任何条款。日后中国对其主权下之蒙人持何态度,蒙古政府可利用此等条款进行干预。但我们不向三音诺彦汗隐讳,只有建立强大的蒙古国，才有可能进行此种干预。而建立强大的蒙古国只能是内部多年坚持努力工作之结果。

三音诺彦汗一抵达，便向我指出他出使俄国之三个目的，照他的说法，就是在把内蒙古并入库伦呼图克图之版图方面，要预先取得我国之帮助，并取得新借款以及蒙古政府所必须之武器。关于内蒙古问题，我们已作上述解释。关于新借款，三音诺彦汗起初决定借五百万卢布，我们不能不承认，没有新借款蒙古政府将无法应付。况且，我们认为决不能让三音诺彦汗空手离开俄国，使他在蒙古大臣中之地位受到损害，让大臣们指责他出使俄国一无所获。我们从此点出发，就此问题同财政大臣进行了讨论，并得出结论：在原则上并不反对向蒙古政府提供三百万卢布新借款，不过蒙古政府必须找到财源，以作为此项借款之担保。还必须办理借款手续，签署文件，以保障我们提供之供款只用于发展蒙古文化及使蒙古走向富裕之事业。御前大臣业将问题之这种提法口头通知三音诺彦汗。

这次谈判使我们有适当理由坚决提出聘请俄国顾问为蒙古服务之问题。我们对三音诺彦汗解释称，倘不向我们担保所贷予之款项将用于提高蒙古福利，则我们不会向蒙人提供新借款。没有能力管理行政及财政的蒙古政府，惟有聘请俄国顾问，并在其帮助下才可能向我们作此种担保。从这一先决条件出发，我们建议三音诺彦汗与戈金签署一项合同，该合同谅您业已知悉。蒙古使团官员同戈金先生详细讨论了我们的合同草案，并对合同最后修正案达成了协议。但到签字时，三音诺彦汗却对我们宣称，他已致电库伦，请求本国政府准许他同戈金先生签署合同，但他接到的不是答复，而是要他立即从速返回库伦的命令。我们答称，蒙古政府已向我们允诺，在三音诺彦汗于圣彼得堡逗留期间解决聘请俄国顾问问题，如不履行诺言，则可能影响俄蒙关系。尽管如此，三音诺彦汗仍在准备启程。这就需要施加更大压力。我们接到三音诺彦汗关于准许他觐见皇帝陛下之书面请求，便压了下来，并未转呈。三音诺彦汗通过使团一名翻译询问，他可否对接受他觐见陛下的请求抱有希望? 我们要翻译转告三音诺彦汗,他不签署同我们商定之合同,我们怀疑他是否真正全权代表蒙古政府。我们不承认他有全权代表资格,并认为他的全部许诺并不可靠。因此,我们不能把他觐见皇帝之愿望呈奏陛下。是日他同戈金签署了合同,随后皇帝接见了三音诺彦汗。

我应当指出,与由我国国库贷款相关者,是三音诺彦汗在圣彼得堡曾试图向私人银行借款,有的以上述贷款作抵,有的以本旗牲畜作抵。正如所料,此等尝试均无结果。

三音诺彦汗向我们提出的最后一个问题,即向蒙人提供武器之问题(中略)。

我们同三音诺彦汗话别时,指出,他已给皇帝陛下及我国政界中与之打过交道的人均留下良好印象。我们还指出,我们已在可能范围内尽一切力量满足其要求。我们建议他回到库伦之后,开导开导其他委靡不振、掌握政务之同僚,并建议按您的忠告行事。蒙古政府因对国际事务缺少经验,已陷入窘境。倘蒙古政府不听我国忠告,今后仍可能陷入窘境。帝国政府向来同情蒙古,我们已答应三音诺彦汗,我们将支持其领导之政府一切理智之行动。

致诚挚敬意

沙查诺夫

《沙皇俄国贷款外蒙史料选译》,第 67—68 页

## 沙查诺夫致库朋斯齐电①

### 1914 年 2 月 6[19]日

电报第 290 号。

第 48 号电②悉。

---

① 选自《国际关系》第 3 辑第 1 卷,第 351—352 页,第 280 号文件——译者。

② 库朋斯齐在 1914 年 2 月 3[16]日第 48 号电中称,中国外交总长同他谈话时主张中国政府同呼伦贝尔直接进行谈判。因库朋斯齐反对,中国外交总长便请他说明,俄国政府对恢复中国在呼伦贝尔之政权有何要求。

关于恢复中国呼伦贝尔之主权,我们拟提出之条件可归纳如下:

一、呼伦贝尔仍归蒙官管辖。细节可日后磋商。但任命当地人为呼伦贝尔副都统,似应作为首要条件。

二、北京政府应确认,自呼伦贝尔实际独立以来,俄国属下之人同呼伦贝尔当局所签各合同。

三、如需在呼伦贝尔修造东省铁路专用线,应承认俄国属下之人享有优先权。

四、因战争前赋予俄国金矿主之开采租让权被剥夺,故中国政府应给予补偿①,补偿数额由设在我商务部的各部门联合委员会磋商,数额确定后即行通知您。

在将此等条件通知中国人时,倘您认为情势适宜,则请您重申,我们不容许未经我们参与而决定呼伦贝尔之命运,我们不承认中国政府同呼伦贝尔当局直接缔结之各项协议。

沙查诺夫

《1912—1915年中俄呼伦贝尔交涉史料选译》,第65页

## 库朋斯齐致沙查诺夫电②

### 1914年2月10[23]日

第65号。

尊电第290号敬悉。

我已将我们所提恢复中国在呼伦贝尔主权之条件告知外交总长。他对第一条指出,看来,实际是要求恢复旧时体制,并询问,我们所说蒙人或其他当地人(如满人,他们往往首先充任职务)当局是何意思。总长对第二条指出,他有必要掌握所说的合同清单,并有必要援引由孙中

---

① 原文如此。

② 选自《国际关系》第3辑第1卷,第402—403页,第307号文件——译者。

山缔结,但随后在中央政府批准前又重新审定、修改之铁道条约之先例①。他还指出,此等条约或许将以中国政府名义缔结,但无论如何不得侵犯中国政府主权。关于第三条,孙宝琦问道:是否打算剥夺中国人修造铁路专用线之权,我们对中国以资本修造此等专用线之愿望持何态度,我们是否认为惟有经我国同意才能修造。最后,第四条激起总长相当多的反对意见,他要求说明,此条是否指呼伦贝尔租让权,否则很难看出租让权与恢复中国在呼伦贝尔之主权有何联系。无论如何,他表示想知道补偿数额。总长所提全部问题,我应如何答复,请尊贵的阁下给予指示②。

库朋斯齐

《1912—1915 年中俄呼伦贝尔交涉史料选译》,第 65—66 页

### 库朋斯齐致沙查诺夫紧急报告③

1914 年 3 月 21 日[4 月 3 日]

第 29 号。

谢尔盖·德米特里耶维奇先生阁下:

为补充我今年 3 月 7[20]日所发第 125 号电④,谨将 3 月 15[28]日外交部通知我的中国政府,对我们所提呼伦贝尔与中国和解条件之

---

① 原文如此。

② 沙查诺夫在 1914 年 2 月 13[26]日第 343 号复电中,请求库朋斯齐对此等问题作出自己之结论。库朋斯齐在 1914 年 2 月 15[28]日第 79 号电中称,照他的意见,应当查明在管理呼伦贝尔问题上,巴尔虎人有何要求。他认为中国政府希望掌握俄国属下人等同呼伦贝尔当局所缔结各合同清单是十分自然的,他还认为可以赋予此等合同以同中国政府所签约之性质。鉴于中国政府原则上反对将土地转归外国人所有,照库朋斯齐之意见,可以赋予此等合同以定期租赁之性质。在修造铁路专用线问题上,库朋斯齐认为自己不很在行。他还认为金矿主之要求是"过份的,并无充分根据"。

③ 选自《国际关系》第 3 辑第 2 卷,第 193—195 页,第 147 号文件——译者。

④ 库朋斯齐在 3 月 7[20]日第 125 号电中称,他"已将巴尔虎人之要求转告外交总长,外交总长笑着指出,根据此等原则,中国之主权可归结为:由大总统批准巴尔虎人推举之行政长官,他答应在内阁对该问题审查之后即作……答复"。

四点答复随本紧急报告译呈。

恩请您对此事今后之方针给予指示，与此同时，我认为应对此事发表下述意见。

谈到第一点答复之前一部分，中国政府拟设呼伦贝尔副都统衙门，不外乎恢复1909年以前呼伦贝尔之体制。因此，我认为这与我国之利益，与呼伦贝尔之利益并不矛盾。何况，据外交总长派人告知我的秘密消息说，呼伦贝尔副都统一职拟委派现在主持呼伦贝尔之官员胜福充任。至于第一点答复之后一部分，中国所提要求，可归结为恢复1909年被任命为呼伦贝尔兵备道之汉人宋小濂，于清末在呼伦贝尔所实行之制度，正是此种制度引起巴尔虎人不满。因此，我认为有必要或完全拒绝中国人之要求，在这方面恢复1909年以前之体制，或者为"保全"中国人之面子，将后一部分末尾一句改作为办理呼伦贝尔民政所设之职位只能由巴尔虎人充任，作为接受后一部分之先决条件。

我认为不能把第二点答复视为最后答复，因为在协定签署前，我们必须审查并批准俄国属下人等同呼伦贝尔当局所签各合同。

我认为中国人之第三点答复极为审慎，此点规定中国人有权在呼伦贝尔自行修造铁路，惟有他们必须请外国资本家修造铁路时，才赋予我们此种权利。在目前情势下，虽然很难预料中国人会很快着手以自己之资金在此修造铁路，但我们同意问题之这种提法，可能使中国人借口他们拟自行完成此项计划，而拒绝我们在该区修造铁路之全部计划。

至于第四点答复，可归结为：拒绝把赔偿我国金矿主之损失作为恢复中国在呼伦贝尔主权之一项条件。

看来，中国人在答复中，对于我根据尊贵的阁下2月（6）[19]日第290号电所提四项条件，有意只阐述自己之意见，而根本不提我们所提关于承诺在呼伦贝尔不驻兵、不设官、不在呼伦贝尔地方垦地之要求，以及我在今年3月〔20〕日知照中国人的呼伦贝尔其他要求。

一俟我与外交总长举行会晤，我一定提请他注意这一情况，并坚决要求对此事作出答复。

此外，我将把本报告抄转驻海拉尔副领事，他对中国人之答复有何见解，请他向我及第一司呈报。

致诚挚敬意

库朋斯齐

**附件：1914 年 3 月 15[28]日中国政府对俄国政府所提呼伦贝尔与中国和解条件之四点答复**

一、呼伦贝尔副都统一职系根据清朝旧制所设，呼伦贝尔副都统由民国大总统委派满人或蒙人充任，但不以委派当地人为限，与此同时，分设副都统衙门及地方民政机关。副都统衙门由副都统、五翼总管、高级及下级官员以及一定军事人员所组成。副都统衙门专管蒙旗事务，并设道尹、县知事等管理民政，而此等职务，不分汉、满、蒙人，均可充任。

二、俄国属下人等与巴尔虎人所订各项私人契约，须经中国政府审查并逐一讨论核准。

三、倘发生借外债在呼伦贝尔修造东省铁路专用线问题，中国政府承认俄国属下人等有优先权。

四、日俄战后俄国属下人等所失去之采矿权应另行明确和解决①。

《1912—1915 年中俄呼伦贝尔交涉史料选译》，第 67—68 页


## 阿尔吉罗普洛致亚·密勒尔电②
### 1914 年 6 月 2 日[15 日]

第 1174 号。

关于拨给蒙古政府三百万无息贷款一事，内阁尚未遇到障碍，内阁让财政大臣及外交大臣最后商定合同条款。

---

① 原文如此。
② 选自《国际关系》第 3 辑第 3 卷，第 243 号文件——译者。

您的方案①会被大家接受,不过应补充下述意思:

1. 在贷款项下个别支取款项,不得超过第二条所规定之数目,支出预算得征得帝国政府同意,且预算之拟定,我国领事得参加,并对我国提供款项之花用是否合乎规定进行监督。

2. 在某个期限以前,倘税收还不足以偿付贷款,则蒙古政府应向我们另行提供担保。

3. 倘反复发生不按时偿付贷款之事,则我们有权对作为贷款担保之进款进行切实监督,甚至依靠蒙古政府直接掌管进款。

请同蒙古政府进行有关谈判,并将合同草案全文送交我们,征得我们同意。

陆军部同意现在拨给三英分口径步枪两万支,子弹两千万发,炮六门,炮弹三千发,机枪四挺,机枪子弹四十万发,从贷款中扣除四十万卢布,六十万余款一年内分期交付。

我们有理由期望蒙古政府珍视给予它的巨大帮助,并按所期之意思解决铁道条约及电线条约问题。

阿尔吉罗普洛

《沙皇俄国贷款外蒙史料选译》,第 69 页

## 沙查诺夫致巴尔克函②

### 1914 年 6 月 23 日[7 月 6 日]

彼得·利沃维奇先生阁下:

---

①　密勒尔在4月26日[5月9日]第117号电中谈及"将向(业已建立的)蒙古国库交付三百万无息贷款条件的另一种方案":"一、根据预算,贷款用于国内改革及文化目的。二、第一次交付一百万卢布,以后每隔六个月交付一次,每次交付五十万卢布。三、自收到最后一次交付之款之日起,每年偿还十万卢布,以向外国臣民,即向中国人抽取进出口税作保。蒙古政府请求从第一次交付之贷款中扣除四十万卢布,作为购买武器之用,贷款合同未提及此事。"

②　选自《国际关系》第3辑第4卷,第101号文件——译者。

6月18日［7月1日］第 284 号函①敬悉。谨通知阁下：我已授命驻库伦外交代表就您指出的最好修改三百万贷款合同草案一事同蒙古政府进行谈判。

您从本函所附我致四等文官密勒尔电的抄件中可以看出，我只不过认为有必要使外交代表有可能不坚持您对第六款所提修改意见，因此种修改意见会废除我们最初提出之条件，并且不要把对第四款无关紧要的文字修改列入需要修改意见之单子中。

至于将财政顾问供职期限延至贷款清偿之时问题，我说您已允诺不坚持将有关条款列入草案，因我当时考虑到我们提出上述要求必然给蒙古人留下长期束缚财政之强烈印象。不能忘记，不久前同财政顾问缔结了合同，当时原则上业已答应给蒙古政府三百万贷款，而财政顾问供职期限只定为三年。此外，我国官员之作用尚未来得及表现出来，也未来得及使蒙人认识到其好处。在此种情势下，迫使合同期限延至三十年对我国在蒙古之政治地位有害。倘从完全清偿贷款之观点分析问题，似乎掌握管理（作为担保的）进款之权，足以成为可靠保证。此外，外交部坚决希望，俄国政府在蒙古永远发挥影响和作用，以便根据需要对财政继续进行监督，同时，不要以可能剥夺蒙人十年自由支配进款之权恐吓蒙人。

在谈到交付第一批贷款问题时，我认为应该指出，经阁下同意，蒙古政府届时应当交付的一万卢布业已展期到冬初，且未附任何条件。因此，在交付新贷款的第一批款子时，要求清偿一万卢布未必公允，我可以授命外交代表在这方面进行尝试，但我认为进行此种尝试时态度过于强硬不妥。

关于查明开始清偿二百万贷款之准确日期一事，将向五等文官密勒尔发出有关训令。

最后谨告知您，陛下从伏呈御览的外交文书中得悉内阁就贷款蒙

---

① 巴尔克在该函中称，沙查诺夫送给他的关于向蒙古提供贷款的合同草案实际上符合外交部及财政部来往文书中所拟原则，并对某些条款阐述了自己的意见。

人一事所作出之决定。

　　致诚挚敬意

沙查诺夫

《沙皇俄国贷款外蒙史料选译》,第70页

## 亚·密勒尔致沙查诺夫电①

### 1914 年 7 月 4 日[17 日]

　　第 185 号。

　　尊电第 1328 号、第 1357 号及第 1359 号电敬悉。

　　关于新贷款合同条文之修改意见,蒙古政府业已表示同意,第六款在文字上作了下述修改:"贷款以关税及对外贸易税为担保。"鉴于根本没有钱,蒙古政府恳请第一次交付之贷款改为六十万卢布,在合同签署后,即 8 月中旬三方谈判开始前一个月内交付。根据顾问戈金提出之预算,上述款项用于今年下述花项②:1. 二十万卢布用于付清当地中心机关人员之薪俸;2. 十万卢布用于改善对内对外商捐之抽取工作;3. 十万卢布用于教育事业;4. 五万卢布用于建筑监狱;5. 十五万卢布用于建立代役制及地域考察。共计六十万卢布。上述预算业已寄出。为使每隔六个月交付之款不致受阻,将预先提交今后之预算。根据上述一百万卢布贷款合同第三条,蒙人可请求扣除四十万卢布用于购买武器,武器合同以第 2 号电呈报。鉴于要签署电线条约及铁道条约,贷款合同之签署我……(电文脱漏——译者)。电线条约及铁道条约之签署情况我将另报。

密勒尔

《沙皇俄国贷款外蒙史料选译》,第70—71页

---

　　① 选自《国际关系》第 3 辑第 4 卷,第 264 号文件——译者。

　　② 根据合同草案第 2 条,贷款应"按蒙古政府顾问参与拟定的国家收支预算使用"。至于在贷款项下提供某些款项之条件,见最后的合同本文第 4 条。该条同密勒尔第 169 号电所述草案有关条款一致。

## 亚·密勒尔致沙查诺夫电①

### 1914年7月8日[21日]

第192号。

第2191号电②敬悉。

在我第169号密电中报告的导言之后,是贷款合同的最后条文,条文如下:"第一条,俄罗斯帝国政府将向蒙古政府提供三百万卢布无息贷款。第二条,此笔款项应入蒙古政府所建隶属于财政衙门的国库。第三条,蒙古政府将把贷款用于③改善财政,用于建立内部体制及改革,用于各种有益的文化宗旨,诸如:开发矿产资源,改善畜牧业,供养军队并在俄蒙教官协助下对军队进行训练。第四条,蒙古政府通过驻蒙古总领事馆接收贷款,在本合同签署后一个月内由总领事馆交付一百万卢布。其余贷款每六个月交付一次,每次交付五十万卢布。第五条,贷款之花项经帝国政府同意之后,在贷款账下上述各次交付之款始得交付,其交付数目不得超过本合同第三条所作规定。第六条,蒙古政府自收到最后一次交付之款之日起,三十年内偿清本贷款,每年通过俄国驻蒙古总领事馆偿付十万卢布。第七条,贷款以关税及对外贸易税为担保④。第八条,倘商税收入在期限之前还不足以偿付贷款,则蒙古政府允诺向俄罗斯帝国政府另行提供担保。倘再次发生不按时偿付贷款之事,帝国政府有权对作为贷款担保之进款切实监督,甚至依靠蒙古政府由自己对贷款进行管理。本合同用蒙俄文字缮具两份。签字画押后,一份存俄罗斯帝国总领事馆,另一份存在蒙古财政衙门。日期、签字。"

---

① 选自《国际关系》第3辑第4卷,第315号文件——译者。

② 沙查诺夫于7月6日[19日]以第2191号电(该电号码有误,存档的发文底稿上注明为1451号),建议密勒尔,"电告贷款合同最后的条文"。

③ 最后的条文与合同草案之区别是,在"蒙古政府将把贷款用于"一语之前加上一句话:"根据蒙古政府顾问参与制定的国家收支预算。"

④ 合同草案第6条内开:"蒙古政府每年偿付之款,以向外国臣民抽取之关税作为担保。"

我对此补充一点,根据蒙古政府之请求,从第一次交付的一百万卢布中扣除四十万卢布,用于购买业已答应蒙人之武器。

密勒尔

《沙皇俄国贷款外蒙史料选译》,第71页

## 中俄蒙恰克图会议中方提出的修正草案及议件之纲目
### 1914年9月30日

一、修正草案

(一)外蒙承认中俄声明文件及另件。

(二)外蒙承认为中华民国领土内之自治区域,并不独立,亦不自成国。

(三)外蒙不用帝号,及与帝号相类之名称。外蒙活佛称号,用哲布尊丹巴呼图克图汗,由大总统册封。

(四)外蒙不得再用共戴年号,所有正式公文字据契约,均遵用中华民国年历。

二、议件之纲目

(甲)宗主权之关系

(一)库伦活佛,以及其他呼图克图喇嘛王公等封号,仍由大总统册封,觐见及年班典礼,悉照旧例。

(二)蒙古盟长付将军札萨克等,由大总统任命之。

(三)外蒙活佛喇嘛等俸给廪饩等项,仍照旧例,一律给予,以示优待。

(四)关于中蒙历史上旧制,不背此次条约者,均照旧办理。

(五)驻蒙各办事长官参赞,与活佛王公来往接洽,仍照旧时体制。

(六)办事长官对于库伦自治行政衙门,及各蒙旗,立于上级之地位。

(七)外蒙活佛王公等,对于中央政府,及对于驻外蒙地方官吏之公文程式,均分别等级,查照内地各机关体制。

（八）蒙边卡伦，长官仍遵旧例，按期巡阅或派员查勘之。

（九）会盟事件及比丁册籍，均照旧例，报明长官。

（乙）自治权之权限

（一）外蒙自治事宜，他国人不得参预。

（二）中国虽允不干预外蒙内政，但所办事宜，应随时呈报长官。

（三）库伦自治行政衙门，不得用政府名义及各部名称，主理各员，均得视为中国官吏，由外蒙选派，呈请中央政府任命。

（四）（子）所有订立国际条约之权，应完全归于中央政府。

（丑）交涉事宜，应归中央政府，或中央政府所派官吏办理，外蒙自治各衙门，不得直接受授。

（五）（子）外蒙如有内乱，中央政府得派兵保护。

（丑）外蒙自备兵队，中央政府视为必要时，得随时调遣。

（寅）外蒙平时军事计划，及聘用外国人员佐理军务，须预先报告中央政府核准。

《中华民国外交史资料选编》（1911—1919）（一），第104—106页

## 中俄蒙恰克图会议三方各自提出的协约草案
### 1914 年 10 月 20 日

（甲）中国所提出者

一、外蒙承认中华民国二年十一月五日中俄声明文件及中俄互换照会。

二、按照中俄声明文件第一款及中俄互换照会第一款，外蒙古取消独立，在中华民国宗主权之下仍为中华民国领土之一部分。中华民国按照中俄声明文件第二款承认外蒙古为自治地方。

三、活佛称号，用外蒙古博克多哲布尊丹巴呼图克图汗，由大总统册封。

四、外蒙古正式公文、契约、字据用中华民国年历，并得兼用支干纪年。

五、外蒙古各呼图克图喇嘛、外蒙古王公等封号，仍由大总统册封，觐见及年班典礼，悉照旧例。俸给、廪饩等仍照旧制给予。外蒙古盟长、副将军、札萨克等由大总统任命之。

六、库伦自治行政衙门，不得用政府名义及各部名称。主理各员，均视为中华民国官吏，由外蒙选派呈请中央政府任命，所办事宜随时呈报中央长官。

七、外蒙古人民应享有中央国会选举之权。

八、交涉事宜，应归中央政府或中央政府所派官吏办理，外蒙古自治各衙门不得直接授受。活佛无接受外国外交官及遣派外交官赴外国之权，所有订立国际条约之权应完全归中央政府。

九、外蒙古如有内乱，中央政府得派兵保护，外蒙古自备兵队，中央政府视为必要时，得随时调遣。外蒙古平时军事计划，及聘用外国人员佐理军务，须先报告中央政府核准。

十、库伦驻办事大员一员，有随时独见活佛之权利，得带卫队三百名。乌里雅苏台科布多各驻副大员一员，得带卫队二百名。恰克图设理事一员，得带卫队五十名。他处视商务繁盛时，中国得斟酌添派理事驻札，每处卫队人数亦为五十人。

十一、关于中国与外蒙古历史上之旧制，不背此次条约者，均照旧办理。

十二、所有一千九百十二年十月二十一日俄国与外蒙古所订之商务专约十七款之利益，中国人民一律享受。

十三、内地商民并得照旧享有利权，无论何时将中国、俄国、外蒙古及其他各国出产、制作各货，运出运入免纳出入口各税，并自由贸易，无论何项税课概免交纳。

十四、在外蒙古之内地商民，应享有自由旅行、居住、移动之权，外蒙古自治衙门不得强令领取护照及与护照相类之官纸。内地商民之住所、商店、货栈及其他驻屯地点，无论何时何事，外蒙古官吏均不得侵犯。

十五、内地商民与外蒙古商民,民刑诉讼无论孰为原被,均由中央官吏审理,并提传一切人证,事属外蒙人民诉讼由自治衙门办理。

十六、内地商民与外蒙古商民,或各人,或社会,从前所订之事业、债务、各种契约仍继续履行有效。

十七、内地商民在外蒙古各地方,向来自由租借之耕地、牧场仍继续有效,并得就近领地耕种或招人耕种。

十八、外蒙古各处,向来中央各官署之官有财产及营缮、建筑、交通、机关等项,又内地商民之自有商务、实业及私人财产、营缮、建筑等物,照旧归还。如有因外蒙独立时,而受各种损失者,应责成外蒙自治衙门与以相当之赔偿。

十九、库伦所属奎屯等处金矿,向由中俄合办者,仍继续办理,外蒙古亦不得分享利益。

二十、本境工商无论直接、间接其关系涉及本境之外者,如有与外人订立契约,应归中央政府办理,其关系不涉本境之外者,所订契约非经中央政府核准不生效力。

二十一、本境工商无论直接、间接其关系涉及本境之外者,一切管理之权,应归中央政府。不涉及本境之外者,悉归自治衙门管理。

二十二、铁路、电线、邮政应由中央政府办理。

二十三、喀尔喀四盟与内蒙古各盟旗之界限,科布多与阿尔泰之界限,应由中央政府派员会同外蒙古所派人员另行勘定。

(乙)俄国所提出者

一、外蒙承认一千九百十三年十二月二十三日(十一月五号)中俄互换之声明文件及另件。

二、按照一千九百十三年十二月二十三日(十一月五号)声明文件第一条及另件第一条,外蒙古在中国宗主权之下,无权与外国订立联盟及破坏领土完全之国际条约。

三、按照声明文件第三条,中俄承认外蒙古有权订立友谊条约及关于工商暨自治蒙古之内政各协约。

四、按照声明文件第三条,中俄允不干涉外蒙古内政之自治。

五、声明文件第三条所载,中国驻库伦大员之护卫队,其数目不得过百名,该大员得偕同帮办二三员,酌量情形,派驻乌里雅苏台、科布多,及驻有俄国各领事等处。

六、大俄帝国,担任驻自治蒙古京城代表之护卫队,不得过百名。其余或已有,或按照一千九百十二年十月二十一日俄蒙商务专条第八条,将所设之俄国领事各地方,其护卫队,每处不过五十名。

七、中国驻库伦大员之帮办,如派驻本协约第五条所载各处之护卫队,亦不得较多于本协约第六条所规定俄国在外蒙领事署或付领事署护卫队之数目。

八、中国驻库伦大员,及其分驻以上所载外蒙古各地方之帮办,监察自治蒙古政府及其地方官吏,违背中国宗主权之举动。

九、因按照一千九百十三年十月二十三日(十一月五号)中俄互换照会第一条,外蒙古土地为中国领土之一部分。所以驻札库伦之中国大员,及在自治蒙古以上所指各处之帮办,对于居住该地方之中国人民,系受地方法律管理。

十、中国与外蒙古之界线系载在附列各图,内有红蓝线为记。

十一、蒙古自治政府,自有规定及征收各项捐款,地方课钱,以及仿照中国办法,规定征收由中国运往外蒙古货物税项之权。中国政府承认声明文件第四款所载之一千九百十二年十月二十一日俄蒙商务专条。

十二、大中华民国政府,为顾念大俄帝国政府亲密之交际,以及注意自治蒙古和平之进步起见,允于签押后,将辅助库伦官吏起事蒙古人之罪宽赦,并许其有权仍住喀尔喀及回其蒙旗,且在该处享有从前应享之权利。并保存博克多哲布尊丹巴呼图克图汗所授之名号。如中间有人不愿回籍,中国政府不得强迫,亦不得加害其亲族财产,并许其亲族有随意迁居外蒙古之权。

十三、外蒙古自治政府,对于中国同党之蒙古人,许其有归回祖国之权,并保存其从前之特别利益以及中国所授之名号。如本人不愿,不得勒令回国,其亲族财产不得受害。外蒙古政府许其亲族有迁居中国之权。

十四、大中华民国政府为在中国领土内之蒙古人谋安乐及进步起见,允许不更改其旧时风俗,并担保其个人之自由、财产不可侵犯,并信仰黄教之自由。承认博克多哲布尊丹巴呼图克图汗为该教之主,其随后接代之人,以呼毕勒罕名义,居住自治蒙古京城,中国亦应承认为教主。

外蒙古政府,担保所有居住外蒙古之中国商民,个人之自由及财产之不可侵犯。

十五、中国政府因欲阻止外蒙古边界再生误会起见,如外蒙古官吏不在该处表示进取态度,及下列地方不发生变乱,破坏中国与外蒙古安宁时,允在达里冈崖、锡林郭勒、乌兰察布各盟,以及与外蒙交界之哲里木盟各蒙旗,不殖民、不设治、不驻兵。

十六、俄国及中国为友谊起见,对于所有由蒙古出发之人,而有旅行、留学或经商之宗旨者,皆出力帮助,许其在俄国及中国自由往来。

十七、恰克图库伦乌得之电线,系在外蒙古以及将来安设其他之电线,均视为蒙古政府所有。

十八、为外蒙地理形势起见,大俄帝国政府,特别注重该地方得设有力之自治政府。可以在俄国交界各地面,以及在该地方之内部,维持秩序及安宁。且因与中国历代友谊之故,允许不合并在中国宗主权下之自治蒙古或该地方之一部分。

十九、一千九百十二年十月二十一日俄蒙协约、俄蒙商务专条,以及一千九百十三年十月二十三日(十一月五号)声明文件及照会,对于订约之三大国仍生效力。

二十、中国政府及外蒙古政府,允许彼此或与他国不得商议及订立与一千九百十二年十月二十一日俄蒙协约、商务专条、一千九百十三年十月二十三日(十一月五号)声明文件及照会,以及此次协约有害之条约。

二十一、本约系三份，每份用俄、华、蒙、法四种文字，以法文为准，于签字日即生效力。

（丙）外蒙古所提出者

一、大俄国政府及大中华民国政府，按照俄国一千九百十二年十月二十一日，在蒙古国京城库伦商订俄蒙商约，暨俄国一千九百十三年十月二十三日，即中华民国二年十一月五日在北京商订中俄声明文件，第一、第二条意义，对于蒙古自主独立之权承认，蒙古帝国永远保存。

二、蒙古政府遵照俄国一千九百十三年十月二十三日，即中华民国二年十一月五日，在北京商订中俄声明文件第一条，及互换照会第一条意义，承认中国限制蒙古国，其限制蒙古国之权，但不须蒙古政府与各国订立有害中国之联盟，及损失自己土地之协约，此项政府俄国政府及中国政府担任。

三、俄国政府及中国政府，按照第一条所提俄蒙商约第一、第二条及中俄声明文件第三条意义，承认蒙古国自主内政各项事宜，其招军、购械、保护地方宗教利益，暨与各外国订立睦谊条约及商务条件，通商并制造货物，修筑关于商务之铁路、电线、邮政、制造纸币、铸钱等事，全归蒙古专有之权。以上各节，俄国及中国担任不干涉蒙古国境内除保护领事及代表卫队外，不得派兵驻扎，亦不举办殖民之事。中国政府担任永不破坏蒙古国所属土地，及俄国政府亦担任并不侵占蒙古土地。

四、蒙古国边界，虽应遵照第二款所载之中俄互换照会第四条磋商，惟蒙古国既承认中国之限制，中国政府亦当表示和平巩固睦谊，不使同教同族失却旧习。按照第一款所提，俄蒙商约及中俄声明文件意义，按照清理藩院内蒙古则例内载边界为根据，承认将归附蒙古国之各地方，如外蒙喀尔喀四部落等处一百五十旗六盟四十九旗，呼伦贝尔所属索伦巴尔虎额鲁特额伦春，及乌梁海喀萨克达哩岗察哈尔苏鲁克土默特等旗，全行划归蒙古国管辖。

五、划定蒙古国边界勘界专使，按照俄国政府及前清政府所给两国交界地图内边界详细考察,将俄蒙两国交界用红黄色为记,中蒙两国交界国蓝黄色为记。画押盖印。以昭信守。各宜遵行。

六、蒙古帝国政府担任中国人民原在本蒙国境内,营商及农工性命财产不得损失。

七、按照中俄两国商订声明文件第三条,承认中国政府派代表驻库京卫队不得过一百名,及他处遇有派驻代表事宜,亦须驻有俄国领事地点卫队,不得过俄领事卫队之数。

八、承认俄国政府派驻蒙古国库京钦差,及领事衙门卫队不得过一百名,及他处或有领事及设领事各处卫队不得过五十名。

九、蒙古帝国政府,派代表驻中俄两国京师及交界临近省城,按照睦谊各应保护之处,俄国政府及中国政府各得承认,并由蒙古国派往中俄两国地方游历及游学肄业营商者,中俄两国须一律按照睦谊保护。

十、蒙古国境内之中国商民,及农工人等,与蒙人互相涉讼,应由中国政府所派代表,会同蒙古国地方行政衙门官员,秉公会审,其治罪各按照本国法律惩办。蒙古国人民在中国遇有互相涉讼事宜,亦照此办理。

十一、中国人民在蒙古营商,为农工者,均应仍旧照蒙古国章程,交纳税捐及地租。蒙人在中国地方营商,亦应照中国章程纳税。

十二、俄国政府与蒙古帝国政府,于一千九百十三年十月二十一日在库伦所订友谊协约,及商务专条,从新声明,不相违背。中俄蒙三政府互相担任,均不违背此项条约。

十三、此项条约,须用中、俄、蒙文字及兼用法国文字,照录三份,画押盖印为凭。各宜遵照施行,日后若有争论,以法文为证。

《中华民国外交史资料选编》(1911—1919)(一),第106—113页

## 中俄蒙恰克图会议第23次会议通过关于设置卫队问题的两项条款
### 1915年1月9日

一、中国驻库大员卫队不超过一百名,其佐理专员分驻各地卫队不

超过五十名。

二、俄国驻库领事卫队不超过一百五十名,将来若添设领事署、副署,每处卫队不超过五十名。

《中华民国外交史资料选编》(1911—1919)(一),第113页

## 俄蒙银行条约

### 1915 年 1 月 10 日

一、该银行资本总额定为五百万卢布,其第一次资本金百万卢布交足,即开始营业。

二、本行设于俄京,于库伦设第一分行,再次第设分行于俄蒙各要点。

三、该银行有货币发行权,准在俄国铸造蒙古货币,并有发行纸币之权利。惟蒙古货币质量,须与俄币均一,以免市价之动摇。

四、该银行除发行权之外,更获得下列特权:

(甲)如土地,银行对于不动产抵押,可为借款。

(乙)可营仓库业,得发行仓库证券。

(丙)可营交易介绍业。

(丁)可为一般商务买卖。

五、俄蒙银行所获权利及特典,于特许期限以内不得让与他人。

《中华民国外交史资料选编》(1911—1919)(一),第113—114页

## 中俄蒙恰克图会议第 25 次会议关于讨论
## 外蒙古混合诉讼问题的纪实

### 1915 年 1 月 18 日

中使声称此项问题意见已载明于中国草案第十五条(按:该条云:内地商民与外蒙古商民民刑诉讼,无论孰为原、被,均由中央官吏审理,并提传一切人证;事属外蒙人民诉讼,由自治衙门办理);而外蒙以为不明晰,另拟条文如下:所有在自治蒙古境内之中国人民与蒙古人及中

俄人民之诉讼事件,无论孰为原被告,均由蒙古官府各地方衙门会审办理,其犯罪之人,各按自己法律治罪,在中国境内之自治蒙古人民,与中国人之诉讼事件,亦照此办理。

中使以此种条文,断不能讨论。因中俄两国人民在外蒙古之事件,势难一律办理。中国人在外蒙古,系在本国领土境内,故其与蒙古人之事,当然由中国官吏审理。至于中俄两国人民之诉讼,应按照一千八百五十八年天津条约办理。外蒙使以如此办法,与中国业经担任不干预自治蒙古内政相抵触,且中国须派审判官吏赴外蒙古,更与中俄声明文件第三条不合。中使言中国只担任不干预关于外蒙古之内政,现议诉讼事件,系关于外蒙古之中国人,及中国人与蒙古人之混合案件,其纯系蒙古人一方面之事,自应归自治官府审理。至于派审判官吏一节,中政府并未拟在外蒙设审判机关,惟中蒙两方人之混合事件,须由中国驻库伦大员及各佐理专员处审理。俄使言按照俄国草案第九条,俄国政府之意见,以为外蒙为中国之一部分,外蒙之法庭,即系中国之法庭,是以中国人与外蒙人既系同为一国之国民,则外蒙境内之蒙古法庭,即中国境内之中国法庭,对于中蒙两方人民,自应认为有同等之效力。且中国人在外蒙境内,既无不受地方法律之权,则中国裁判权,即不能行于外蒙。遂另行提出条文如下:所有在外蒙古之中国人民与中国人,及中国人与自治蒙古人民,如有争议时,无论因口定之事,或立有字据之件,均可由各方面推举仲裁,和平了结。如遇不能和结时,由蒙古审判衙门按照本地法律审理。其在外蒙古之中国人民与中国人,及中国人与自治蒙古人民之刑事诉讼,均由蒙古衙门审理。按照本地法律审理。并谓俄蒙人民诉讼,仍照一千九百十二年十月二十一号俄蒙商务专条第十六条办理。中使对于以上条文绝端反对。以为此种办法,只能施于在俄国境内之中国人,在中国领土之外蒙古,断不适用。俄使言三方对于此项问题,意见悬殊,势非各另请政府训条不可。中使言此事已有北京确定训条,故不须再行请求,中使并提出宣言如下:恰克图三方会议,系根据民国二年十一月五日中俄声明文件第五款,及声明第三款而成立,专为商订中俄及外蒙古之利益，及各该处因现势发生之各问题起见，所以本专使特预先声明，如有在会提议，关系外蒙古自治区域以外，或关系上所指第五款范围以外之各问题，本专使无讨论之全权。遂散会。

《中华民国外交史资料选编》(1911—1919)(一)，第114—115页

### 中俄蒙恰克图会议第28次会议关于讨论税则问题的纪实
### 1915年2月1日

我仍坚持免税。俄专使提出草案：以中国商民运货入外蒙，无论何种出产，概无关税，但须照蒙人所纳现有及将来各项货捐。

外蒙商民运货入中国，无论何种出产，亦概免税，但应交纳中国现有之各项货捐。当经逐层驳复如下：一、外蒙古概无关税一语，不甚妥协，盖恐误会为中国政府承认外蒙设关。二、外蒙现行值百抽五之重敛，中国政府不能允许，若再不明定数目，恐将来更生枝节。三、外蒙商民运货入内地，应纳捐税，自系当然之事，不应提及。外蒙代表声称，现在情形，除烟酒两项值百抽二十外，其余各货值百抽十；嗣徇中国商民之请求，暂准减为值百抽五，烟酒则值百抽十。现销路已通，商务逐渐发达，仍拟将此项税则，逐渐加增，此乃自治范围以内之专权。即驳以外蒙自治权，仅能对于蒙民行使，关于中国商民权利之货捐，非经中国同意，不能妄自武断。俄专使遂提出折衷修正案，以中国商民运入外蒙货物，应照中国内地捐交纳，该内地捐价单，由外蒙官府规定，但须征求中国驻库大员同意。我仍要求明定货捐数目。俄国专使提及值百抽二五，外蒙代表反对，谓定立货捐数目，为其自治官府之专权，故对于中俄两方所商之数目，不能同意。

《中华民国外交史资料选编》(1911—1919)(一)，第115—116页

### 中俄蒙恰克图会议第31次会议关于讨论税则问题的纪实
### 1915年2月19日

十六日第三十一次会议。声明现奉政府回电，仍令坚持中国在外

蒙商民,应享有无论何项税捐,概不交纳之权。俄专使答以俄政府亦坚持己意,尊重声明文件第三条,外蒙有自行办理各项内政之专权,即有自定货捐数目之权。但税则问题,讨论业经六次,三方意见,愈去愈远,即再继续讨论,恐仍毫无效果,不如改议赦罪或界线问题。我对于讨论赦罪之提议,不表同意,遂允先议界线,并宣言在税则问题未解决以前,未经中政府允准之各项税捐,中政府均视为不合例之举动,一概不能承认。外蒙代表忿然作色曰,外蒙独立,原亦未经中国同意,但税则问题,确是外蒙自治官府不移之权,中政府不应干预。即驳以外蒙此项自治权,只能施诸外蒙人民,但对于宗主国人民,外蒙绝无自定税则之权,仍无结果而散。

《中华民国外交史资料选编》(1911—1919)(一),第 116—117 页

### 中俄蒙恰克图会议第 35 次会议通过俄方
### 代表提出的关于外蒙界线的条文
#### 1915 年 3 月 8 日

自治外蒙古之土地,按照一千九百十三年十月二十三号中俄声明另件第四条,以前库伦办事大臣、乌里雅苏台将军、科布多参赞大臣所属辖境为限。其与中国之界限,以喀尔喀四盟,及科布多所属,东与呼伦贝尔,南与内蒙,西南与新疆省之戈壁,南与阿尔泰接界各蒙旗为界。中国与自治外蒙正式划界,应另由中俄两国,及自治外蒙代表,会同办理,并在本约签字后,二年以内,起首会勘。

《中华民国外交史资料选编》(1911—1919)(一),第 117 页

### 中国代表在恰克图会议第 38 次会议上就税则问题发表宣言
#### 1915 年 3 月 19 日

税则问题,会议多次,中国方面竭力退让,已至极点,对于俄国条文,几已全文承认,惟将字句稍加修改。不意俄专使节节为难,得步进步,将自己修正条文任意取消,坚持原文,虽字句间亦不肯稍有更改。

此等举动,俄专使是何用意,无从而知。无论何处会议,从未有一方面提出之条文,不允他方面修改之理,若坚持己见,岂复成为会议。俄专使既如此坚持,中国专使惟有将屡次之让步宣布取消,亦坚持其原草案之条文。

《中华民国外交史资料选编》(1911—1919)(一),第 117—118 页

## 中俄蒙恰克图会议第 41 次会议通过税则条文
### 1915 年 4 月 7 日

中国商民运货入自治外蒙古,无论何种出产,不设关税,但须按照自治外蒙古人民,所纳自治外蒙古已设及将来添设之各项内地货捐,一律交纳。自治外蒙商民,运入中国内地各农土货,亦应按照中国商民一律交纳已设及将来添设之各项货捐;但洋货由自治外蒙运入中国内地者,应按照光绪七年(一千八百八十一年)陆路通商条约所定之关税交纳。

《中华民国外交史资料选编》(1911—1919)(一),第 118 页

## 库伦博克多哲布尊丹巴呼图克图汗致大总统袁世凯电
### 1915 年 6 月 7 日

库伦哲布尊丹巴来电 机要科六月初九日。

大中华民国大总统鉴:今日在恰克图关于外蒙古之中俄蒙三方协约议订签字,并互换文件。遥颂大总统贵体康健,中华民国日渐隆盛,并愿中华民国政府与外蒙古永远和平,同享利益,实盼为祷。外蒙古博克多哲布尊丹巴呼图克图汗拜。

《中华民国史档案资料汇编》第三辑《外交》,第 691 页

## 政事堂致库伦博克多哲布尊丹巴呼图克图汗电
### 1915 年 6 月 12 日

国务卿奉大总统令:接阅来电,深为欣慰。今协约签定,领土宗主

各权均经规订,具征尊崇黄教默体天心,故能保持和平,消除畛域,惟望祇守条约,同和太平。现已遣使册封并颁明令,凡关涉前清时代独立情事之内外蒙人等,均予解除责任,一体免究,并外蒙现有各札萨克、汗、王、贝勒、贝子、公、台吉等爵职及喇嘛等名号,一仍其旧矣。其约内应行之事宜亦经赶饬接续办理,尚其敦崇政教,以副期望之意。等因。政事堂。文。印。

《中华民国史档案资料汇编》第三辑《外交》,第691—692页

## 徐世昌关于外交部咨呈恰克图会议订定
## 条约二十二款致内务总长朱启钤函

### 1915年6月14日

公函第一百七十二号。

径启者:准外交部咨呈恰克图会议订定条约二十二款,所有该约内规定各项事宜,均应预事先筹划,以期照约实行,请转知各主管衙署密先筹备等语。除分函外,相应将条约一册函达贵部查照,分别筹备,是为至要。此致

内务总长

国务卿启(印)

　　　附册乙本

中华民国四年六月十四日

附册:

中俄蒙协约　附照会

中俄蒙协约

大中华民国大总统

大俄罗斯帝国大皇帝

外蒙古博克多哲布尊丹巴呼图克图汗诚愿将外蒙古因现势发生之各问题,公同协商解决,各派全权专使如左:

大中华民国大总统特派都统衔毕桂芳、少卿衔上大夫驻墨西哥特

命全权公使陈箓，

　　大俄罗斯帝国大皇帝特派驻蒙古外交官兼总领事国务正参议官亚力山大密勒尔，

　　外蒙古博克多哲布尊丹巴呼图克图汗特派司法副长额尔德尼卓囊贝子希尔宁达木定、财务长土谢图亲王察克都尔扎布，

　　为全权专使。各专使将所奉全权文凭互相校阅，俱属妥协，议定各款如下：

### 第一条

　　外蒙古承认民国二年十一月五日（俄历一千九百十三年十月二十三号），中俄声明文件及中俄声明另件。

### 第二条

　　外蒙古承认中国宗主权，中国、俄国承认外蒙古自治，为中国领土之一部份。

### 第三条

　　自治外蒙古无权与各外国订立政治及土地关系之国际条约。凡关系外蒙古政治及土地问题，中国政府担任，按照民国二年十一月五日（俄历一千九百十三年十月二十三号）中俄声明另件第二条办理。

### 第四条

　　外蒙古博克多哲布尊丹巴呼图克图汗名号受大中华民国大总统册封，外蒙古公事文件上用民国年历并得用蒙古干支纪年。

### 第五条

　　按照民国二年十一月五日（俄历一千九百十三年十月二十三号）中俄声明文件第二及第三两条，中国、俄国承认外蒙古自治官府有办理一切内政并与各外国订立关于自治外蒙工商事宜国际条约及协约之专权。

### 第六条

　　按照声明文件第三条，中国、俄国担任不干涉外蒙古现有自治内政之制度。

### 第七条

中俄声明文件第三条所规定,中国驻库伦大员之卫队,其数目不过二百名。该大员之佐理专员分驻乌里雅苏台、科布多及蒙古恰克图各处,每处卫队不过五十名,如与外蒙古自治官府同意在外蒙古他处添设佐理专员时,每处卫队不过五十名。

### 第八条

俄国政府遣派在驻库伦代表之领事卫队不过一百五十名,其在外蒙古他处已设或将来与外蒙古自治官府同意添设俄国领事署或副领事署时,每处卫队不得过五十名。

### 第九条

凡遇有典礼及正式聚会,中国驻库伦大员应列最高地位。如遇必要时,该大员有独见外蒙古博克多哲布尊丹巴呼图克图汗之权。俄国代表亦享此独见之权。

### 第十条

中国驻库伦大员及本协约第七条所指在外蒙古各地方之佐理专员得总监视外蒙古自治官府及其属吏之行为,使其不违犯中国宗主权及中国暨其人民在自治外蒙古之各种利益。

### 第十一条

自治外蒙古区域按照民国二年十一月五日(俄历一千九百十三年十月二十三号),中俄声明另件第四条,以前库伦办事大臣乌里雅苏台将军、科布多参赞大臣所管辖之境为限。其与中国界线,以喀尔喀四盟及科布多所属,东与呼伦贝尔,南与内蒙,西南与新疆省,西与阿尔泰接界之各旗为界。中国与自治外蒙古之正式划界,应另由中、俄两国及自治外蒙古之代表会同办理,并在本协约签字后二年以内开始会勘。

### 第十二条

中国商民运货入自治外蒙古,无论何种出产,不设关税,但须按照自治外蒙古人民所纳自治外蒙古已设及将来添设之各项内地货捐一律交纳。自治外蒙商民运入中国内地各种土货,亦应按中国商民一律交纳已设及将来添设之各项货捐,但洋货由自治外蒙古运入中国内地者,应按光绪七年(一千八百八十一年)陆路通商条约所定之关税交纳。

### 第十三条

在自治外蒙古中国属民民、刑事诉讼事件,均由中国驻库伦大员及驻自治外蒙古各地方之佐理专员审理判断。

### 第十四条

自治外蒙古人民与在该处之中国属民民、刑诉讼事件,均由中国驻库伦大员及驻自治外蒙古各地之佐理专员或其所派代表会同蒙古官吏审理判断。如中国属民为被告者或加害人,自治外蒙古人民为原告或者被害人,则在中国驻库大员及驻自治外蒙古各地方之佐理专员处会同审理判断。如自治外蒙古人民为被告者或加害人,中国属民为原告者或被害人,亦照以上会同办法在蒙古衙门审理判断。犯罪者各按自己法律治罪。两造有权各举仲裁和平解决争议之事。

### 第十五条

自治外蒙古人民与在该处之俄国属民民、刑诉讼事件,均按一千九百十二年十二月二十一号俄蒙商务专条第十六条所载章程审理判断。

### 第十六条

所有在自治外蒙古中、俄人民民、刑诉讼事件,均照以下规定审理判断。如俄国属民为原告者或被害人,中国属民为被告者或加害人,俄国领事或亲往或由其所派代表会审,与中国驻库大员或其代表或驻自治外蒙古各地方之佐理专员有同等权利。俄国领事或其所派代表在法庭审讯原告者及俄国证见人,经由中国驻库大员或其代表或驻自治外蒙古各地方之佐理专员间接审讯。俄国领事或其代表审查证据,追求偿债保证,如认为必要时得请鉴定人证明两造事实之真伪,并与中国驻库大员或其代表或驻自治外蒙古各地方之佐理专员会同拟定及签押判决词。中国官吏有执行判决之义务。

如俄国属民为被告者或加害人,中国属民为原告或被害人,中国驻库大员及驻自治外蒙古各地方之佐理专员,或亲往,或由其所派代表,亦可在俄国领事署观审,俄国官吏有执行判决之义务。

## 第十七条

因恰克图、库伦、张家口电线之一段经过自治外蒙古境内,故议定将该段电线作为外蒙古自治官府之完全产业。凡关于在内外蒙交界设立中、蒙派员管理之转电局,详细办法并递电收费章程及分派进款等问题,另由中国、俄国及自治外蒙古所派代表组织之特别专门委员会商定。

## 第十八条

中国在库伦及蒙古恰克图之邮政机关仍旧保存。

## 第十九条

外蒙自治官府给与中国驻库大员及驻乌里雅苏台、科布多、蒙古恰克图之佐理专员暨其属员人等必要之驻所,作为中华民国政府之完全产业,并为该大员等之卫队,在其驻所附近处,给与必要之地段。

## 第二十条

中国驻库大员及自治外蒙古各地方之佐理专员暨其属员人等使用外蒙古台站时,可适用一千九百十二年十月二十一号俄、蒙商务专条第十一条之规定办理。

## 第二十一条

民国二年十一月五日(俄历一千九百十三年十月二十三号),中、俄声明文件、声明另件及一千九百十二年十月二十一号俄、蒙商务专条均应继续有效。

## 第二十二条

本约用中、俄、蒙、法四文合缮各三份,于签字日发生效力,四文校对无讹,将来文字解释以法文为准。

大中华民国四年六月七日

俄历一千九百十五年五月二十五号

订于恰克图

### 致俄蒙专使照会

大中华民国会议外蒙事件全权专使都统衔毕、少卿衔上大夫驻墨西哥特命全权公使陈

为照会事：照得本日签定关于自治外蒙古之中俄蒙协约，本专使等奉有本国委任，以政府名义向贵专使声明如下：

于本中俄蒙协约签字日，中华民国政府特准将所有附从外蒙古自治官府之各蒙人加恩完全赦罪，并准内外蒙人民照旧在该地方自由往来居住，蒙人前往库伦为宗教上之巡拜外蒙古博克多哲布尊丹巴呼图克图汗时，中国政府并不加以阻止。

以上各节相应照请贵专使查照。须至照会者。

右照会

大俄国恰克图三方会议全权专使驻蒙古外交官兼总领事密，外蒙古自治官府全权专使司法副长卓囊贝子希尔宁达木定、财务长土谢图亲王察克都尔扎布

中华民国四年六月七日

### 俄国专使照会

大俄国恰克图三方会议全权专使，驻蒙古外交官兼总领事密

为照复事：本日准照称：照得本日签定关于自治外蒙古之中俄蒙协约，本专使等奉有本国委任，以政府名义向贵专使声明如下：于本中俄蒙协约签字日，中华民国政府特准将所有附从外蒙自治官府之各蒙人加恩完全赦罪，并准内外蒙人民照旧在该地方自由往来居住，蒙人前往库伦为宗教上之巡拜外蒙古博克多哲布尊丹巴呼图克图汗时，中华民国政府并不加以阻止等语，本专使业经阅悉。相应照复贵专使等查照可也。须至照会者。

右照复

大中华民国全权专使都统衔毕、少卿衔上大夫驻墨西哥特命全权公使陈

俄历一千九百十五年五月廿五日即西历一千九百十五年六月七日

外蒙专使照会

外蒙自治官府全权专使司法副长卓囊贝子希,财务长土谢图亲王察

为照复事：于本日接准贵专使照会内开：照得本日签定关于自治外蒙古之中俄蒙协约,本专使等奉有本国委任,以政府名义向贵专使声明如下：于本中俄蒙协约签字日,中华民国政府特准将所有附从外蒙自治官府之各蒙人加恩完全赦罪,并准内外蒙人照旧在该地方自由往来居住,蒙人前往库伦为宗教上之巡拜外蒙博克多哲布尊丹巴呼图克图汗时,中华民国政府并不加以阻止。

以上各节,相应照会贵专使查照等因。准此。相应照复。贵专使查照。须至照复者。

右照复

大中华民国全权专使都统衔毕、少卿衔上大夫驻墨西哥特命全权公使陈

大中华民国四年六月　　日外蒙乙卯年四月　　日

互换照会

大中华民国会议外蒙事件全权专使都统衔毕、少卿衔上大夫驻墨西哥特命全权公使陈

为照会事：照得本日签定关于自治外蒙古之中俄蒙协约,本专使等奉有本国委任,以政府名义向贵使声明如下：

兹协议完备,按照中俄蒙协约第十七条所载,张家口、库伦、恰克图电线内,经由外蒙段落之电局,应于中俄蒙协约签定后,最多不得过六个月,由中国局员划归蒙古局员管理；又,中蒙电线连接点,应由中俄蒙协约第十七条所载之专门委员会定之。

以上各节,除由本专使等照会外蒙古、大俄国专使外,相应照请贵专使查照。须至照会者。

右照会

大俄国恰克图三方会议全权专使驻蒙古外交官兼总领事密,外蒙古自

治官府全权专使司法副长卓囊贝子希尔宁达木定、财务长土谢图亲王察克都尔扎布。

中华民国四年六月七日

大俄国恰克图三方会议全权专使驻蒙古外交官兼总领事密

为照会事：照得本日签定关于自治外蒙古之中俄蒙协约，本专使奉有本国委任，以政府名义向贵专使声明如下：

兹协议完备，按照中俄蒙协约第十七条所载张家口、库伦、恰克图电线内，经由外蒙段落之各电局，应于中俄蒙协约签定后，最多不得过六个月，由中国局员划归蒙古局员管理；又，中蒙电线连接点应由该中俄蒙协约第十七条所载之专门委员定之。

以上各节除由本专使知照外蒙古专员外，相应照请贵专使等查照。须至照会者。

右照会

大中华民国全权专使都统衔毕、少卿衔上大夫驻墨西哥特命全权公使陈。

俄历一千九百十五年五月廿五日即西历一千九百十五年六月七日

外蒙自治官府全权专使司法副长卓囊贝子希、财务长土谢图亲王察

为照会事：照得本日签定关于自治外蒙之中俄蒙协约，本专使等奉有本外蒙委任以官府名义向贵专使声明如下：

兹协议完备，按照中俄蒙协约第十七条所载张家口、库伦、恰克图电线内，经由外蒙段落之各电局，应于中俄蒙协约签定后，最多不得过六个月，由中国局员划归蒙古局员管理；又，中蒙电线连接点应由该中俄蒙协约第十七条所载之专门委员商定之。

以上各节，同时除由本专使等照会俄国专使外，相应照请贵专使查照。须至照会者。

右照会

大中华民国全权专使都统衔毕、少卿上大夫驻墨西哥特命全权公使陈

大中华民国四年六月　日

外蒙乙卯年四月　日

《中华民国史档案资料汇编》第三辑《外交》，第692—700页

## 恰克图会议专使陈箓记述会议经过情形

恰克图会议，正式开会凡四十八次，往来会晤谈判，亦不下四十次，都九阅月有奇。经过情形，会议录外，有王君石孙之问答记载可考，不复赘述。就中所历之大波折有三：一铁路邮电问题：十二月十日，俄专使无故取消已议条文。十二日，私与外蒙代表签订电线铁路条约，蔑视中俄声明文件，悍然置我国方面于不顾。政府顾全大局，不肯决裂，虽停议二十日，函电诘责，卒无效果。俄人自是知我易与，失败之机，已伏于此。二税则问题：提议之始，颇可磋商，免税虽不可冀，而值百抽二五已无异词。乃日本交涉发生，俄人遽变态度，推翻前议。局中人系念民艰，出全力以操纵之，反复争持，断续讨论，费时最久，卒至让步。政府委曲求全之意，及向之进退措施之道，举为俄人所窥，遂密移而立于被动之地位。三内外蒙交界不殖民问题：我虽严词拒绝，彼以然否为会议成败关键之条件，停议半月，政府卒许备文承认大纲，以期和平解决，然会事亦从此渐告终局矣。俄人提议事项，轶出声明文件范围，其最重要者亦有三：一税则条文要加无论何种出产运入中国一语。按何种二字，法文可训为何地或何方，意在朦混，希图输入俄货。二中俄诉讼条文，以咸丰七年天津条约第八条另加解释，意在将华洋诉讼辗辗宿案，藉此间接解决。破坏我司法前途，牵动各国会审条约。三内外蒙交界不得殖民条文，除第三案另商办法外，其余两项，虽力争取消，然亦得不偿失。溯自通商以来，凡与外国订约向由单方提出条款，我国潜就而损益之。此次大总统面授机宜，外交部预拟草案，实为我国议约之创举。然徒恃笔舌之争，无实力为折（衡）〔冲〕之后盾，终不能使其就范则一。昨日已死，来日方长，今日之所以有此协约者，前此放任外蒙之结果也；

既有今日之协约,或亦后此挽回外蒙之原因也。

《中华民国外交史资料选编》(1911—1919)(一),第123—124页

## 恰克图会议专使毕桂芳记述会议经过情形

此次会议性质,乃确定中央于自治区域之交际,而俄国为之居间,与外交会议不同。中俄声明文件互换以来,于兹十月,本专使深信俄国当早已详细筹划,以助中国达解释猜疑,恢复联系之宗旨。此两种宗旨,中国始终抱定不变,人所共知。故本专使深知,双方意见一经友邦为之周旋,必易融洽,而使此会之早获成功。

溯自清初康熙时代,准葛尔恃强倡乱,肆力东侵,四部落人民均遭残害。康熙皇帝督师亲征,扫除强寇,恢复旧疆,各王公等咸受恩德,举外蒙全境,悉隶版图。列爵分土,相承勿替。清季政衰,革命事起,隆裕太后聪明仁爱,不忍生灵涂炭,举完全固有领土,委诸今大总统,以行其强固之统治权。民国政府认定此旨,故凡承受于前清之疆土,不得令有丝毫损失。内蒙各旗咸喻斯意,全体赞成,毫无闲言。外蒙事同一律。其为中国领土之关系,理应继续,永不断绝。此等意思,已载在中俄协定声明文件暨民国二年十一月五日中俄互换照会之中。今日三方会议,发生于声明文件及照会,即系履行该声明文件及照会,其已早经外蒙承认,自可断言。但外蒙迄今尚无何等之表示,本专使不得不于开议之始,要求外蒙代表正式确实承认,庶于会议进行较有根据。此外并提出一疑,即外蒙独立称帝,有碍宗主权及领土之统一,应请正式宣布取消独立及帝号,仍用哲布尊丹巴呼图克图名号,取消共戴年号,遵用民国年历。至本政府所拟详细条款,总以中俄声明文件及照会为范围,大旨不外地方自治之地位,邻邦特别之利益,宗主权及领土上所应有之权利三端,中国合五族而为一家。大总统继业以来,第一著手即在解释猜疑、恢复联系,并尊重蒙旗习惯,力除前清弊端。一切事宜,均载在优待蒙古条例。各王公等素性诚朴,深盼洞明斯意,同享安全幸福。俄国既顾全友谊,担任调停,本专使尤盼俄专使力为解释,俾得美满之结果也。

　　俄国专使密勒尔代表俄国政府致颂辞，欢迎中蒙两方代表，并声明愿此次会议结果，能保各方面利益等语。外蒙代表内务部总长达答谢俄国专使欢迎美意。桂芳乃致颂词，略谓：

　　今天为开议外蒙事件之第一日，本专使即将此案始终略为言之。中蒙本属一家，自中国改建共和以来，库伦误解共和意旨，致生疑忌，幸有友邦俄国出为调停，即有今日之会议，惟愿以后会议开诚布公，化除成见，抱定中俄声明文件为根据，自能彼此洽融，得圆满结果，以副友邦调停之盛意，谅在会诸公当俱表同情。此次俄国美意调停，并承优待照料一切，深为感谢等语。

　　九月十五日第二次会议，桂芳当发言，谓上次所提导言内载，要求外蒙正式取消独立及帝号，暨共戴年号，并遵用民国年号等条，为进行会议必要之条件，外蒙代表答云，蒙古为保守疆土、宗教、种族及风俗起见，前与满清脱离关系，另组成国，公举黄教主哲布尊丹巴为皇帝，业经俄国承认。此次中国专使所提条件，决不承认云云。俄国专使亦拒驳所提之条件，以为出于中俄声明文件及另件范围以外，难于讨论。因之反复驳诘，各具理由，为时两月之久，会议经过十次，其间桂芳欲与之决裂者数次，最后对彼等云，中政府与外蒙断绝关系，迄今将及四载，原因外蒙独立，中央决不准行，致起冲突。此次会议系承俄国居间调停，来此开议，若不先行取消独立，他件无从讨论。否则本专使数千里至此，将来承认外蒙独立耶。如此各电本国政府，认为会议决裂，无讨论之余地。其时欧战方浓，俄国极欲了结东方交涉，延至十一月初间，始就我范。先决之款，为取消独立帝号及年号等件，此后续议他款。正在讨论进行间，忽发生中日交涉之二十一条问题，俄方探知我国外交棘手，态度遽变强硬。彼时屡接中央电讯，催令迅为了结，乃不得不遵从中央意旨，勉为迁就，遂于次年六月议结。凡会议四十次，历时九月，共议定协约二十二条。

　　其间争议驳诘，舌敝唇焦，毋庸赘述。局外人未明此中真相，或以为表面虽收回外蒙，而实权损失不鲜。岂知对外交涉正如著棋，通盘筹划了然于心，著著争先，步步进展，因利乘便，不难终占胜局。否则牵掣阻碍,相因而生,虽国手当前,实亦难操必胜之权也。东隅已失,桑榆非晚,只在内政如何,机会如何耳。

《中华民国外交史资料选编》(1911—1919)(一),第124—126 页

## 库伦大员公署章程
### 1915 年 7 月 19 日

第一条　库伦办事大员于所驻扎地设立办事公署。

第二条　办事大员总监视外蒙古自治官府及其属吏之行为,不违犯中国宗主权及中国暨其人民在外蒙古之各利益。

第三条　办事大员直接办事之区域,以前清驻库办事大臣所管辖之境,即图什业图汗车臣汗两部落为限。

第四条　办事大员直隶于大总统,管辖库伦,兼辖乌里雅苏台、科布多、恰克图各区域应办事务。遇有重要事件,随时呈报及咨商各主管衙门办理。

第五条　分驻乌里雅苏台、科布多、恰克图之各佐理专员,均归驻扎库伦办事大员直接节制。

第六条　办事大员公署设秘书厅,置秘书长一人,承大员之命,掌理秘书厅事务。秘书长由大员呈请简任。

第七条　秘书厅设一、二、三等秘书各二员。分任文牍、商务、词讼、俄文、蒙文等事件,并得随带学生,酌用雇员,帮司翻译、缮校。

第八条　公署卫队二百名,设卫队长一员统辖之。

第九条　公署设医官一员,设监狱官一员。

第十条　公署经常特别各费另定之。

《中华民国外交史资料选编》(1911—1919)(一),第126—127 页

## 乌、科、恰佐理专员公署章程
### 1915 年 7 月 19 日

第一条　乌里雅苏台、科布多、恰克图,各设佐理专员一人。

第二条　各佐理专员于分驻地,设立分驻公署。

第三条　佐理专员监视外蒙古属吏之行为,不违犯中国宗主权及中国暨其人民在外蒙古之各利益。

第四条　乌里雅苏台佐理专员直接办事之区域,以前清乌里雅苏台将军所管辖之境为限。

第五条　科布多佐理专员直接办事之区域,以前清科布多参赞大臣所管辖之境为限。

第六条　恰克图佐理专员直接办事之区域,以前清恰克图理事所管辖之境为限。

第七条　佐理专员,均受办事大员之节制,专理区域内应办事务,分别咨陈办事大员核办及备案。其关于急要事件,得一面咨陈办事大员,一面径呈大总统,及咨陈主管各衙门办理。

第八条　佐理专员公署设秘书厅,置秘书长一人,由专员荐任掌理秘书厅事务。

第九条　佐理专员公署秘书厅,设二、三等秘书,分任文牍、商务、词讼、俄文、蒙文等事。乌里雅苏台设二、三等秘书各二员,科布多设二等秘书一员,三等秘书二员,恰克图设二、三等秘书各一员,均得随带学生及酌用雇员,帮司翻译缮校。

第十条　公署卫队五十名,设卫队长一员管之。

第十一条　公署设医官一员,监狱官一员。

第十二条　分驻公署经常特别各费另定之。

《中华民国外交史资料选编》(1911—1919)(一),第127—128页

## 外交部关于中俄蒙恰克图订约会议致内务部咨

### 1915年7月22日

外交部为咨行事:关于外蒙事,业于二年十二月间中俄声明文件函送在案。本部根据声明文件第五款及另件第三款,当由三方面约定地点,派委代表接洽各节呈请派员与议,三年一月经大总统派定毕桂芳、

陈箓为全权专使,嗣因俄蒙延宕,迄未派使。直至是年九月始在恰克图开议,前后九阅月,波折横生,几至决裂,困难情形达于极点。本年六月七日始经三方面代表将议定之协约二十二条在恰克图签押,并将声明各节备具照会分别互换,会议始克结束。除约文照会本部依据恰克图专使迭次函电曾咨呈政事堂,并由政事堂将协约登载公报公布外,兹本部复按照该专使等送部之协约正本及照会原文,印刷汉文成册,惟此项协约系兼用中、俄、蒙、法四文并订,期将来文字解释以法文为准,本部尚拟将俄法各文照印分送,相应先将印就汉文约本连同照会送请查收。再,所附往来照会作条约性质,未便公布,特并声明。此咨

内务总长

外交部长陆徵祥

中华民国四年七月二十二日

（附件缺）

《中华民国史档案资料汇编》第三辑《外交》,第700—701页

## 呼伦条约

### 1915 年 10 月 24 日［11 月 6 日］

第一条　海拉尔为直属中华民国中央政府之特区。但海拉尔官宪于必要时及为使通信迅速起见,得与其所属之黑龙江官署进行商议。

第二条　海拉尔副都统以中华民国大总统令任命之,并行使巡按使之职权。

副都统之任命限于海拉尔五旗总管及三品以上之地方官吏。

第三条　副都统衙门由左右两厅组成,两厅厅长之一由副都统任命,另一厅长由内务部任命之。该厅长等行使职务应经中华民国中央政府核准,厅长之任命限于四品以上之海拉尔官吏。

副都统规定各厅之职权,各厅厅长归副都统监督,除经副都统授权外,无权与中央官署及他省官署发生直接关系。

第四条　平时,海拉尔一切军事方面均由旗兵担任。副都统应将

所采取一切军事措施,说明理由,向中央政府报告。

海拉尔如发生变乱,地方官署无力压止,中央政府经预先知照俄国后得派军队前往。秩序恢复后,该军队应即自海拉尔地方撤退。

第五条　海拉尔所征一切税收及该地方之一切收入应为地方之经费,但关税及盐税之收入则归中央政府。每届年终,副都统应将该衙门进款数目及用途报告中央政府。

第六条　凡海拉尔及中国内地居民以农工商为业者,均有在中国及海拉尔游历及居住之自由,并应受平等之待遇,不予歧视。

但由于海拉尔土地系该地方旗民之公产,中国人仅能在地方官宪认为中国人从事农业并不影响旗民牧畜利益之地方按期租借。

第七条　将来如在海拉尔铺设铁路,需要外国资本,中华民国政府应首先向俄国请借资本。

中东铁路公司及在海拉尔有采矿、伐木等权之俄国人,为运送材料及产品,需要铺设铁路支路时,非得中华民国中央政府许可,不得进行铺设,但中央政府除有特殊理由外,应予许可。

但约定:如下条所规定,业经中华民国中央政府承认之俄国人取得权利文件所已决定铺设之支线,与本条规定无关。

第八条　中华民国政府对俄国投资家与海拉尔官署已经订立之契约,凡经中、俄代表组成之委员会审查者,兹特予以承认。

《中外旧约章汇编》第 2 册,第 1124—1125 页

## 亚·密勒尔致外交大臣沙查诺夫电①

1915 年 10 月 25 日[11 月 7 日]

第 262 号。

第 5436 号电悉。

呼图克图的兄弟吹吉喇嘛是呼图克图心腹之一,拥有颇大影响。

---

①　选自《国际关系》第 3 辑第 9 卷,第 185 号文件——译者。

鉴于他具有支付能力,并考虑到他要维护自己之威信及信誉,可以确信款项能够归还。他是库伦收入最多的寺院住持。

目前还难于指出给他贷款在政治或其他方面会立刻给我们带来具体好处,但我认为,他得到我们的贷款后,便不会向中国借款,他将按我们之意愿去影响呼图克图。此外,在目前政治时刻,最好由蒙古银行向司法总长提供七千卢布贷款以满足其所在旗之需要,并向派往蒙古恰克图的三音诺彦汗代理人朝克图奥其尔提供一万卢布贷款。蒙古王公拒不还债之情况比较少见。我们拒绝给可靠的蒙古人提供贷款,将促使他们向中国人借贷,并使蒙古政府准许在蒙古开办中国银行有所借口。由于我的坚决要求,蒙古政府对蒙古银行之帮助已不再抱特别希望。两年来,许多蒙人向我提出借款,但我自告奋勇代为请求贷款的只有四人,即如期归还款项的已故财务长、呼图克图、三音诺彦汗及呼图克图的兄弟①。

密勒尔
《沙皇俄国贷款外蒙史料选译》,第 72 页

## 库朋斯齐致沙查诺夫紧急报告②
1915 年 10 月 28 日[11 月 10 日]

谢尔盖·德米特里耶维奇先生阁下:

自接到尊贵的阁下 8 月 5[18]日第 3993 号密电,授权我与中国外交总长互换照会,确认我们所拟呼伦条约之时起,我一遇到方便机会,就向陆徵祥先生指出,最好赶快彻底解决这个问题。

总长曾坚定地指出,有必要将我国企业主与呼伦贝尔当局所签各

---

① 沙查诺夫接到密勒尔这封电报后,于 10 月 28 日[11 月 10 日],以第 5558 号电告知密勒尔,蒙古银行董事会"基本赞同向可靠的蒙人提供贷款,如果蒙古政府亦表同意的话",而给司法长及朝克图奥其尔的贷款业经库伦办事处批准。故沙查诺夫认为可让密勒尔建议蒙古银行向呼图克图的兄弟提供贷款。

② 选自《国际关系》第 3 辑第 9 卷,第 210—214 页,第 210 号文件——译者。

合同译成中文,这是要花相当多时间之工作。与此同时,陆徵祥还不止一次企图怂恿我同意对条约及照会,以及某些合同本文作小的修改。对此我每次都正面表示,条约及照会本文业已最后确定,不可能再作任何修改,至于由专门委员会审查各项合同,不过是走走形式而已,我们为了顾全中国之面子才同意这样做的。此等合同必须按照当初与呼伦贝尔当局所订原样予以核准,因此将此等合同逐字译成中文是白费时间。

尊贵的阁下已经知道乌泰郡王之阴谋,根据我们的请求已准许他返回中国,他想通过说服巴尔虎人撇开我们同中国达成协议,以得到中国政府之赏识①。我完全愿意相信黑龙江将军,尤其是外交部未参与乌泰郡王之阴谋,乌泰郡王很可能已征得蒙藏院之同意。虽然如此,鉴于乌泰返回中国已对呼伦贝尔当局产生影响,我国驻海拉尔副领事也已证实这一点,我担心这个问题将继续拖延下去,我认为应于10月9[22]日以第596号电,请求尊贵的阁下准许规定外交大臣签署呼伦条约之日期。同时我通过代理人向总统提出一项请求,请求指示陆徵祥先生立即解决这个拖延之问题。

10月15[28]日接到尊贵的阁下13[26]日电和您的批准,并从其他方面获悉,总统已按我的意思下达指示,我于是日坚决向外交总长声明,鉴于乌泰玩弄阴谋,帝国政府要求条约之签署不得晚于下星期,否则帝国政府将对呼伦贝尔恢复完全行动自由。陆徵祥先生赶忙向我保证说,一定满足我们的要求,并请我将此事电告尊贵的阁下。合同于几天内尽快译完。

---

① 10月12[25]日,库朋斯齐以第601号电向沙查诺夫报称,蒙古郡王乌泰建议呼伦贝尔统治者胜福以黑龙江将军之名义,不经过俄国政府与中国政府直接达成协议,并指出,拖延大约一年的呼伦贝尔谈判未取得任何结果。驻海拉尔领事吴萨谛在10月21日[11月3日]报告中向驻北京公使称:"看来乌泰郡王已彻底投靠中国人,并建议要求乌泰归还俄国政府通过道胜银行向他提供的贷款。吴萨谛认为,这种归还贷款之要求'可使对呼伦贝尔问题提出上述建议,竭力改变过去不良印象,以取得中国政府赏识之乌泰冷静一些'"。

我们随后决定 10 月 24 日[11 月 6 日]为条约签署之日,但在帝国公使馆首席翻译在外交部校对文本的最后一分钟,中国人又企图对核准我国承租人之合同提出若干条件。为迫使中国放弃这个企图,我方只得打电报发表断然声明:在我得到外交总长之保证以前,我不能前往外交部。只有在此以后,事情才终于得到解决。条约之签署再未遇到任何麻烦。

谨将条约及与条约有关的中国外交总长给我的三件照会原件,以及我给陆徵祥三件复照抄件①随本紧急报告寄呈尊贵的阁下。

昨天我荣幸地以第 657 号密电报告阁下,为使日本人不致认为中国为报答我们在恢复帝制问题上同情中国而付出代价起见,袁世凯希望推迟一些时候公布呼伦条约。然而采取此项措施未必能达到目的,因签订条约一事这里已众所周知,日本代理公使昨天向我问过此事,而我认为不能不将条约中最主要的规定概括地秘密地告知小幡先生。谈到关于我国在呼伦贝尔之企业主将来各项合同批准手续之照会,正如尊贵的阁下所知,根据中国人之愿望,应当保密,根本不予公布。

致诚挚敬意

库朋斯齐

### 附件 1:陆徵祥致库朋斯齐照会

1915 年 10 月 24 日[11 月 6 日]

谨向阁下声明,中国政府答应一定与俄国政府达成协议,以补偿在黑龙江省之俄国金矿在日俄战后所遭受之损失。

致诚挚敬意

陆徵祥

### 附件 2:陆徵祥致库朋斯齐照会

1915 年 10 月 24 日[11 月 6 日]

为补充我们就呼伦贝尔地位问题所签条约第八条(该条涉及俄国

---

① 10 月 24 日[11 月 6 日]呼伦条约文本以及委任第一任副都统之换文载《外交部公报》1916 年第 2 期第 2 页。未公布之照会见本文件附件。

企业主与呼伦贝尔当局所签各合同)，谨以我国政府名义通知阁下，日后这类合同由俄国企业主与地方当局签署，并由黑龙江省当局核准。倘若黑龙江省当局对办理必不可少之批准手续有困难，则该问题应由外交部与俄国驻北京公使进行磋商。

新矿业条例以及其他这类条例，只有在最后付诸实行以后，才能适应俄国在呼伦贝尔之企业主。

致诚挚敬意

陆徵祥

《1912—1915年中俄呼伦贝尔交涉史料选译》，第61—62页

## 沙查诺夫致库朋斯齐函

### 1915年12月5[18]日

第787号。

瓦西里·尼古拉耶维奇先生阁下：

10月28日[11月10日]，阁下以第345号函告知说，签署呼伦条约时中国政府又提出附加条件，即该地方伐木合同以五年为期，上阿穆尔采金公司放弃中国政府赔偿该公司损失之要求。

在呼伦贝尔推行吉林省现行的向俄国臣民提供森林让与权，仅以五年为期之办法未必有理由。正如您指出的，这个办法是以与东省铁路公司所订合同为根据的，未与呼伦贝尔当局签订过此种合同。但根据刚刚在北京签署之条约，在安排呼伦贝尔收入项目方面，呼伦贝尔当局有自主权。对此种自主权加以限制，在呼伦贝尔推行中国人对我国在北满之工业所加各种限制，于我国不利。另一方面，森林让与权期限短只能导致对采伐森林之保护不予关心之承租人将森林采尽伐光。最好对呼伦贝尔林业进行更合理之管理，并责成承租人对森林进行合理轮伐，因此，森林让与权之期限显然更长一些。

至于上阿穆尔采金公司有权要求中国政府对1906年收回租让权给予赔款一事，在目前该公司之权利已经恢复，甚至还有某些扩大之情

况下,我们当然不会支持该公司另行提出要求。不过,日后倘中国政府支付巨款赔偿北满俄国金矿主所受损失,我们保留受损失者视情况分得款项之权利,而分款项时不能把上阿穆尔采金公司排除在外。

鉴于上述情况,我认为对外交部来函及签署呼伦条约之附加条件应审慎一些,暂不予答复。

致诚挚敬意

沙查诺夫

《1912—1915 年中俄呼伦贝尔交涉史料选译》,第 63 页

# 四、中外西藏问题交涉

说明:自清末以来,英、俄两国就开始觊觎西藏。俄国曾派遣德尔智进入西藏,成为十三世达赖喇嘛与俄国政府之间的联络人。辛亥革命后,在俄国的授意下,经德尔智的运作,西藏与外蒙古签署了《蒙藏协约》,准备与外蒙古同时"独立";英国由于所属印度临近西藏,所以,侵略西藏更加积极。辛亥革命后,英国极力扶持西藏上层封建主。达赖十三世在英国的支持下,发动叛乱。北京政府对西藏采取"先剿后抚"的政策。于是,英国从幕后走到台前,与北京政府就西藏问题展开会谈。英国不但单方面就印中边界制造了"麦克马洪线",而且,迫使北京政府参加印度西姆拉举行的中、英、藏三方"西姆拉会议"。最后,经过艰难谈判,迫于舆论压力,北京政府拒签《西姆拉条约》。此后,袁世凯经营帝制,欧洲局势动荡,西藏问题遂成悬案。

本章主要资料来源:

陈春华编译:《俄国外交文书选译——关于辛亥革命前后沙俄与英国在西藏问题上的勾结与妥协》,《中国藏学》2012年第1期

陈春华编译:《俄国外交文书选译——关于"英中藏"西姆拉会议》,《中国藏学》2012年第3期

北京大学历史系等编:《西藏地方历史资料选辑》,三联书店,1973年

中国第二历史档案馆编:《政府公报》(1913年),上海书店,1988年

吕秋文著:《中英西藏交涉始末》,台湾商务印书馆,1974年

陆兴祺编:《西藏交涉纪要》(台北蒙藏委员会),1954年

上海商务印书馆编印:《东方杂志》第9、16、17卷,民国期刊总辑

全文数据库

陈春华、郭兴仁、王远大译：《俄国外交文书选译（有关中国部分1911.5—1912.5）》，中华书局，1988年。

## 尼古拉二世致达赖喇嘛函①

里瓦几亚，1911年11月10[23]日

法王阁下：

阁下闰月②二十二日来函敬收。谨告知您，来函对我表示的良好感情令我深深感动。为此，并为所赐哈达，谨向您致以诚挚的谢意。

请阁下确信，我对您的友好之情将始终不渝。尊函谈及您最近的境遇，我一直怀着真挚的同情予以关注，我确信，这是暂时的，您的命运将会好转。

请您相信，我对法王阁下遭受如此困厄极为忧虑。我国政府对西藏问题的发展特别关切，对西藏在各项现行条约范围内捍卫自己的合法权利的意图十分同情。我认为，在西藏事务上奉行同英国政府亲睦的政策，是达此目的之重要条件之一。我还认为，倘若法王阁下在行动中不忽视这一意见，则将有助于尽快顺利解决目前的困难。

祝法王阁下安康，万事如意。

尼古拉

《俄国外交文书选译（有关中国部分1911.5—1912.5）》，第202—203页

---

① 本函草稿已随尼拉托夫10月18[31]日奏折呈尼古拉二世。尼拉托夫在奏折中谈及本肯多夫本应就达赖喇嘛来信同伦敦内阁接洽时，写道："但本肯多夫尚未找到机会在达赖喇嘛向我们发出的呼吁中所提出的范围内就西藏问题同英国政府举行会谈。实际上不能不承认，最近发生的使两国极为重视的一系列极重大政治事件，并未给西藏谈判创造良好条件。不过，我敢于认为，在尚未查明情况以前，对西藏法王来函不予答复是不妥的，因为这可能使他产生俄国对西藏命运漠不关心的想法，这对我们不利。因此，外交部草拟了陛下给达赖喇嘛的安抚性的复函，不过函中要尽可能作一般性表示，以免为提出过高的期望造成口实。"

② 闰十月——译者。

## 俄国驻伦敦大使馆致葛雷备忘录

### 1911 年 12 月 4[17]日

达赖喇嘛已致函俄国皇帝,请求帝国政府支持他恢复对西藏的权力,皇帝陛下已赐复函,帝国外交部拟通过驻孟买总领事将复函递交达赖,复函内容如下:

皇帝陛下在通常问候之后,表示,他得知法王阁下近来多遭厄运,深为痛心。但他希望这些困难不过是暂时的。帝国政府严重关注西藏事变的进程,并将以同情的心情注视着西藏为捍卫其以各项现行条约为依据的权利而可能进行的尝试。

最后,皇帝陛下提请达赖喇嘛特别注意 1907 年英俄协定,并表示:如果法王重视俄英两国已经建立的友好关系,则他将顺利克服目前的困难①。

《俄国外交文书选译(有关中国部分 1911.5—1912.5)》,第 232 页

## 阿旺·德尔智②致俄国外交部呈文③

### 1911 年 12 月 10[23]日

毫无疑问,目前中国发生的事件必将对政治上业已自治的西藏形势,特别对藏俄、藏英关系产生强烈影响。

---

① 本肯多夫业将格雷 12 月 15[28]日复函抄件同 1911 年 12 月 21 日[1912 年 1 月 3 日]函一并寄呈。格雷在复照中向他表示感谢,感谢他将尼古拉二世致达赖喇嘛函的内容告诉了他。

② 阿旺·德尔智:俄国布里亚特人,1853 年(一说 1850 年)出生于贝加尔湖以西上乌丁斯克省。1873 年随香客入藏,在拉萨附近的哲蚌寺学经,并攻读藏语。1888 年获得喇嘛教学称中高级学位——拉然巴格西。此后,即以宗教为掩护,广泛结纳西藏权贵,逐渐博得了僧侣贵族的信任,得以朝夕侍奉达赖喇嘛起居,并担任首席噶伦夏扎·边觉多吉的私人外事秘书,直接参与了当地的政治生活。受达赖喇嘛派遣,阿旺·德尔智曾多次率西藏使团赴俄。1909 年 3 月,达赖喇嘛派阿旺·德尔智第六次前往俄国求援,因在彼得堡兴建喇嘛教寺院事而留在了那里,没有立即返回西藏。

③ 陈春华译自 Россия и Тибет,No. 103(《俄国与西藏》,第 103 号文件)。

英国与西藏有直接接触,目前达赖喇嘛又驻跸英国领地,毫无疑问,同俄国相比,英国处于更加有利的地位。因此,没有理由认为,英国不会利用这种地位的各有利方面,以某种方式加强其对西藏的影响。

采取什么措施才能使这种结果符合俄国利益?当然,这不是我解决的问题,但我不能不指出,在1907年同英国签署《西藏协定》时,除那些纯粹以英国所处地理位置为条件的、极专门的优惠外,俄国根本不打算承认英国有权在西藏占有优势地位。

但另一方面,我认为自己有责任提请注意,以达赖喇嘛为首的西藏百姓对英国人可能进行的侵略,或死乞白赖的另一些要求,将竭力予以回击。俄国对西藏百姓和他们的领袖一向持公正、公平的态度。西藏人坚信,西藏今后的命运取决于俄国的庇护。俄、藏多年来的交往令人信服地证明,西藏已把自己的全部希望寄托在白沙皇的协助上了。

很遗憾,1907年协定为排除同西藏自由来往之可能性创造了条件。因此,西藏百姓不了解俄国的真实意图,仍在耐心地等候对自己请求庇护一事作出答复。

然而,据我得到的情报,鉴于中华帝国内部体制必将发生重大改变,达赖喇嘛现已决定恢复其至圣地位。他在近来的一些信件中请我立即前往拉萨。我坚信,目前我的西藏之行是非常及时的,多少总会有些收获,因此,我现已决定前往。

如果政府同意最好保持西藏百姓对俄国的信任和友好之感情这样一种意见,请指示,我在西藏应遵循怎样的行动方式。

我认为此行最好途经蒙古,即朝圣的喇嘛教徒前往西藏朝圣通常途经的路线。不过,我已注意到,在目前情况下,沿途居民像土匪一样,特别危险。像给其他前往中亚的旅行者派卫队一样,我请求也给我派一支由信奉喇嘛教的哥萨克、顿河的卡尔梅克人,以及布里亚特人组成的十人卫队。

《俄国外交文书选译——关于辛亥革命前后沙俄与英国在西藏问题上的勾结与妥协》,第317—318页

## 世清致沙查诺夫紧急报告

1911 年 12 月 16[29] 日

第 116 号。

谢尔盖·德米特里耶维奇先生阁下：

日前一个从大吉岭来的西藏人将一封达赖喇嘛致帝国公使的信交给我，信上注明为八月三十日，即旧历 10 月 8 日。现将此件译呈钧览。

从使者谈话中可以断定，他从大吉岭动身时，关于中国南方开始革命运动，尤其是西藏最近发生的事变，达赖喇嘛尚未得到任何消息。不过，此间除报刊上关于西藏人业已逮捕中国当局并驱除了部分中国军队这些简要消息外，亦没有关于拉萨政变的详尽而准确的材料。我同英国公使谈过西藏局势，他大体上证实了上述消息，他只补充说，据英国驻成都府领事报告，随着四川全省转到革命者手中，新任川督给赵尔丰派了大约三千军队，要他恢复中国在西藏的政权。这是 11 月 14[27] 日得到的消息，但一般确信赵氏未必到达西藏，便可能象端方那样，在途中为所部士兵杀害。最后，朱尔典爵士发表了纯属他个人的意见：达赖喇嘛回拉萨或许于建立西藏秩序有利。

现在还未得到关于局势的可靠材料，我认为在得到阁下原则性指示之前，一般说，最好暂缓给达赖喇嘛书面答复，暂缓向现住北京的达赖的使者提任何建议。况且，达赖喇嘛在得知库伦事变之后，大概迟早会竭力同呼图克图取得联系，这种联系对我们会有某种好处。

顺致崇高的敬意

世清

《俄国外交文书选译(有关中国部分 1911.5—1912.5)》,第 241—242 页

### 阿旺·德尔智就建议俄英两国共同保护
### 西藏事致沙查诺夫的呈文①

1911 年 12 月 20 日［1912 年 1 月 2 日］

致最尊敬的外交大臣先生阁下的呈文：

我谨向最尊敬的阁下报告，应至尊达赖喇嘛的召唤，我行将前往西藏。因此，我已请求帝国政府作指示，关于西藏的外交政策，我也已探悉帝国政府对西藏问题总的看法。

由尊敬的阁下阐述帝国政府对某一方面的观点是合适的。

鉴于西藏地处远方，帝国政府认为，俄国在那里并无重大政治利益和经济利益。纯属宗教性质的现实利益也只涉及到信奉喇嘛教的俄国臣民。英国在西藏的利益，主要是政治利益和经济利益。从这一情况出发，西藏的对外政策应建立在与英国友好、亲善基础之上。西藏与英国在政治和经济方面可达成各种协议。

俄国对西藏依然保持着友善态度。在宗教事务方面西藏将得到俄国的积极支持。

很清楚，帝国政府的观点符合当下西藏政治生活的实际情况。我有长期同西藏人接触的丰富经验，了解他们的观点和政治意图，我只提请尊敬的阁下注意一些补充材料和想法。

有着宗法生活方式的西藏人民，其传统思维方式影响极大。根深蒂固的思想传统和好恶以及与人疏远，使他们很难屈从于外人的影响。自很早以来俄国对西藏就怀有善意，这业经屡次事实证明，且经皇帝诏书的批准，使不论什么阶层的西藏人都相信：俄国将保护西藏免遭贪得无厌的邻国的侵扰，这种信念深深扎根于全体西藏人民心中，并罩上了神秘的光环。

---

① 　陈春华译自 *Россия и Тибет*，No.104（《俄国与西藏》，第 104 号文件）。

另一方面,布尔战争①、荣赫鹏上校的远征②、邻国印度的动乱,过去和现在均对文化素养高的西藏人以及下层人民产生了强烈影响。对英国人的偏见带有历史的色彩,这种偏见在群众的意识中是很深的。

看来,我在西藏的使命是:会同至圣达赖喇嘛共同消除西藏人毫不掩饰的对立意图和情绪、使他们相信对英国人必须恭顺、清除过去所形成的观念。这是十分艰难的使命。至尊虽有极高的威望,也不可能完全消除人民群众对立的意图和情绪。个别冲突、个别事件仍有可能发生。英国人以注重其民族尊严而著称。

然而西藏人的目光一向注视着北方,将来也将如此。但从上述情况可以看出,俄国在西藏的生活中扮演着次要而消极角色。

这可能使西藏人产生危险的想法:似乎俄国要西藏完全按照英国的意愿做出某种让步。从此不断地、激烈地反对英国,或采取比这更坏的步骤。正在复兴的中国有可能利用这一点,当然,像西藏遇到的所有麻烦一样,此事根本不在其他有关各方的考虑之中。

我深信,根据某个条约,俄、英两国共同保护西藏,能使上述十分可能发生的麻烦顺利得到缓和,以便有关各方代表共同解决任何比较重大的争执。这种措施有可能使西藏的社会舆论平复下来,并取得所期望的结果。

俄、英两国代表驻在拉萨会使西藏人确信,他们不要怕任何暴力措施,在两个大国的保护下,西藏人终于可以把全部精力用于安排自己的内部事务和利用国家的自然资源了。

堪布阿旺·德尔智
1911 年 12 月 20 日［1912 年 1 月 2 日］

《俄国外交文书选译——关于辛亥革命前后沙俄与英国在西藏问题上的勾结与妥协》,第 319—320 页

---

① 布尔战争,即 1899—1902 年的英国布尔战争,即英国对南非的布尔共和国,即奥兰治自由共和国和德兰士瓦的战争。

② 当年荣赫鹏系英国侵略军头目,1902—1904 年曾率英国侵略军入侵我国领土西藏。

## 列维奇奥季就会见达赖喇嘛之经过情形致外交副大臣紧急报告①
### 1912 年 2 月 14 日 [27 日]

第 7 号。

阿纳托利·阿纳托利耶维奇先生阁下：

　　我接到帝国外交部今年 1 月 23 日 [2 月 5 日] 第 142 号关于前往大吉岭将皇上的书信面交达赖喇嘛的密令②后，立即通知印度政府外务秘书亨利·麦克马洪（Макмагон А. Г.）爵士：我打算拜访达赖喇嘛，并将随皇上致至尊的信寄给我的备忘录的内容告知亨利·麦克马洪爵士。

　　亨利爵士答应我，立即将我的大吉岭之行通知锡金政治专员贝尔（Белль Ч.）先生，看来，他毫不反对我会见达赖喇嘛。

　　但在我启程赴大吉岭前半小时，我收到副外务秘书伍德先生的急信，他请我将我的旅行推迟数日，因为不知(?)达赖喇嘛现在何处，而且贝尔先生也不在，他已去甘托克，从那里去大吉岭骑骡要走三天。

　　我清楚地知道，达赖喇嘛并未离开他的府邸，我对伍德先生说，我宁愿在大吉岭等贝尔先生回来，这样便可以利用这一凉爽的山地休息，避开加尔各答的炎热。

　　我关于达赖喇嘛所在地点的情报是准确的。我抵达大吉岭后，得知达赖喇嘛尚未离去。圣尊打算三天后去噶伦堡，对锡金边境作一次旅行。对此我已于 1 月 30 日 [2 月 12 日] 以第 8 号密电荣幸报告阁下。

　　因此，倘若我按照伍德先生的请求将我的行期推延数日，则我未必能顺利完成给我的指令，将皇上的书信面交达赖喇嘛。显然，这正是当

---

①　译自 *МОЭИ*, Серия вторая, Т. 19. ч. 2, No. 544（《国际关系文件》第 2 编第 19 卷，下册，第 544 号文件）。中译文原载《近代史资料》总第 48 号，第 73—79 页。

②　原件日期有误。第 142 号电的日期是 2 月 6 日 [1 月 24 日]。科扎科夫在该电中饬令列维利奥季前往大吉岭，把尼古拉二世的信件面交达赖喇嘛。科扎科夫指示："您同达赖喇嘛会见时，我们不反对英国官员在场。"

地政府所期望的。

我还不得不提到,我受到了最严密的监视。我想验证一下我的这一推测。中午十二时我由旅馆向导陪同朝达赖喇嘛住所漫步走去,当时有一名警察一直尾随在我的后面。半路上,我似乎又偶然遇到从达赖喇嘛那里骑马出来的大吉岭委员助理。在离至尊府邸大门半俄里处,我被一位信喇嘛教的巡官拦住,他很客气地向我作了自我介绍,并且通知我:锡金政治专员贝尔先生已匆匆离开甘托克,贝尔先生电告他:明晨十时将抵达大吉岭。

当天我收到政治副专员莱登纳先生的通知,我同达赖喇嘛的会见定于星期六(即次日)早晨,我将在至尊府邸大门口同贝尔先生会面,他将参加会见。

我认为不便等候骑骡来的政治专员,因为在达赖喇嘛住所围墙附近的"十字街头"容易耽误约定的时间,我婉言谢绝了莱登纳先生的建议,请求将贝尔先生到达约定地点的时间通知我,以便我及时到达那里。

如在印度常有的那种情形,很快就看出"大门口会面"的建议是一个误会。星期六清晨,贝尔先生带着警卫来到我下榻的旅馆。他对未能早些时候来到大吉岭甚感抱歉,并且说,他在其辖区内完全听从我的吩咐。经过如此寒暄之后,"大门口会面"的问题自然就不了了之。由于他非常客气,我们进一步的交谈完全消除了起初给我留下的不愉快印象。

我们当即骑马往见达赖喇嘛。贝尔先生和我受到至尊的噶伦的迎迓,在通常的致意和互献"哈达"之后,我们被引进达赖喇嘛的内室。我对印度政府提供给西藏最高教主的住室极其简陋感到震惊。一间小屋,简朴甚至寒酸的陈设,毫无东方住室内部陈设所必有的那种豪华。这一切表明习惯于布达拉宫的雄伟气势的西藏百姓的精神统治者处境不佳。

我以为达赖喇嘛内室的陈设如此简陋是因为他即将启程,但经我询问得知,原来西藏最高教主从在大吉岭生活的第一天起就住得如此简陋。

达赖喇嘛待我极为客气。当通报了我的本意时,他掩饰不住他的激动。在通常礼节性的一再相互致意问候之后,我告诉至尊,我带来了皇上敬送给他的亲笔信和哈达。

达赖喇嘛和所有在场的人立即起立,我把皇上的信交给至尊。因西藏最高教主除懂藏语和汉语外,不懂任何其他语言,我们通过会说藏语的英国驻锡金政治专员进行谈话。

达赖喇嘛请我把皇上的信译成英语,我照办了。原来一开始读信时,就将该信的藏文译文给他了。尽管如此,达赖喇嘛仍希望我把皇上的信译成英语,并由贝尔先生译成藏语。他本人紧张地注视着藏文信文。信读完了,我的翻译也用藏文校正过了,当时好像俄英两国正在进行西藏事务谈判。

紧接着我又极为仔细地逐字逐句地将皇上的信翻译了一遍,并向至尊和贝尔先生解释藏文译得不确切,是因为圣彼得堡几乎没人懂藏语,显然,这份译文是喇嘛教寺院某个不太懂俄语的僧人翻译的,帝国外交部无法对译文进行审核。我不知道,我是否已使达赖喇嘛相信这是偶然的误会。不过政治专员显然相信我的解释,因此,事情就这样过去了。

读过信之后,达赖喇嘛向贝尔先生讲了一大段话,贝尔先生将其翻译如下:"至尊向皇帝陛下表示他本人和全西藏百姓深深感激和忠诚之情,他请您向皇帝陛下转达这种感情。皇上的关怀使他深受感动。在厄运中想到俄国沙皇同情他悲惨的命运,他极为高兴。他将始终不渝地在其一切行动中遵循皇上的意志。"

我问,至尊最近有什么计划?达赖喇嘛回答说,他决定离开大吉岭,移居噶伦堡,因大吉岭的潮湿气候对他及其噶伦的健康有害。有两位噶伦长期住在喜马拉雅山脉这一潮湿地带,因不适应环境而死去。噶伦堡的气候要干燥得多,与拉萨的气候相似。达赖喇嘛还说:"况且,噶伦堡位于春丕谷的入口处,春丕就在去西藏的路上,我在噶伦堡离拉萨也就更近了。"

我问贝尔先生,他是否反对我详细询问达赖喇嘛的计划,他回答说,相反,他乐意听他的计划,一般说,达赖喇嘛很少谈它。我问西藏最高教主,他是否能很快返回拉萨?

达赖喇嘛说:"此事如果取决于我,自然,我会毫不迟延地立刻启程返回我的城市。但是,如果我的百姓目前还不能保证我在拉萨不受侵犯,又如何谈得上此事呢?尽管目前西藏未必集结有上千汉兵,而且中国对我的国家的统治仅空有虚名,不过没有外援,我是很难返回拉萨的。一旦我的百姓有了武器,在俄英两国支持下,难道他们不值得大力捍卫自己的独立吗?"

眼看我同达赖喇嘛的谈话将要进入阁下未曾授权的政治性问题的范畴,我请贝尔先生告诉至尊,我的拜访绝不负有政治使命,只是向他递交皇上的书信。因此,我不便对俄英两国共同的西藏政策发表什么见解。我强调交给我的任务并没有任何政治性质,贝尔先生显然对此非常高兴。因为印度政府常常担心外国领事充当其政府政治代理人的角色。我敢于认为,这种担心正是地方当局起初不愿安排我会见达赖喇嘛的主要原因。我们谈话结束时,至尊对我说,他深深感谢皇帝陛下在亲笔信中对他的命运表示同情,他将请求俄国政府会同英国政府对北京政府施加压力,使北京政府放弃其对西藏的要求,允许至尊返回拉萨。

辞别达赖喇嘛之后,按照惯例和越来越信任我的贝尔先生的建议,我同至尊的噶伦沙克公和沙甘公谈了话。他们饶有兴趣地探问了俄国的情况。由于我不懂藏语,如果对方大谈中国对西藏如何的不义和残暴,不合我的意愿,我也不能改变话题,只好听完。看来贝尔先生已得到指示,许可噶伦发表意见。但是,为避免我向达赖喇嘛作的我没有任何政治使命的表示同我下一步策略的矛盾,我让贝尔先生主持谈话,我只讲了一些通常的客套话。临别时噶伦们问到英俄两国关于西藏谈判的进展情况,我再次表示,我对此毫无所知,所有谈判通常是在圣彼得堡和伦敦由帝国政府同王国政府直接进行。

综上所述，我不能不得出结论：我同达赖喇嘛的会见给至尊和印度政府留下了最良好的印象。如果说英印当局对我的大吉岭之行起初有所怀疑，甚至不惜以漂亮的借口加以阻挠，则帝国外交部指示我采取完全公开、直率的策略，以及我强调我担负的任务不具政治性质，终于消除了当地政府对我国是否一贯遵守英俄西藏协定的怀疑。我会见达赖喇嘛时，英国驻锡金政治专员在座，我同西藏最高教主交谈，他不仅是译员，而且是平等的参加者，再没有比这更符合我国驻印度总领事的政治任务的主旨了。

俄罗斯帝国居民中有数百万喇嘛教徒，因此，俄国边疆地区的民族同达赖喇嘛的宗教联系完全是自然的、可理解的，同许多英印官员一样，贝尔先生对此感到难于理解，这真是咄咄怪事！离开大吉岭前夕，我在他那里用午餐，我向他详细说明了我国同西藏最高教主关系之实质。我敢于认为，贝尔先生同在此问题上不如他消息灵通的印度外交部一样，今后不大会怀疑我们同达赖喇嘛的来往。

我已荣幸地提到，倘若我的大吉岭之行有助于巩固我们与当地政府间的良好关系，则通过俄国驻印度领事代表而不通过英国政治专员将皇上书信递交至尊一事，给达赖喇嘛留下了印象对我们最为有利。

近来，我们同达赖喇嘛的联系显然开始削弱了。虽然西藏最高教主对英国人从无好感，但他仍不得不顾及他们。一方面，他接受他们的津贴，是他们的客人，如果说不是俘虏的话；另一方面，他们又许诺支持他，虽然这种许诺是非常含糊的，但他仍受其影响。

皇上的书信对至尊是一线希望，无疑使他受到了鼓舞，给了他进一步同厄运作斗争的勇气。西藏百姓很了解我国西藏政策的诚意，同时英国人迟早要将西藏纳入缓冲国体系的企图，对西藏百姓也不是秘密。荣赫鹏上校不久前远征拉萨，迫使达赖喇嘛从拉萨出逃，足以使西藏百姓认清英国人对西藏的策略。

倘若至尊不久之后能回到拉萨，并依靠西藏人的一致支持（他们不难从纪律松弛的中国军队那里买到武器并把中国人赶出自己的国土），只要对中国政府施加影响，西藏未来的国际地位问题就能得到解决。

那些对我们远非陌生的百姓希望我们保护他们，我敢于认为，支持他们的希望，预计日后对我国将非常有利。我国在西藏的威望很高。然而，靠近印度，有谁能亲眼看到英国是用多么微不足道的金钱维持它在一个有三亿胆怯、无力自卫的印度人的帝国的统治，自然所有这些无助于在西藏人中间树立英国伟大的观念。

同印度政府每月给废黜的西藏精神统治者上千卢比的津贴相比，意识到俄国沙皇并未忘怀西藏百姓的命运，这对西藏百姓而言，是比前者大得多的道义上的支持。

最后，我要提到，我在大吉岭期间，住在该城的西藏人聚集在我下榻的旅馆附近，他们要见我国领事，并向他敬献"哈达"。

我没有理由拒绝他们这种请求，我接见了他们所有的人，并向他们回赠了"哈达"，西藏人认为，这是莫大的荣幸。

2 月 11 日［1 月 29 日］黎明，达赖喇嘛前往噶伦堡，有喇嘛、卫队和一群百姓送行，百姓向他致以最崇高的敬意，英印报刊每天都在专栏中对达赖喇嘛的生活细节作详细报道，而对我同达赖的会见却只字不提。

有关至尊在噶伦堡的情况和西藏今后的事态，我将另向阁下报告。请接受我的敬意！

列维奇奥季

《俄国外交文书选译——关于辛亥革命前后沙俄与英国在西藏问题上的勾结与妥协》，第 320—323 页

## 北京政府外长就川兵入藏平乱致英驻京公使公文
### 1912 年 6 月 14 日

一、西藏永为中国领土。

二、一切责任均由中国负担。

三、商务上利益，中英两国共享有之，惟政治不顾问英国。

四、英国不得驻兵西藏，他国亦然。

《西藏地方历史资料选辑》，第 287 页

## 英国外交部就西藏局势和达赖喇嘛打算离开印度
## 返回拉萨事致本肯多夫备忘录

1912 年 6 月 12 日［25 日］

第 25530 号。

俄国政府无疑知道，近来西藏局势令人十分焦虑。驻藏办事大臣和近千名中国士兵在拉萨被西藏人围困，并据报告，他们将弹尽粮绝，看来他们不投降，即覆灭。

西藏其他地方小股中国军队已经投降，并已获准取道印度返回中国；看来西藏人实际上重新控制了全藏。拉萨中国当局和西藏当局请求印度政府派一名官员去拉萨安排该处中国军队投降，并办理他们去印度护照。陛下政府至今未同意这一要求，虽然在印度政府供职的一名土著警察正在西藏，但是陛下政府尚未批准他前往拉萨。

达赖喇嘛打算本月 24 日离开印度回拉萨，陛下政府授权印度政府将以下送别文告转交给他："印度政府祝愿达赖喇嘛一路平安，希望他觉得居留印度期间是愉快的。只要条约义务得到充分履行和藏印之间的亲切关系得以保持，印度政府希望看到西藏在中国宗主权之下保持内部自治，不受中国干预。人们期待达赖喇嘛竭尽全力去达到这些目标。至关重要的是，停止内讧和恢复秩序。"[1]

列维奇奥季

《俄国外交文书选译——关于辛亥革命前后沙俄与英国在西藏问题上的勾结与妥协》，第 323 页

---

[1] 纳博科夫（Набоков К. Д.）在 6 月 1 日［14 日］第 20 号紧急报告中顺便向沙查诺夫谈及："虽然我没有关于此事的直接指令，但我清楚，当地政府专员将严密监视达赖喇嘛之所作所为，而且不大会鼓励他从江孜前往……拉萨寺院禁地，在那里他们更难于对他进行监视。"

## 本肯多夫就与葛雷谈话之内容致沙查诺夫函

### 1912 年 7 月 15 日［28 日］

敬爱的谢尔盖·德米特利耶维奇：

　　我昨日向格雷告辞，预计星期一早晨动身。前天我觐见了国王。关于您的访问问题已顺利解决，他二人均向我表示非常满意。因为我没有任何问题须要讨论，同格雷的整个谈话集中在这次访问上。格雷认为，这次访问意义非常重大。他告诉我，他打算同您全面讨论整个政治局势，并且在任何问题上都不对您隐瞒自己的观点。如果您愿意，巴尔干、地中海、海峡等问题均可讨论。我对他说："还有中国，我认为，在那里我们的利益彼此丝毫不矛盾，但是有若干问题保持着非常含糊的性质。"他同意这一点。我告诉他："我认为，在西藏并非一切都很顺利，另一方面，我们还有蒙古问题。"格雷回答我说：对于西藏以及南部波斯，有一伙人希望怂恿英国借口触犯了英国的声望和利益进行积极的干涉；然而政府决定，不让自己卷入任何轻率的不计后果的行动。他对我说，所有这些问题都是应当同您共同探讨的主题，因为这些问题的状况是不能令人满意的。

　　（下略）

本肯多夫

　　《俄国外交文书选译——关于辛亥革命前后沙俄与英国在西藏问题上的勾结与妥协》，第 324 页

## 朱尔典为干涉中国西藏事务致北京外交部节略（节录）

### 1912 年 8 月 17 日

　　清末驻藏华兵于鼎革之际，全体哗变，藏人乘机驱逐汉官，并派兵侵扰川边区域，虽经边军抵御，而英人遂借口调停，出面干涉。民国元年八月十七日，英使送本部节略一件，要求五端：

　　（一）英政府不允中国干涉西藏内政。（二）反对华官在藏擅夺行政权，并不承认中国视西藏与内地各省平等。（三）英国不欲允准在西

藏境内存留无限华兵。(四)以上各节先行立约,英方将承认之益施之于民国。(五)暂时中藏经过印度之交通应视为断绝。

《西藏地方历史资料选辑》,第 292—293 页

## 埃捷尔就英国承认中国宗主权不承认中国有权独自干预西藏的管理反对在拉萨和西藏扩大中国军队现有编制事致尼拉托夫电
### 1912 年 8 月 6 日[19 日]

第 211 号。

关于第 179 号。

格雷照会说,已经通过一项决议,作为确定英国政府对西藏关系的正式法案。驻华公使奉命通知中国政府:英国承认中国之宗主权,不承认中国有权独自和积极干预西藏的管理,因为这与 1906 年条约的第一款相抵触。因此,无论袁世凯发表主张,要将西藏与中国本部行省同等看待,英国也不能允许中国人在西藏担任行政职务。英国正式反对西藏条例中的这种规定:反对在拉萨和西藏扩大中国军队现有编制。伦敦内阁坚持必须在上述基础上同中国达成书面协议;预先通知立即停止中国同西藏之间经由印度的交通往来,军队出境返回中国除外。

照会原件到此为止。

埃捷尔

就蒙古而论,此事可能对我国有利。

1912 年 8 月 8 日[21 日]于彼得戈夫

《俄国外交文书选译——关于辛亥革命前后沙俄与英国在西藏问题上的勾结与妥协》,第 324—325 页

## 埃捷尔就伦敦内阁认为中国人之行动方式违背各项协定事致沙查诺夫紧急报告
### 1912 年 8 月 14 日[27 日]

第 31 号。

谢尔盖・德米特利耶维奇阁下：

谨将英国外交部 8 月 17 日（公历）备忘录副本随本紧急报告寄呈阁下，补充今年 8 月 19 日［6 日］第 211 号电报。我认为应补充一点：外交部有人对我说，决定将这份照会递交中国政府，并未引起任何特殊事件。

伦敦内阁认为，因中国人总的行动方式违背各项协定条款，意在逐渐扩大其对西藏的宗主权，需要采取措施提出劝告，或者毋宁说提出警告。

如备忘录所说，递交照会的部分理由是：中国政府显然企图逐渐扩大其在西藏的护卫队编制，留在那里的中国官员恣意妄为，最后，明显企图将西藏降为中国本部的行省。

昨日《泰晤士报》上发表的社论显然符合英国政府之观点，无论如何，事情已涉及中国的行动方式，谨将上述社论随紧急报告寄呈。

请接受我的敬意！

埃捷尔

《俄国外交文书选译——关于辛亥革命前后沙俄与英国在西藏问题上的勾结与妥协》，第 325 页

## 库朋斯齐关于英国驻华公使就西藏问题向中国政府发表声明事致沙查诺夫紧急报告

### 1912 年 8 月 25 日［9 月 7 日］

第 78 号。

谢尔盖・德米特利耶维奇阁下：

此间英国公使就西藏问题向中国政府发表了一项声明，提出了一些要求，在北京产生了很大反响。阁下 8 月 9 日［22 日］以第 1599 号电曾将我国驻英代办密电通知我，内中列举了这些要求。声明很快公诸于世，因其出乎意料和口吻强硬，已引起普遍关注；声明所激起的各方面议论，比我们多次在蒙古问题上发表的全部意见所引起的议论要

多得多。

中国政府人士公开对英国的要求表示愤慨,各党派出版物对这些要求均表示盛怒。英国曾对中国建立共和制甚表同情,而其国家领导人曾口头声明,英国希望看到中国统一强盛。此间无论如何也未料到,这个英国竟然采取如此不友好的步骤。无论约翰·朱尔典爵士如何竭力向中国官员解释说:英国只不过要求维持以英中两国各项条约为基础的迄今的西藏现状;虽然中国政府被迫停止向西藏进军,但对约翰·朱尔典的论证却充耳不闻。

我的英国同僚送往外交部的备忘录提出,中国同意英国对西藏的要求,是英国承认中国现政府的条件。但约翰·朱尔典爵士亲自对我说,他不指望在最近的将来得到中国人满意的答复。

请接受我的敬意!

库朋斯齐

《俄国外交文书选译——关于辛亥革命前后沙俄与英国在西藏问题上的勾结与妥协》,第 326 页

## 北京政府驳复英国公使 8 月 17 日来文的照会
### 1912 年 12 月 23 日

政府接到此文后……本日(十二月二十三日)始备文照该国提出各条,一一答复,大致如下:

(甲)中国按照一千九百零六年之中英西藏条约,除中国之外,其他国皆无干涉西藏内政之权,今谓中国无干涉西藏内政之权,理由甚无根据。至于改设行省一事,为民国必要之政务,各国既承认中华民国,即不能不承认中国改西藏为行省。况中国对于西藏,并无即时改设行省之意,此中颇有误会。惟现在中国认定不许其他一切外国干涉西藏之领土权及其内政。(乙)查中国并无派遣无制限军队驻扎西藏之事,惟按照千九百零八年之通商条约,英国以市场之警察权及保护印藏交通,委任于中国,故中国于西藏紧要各处,当然派遣军队。(丙)中英关

于西藏之交涉，已经两次订立条约，一切皆已规定明确，今日并无改订新约之必要。（丁）中国政府，从前并无有意断阻印藏交通之事，以后更当加意保护，断不阻碍印藏交通。（戊）承认中华民国，是另一问题，不能与西藏问题，并为一谈，深望英国先各国而承认中华民国。

《东方杂志》第 9 卷第 8 号，中国大事记

## 纳博科夫就英属印度报界对阿旺·德尔智
## 关于俄英两国保护西藏的可能性发表
## 声明一事的反应致尼拉托夫的密信①
### 1912 年 12 月 27 日［1913 年 1 月 9 日］

1913 年 1 月 4 日［1912 年 12 月 22 日］，我打电报谨向尊敬的阁下报告，《新时代报》（Новое время）报道说：德尔智现在库伦，他已宣布西藏独立，已授予他全权缔结藏蒙协约，他打算就英俄两国共同保护西藏、让两国在西藏开采自然资源、修建铁路、架设电报线路等项，同我们进行谈判②，此间的英国报界对这一报道立刻作出了反应。此间还转载了《今日电讯》（Dally Telegraph）自北京发来的报道，略谓：中国政府消息非常灵通，坚信近几个月来达赖喇嘛的全部行动都是同俄国驻库伦代表商定后采取的。另据来自噶伦堡的消息说：中国残余部队已向西藏人投降，并在统领钟颖率领下途经印度前往中国；有一名英国军官被派往边境，在那里等候中国军队，并将其押送出境，中国军队不会在那里滞留，因为士兵闹事会给警察带来麻烦。

---

① 　陈春华译自 Россия и Тибет，No. 112（《俄国与西藏》，第 112 号文件）。

② 　1912 年 12 月 31 日［18 日］《新时代报》发表了本报记者发回的报道："阿旺·德尔智已抵达这里。他通报说，西藏已宣布独立，脱离了中国，达赖喇嘛已登上君主的宝座。德尔智已被授予全权就签订蒙藏协约事宜同库伦政府进行谈判。此外，已授命德尔智请求俄国政府就俄英两国保护西藏一事进行协商。如果英、俄接受上述建议，达赖喇嘛同意赋予两个保护国在西藏免税贸易、开采自然资源、修筑铁路等项权利。"

虽说《新时代报》的报道是捏造的①，但我有充分理由认为，《先驱者报》（Пионер）的评论反映了印度政府对西藏问题的观点。因此，我认为应全文援引这篇评论："在达赖喇嘛赋予德尔智全权以前，我觉得像数年前对达赖喇嘛造成危害的那些人一样，德尔智目前的使命似乎是他自己宣称的。英国政府不能容许俄英两国共同保护西藏。俄国在西藏的利益是微不足道的。而漫长的边界无论在政治上，还是为贸易利益，都使英国非常关注西藏的命运。西藏的未来取决于伦敦和北京。近来发生的事件表明，这个问题将很难得到圆满解决。德尔智想把蒙古拉进来，这个想法很巧妙，因为吸收俄国外交参加谈判，英国和中国是不会容许的。英中两国政府认为，最好在无别国干涉的情况下，就关于西藏的有争议的问题进行磋商，不管这些问题多么难于解决。"

敌视俄国的《英国人报》（Englishman）表示，不容许对西藏实行保护，并补充说："很遗憾，我们承认中国的主权使我们失去了同达赖喇嘛谈判的机会。但我们可以仿效俄国在蒙古的做法，声明说，中国人已被赶出西藏，西藏形势已发生变化。因此，我们应该同西藏直接达成谅解。目前中国未必能使西藏重新归顺，因此，西藏有可能受到俄国的影响。诚然我们签订的1907年协定现在依然有效，但有可能出现迫使俄国放弃该协定的情况。比方说，欧战一旦爆发，英国可能不加入两国联盟②，俄国不会放弃在这方面给我们制造困难的机会。"

今天此间转载了《泰晤士报》的报摘，内中鼓吹把驻扎官派往拉萨，当地一些报纸还发表长篇社论，表示完全同意伦敦机关报的意见，指出，此举是解决问题的唯一办法。

我认为我有责任向尊敬的阁下说明，我对当地报界、印度政府的行动以及行政当局的情绪密切观察后得出的结论，这种观察在严格保密情况下才是可能的，印度—西藏边境发生的一切，在这里都是严格保密

---

① 《新时代报》关于德尔智的声明并非捏造。

② 两国同盟系指法俄两国军事政治同盟。

的。英国的所作所为使我坚信,《泰晤士报》所鼓吹的举措将要实施。如果不派正式驻扎官,也会派某位代表,将以政府的名义直接同达赖喇嘛接洽。达赖喇嘛是住在拉萨,或住在现在所住的很远的地方,或在边界到拉萨的途中,反正都一样。问题的实质在于,达赖喇嘛不付出代价,英国人就不打算赶走中国军队、修筑铁路、扣留前往拉萨的任何可疑人员。最高教主因在印度驻跸和随后的全部行为,已成为英国人手中的工具。在这场角逐中英国人稳操胜券。迄今很难指出哪些具体事例使我们有理由指责英国直接违反了俄英协定。没有任何机会探明边境地区发生了什么事情、赋予驻江孜现任“商务代表”的政治全权到了什么程度。但我肯定英国不愿失去对西藏所发生的事情保持直接支配的机会,形势对英国人十分有利。

如果提出修改俄英协定问题,我们承认英国有权向西藏渗透,就具有了不是被迫承认事实,而是自愿让步的性质。作为自愿让步的代价,我们有权要求在我们所需要之地方,即在阿富汗边境地区,给予相应的“补偿”。我有理由认为,这样提出问题很不符合英国人的心愿,因为这将使他们失去无视我们的协定而不受处罚的可能性。1907年协约阿富汗部分使我们感到不快,我们未必能长期容忍目前的这种形势。我认为,如果我们错过目前同时修改协约中有关阿富汗条款和西藏条款的有利时机,我们在西藏将失势,在阿富汗也不会得到任何补偿。当英国公然背离协定,或者当兰斯敦或寇松[①]将取代爱德华·格雷爵士时,“友好的交换意见”将要困难的多。尊敬的阁下记得1904年荣赫鹏上校远征的情景。我想,迄今为止许多政要、在印度的大多数英国人自然不会忘记,由于俄国的外交干涉,这次远征“未能给英国带来所期望的结果”。在鸦片贸易问题上英国刚刚在北京遭到失败。中国对西

---

① 兰斯敦(1845—1927):1895年任英国陆军大臣;1900年11月至1905年12月11日任外交大臣;1915年至1916年任不管部大臣。寇松(1859—1925):1891—1892年任英国印度事务副大臣;1895—1898年任外交副大臣;1899—1905年任英印总督。

藏的主权现已成为死语（мертвое слово），当然，英国并没有为复活这一词语，满足中国的要求，而尽一点力，相反，英国将竭力同达赖喇嘛签订新的协定。

我的论据不完全正确，如果尊敬的阁下认为，我们在西藏至少还有些微不足道的现实利益，这些利益与我们现在通过外交途径在喀布尔仍无法捍卫的现实利益有相似之处。不言而喻，在这种情势下修改协定，我们在西藏问题上作出让步可采取别的形式。如果我们的利益以模糊不清的保护达赖喇嘛对俄国布里亚特臣民的宗教统治地位的形式出现，我不明白，为什么为保卫边界和无可争议的巨大商业利益，而承认英国要对西藏进行政治监督，就可能动摇东方教主①在俄国喇嘛教徒心目中的威信。

致最崇高的敬意

　　《俄国外交文书选译——关于辛亥革命前后沙俄与英国在西藏问题上的勾
　　结与妥协》，第 327—329 页

### 关于"蒙藏协约"

#### （文件之一）田付就报界报道缔结蒙藏协约事致桂〔太郎〕电②

1913 年 1 月 17 日

第 10 号。

据圣彼得堡电讯社买卖城电，西藏和蒙古双方全权代表在库伦缔结了包括九项条款的藏蒙协约，彼此相互承认独立，谋求发展通商，并决定为普及佛教齐心协力。

（经由符拉迪沃斯托克 1 月 19 日午前 11 时 25 分到，第 42 号）

---

① 东方教主指达赖喇嘛。
② 蔡凤林译自《日本外交文书》大正二年第一册，第 458 号文件。

## 廓索维慈之公函
### 1913 年 1 月 6 日［19 日］

第 2 号。

关于蒙古政府全权委员和达赖喇嘛使节德尔智签订友好协约一事，1 月 15 日（俄历 1 月 3 日）业已电告。德尔智将本协约之内容出示给本代理大使（原文如此——译者）时，解释称，此次签订"蒙藏协约"，系达赖喇嘛提议，将宗教信仰相同并同受中国当局压迫的蒙古和西藏，在宗教和政治上结为一体，是达赖喇嘛之夙愿。蒙古脱离中国，拥戴呼图克图为汗，更加坚定了西藏最高教主的夙愿，并加强了签订他所筹划的蒙藏接近时相互承认独立的书面协约的意愿。达赖喇嘛的提议受到库伦的同情和欢迎。于是，既作为德尔智的使命，又作为蒙古人的希望（即希望仿照 11 月 3 日［俄历 10 月 21 日］缔结的《俄蒙协约》，与西藏签订协约），缔结了"蒙藏协约"。想起来，可以充分理解库伦政府采纳西藏最高教主的提议，佛教最高首领的嘉纳和赞同在皈依佛教的人们心目中具有最大的宗教意义。不仅如此，还可巩固呼图克图在俗界所取得的尊严和地位，宗教地位次于达赖喇嘛的呼图克图不能不欢迎在宗教界享有最高绝对权威的达赖喇嘛的提议，而缔结彼此同等地位的协约。

对西藏，尤其对达赖喇嘛而言，与蒙古签定协约，既表明自己业已独立，又表明拉萨不愿容忍中国的宗主权。相反，这只能看作他希望同情蒙古的变革，尊重与蒙古新政府之间的友好关系的手段。纵令因俩当事者不具有权利和能力，"蒙藏协约"未发生政治效力，而这一协约不适合称作国际性法令，但无论如何未尝不可把这一协约看作对与西藏和蒙古相关的中国宗主权的抗议，以及两主权者之间存在的协同一致的显著明证。协约近来恢复了达赖喇嘛的权利和地位。从这一关系来看，下面的情况无疑使一味地求得达赖喇嘛欢心，努力把达赖拉到中国一边的民国政府激动不已。达赖喇嘛和呼图克图间的权势之争由来已久。有时两者之争执相当激烈，也发生过中国方面反而助长他们不睦的事情。此次蒙藏接近,北京政府甚感不快。即蒙藏两民族之竞争,因现时两者之联合及彼此相互援助反对中国压迫这一更重大共同目标而被排除。从俄国利益的角度观之,虽说蒙藏接近在法理上尚不完备,但通过接近可遏止中华民国政府过大的虚荣心和自尊心,使他们产生妥协的想法,可以断定,这对俄国有利。据德尔智说,为了得到达赖喇嘛的批准,"蒙藏协约"文本由他送到拉萨。达赖喇嘛已赋予他明确的使命和进行谈判、缔结协约的权利,由此来看,达赖喇嘛无疑会批准该约。

协约译文附后。谨此报闻。

**附件:"蒙藏协约"**

1912 年 12 月 29 日[1913 年 1 月 11 日]在库伦缔结

蒙古和西藏已摆脱满洲朝廷羁绊,脱离中国,现已分别建立独立国。鉴于两国自古以来信奉同一宗教,为加强历史上相互友好之关系,根据蒙古国民的君主政府之委任,外务大臣心得尼克达毕里克图达喇嘛喇布坦及外务副大臣兼统领芒赉巴图尔贝子达木丁苏伦和根据西藏君主达赖喇嘛之委任,参宁堪布古吉尔、洛桑阿旺楚臣、西藏银行理事益喜江错、书记员甘登格桑签订如下条文:

第一条　西藏君主达赖喇嘛赞同且承认蒙古建成独立国,承认亥岁十一月九日所宣布独立之黄教首领哲布尊丹巴喇嘛为蒙古国君主。

第二条　蒙古国民之君主哲布尊丹巴喇嘛,赞同且承认西藏建成独立国,承认宣布西藏独立之达赖喇嘛为西藏国君主。

第三条　蒙藏两国共同审议尽力弘扬佛教之法。

第四条　两国将来若有内忧外患,互相援助,永矢不渝。

第五条　两国对为教务和国务游历各自领土之公私臣民,互相设法保护。

第六条　两国如从前一样交易其产物及家畜等,并开始设立工业设施。

第七条　今后有关借贷事项,唯经官衙许可,方可借贷;未经官衙许可之借贷要求,政府不予审理。

　　倘借贷在本条约缔结前完成,或因借贷产生纷争,当事者不能进行交涉而蒙受极大损失时,其债务由官衙催促交还。无论如何,债务不得与赋役人和旗人有关。

　　第八条　本协约有必要追加条项时,蒙古政府和西藏政府简派全权委员,根据当时情况,进行谈判。

　　第九条　本协约自签押日生效。

　　蒙古政府缔约全权委员　　外务大臣达喇嘛喇布坦

　　　　　　　　　　　　　　外务副大臣达木丁苏伦

　　西藏君主达赖喇嘛缔约　　全权委员

　　　　　　　　　　　　　　参宁堪布古吉尔

　　　　　　　　　　　　　　洛桑阿旺楚臣

　　　　　　　　　　　　　　西藏银行理事益喜江错

　　　　　　　　　　　　　　书记员甘登格桑

　　　　　　　　　　　　　　蒙古共戴二年十二月四日

　　　　　　　　　　　　　　西藏壬子年同年同月

　　　　《俄国外交文书选译——关于辛亥革命前后沙俄与英国在西藏问题上的勾结与妥协》,第 336—337 页

## （文件之二）本多就报界报道缔结蒙藏协约事致桂〔太郎〕电①
### 1913 年 1 月 20 日

第 3 号。

19 日东省铁路机关报登载恰克图来电如下:

　　西藏和蒙古在库伦签署了协约。该协约相互承认西藏和蒙古自主(autonomy),决定在发展商业和传播佛教方面相互帮助。

---

①　译自《日本外交文书》大正二年第一册,第 459 号文件。

## （文件之三）伊集院就缔结蒙藏协约事致加藤电[①]

1913年2月6日(2月14日收到)

第60号公电。

外务大臣加藤高明男爵阁下：

2月5日法文报《北京新闻》发表了蒙藏协约，当天以第135号电作了报告。《北京新闻》在社论中以库伦来电报道了蒙藏协约的消息：宗教相同且同样遭受中国政府虐政的两国国民签订本协约是必然的。先前蒙古一宣告独立，达赖喇嘛就希望进一步巩固蒙藏两国间早已存在的精神链条，终于亲自要求缔结协约，于是看到了本协约的缔结。该报接着登载了协约九条全文，并对协约评论说，"无论如何，对最高教主达赖喇嘛承认独立，蒙古感到无上光荣。况且缔结协约首先是由拉萨最高教主达赖喇嘛提出的。毋庸赘言，蒙古人感到满意的是，当然是协约的缔结对其全体教民的伟大感化。而对西藏而言，本协约明确宣布西藏业已独立，并且声明中国在西藏之主权已不复存在。从商业方面观之，过去每当蒙藏人民之间发生商业纷争，便会遭致北京政府干涉，为此造成了很多困难。此次缔结协约，可避免这些纷争了。于是，得出最后的结论：本协约将永保两国和平，云云。详情请查阅该报社送给外交部的原文。……"

谨此报闻，以供参考。

驻中国特命全权公使　伊集院彦吉

## （文件之四）田付就"蒙藏协约"事致加藤电[②]

1913年2月15日(3月4日收到)

第4号密电。

加藤高明男爵殿下：

---

① 译自《日本外交文书》大正二年第一册，第460号文件。
② 译自《日本外交文书》大正二年第一册，第461号文件。

关于在库伦缔结的"蒙藏协约"的大体内容,在第 10 号电中已作报告,谅您早已知悉。此次俄国外交当局根据本代理大使过去的委托,将该条约全部俄译文和与协约相关的俄国驻蒙全权代表廓索维慈致沙查诺夫的公函已抄送给我。廓索维慈在公函中对该问题所表达的意见,有助于窥知该问题的真相。以上内容均已译成日文,并与俄文原文一并寄给您,以供参考。

驻俄临时代理大使　田付七太(印)

大正二年二月十五日

《俄国外交文书选译——关于辛亥革命前后沙俄与英国在西藏问题上的勾结与妥协》,第 335—336 页

## 阿旺 · 德尔智就西藏已摆脱中国政权,建议俄国政府积极奉行西藏政策事致沙查诺夫的报告[①]

1913 年 2 月 24 日[11 日]

关于西藏形势的备忘录。

西藏之行业已结束,我已返回,谨将我在当地收集的情报呈报尊敬的阁下。我目睹了在西藏发生的流血事件、中国军队和当局被逐出后的西藏形势。达赖喇嘛在英国领土上接见了我。在为我的到来而举行的一系列会议上,讨论了既成局势和西藏对中国、俄国和英国的态度。最后达赖喇嘛重申了赋予我的全权,据此,我成了 20 年来藏俄来往中唯一的实际中间人。我带来了给皇帝陛下的信件和礼品,以及同外交大臣进行谈判,以查明俄国是否已最后放弃同西藏的一切关系和 1907 年英俄协定所确认的权利,或者将来以某种形式保持这种关系和权利的训令。我认为,关于西藏形势的情报不能不引起外交部某种程度的关注,特别是鉴于俄国在蒙古所处的地位,中国对蒙、藏的政策是一致的,其结果也是相同的。中国在 1907 年已抱定目的清除西藏一切独立

---

① 陈春华译自 *Россия и Тибет*, No. 115(《俄国与西藏》,第 115 号文件)。

自主管理的痕迹,为此派出了配有机关枪,装备精良的赵尔丰的军队。他们完全按照中国的方式开始在西藏东部地区行动,拆毁寺庙、辱骂圣灵、把珍宝洗劫一空。和平居民一半被打死,一半四处逃散。当军队逼近拉萨时,达赖喇嘛不得不寻求在印度的英国人的保护。中国远征军的恐怖行动不能不给俄、英两国政府留下印象。众所周知,他们向北京递交了文书,要求制止在西藏抢劫和杀戮,而中国政府对赵尔巽之所作所为感到满意,认为他的任务业已完成,已将他派往蒙古,责令他以在西藏所使用的办法对付蒙古人。蒙古人很幸运,中国革命的爆发彻底终止了这一行动。显然,西藏的恐怖并没有在俄国的近邻蒙古重演,俄国政府迫于形势进行了武装干涉。而中国在西藏的驻军未得到中国内地的任何支援。虽说当时西藏居民的武器几乎全被搜走,但仍同中国人进行了长期的英勇斗争,且以中国人的失败而告终。在整个斗争期间英国人袖手旁观,缄口不言,其实并未给西藏人什么帮助。然而当斗争的结果对西藏人有利时,英国外交向北京发出了十分重要的照会,坚决反对中国出兵西藏,准许中国代表仅以外交事务"顾问"的身份驻在拉萨。去年12月,中国复照英国,坚持现在中国有权把自己的军队派往西藏,将来也有这个权利。当我来到拉萨时,那里已是一片瓦砾。中国的残余军队还守在坚固的营垒中。当时达赖喇嘛下令禁止屠杀残余的中国军队,他们被分批送往印度边境,他们在那里向地方当局投降,地方当局护送他们,经加尔各答,走海路,回到中国。这样一来,目前西藏实际上已完全脱离中国政权。英国政府对这种情况不仅表示同情,而且还给予了非常实际的支持。这种支持主要表现在印度政府十分愿意让中国人全部撤离西藏,并不允许任何人前往西藏。中华民国政府派了一名官员,由八名科尔沁喇嘛护送,授命这名官员说服达赖喇嘛归附中华民国,而英国人把这位官员扣押在加尔各答。谈到法律地位,从上述照会可以看出,英国政府的观点对西藏的独立十分有利。只保留了中国主权的影子,大概是不想伤害中国人的自尊心。在大吉岭达赖喇嘛身边供职的贝尔爵士对达赖喇嘛及其政府有很大影响。可以断言,不同贝尔商量,达赖喇嘛在对外政策方面不敢采取比较重大的步骤。早在 1910 年至 1911 年期间,英国人增加了在大吉岭的驻军,并在那里修建了两座廓尔克兵的营房。据最近得自中国报界的消息,目前拉萨正在建造营房,虽然我在拉萨逗留期间尚未开工。

我认为这一消息与事实十分接近,由于英国人不准许武器进入西藏,很清楚,他们决定把保护西藏控制在自己的手里。显然,只要英国军队驻在拉萨,中国就绝不会把自己的军队派往那里。

谈到在西藏这样确立英国的影响,并不排除同俄国的来往自由。英属印度政府对我本人的态度就是最好的明证。以前我被视为被俄国收买的煽动西藏与英国不和的俄国政府的密使。为了将我缉拿归案,曾出高价悬赏。我在尼伯尔边境险些落入印度警察手中。现在我在英属领地上是完全自由的,报界甚至认为:"德尔智现在并不危险。"因此,我认为,此时是调整俄、藏关系的最佳时机。这种关系为什么应当存在,对此未必有谁将表示怀疑,甚至也不能加以制止。于是这种关系从公开转向秘密。为俄英两国利益计,要寻求一种方式,使这种关系能够存在,且不引起英国人怀疑;从大吉岭至江孜的大道修通之后,甚至普通旅行者也很容易到西藏去了。对英国人致力于发展西藏与外界的关系,不能有丝毫怀疑,因为这关系到他们的贸易。如果由于某种误解,只是对俄国沙皇的一些臣民进入西藏造成困难,则令人极感遗憾,简直不正常。

西藏至尊达赖喇嘛身边参宁堪布阿旺 · 德尔智于圣彼得堡

《俄国外交文书选译——关于辛亥革命前后沙俄与英国在西藏问题上的勾结与妥协》,第 331—332 页

## 英俄关于中国西藏的秘密协约

### 1913 年 2 月 16 日

(一)俄国在藏立有五处领事之外不再增设。(二)俄国在藏除领事馆卫兵外不再派兵。(三)西藏政治及铁路矿权俄国不干预,亦不

许自由投资。(四)俄国不再派人至西藏传布希腊教。(五)无英人介绍,俄国不受西藏派使及游历人。(六)俄国认尼泊尔、廓尔喀为英国完全属国,所有通商须得英国许可。(七)俄国废止一九〇二年俄清条约。

《政府公报》第 281 号,1913 年 2 月 17 日

## 达赖喇嘛就派参宁堪钦阿旺·德尔智就一系列重大问题
## 请求出谋事致尼古拉二世亲笔信的内容
### 1913 年 4 月

(此信附在阿旺·德尔智给内阁总理大臣科科弗采夫的报告之后,科氏于 1913 年 4 月 19 日[2 日]将本报告交给了外交大臣沙查诺夫。)

我于 1901 年收到了皇帝陛下愿意给予西藏援助的书面通知。自那时起,我无时不在皇帝陛下庇护之下和友情之中:我在蒙古居留期间得到了军事上的保护,不止一次接到对各种国务问题英明的建议和指示,还签订了对西藏十分有利的俄英协定。除陛下表示的所有这些深情厚意和给予的帮助外,帝国政府还就导致我出走印度的事件向中国发出了照会,对此我(达赖喇嘛)和全体西藏人民表示无比的崇敬和深深的谢意。西藏圣徒、王公和官员举行最高会议讨论了陛下光明正大、无私的庇护和保护,决定将此事载入《国家纪事》并决定建立俄藏人民牢不可破、永久亲睦的关系和联系。

虽然目前西藏人民之最大愿望是全面报道西藏宣布建立独立国和推举我为西藏君主一事,但鉴于英国人希望我们依然受中国统治,鉴于经英国同意,面临中国、不丹和尼伯尔军队可能入侵我们边境的严重危险(这种危险是以我们掌握的情报为根据的),在我们准备武装抵抗之前,中国人可能已干涉我们的事务,并把我们通过流血斗争所取得的一切化为乌有。鉴于所有这一切,我派参宁堪钦阿旺·德尔智请求皇帝陛下为下述问题出谋,并提出解决办法:

一、关于通过俄国建立藏英友好关系问题和俄英两国庇护及承认西藏独立问题。

二、关于俄英两国向拉萨派驻外交代表问题。如果 1907 年俄英协定依然有效,不可能在拉萨设立外交代表机构,俄国可否通过与英国或其他列强谈判,以另一种方式解决与 1907 年协定不相符合的既成局势问题,使西藏之不可侵犯和中立得到新的保障。

三、关于出售武器和派遣军事教官问题。如由于某种原因,购买俄国武器问题未被批准,则应准许途经俄国领土、假道俄国运输武器。

四、关于将道胜银行北京分行贷款增至 100 万卢布问题。

五、关于我的全权代表参宁堪钦阿旺·德尔智之地位合法化问题。

我期望迅速解决这些刻不容缓的问题,永远保持俄藏之间不可动摇的友好关系,并通过缔结特殊的条约在俄藏之间建立生气勃勃的经贸联系,皇帝陛下以前的仁慈和庇护将牢记在心。

准确无误:内阁办公厅处长绍利茨(Э. Шольц)。

> 《俄国外交文书选译——关于辛亥革命前后沙俄与英国在西藏问题上的勾结与妥协》,第 330 页

## 阿旺·德尔智就报告西藏已脱离中国,愿与俄英两国建立友好关系事给科科弗采夫的报告[①]

### 1913 年 6 月

满洲皇帝退位后,中国人来到西藏,他们洗劫国库和私人财产(牲畜、粮食和白银),把寺院和住所付之一炬,其价值达数百万卢布,并打死打伤数万人。一份中国人劫掠清单准确记载了中国人劫掠之地点、时间和情况。鉴于中国人异常残忍和压制,无论如何,西藏不可能与中国人联合成为一个国家,据此已经采取下述措施的一部分,并希望采取

---

① 陈春华译自 *Россия и Тибет*,No. 113(《俄国与西藏》,第 113 号文件)。

下述措施的另一部分：

一、已摆脱满清政权的西藏脱离了中国，建立了不受任何人支配，且有权接受大使和向别国派驻大使的独立国。符合西藏人民福利的新制度将取代不公正的旧制度。西藏要保有军队捍卫自身安全，但不打算进攻别人。

二、任何国家不得干涉西藏内政外交。

三、西藏将与俄、英两国达成友好协议，向英、俄两国提供优于别国的贸易权。运入西藏之英货数量很大，且印度距离很近，不会遇到特殊困难，为西藏国库利益计，要适当征税。运入西藏之俄货数量不大，且距离很远，将免征税项。还打算准许别国前来贸易，对其货物要全额征税。

四、俄、英两国将给予共同帮助，勿使中国军队进驻西藏。

五、西藏政府将聘请军事教官以及其他教官和教员，或从某国聘请，或只从俄国聘请之问题，将会同俄国人予以解决。

六、西藏将从俄国购买各种武器弹药，并订立借款合同。

七、准许外国人开矿（金、银等矿），此项权利或可赋予各国，或只赋予俄国，或赋予俄、英两国，该问题可根据俄国之意愿决定。但不得向某个人提供让与权，承租人应遵守西藏国法。

八、俄、英两国有权在西藏设立各自国家银行分行，只赋予别国设立不大的信贷机构之权利。

九、西藏不得向任何人提供任何（工、商或其它方面之）垄断权。

十、为发展同西藏之贸易，必须刻不容缓地采取下述措施：

1. 改善途经青海湖之交通，保障商队免遭匪徒袭击，并筹划将匪徒肃清。

2. 在青海湖、柴达木、那曲修建驮运队板棚。

3. 促进俄国和西藏钱币在西藏流通，设立小型信贷机构、公司等。

4. 向西藏派遣严肃认真、训练有素人员，研究当地市场和贸易环境。

准确无误：内阁办公处长绍利茨。

内阁办公厅注明:达赖喇嘛的全权代表参宁堪钦阿旺·德尔智将本呈文交给内阁总理大臣科科弗采夫。1913 年 6 月,科科弗采夫将本呈文交给了外交大臣沙查诺夫。

《俄国外交文书选译——关于辛亥革命前后沙俄与英国在西藏问题上的勾<br>结与妥协》,第 329—330 页

## 中英代表在北京第七次会商西藏问题的纪要

### 1913 年 7 月 15 日

顾[①]:昨日贵署使与次长会晤时,以商议藏事,贵国业任命专员,请本国速派员前往西姆拉,以便克日会同开议,本参事奉命探询贵政府,所派之员用何名称,其应议之事若何命题,以便本国政府任命此项专员,可用同一名称与题目。

艾[②]:本国之代表业经指定,尚未任命,其任命状之措词,本国政府正在拟议,现尚不得而知。

顾:贵国署使昨日又尝称,西藏之代表早经派定,业经起程,不知该代表之任命若何措词,用何名称,贵署使可以告否?

艾:本署使不得而详,惟有此层贵国可不必过问,现西藏已与贵国脱离关系,将来应有何种关系,正当在西姆拉磋商,此次所派之代表似可随便称之。

顾:不然,西藏对本国之关系,于历史上确有标准,曾经贵国于条约上一再承认,在新约未立之前,旧约当然有效。由此观之,西藏代表不能自由命名,设其代表擅用全权大臣等字样,刘次长之意,本国政府碍难承认。如认三方面之代表为平等,即承认其所代表者为平等,果尔,不特与中藏历史之关系有抵触,且视西藏与英国平等,细译中英条约之明文,可知亦非贵国之用意,似应仍光绪三十二年修订藏印通商章程办

---

① 北京政府外交部参事顾维钧。
② 英驻京署理公使艾斯敦。

法,西藏代表称为掌权员,随同商议。

艾:现西藏代表用何名称不得而知,将来查悉,如贵国以其名称有窒碍之处,可再商量。

顾:关于签字一层,昨日贵署使似以中英藏各代表,应用平等名义同时签字,此层本国政府以为颇有窒碍,若准西藏代表以平等资格同时签字,是不啻承认西藏有主约之权,而等于自主之国。此年贵国政府最大之要求,亦不过是认中国为西藏之上国,而不知举凡属国,犹不能与他国订立条约,何况现行条约上之西藏,其对于中国之关系,不啻属国之对上国而已。

艾:此点不必提议,可待会议结束时由各代表商定之。贵国政府迄今未派代表,亦未通知拟以何人充任之,若再迟迟不办,恐将来英藏代表势必勿待贵国代表到会,而先径行开议矣。

顾:本国政府至今未派代表者,藉求中英代表之一律,以免别有异议。至于签字问题陆总长之意,将来会议结束后,可根据议定之款,由中藏代表另缮一文,作为中藏条约,由中藏代表径行签字,再由中英代表根据议决之款,订立条约,如藏员亦愿加入其内,则可按照光绪卅二年办法,准其附签于后,以资妥贴。

艾:分签二纸一层,恐本国政府碍难照允。贵国政府如正式提议,当愿以电讯本国政府。

(此次会议,顾使鉴于代表任命状与签字方式,涉及我国主权的完整,希望艾使予以澄清。想不到艾使竟答以西藏已与我国脱离关系,目前有关代表任命状问题,可不必过问,将来中藏存何种关系,有待西姆拉会议磋商,至于签字方式,亦待会议结束由各代表商定之。双方坚持,后虽由顾氏对签字方式提出分签二纸的折中办法,亦未获艾氏的同意,致卒无结束。)

《中英西藏交涉始末》,第 229—231 页

## 中英代表在北京第九次会商西藏问题的纪要

### 1913 年 7 月 29 日

严①：昨日贵馆艾署使来部亲交节略，内有敝国、贵国与西藏所派会议之员，必须平等等语，敝政府对于此层碍难同意。盖新约未订之前，旧约当然有效。观照旧约，西藏自不能与敝国平等，今若于开议之前，若以三方面平等为前提，则不啻取消旧有之条约，而认为中国与西藏向无关系，此点揆情理则不合，按洽公法则不通。

巴②：贵国与西藏固有旧约，惟以不能强迫实行，旧约遂成空文。敝国政府之意，原欲西藏对于贵国回复其旧有之局面，此为三方面会议办法之由来。

〔严〕：敝国与西藏有历史上之关系，有条约上之关系，今若承认三方面平等一节，将此种关系全行取消，敝国政府实碍难同意。今据次长私人提议，会议手续可稍为变通，即敝国先与西藏商议后，再与贵国商议，一时只有两方之商榷，其实三方具与会议。若贵国另有办法，次长亦愿听闻。（随即巴参赞往艾署使请示）

巴：顷与艾署使商议变通办法，据艾署使云，三方面平等办法，敝国政府已复次明白训示，断无更改之理。贵国政府如再有疑议，艾署使当亲往解说。

巴参赞随即出示英国政府之训令如下：

"七月三号之训令，有言会议之时，西藏不能居下级地位，亦无居下级地位之理由。七月十一号之训令中有言，三方面必须平等。"

据艾署使之意，对三方面平等一层，训令中已经深切表明，因此本使馆实无权更改。

会谈至此，我方已无取舍的余地，只好同意将英方所提三方代表，均处平等地位，并将采取三方开议的原则，呈报政府定夺。

《中英西藏交涉始末》，第 231—232 页

---

① 北京政府外交部秘书严鹤龄。
② 英驻京使馆参赞。

## 纳博科夫就英、中、藏三方西姆拉会议
## 召开前夕西藏局势致尼拉托夫密函

1913 年 8 月 19 日[9 月 1 日]

我荣幸地电告(该电已转圣彼得堡)帝国驻伦敦大使,莫利勋爵①宣称,定于[俄历]8 月 20 日的西姆拉西藏问题会议,9 月以前未必能召开。今天是公历 9 月 1 日,西藏代表和中国代表能否抵达根本没人提及。前者现在江孜,后者尚在北京。考虑到中国人惯于拖延,特别在目前中国南方一片混乱之情况下,此间认为,不要指望短时间内开议。此外,关于会议的宗旨和预期的结果,不管此间外交部门向报界透露的多少,毕竟业已清楚,看不出中国从与印度政府"保护"下的西藏谈判中能得到什么特殊好处。因此,有理由认为,北京政府不太急于派全权代表。我曾向阁下报告,我直接从[印度]外交事务秘书②那里获取英国人在西藏活动的任何情报极为困难。作为私人关系,亨利·麦克马洪爵士对我非常殷勤、客气,但他从不放过机会强调我并无外交职权,回避[同我]讨论政治事件或印度政府开创的事业,他一直遵循的原则是:有关上述情况在伦敦直接通报。这样一来,我只能从报纸,或从一些人的谈话中判断西藏发生了什么事情。

不过,根据所有这些情况,我敢于重申我六个月前发表的看法:自达赖喇嘛返藏和中国军队在英国军官"护送"下撤离拉萨后,印度政府拟坚决从既成局势中获取可能得到的好处。如阁下所知,"英国商务委员"驻在江孜。他有 125 人的"护送队"。日前此间一名军官被派往江孜指挥这支护送队。他在驻扎孟买辖区一个团里任职。孟买有一条路直达加尔各答,从加尔各答可达大吉岭。但他接到特别命令到西姆拉执行"秘密指示"。从与这位军官的交谈中我查明的一些情况,与此间报纸报道的不尽相同。原来在江孜还驻扎着中国军队 500 人,他们

① 莫利勋爵:1905—1908 年期间,任英国政府印度事务大臣。

② 亨利·麦克马洪任此职——编译者。

占据着一个要塞。其对面不太远处有座不大的工事,英军占据着。顺便说,为保障英军更加安全,已责令现已前往江孜的军官修筑一座新的要塞。此外,看来还命令他查明还有多少中国军队驻在西藏。据我了解,藏、中关系使英国人感到双重不安:一方面,西藏东部边界尚未划定和这段边界经常发生小战斗,表明中国人并未放弃再次从东面侵入西藏;另一方面,倘西藏南方依然驻扎大量中国军队,他们的存在可能在毗邻印度的尼泊尔和不丹引起激烈动荡。目前混乱的局势可能给印度造成什么麻烦,尚难预料。骤然看来,责令一名军官和 125 名士兵驻在江孜(从 11 月到 3 月江孜与印度的通讯已断绝),不仅隔断消息,而且在某种程度上也妨碍对中国军队和藏人进行安抚,使人感到有些不可思议,并且十分危险。我认为,英国人甘冒风险是指望提高自己的威望,倘若这支人数不多的英军遭到中国军队攻击并且被击败,毫无疑问,英国人势必派遣第二支更大规模的远征军。

不知道帝国政府对 5 月 28 日[15 日]英国驻圣彼得堡大使照会(抄件已送交给我,是随最近的公文包送来的石印件)是如何答复的,我只能根据莫利勋爵在议院发表的声明推断:帝国政府业已知悉英国官方之意图。我竭尽可能把事件下一步进程告知阁下,偶尔获取的情报,只有对其真实性没有疑问时,才转告阁下。

谨向阁下表示深深的敬意和忠心并甘为阁下效力!

《俄国外交文书选译——关于"英中藏"西姆拉会议》,第 195 页

## 纳博科夫就西姆拉会议西藏代表首席噶伦夏扎答记者问时表示将坚决要求承认西藏独立事致尼拉托夫紧急报告

### 1913 年 9 月 18 日[10 月 1 日]

阿纳托利·阿纳托利耶维奇阁下:

日内此地报纸刊登了特派记者同出席西姆拉会议的西藏全权代表首席噶伦夏扎不无兴趣的谈话。此次访谈是[公历]9 月 12 日在噶大克进行的,不过,据记者证实,夏扎对会议发表看法十分审慎,但也透露

出一些秘密,终于查明了西藏全权代表将要坚持的主要各点:

一、承认西藏内政独立,保证中国不干涉或入侵。

二、最后划定疆界。

三、有权不通过中国人直接同英国人、不通过英国人直接同中国人,进行商务和社会交往(trade and social——社会一词的词义不十分明确)。

四、有权聘请英国内行的官员开办制造业(manufactures)和开采西藏矿藏。

夏札继而告诉记者,中国军队撤离西藏时,约有 1000 人留在了那里,他们入乡随乡了(换言之,大概,同西藏妇女成了家,放下了武器,并以藏人的营生为生)。夏札说:"去年锡金传说,达赖喇嘛下令割去嫁给汉人的所有藏人妇女的鼻子。显然,这是谣传。因为当时我们在同中国人打仗,有可能用这些妇女同敌人进行交换。对这种危险性不得不以酷刑相威胁。不言而喻,我们根本不打算以此相威胁。"

据夏札说,大批中国信徒已不存在。无论谁也不会被处决,不过他们已被"分别安置"在各寺院了,"寺院希望他们好好修行,做个虔诚的喇嘛"。

札什喇嘛与达赖喇嘛重新交好,且不干政。关于藏军,夏札宣称,受过训练的士兵约有 2000 名;中国军队留下了很多武器,但准许他们带走枪栓。听说,他们回到中国而不带回枪栓,将被处死。武器装备一直封存到会议结束。夏札说:"当然啦,小股中国军队我们能对付。不过,如果他们把强大的军队集中起来攻打我们,我们无法抵抗。这就是我们希望英国政府保障我们免遭攻击之原因。"夏札反对英国向西藏派遣驻扎官,因为,英国向拉萨派遣驻扎官,俄国就会想向拉萨派驻领事,"这势必要为过多的主人效劳"。

西藏全权代表已来到西姆拉,元帅尼科尔森勋爵去年住过的一座宽敞别墅的房间供他使用。倘中国全权代表赶得上,拟于〔西历〕10 月

6 日召开会议。应当认为，工作进展将很缓慢，显然，中国人将拖延时间，而出席会议的英国人没有懂汉语和藏语的翻译。显然，这会使谈判过于拖延。我认为，夏札在会议上不难实现四点纲领。依我之见，英国人的要领、全部好处和利益也即在于此。

　　谨向阁下表示深深的敬意和忠心并甘为阁下效力！

纳博科夫

《俄国外交文书选译——关于"英中藏"西姆拉会议》，第 196 页

## 纳博科夫就西姆拉会议将秘密进行事致尼拉托夫紧急电报

1913 年 10 月 14 日［27 日］

　　西藏问题会议开始时，报纸报道说，谈判将在严守秘密之情况下进行。在这种情况下，看来，政府打算恪守外交秘密。倘把"深藏内心的希望、打算和担忧"告诉有影响、且受到总督完全信任的官方报纸《先锋报》驻当地记者，则以记者一直保持沉默为条件。因缺乏资料，所以报纸迄今所报道的其实是任何人都不需要，也不感兴趣的情况，诸如，会议在哪举行了，代表出示全权证书了，亨利·麦克马洪爵士主持会议了。总之，所报道的一切，是当地任何人不看报也都知道的情况。我离开西姆拉以前，只见过西藏代表和中国代表一面，是在没有任何机会同他们进行交谈的，旁遮普省省长为欢迎他们所举行的盛大宴会上。中国外交官①在伦敦住过 14 年，讲一口流利的英语，倘若不是黄皮肤和异常畸形，可能把他认作欧洲人。身着民族服装的西藏代表，除了母语，什么语都不会说，也听不懂，若不是参加会议的英国驻锡金政治专员贝尔先生作向导和翻译，他寸步难行。

　　总督于〔西藏问题〕会议第一次工作会议的当天便离开了西姆拉，看来他已责成亨利·麦克马洪爵士对会议结果负全部责任。我想象得到：谈判将拖延很久，英国人担心中国人在会议上捣乱。传到我这里的

---

　　①　指代表中华民国出席西姆拉会议的陈贻范。

零星消息给人总的印象是:英国全权代表竭尽一切努力获得西藏代表同意英国所关注的纲领,随后竭力(或者说装作竭力)解决他的黄皮肤同僚之间势必产生分歧的那些问题。

四等文官科扎科夫①在给我的密电中告知说,伦敦内阁不再通过我把会议进展情况通告帝国政府。据此,我认为我不可能像去年那样获准延长在西姆拉逗留的期限,明天我将前往加尔各答。

我斗胆认为,阁下将满意地赞同我的下述看法:在目前情势下,即总督政府公开明确表示不愿把谈判进展情况向我通报之情况下,我继续留在西姆拉只能被理解为力图千方百计获取情报。我认为,我留在这里,只能白白失去从一开始我所取得的地位,而这种地位之尊严与无论怎样"千方百计"获取情报是不相称的。

谨向阁下表示深深的敬意和忠心并甘为阁下效力!

纳博科夫

《俄国外交文书选译——关于"英中藏"西姆拉会议》,第 197 页

## 俄国外交部关于英国政府所提修改英俄西藏协定事的奏折②
1914 年 2 月 20 日〔3 月 5 日〕

鉴于英国政府已提出修改 1907 年英俄协约中有关西藏部分的问题,我们或许可以要求得到一定补偿;考虑到英国力图将西藏实际置于自己保护之下,对我们影响相当大,因此,我们可能提出严正要求。兹对可能提出的几点要求详细叙述如下:

一、阿富汗继续〔同我们〕隔绝,给我们造成极大不便,一年甚之一年。同阿富汗没有有组织的直接关系对我国贸易产生了不良影响,我国在阿富汗的贸易正经受着严重困难。我国贸易具备在阿富汗找到良

---

① 科扎科夫:时任俄国外交部远东司司长。

② 译自 МОЭИ,Серия Третья Т. 1,No. 384(《国际关系文件》第 3 编第 1 卷,第 384 号文件),中译文原载《近代史资料》总第 64 号,第 60—61 页。

好销售市场的一切条件,倘若我国边境当局同阿富汗赫拉特、马扎里沙里夫、安德胡伊和迈马纳诸省省长之间,能够建立那怕与固定官方关系相类似的关系,则毫无疑问,我国贸易将立即兴隆起来。

〔我们〕或许能够征得英国同意,在阿富汗建立一个包括赫拉特、迈马纳、马扎里沙里夫、安德胡伊、巴尔赫、巴达赫尚诸省在内的固定地区,我们可通过向该地区最重要的城镇派驻我们的委员,而绝不赋予他们外交性质之办法,同上述各省当局建立非政治事务的直接关系。派驻这类委员是 1907 年协定规定的。

因此,应该使发源于阿富汗,然后流经俄国领土的诸河流河水的合理分配问题的解决,有利于我国。

二、在波斯事务中,我们也可以从英国人那里得到某些补偿。比如,他们可以向我们承诺,对建立真正自治的阿塞拜疆不加以阻挠,将一度隶属俄国的吉兰省(Гилян)、马赞德兰省(Мазандеран)和阿斯塔腊巴德省(Астрабад)并入阿塞拜疆,由萨扎尔・多拉终身统治,受我国保护。

其次,英国人可以承诺,同意横贯波斯的铁路在根据 1907 年协定划给英国人的地区内保持正东方向。

三、英国人应当承担义务,协助我们将波斯的哥萨克旅编制扩大到必要的规模,以便逐渐用哥萨克旅取代瑞典人支配的宪兵队。

四、或许可以向英国人要求得到通往波斯湾的商业通道。

沙查诺夫

《俄国外交文书选译——关于辛亥革命前后沙俄与英国在西藏问题上的勾结与妥协》,第 333 页

## 沙查诺夫就英国政府提出修订西藏协定事致库朋斯齐电
### 1914 年 2 月 24 日[3 月 9 日]

第 417 号。

英国政府提出修订英俄西藏协定问题,意在废除协定中限制英国

的规定,让英国在西藏自由行动。我答称,我同意研究这一问题。不过,英国若获得优势地位,则俄国方面自然可以提出应予满足的要求。

依您之见,在您管辖的利益范围内可以要求英国给予什么补偿,这些补偿可以列入何项要求之内,请电告。

请您注意,英国最初提出这一问题之前提是:相互承认俄国在蒙古之优势地位和英国在西藏之优势地位。我们不接受问题的这种提法。我们可以指出,俄国在蒙古享有行动自由,可英国在西藏却要受到1907年协定之约束。

沙查诺夫

《俄国外交文书选译——关于"英中藏"西姆拉会议》,第 198 页

## 库朋斯齐就俄国承认英国在西藏享有行动自由和优势地位,
## 英国则应承认北满洲、蒙古和中国西部为俄国
## 独占势力范围事致沙查诺夫电
### 1914 年 2 月 26 日[3 月 11 日]

第 104 号。

我认为,我们承认英国在西藏享有行动自由和优势地位,我们便可指出,英国方面提供的唯一补偿是:英国要承认北满洲、蒙古和中国西部(喀什噶尔地区除外)为我们独占的势力范围,并承诺不妨碍我们在此等地区实施我们的计划,不在此等地区追求我们认为可能违背我们利益的目标。倘若英国人认为,这种补偿已大大超过我们对他们所做出的让步,则在此种情况下,我们可在长江流域向英国承担相同的义务。

库朋斯齐

《俄国外交文书选译——关于辛亥革命前后沙俄与英国在西藏问题上的勾
　　结与妥协》,第 334 页

## 纳博科夫就英国人参加西姆拉会议之目的是使自己
## 在西藏不受拘束的看法事致尼拉托夫紧急报告

### 1914 年 3 月 7 日［3 月 20 日］

印度政府认为,在西藏问题会议期间,"为防止阴谋和谣传妨碍谈判顺利进行",应对英国人、中国人和外国人关闭印藏边界,自然,报界也几乎不得对西藏发生的情况作任何报道。这样一来,报纸所刊登的贫乏资料只能来源于西藏商人(商人中只有少数人在冬天冒险越过喜马拉雅山)和私人信件。不言而喻,在这种情况下,此间有人会说这些消息最符合英国人之意图。近来一直保持的沉默被打破,不知谁发出的"拉萨来信"描述了相当凄惨的景象,给人的印象:拉萨一片惊慌,达赖喇嘛和他的谋士①张皇失措,首府面临来自各方面的危险。据说,在西藏东部与从东面分 4 路进攻的中国军队 4 个师发生了流血冲突。中、藏之间恢复军事行动有以下原因:会议开始后,停战了;中国军官和藏军军官相互示好,开始彼此"宴请"。就在藏军军官邀请中国军官参加的一次酒宴上,主人对自己的客人突然发动攻击,并把他们全部杀死。留在军营里的中国军官得知这一情况后,电告了北京,中国政府决定立即采取镇压措施。两千人的讨伐队好象攻打了藏军,使其遭受惨败,现在正向拉萨进发。去年拉萨内讧给尼泊尔商人造成了损失,尼泊尔杜尔巴尔②好像打算以武力索赔,已把尼泊尔军队派往边界,西藏和尼泊尔边界正面临危险。

与此同时,拉萨当地一片混乱,哲蚌、色拉两大寺院正进行激烈的内争,相互猜疑同情汉人,而僧侣们道德败坏,酗酒、奸淫少女、抢劫。据说,关于 1914 年西藏命运的一本书记述所有这些灾难,任何西藏政府均无法防止或制止这些灾难。

---

① 指阿旺·德尔智。
② 尼泊尔杜尔巴尔,指尼泊尔贵族和上层官员会议。

　　然而德里的会议①慢慢腾腾、翻来覆去地讨论,看来进展不大。同印度政府的任何来往已完全断绝,我不知道会议还要拖延多久。起初预计会议于 4 月以前结束。不过现在看来,我从偶尔来的交谈者的话语中可以判断,已决定"无休止地"纠缠中国人和西藏人,即把他们拘禁在德里(这里 4 月份已酷热难熬),直到他们签些什么为止。

　　也许我判断有误,但我能想象到,外交上所有这些拖延战术,其唯一目的是使英国人在西藏不受约束。中国人、西藏人在德里未签订什么,也没有什么"全权",更未在条约上郑重地盖什么印信,很清楚,无论充满神秘的西藏政府,还是在信守条约方面不大可靠的中国政府,不会遵守对他们不利的任何条约的条款。换言之,过些时候英国人只得采取"不得已的"措施,以维护被西藏破坏的神圣不可侵犯的国际协定,他们只能这样做,也须要这样做。水越浑,英国人摸的鱼越大;过一两年,驻扎官将随同"应带的护卫队"进驻拉萨,对此我一点也不感到奇怪,只要英国人确信值得这样做。

　　　　　　《俄国外交文书选译——关于"英中藏"西姆拉会议》,第 199—200 页

## 沙查诺夫就达赖喇嘛希望俄国参加西姆拉会议及英国打算修改 1907 年西藏协定事呈尼古拉二世奏折②

### 1914 年 3 月 18 日[31 日]

　　驻印度总领事送来西藏达赖喇嘛致陛下的函件③。

　　该函是一位不相识的西藏人送交五等文官纳博科夫的。此人自称是出席英、中、藏西姆拉会议的西藏全权代表的随员。此函附有欠佳的俄文译文,不过从译文可了解到,达赖喇嘛希望俄国政府参加上述

---

　　① 三方会议的最后一次会不是在西姆拉,而是在德里举行的。

　　② 译自 *МОЭИ*, Серия Третья Т. 2, No. 125(《国际关系文件》第 3 编第 2 卷,第 125 号文件),中译文原载《近代史资料》总第 64 号,第 63 页。

　　③ 此函已随纳博科夫 1 月 11 日[24 日]第 1 号报告送交圣彼得堡。本奏折已谈及该函的内容。(《近代史资料》总第 64 号,第 63 页)

会议。

英国大使已通知我,英国政府打算建议我们修改 1907 年西藏协定,意在废除内中限制英国的规定,并且让英国在西藏自由行动。自然,只有在比西藏问题更多涉及我国利益的问题上对我们作相应补偿,我们才会同意此事。

此外,如陛下所知,英国政府答应让我们随时了解西姆拉谈判进展情况。据我们所得情报,谈判至今尚未就绪。

在此种情况下,臣冒昧认为,随奏折恭呈陛下御览的达赖喇嘛来函可暂不予答复。

沙查诺夫

《俄国外交文书选译——关于辛亥革命前后沙俄与英国在西藏问题上的勾结与妥协》,第 334 页

## 纳博科夫就西姆拉会议之情况致俄国外交副大臣的报告
### 1914 年 4 月 3 日[16 日]

第 3 号。

阿纳托利·阿纳托利耶维奇阁下:

为补充我今年 4 月 14 日[1 日]密电①,我有责任报告阁下,我认为禁止我国布里亚特人经印度去拉萨朝圣,最好只是一项临时性措施。

自参加西藏会议的代表们返回西姆拉以来,不只我,还有我的任何一位同僚,都不清楚谈判还要迁延多久。英国人守密(他们也甚至授意其他代表守密)几乎到了滑稽可笑的程度。似乎不是在举行外交会议,而是在施展某种国际阴谋。他们对于即使最"无关紧要的"(即与谈判实质毫不相干的)问题,也一律答称:"无可奉告。"在此种情况下,我根本无法维护我国臣民之利益。无论会议的结果如何,即英国人是

---

① 纳博科夫在该电中建议:"鉴于对去拉萨的俄国佛教徒拒绝放行……通知我国西伯利亚当局,在从外交途径查明问题之前,关闭边界,以便及时防止再经印度朝圣。"

否能完全实现其保护西藏的想法,有一点是毫无异议的,即他们将严密监视西藏同锡金、尼泊尔和不丹的来往①,以及同中国和蒙古的来往。为了进行这种监视,他们自然认真守备边界。正如我曾指出,现在他们对俄国的"种种阴谋"感到恐惧,几乎把每一个不学无术的布里亚特人都看成来自彼得堡的政治密使。当然,他们的这种看法和所采取的与之相应的行动方式依然没有改变,而将来会更加明确。会议必将把1907年协定变为一纸空文。我不了解,我部是否打算把会议的结果"查照备案",抑或打算修订协定中有关西藏的部分。我冒昧认为,我们并无任何理由放弃俄国佛教臣民仅仅出于宗教原因同达赖喇嘛以及西藏其他佛教代表直接自由往来的这一原则。我已荣幸地报告阁下,英国人对俄英《西藏协定》规定此项原则的第二款作完全随心所欲和狭隘的解释。因此,我认为,倘我们打算维护此项原则,则应使其措辞更恰当、更明确,应当规定:"俄国佛教徒出于纯属宗教方面之原因,有权畅通无阻地途经印度前往西藏,同达赖喇嘛以及西藏其他佛教代表直接来往,并经俄国领事代表向印度政府证明他们前往西藏纯属宗教目的。"当俄英《西藏协定》采用如此坚定而明确的措词,日内此间就不会向我发表声明说,对俄国臣民关闭边界是"内部措施";俄英《西藏协定》并未赋予俄国佛教徒途经印度前往西藏之权,俄国驻此地领事馆不应为我国去拉萨的布里亚特人"请求"恩准放行,恩准放行应由印度政府定夺,等等。

我还认为,我们不应同意英国人在我们同西藏的交往中起中介作用。他们自然力求起中介作用。同独立国家②进行国际交往的这

---

① 据纳博科夫2月5日[18日]第3号报告(载外交人民委员部1918年出版的《蓝皮书》:"英国政府向中国宣称,英国政府有意保护尼泊尔、锡金和不丹,使之不致遭受中国军队的任何侵略行为之害……现在英国自然会利用时机,充当接壤的那些王国的庇护者,并且保护他们使之不致遭受可能来自西藏的危险,使他们更加顺从地屈从于英国驻扎官'好意的领导',这样英国既可从中得到可能的好处,同时又孤立了西藏。"

② 此乃帝俄对西藏之错误观点——译者。

种办法显然极为不便,我们同阿富汗交往的经验十分明确地证明了这一点。

希望阁下不要认为我陈述见解越权。我陈述的见解是根据同印度政府打交道的经验得出的。我认为修订过时的1907年《协定》势在必行;我敢于说,在此种情况下,倘若我们打算坚决维护上述原则,唯有与俄英《阿富汗协定》联系起来,才能达到这一目的。可指出俄国实际上有可能随时以自己的力量迫使阿富汗埃米尔尊重我们的权益,而无需印度外交事务秘书居间。对英国人而言,没有什么比指出这一点更令他们惧怕的了。只要指出这一点,就足以使英国人在我们的朝圣者自由进入西藏问题上易于达成谅解。

请接受我崇高的敬意!

纳博科夫

《俄国外交文书选译——关于"英中藏"西姆拉会议》,第200—201页

## 陆兴祺就"西姆拉条约"致北京政府电

### 1914年4月28日

万急。北京大总统、国务院、外交部钧鉴,院密。二十七日陈使已照英、藏要求条件暂签约稿,惟声明如政府不认,尚可作废等语。此约关系至重,万望筹议挽救之法。至盼至祷,陆兴祺叩。

又致大总统电

大总统钧鉴:密。昨由陈使之参赞夏廷献寄来陈使签押之英文约稿及会议情形,始惊悉印度政府外交手段之老到不可企及,其内容之酷烈,直据西藏为己有,固不仅剥尽我国主权而已。但争界固为要着,而其中各条件若不悉力磋商修改,使我徒驻官兵三百,除糜饷坐食外,尚有何效力。应请迅饬外交部将稿详细译出,由我大总统召集会议筹谋挽救。事关领土主权,岂可因受人所逼而拱手退让。并电刘公使向英廷据理力争,以期公允,务使此约发表后不至惹起列强作同等要求及藏边之扰乱,是为至祷。再兴祺才短识浅,难膺巨任,请准予退职,另简贤

能以维大局,不胜恳切待命之至。驻藏长官陆兴祺叩。

《西藏交涉纪要》下篇,第35—37页

## 北京政府外交部就拒签"西姆拉条约"致陈贻范电
### 1914年4月28日

　　丙,二十七日电悉,英员仅许以一隅之地,划归青海,迫我承认,殊堪诧异,执事受迫画行,政府不能承认,应即声明取消。如英专员愿和平续商,仍应接议,中国固不愿遽行停议也。英专员如何答复,速电外交部。二十八日。

《西藏地方历史资料选辑》,第301页

## 北京政府国务院就拒签"西姆拉条约"致陆兴祺的复电
### 1914年4月29日

　　陆长官鉴,院密。二十八日电悉。陈贻范未奉政府训条,贸然画行,错误已极,万难承认,已由外交部电饬取消矣。国务院艳印。

《西藏交涉纪要》下篇,第37页

## 乔治·布坎南就通报三方谈判情况事致俄国外交大臣函
### 1914年4月25日[5月8日]

大臣先生:

　　根据今年1月18日[31日]我荣幸地同阁下就西藏问题进行的会谈,兹奉命通知您,德里三方谈判已进行到这样一个阶段,陛下政府认为,有必要将谈判进展情况通报俄国政府,并向俄国政府通报下列文件:

　　一、三方政府全权代表草签的会议①副本。

---

　　① 中文"会议"据俄译文 конференция("会议"之意)译出。经查,俄译文据法文 conversation("条约"之意)译出,俄文本应译作 конвенция("条约"之意),却误译作了 конференция("会议"之意),故"会议"应改为"条约"——译者。

二、附有说明的地图。

三、英、藏全权代表草签的调整通商①副本。

四、〔英、藏〕双方全权代表就印藏边界问题互换照会副本。

在将这些文件递交阁下时，我谨此说明，倘陛下政府迄今未向俄国政府通报前一阶段谈判情况，乃因在判明中藏两方准备接受何种协议的时机到来之前，中、藏全权代表之态度有可能使所采取步骤收不到效果。至于条约本身，自谈判之日起，陛下政府在不断寻求这样一项规定，既尽可能少损害现行诸项协定，特别是 1907 年英俄协定，同时又是中国政府和西藏政府不合理要求的一种合情合理的折衷。这种规定可比较切实地保证条约可靠性。

直接涉及 1907 年陛下政府对俄国承担的义务仅有以下两点：

一、关于实业和金融让与权的决定（第六款）。

二、准许英国商务委员不时走访拉萨（第八款）。

关于第一点，阁下知道，金融和实业让与权问题，现按照 1906 年英中条约②第三款进行调整；至于俄国和英国，1907 年英俄协定第四款规定在俄、英保证不牵涉此一问题之情况下进行调整。

这些条款赋予中国对这种让与权的独占权，这是中国从未享有，或无论如何很少享有的独占权。

但显而易见，西藏政府不允许现行制度使该国陷入贫困，该政府有意自行开发其自然资源。

同时，经过近三年来的事变，即使出于无奈，西藏政府也不愿仅仅向中国寻求实施每个经济方案所需资金。此外，即使中国能向西藏提供符合西藏所需足够资金，显然，这种做法也不符合不久前取得的自治

----

　①　中文"调整通商"据俄译文"регулирование торговли"（"调整通商"之意）译出。经查，俄译文据法文 règlement pour Le Commerce（"通商章程"之意）译出，误译作了俄文 регулирование торговли。故"调整通商"应改为"通商章程"——译者。

　②　应指 1906 年 4 月 27 日，光绪三十二年四月初四日，清国全权代表外务部右侍郎唐绍仪与英国全权代表萨道义在北京签订的《续订藏印条约》——编译者。

的利益。

为排除这种困难,新条约①第六款宣布废止英中条约第三款,从而取消了中国独占权。根据对此款做出的补充,1904 年英藏条约第九款第四节所指"外国"一词已不适用于中国,这一节的意思是允许中国臣民享有西藏政府可能提供给他们的任何让与权。

陛下政府建议同时废止 1907 年英俄协定第四款,因自英中条约第三款废止之时起,英藏条约第九款第四节随即生效,而第四款所规定的俄英两国保证不牵涉让与权问题,使俄英两国在西藏让与权问题上较之其他国家处于了不利地位。

陛下政府知道,这一建议一经采纳并付诸实施,根据 1904 年英藏条约,陛下政府有权禁止向中国之外的任何别国臣民提供任何让与权。但陛下政府并不打算利用禁止权破坏西藏经济,况且那样做完全是徒劳的。陛下政府希望帝国政府对废除英俄协定第四款不提出任何异议。

陛下政府认识到,这种情况在将来可能带来巨大困难,并严重妨碍西藏管理、实业和贸易平稳、正常发展,为消除这种情况,必须废止第四款。英王陛下政府和帝国政府均认为废止第四款是圆满和最终解决西藏问题的唯一希望。

至于准许走访拉萨一事(见第二点),我奉命向阁下说明,英国驻江孜商务委员只是在绝对必要情况下才前往拉萨。强烈要求允准此款,只因实际工作性质的需要。经验表明,根据英俄协定第二款,赋予陛下政府就商务同西藏当局直接交往之权,只有在英国〔商务〕委员有可能不能亲自同比驻江孜的更高级的西藏官员磋商这类问题之情况下才有效。

阁下想必记得,正因为同西藏政府交往上的困难,才引发了英国派远征军进入拉萨的 1904 年事件。

---

① 指"西姆拉条约"——编译者。

　　至于第六款规定将西藏分为两部分,分属两种不同的制度,由中国和西藏进行不同程度的控制,我奉命向阁下提出作此种规定的考虑。陛下政府仔细研究了中国政府和西藏政府对边界和领土的要求,并将这些要求同所掌握的有关这一问题的材料加以比较,确信要调解两个政府过分的、相互矛盾的要求,其唯一希望在于采用第二款和第九款以及条约所附第三号照会和第四号照会所规定的方案。无论如何,陛下政府认为,藏人要求"外部地区"(即所谓"外藏"。——译者)绝对自治是有充分理由的。

　　将上述情况通知阁下时,我有必要提请注意,近年来的事件使局势发生了根本变化,有关各方之关系也随之发生了深刻改变;倘若要以保证西藏未来长治久安之办法,来实现英、俄的政策目标,则必须修订现行各项协定。

　　陛下政府深信,我荣幸地提交阁下的各项建议,既尽可能少地损害这些协定,又可保证所谈及的各种问题得以永久解决。陛下政府希望,在讨论这些问题时,帝国政府将表现出近8年来两国政府相互关系所特有的达成协议的意愿和友情。

　　最后,我奉命向阁下指出,尽快取得帝国政府赞同至关重要。且不说西藏和中国代表无限期呆在印度实际上会有诸多不便。任何拖延均可能再次引发藏军同中国军队间的军事行动,并立刻导致难以预料的后果,非常希望尽可能立即签订条约。

　　请接受我崇高的敬意!

乔治·弗·布坎南

**附件:照会**

互换照会规定如下:

一、最高缔约各方订明,西藏为中国领土之一部分。

二、西藏政府举行达赖喇嘛遴选和亲政后,达赖喇嘛将亲政一事呈明中国政府。随后中国政府驻拉萨代表将正式通知至尊中国政府赐予他的相应封号。

三、今订明外藏所有官员之选派,属于西藏政府权限。

四、外藏不得在中国国会或其他类似机关派有代表。

五、今订明英国驻西藏商务委员之卫队人数不得超过中国驻拉萨代表卫队人数之75%。

六、兹起中国政府不再负有1890年英中条约第三款所载防止西藏方面犯越藏印边界之责。

七、签署本约之三位全权代表有责任对第三款各节履行情况立即进行调查并提交报告,在证实业已履行之后,第四款所指中国高级官员有权立即入藏。

《俄国外交文书选译——关于"英中藏"西姆拉会议》,第202—205页

## 英国驻俄大使馆致俄国外交大臣备忘录
### 1914年5月10日〔23日〕

不久前沙查诺夫先生同乔治·布坎南爵士会谈时对英、中、藏三方条约〔草案〕提出了各种问题,爱德华·格雷爵士和印度事务大臣仔细研究了这些问题。爱德华·格雷爵士请转达他对沙查诺夫磋商问题时本着友好、和解精神表示深深的谢意。不过,不能把答复立刻告知帝国政府,因为还需就此问题同印度政府商洽;另一方面,拖延数周签订三方条约,中、藏之间可能再次产生麻烦,经认真考虑,拖延签约几乎是不可能的。

因此,爱德华·格雷爵士建议采取下述步骤:

删除第十款,以宣布英文本为准的条款代之。

至于第六款和第八款,陛下政府准备正式照会帝国政府,在同帝国政府达成谅解之前,陛下政府不按上述各款规定行事。倘若公布三方协约,陛下政府准备同时公布正式照会。

在就上述各款同帝国政府达成谅解之前,陛下政府不要求如沙查诺夫所提出的作任何秘密承诺。按照上述规定,陛下政府理解1907年协定仍具有完全的约束力。

因此,鉴于俄国政府之权利将得到完全维护,两国政府在达成完全

谅解之前,三方条约中凡与 1907 年协定有出入者,均属无效,爱德华·格雷爵士希望沙查诺夫先生不要反对陛下政府签署上述文件。

总之,根据三方条约,经中国和西藏同意,陛下政府可申请在西藏获得让与权,可从江孜派英国商务委员前往拉萨。不过,陛下政府认为,根据 1907 年(西藏)协定,还必须征得俄国同意,在得到俄国同意之前,陛下政府承诺不行使这些特权。

《俄国外交文书选译——关于"英中藏"西姆拉会议》,第 206—207 页

## 布坎南就修改三方条约第十、第六、第八条事致尼拉托夫函

### 1914 年 5 月 26 日[6 月 8 日]

敬爱的尼拉托夫先生:

我在 5 月 27 日[14 日]信中向您通报了三方条约本文,根据我同沙查诺夫先生就三方条约进行的会谈,兹奉命通知您,我国政府同意以下各款:

第十款,现按帝国政府之意愿修改和表述。

第六款,陛下政府和帝国政府通过互换照会,承诺:照会将与条约同时公布;在就让与权问题达成协议之前,不为各自臣民谋求西藏的让与权。

帝国政府在秘密照会中承诺,不为俄国臣民谋求这种让与权,且不反对陛下政府可以为英国臣民谋求让与权。

第八款,陛下政府通过互换照会,承诺:照会与条约同时公布;在与帝国政府达成协议之前,不行使该款赋予陛下政府之权利。

帝国政府方面在秘密照会中承诺:不反对英国驻江孜商务委员在陛下政府认为必要时前往拉萨。

至于北阿富汗,陛下政府拟与帝国政府共同发表下述内容的声明,声明文本将同条约和其他照会同时公布。

俄罗斯帝国政府重申同意阿富汗不属于俄国政治势力范围这一原则。

陛下政府方面承诺不支持英国臣民在北阿富汗申请灌溉工程和铁

路之让与权以及追求经营工商企业之优惠权，其条件是通过互换秘密
照会，正式承认此声明中"北阿富汗"一词只适用于下述一线以北的阿
富汗地区：

从伊什卡希姆（Ищкащим）向阿比皮扬季（Аб-и-Пяндж）到泽巴
克（Зебак）；由此往蒙古（Мунджан）隘口；由此到纳瓦克（Навак）隘口；
由此到穆尔格（Мург）隘口；由此到多希（Дощи）；由此经辛吉塔克
（Синджитак）隘口和巴德卡克（Бадкак）隘口到多阿季沙赫·帕桑德
（Доад-и-Шах Пасанд）；由此到班季阿米尔（Бандиамир）的塔尔库什
（Таркущ）；由此到道列特·亚尔（Даулет Яр）。此线由此点起应沿以
下山脉的山脊而行：班季巴巴山脉（Банд-и-баба），西阿赫布布克山脉
（Сиах-бубук）直到赫里河（Гери-Руд）在祖尔菲卡尔（Зульфикар）流入
俄国境内的地方。

除了应当做出的关于北阿富汗的声明的第一段，即仅为减少埃米尔
对此声明的疑虑而补充的那一段，以及确切规定"北阿富汗"一词含义的
秘密照会之外，条约草案完全符合沙查诺夫先生已经同意的那些条件。

因此，我希望阁下同意立即互换必要的照会。

您的忠诚的<br>乔治·弗·布坎南

《俄国外交文书选译——关于"英中藏"西姆拉会议》，第 208 页

## 布坎南就修改三方条约第十、第六、第八条事致俄国外交大臣备忘录[①]
### 1914 年 5 月 26 日［6 月 8 日］

从陛下政府外交大臣来电中可以看出，中国政府拒绝接受已草签

---

① 布坎南根据他"刚刚"收到的外交部电报，将备忘录随当日信件送交沙查诺夫。该
信内容与备忘录结尾部分相同。布坎南在结束该信时通知说，"下一周"他从赫尔辛基回来
后，拟同沙查诺夫磋商问题。另：5 月 9 日［22 日］，格拉卫以第 240 号电转告了英国公使通
知，略谓：根据业已达成的西藏条约，西藏被划分为外藏和内藏，且要中国承认外藏自治，而内
藏（青海及西藏东部）仍属中国主权范围。

条约所定西藏边界线。中国政府提出了西藏东部和北部的一条边界线,不要指望西藏政府会接受这条边界线,而会议上提出的根据并不能证明这条边界线是合理的。

此等意见已告知中国政府,坚决要求中国政府签署已草签的条约,同时暗示中国政府,倘若中国政府签署已草签的条约,则陛下政府将迫使西藏政府将西藏北部边境的一片土地让与中国。

然而,中国政府仅对条约多数条款表示愿意同意,而对边界问题仍拒绝让步。6月20日[7月3日]举行了最后一次会议,藏、英代表在会议上草签了包括第十和第十一两项新条款的条约新文本,根据帝国政府的请求删去了最初草案中的第十款。两项新条款分别规定:应以英文本为准,条约一经签署,立即生效。通商章程的最终文本也已签署。亨利·麦克马洪爵士在会议结束前发表声明说,在草签的条约中叙述了陛下政府对于西藏边界和西藏地位的看法,这些看法是有根据的。

陛下大使在向帝国政府通报上述情况时,奉命指出,陛下政府曾竭尽一切努力敦促中国政府签署三方条约;除有关边界条款外,条约其他条款中国政府易于接受;陛下政府希望中国经过深思熟虑,终将同意签署条约[1]。

陛下政府大使奉命补充说明,倘草签条约中任何一项规定违背1907年英俄协定,在未同俄国政府预先会商之前,陛下政府将不按照此项规定行事。

《俄国外交文书选译——关于"英中藏"西姆拉会议》,第209页

## 顾维钧与朱尔典关于西藏问题的晤谈要点

### 1915年6月28日

一、声明附件所载西藏为中国领土一节,如能列入正约文中,则中

---

[1]　格拉卫在7月3日[16日]第340号电中报称,据中国外交总长秘密告知说:"中国代表之所以草签条约,是因为英国人以不让中国人参加谈判,并直接同西藏人达成协议相威胁。"

国政府可将察木多划入西藏自治区，现驻察木多之中国官吏军队，准一年内撤退，其余境界，仍按上年中国之最后提案办理。

二、察木多、江孜、扎什伦布、亚东、噶大克以及将来开放各商埠，中国设佐理员，其职位及护卫队与英国商务委员相同。

三、承认中国在西藏自治区域有宗主权一项，亦须列入条约正文。

《中英西藏交涉始末》，第263—264页

## 北京政府外交部就拒签"西姆拉条约"致驻英公使电

### 1914年7月2日

三十日电悉。朱使昨日到部称：同前因。当电陈使，告以中国要求界线，未能同意，万难签押。英藏双方签字，不能承认。希向英外部声明。盼复。外交部。二日。

《西藏地方历史资料选辑》，第302页

## 陈贻范致北京政府外交部电

### 1914年7月4日

北京外交部，丙，初二日电计达，昨晚十一钟举行末次会议。英专员云：所议约稿，可称公允，洵属中、英、藏解决藏事之惟一办法，问本专员能签否。陈专员云：本专员奉有政府训令，令勿签押。本国政府近与英政府所商界务办法，既未能得同意，本国政府不得已出此，深可叹惜。英专员旋问藏专员，藏专员答以彼已奉令签押。英专员旋云，所签押者一为所议之约，一为声明文件。即答以本专员并奉训令饬向本会声明：凡英、藏本日或他日所签之约，或类似之文件，本国政府一概不能承认云。后彼等签押毕，英专员云，中国专员不能一同签押，可为叹惜。现本专员定初七日离印回国，初七日以前，如贵专员奉到准予签押之令，本专员再当开会。当答以今晚本会所议事关重要，自当一一电达本国政府云。会乃散。范拟俟英专员启程后，即内渡，仍候示遵。会议记录即寄。范，初四日。

《西藏地方历史资料选辑》，第300—301页

## 北京政府外交部关于中英西藏问题交涉的西姆拉会议①的报告
### 1914 年 7 月

交涉经过情形。

甲,中英藏会议缘起

(前略)民国元年八月十七日英使送本部节略一件,要求五端。(略见前)当经本部分别解释驳辩,彼时民国尚未经各国承认,英人即宣言不允调停,即不承认。又云若不派使会议,英藏即行订约。彼时国基初定,不能不勉如所请,于是有中英各派专员偕藏员在印度西姆拉会议之举。

乙,会议时双方争执之要点

陈专员贻范抵印开议,藏员提出中藏界线,英员又创立内外藏名目,几将川边之地及青海全境划归西藏。彼时我国以西藏为我领土,不应划分境界,惟因藏人志在自治,其前后藏地方,在前清时代已不能等于内地,遂提出以清末赵尔丰边军兵力所及之地为限。允以江达为界,而江达以西归藏自治。几经争议,复让至丹达,最后让至怒江。至青海方面,初以当拉岭为界,继以昆仑山为界,而我所让内藏区域,如当拉岭以北,怒江以东之地,并声明得由我自由经营,巩固其地位。嗣经三方磋议,而我一意坚持,始终未肯松动。奈英人袒藏,我虽有让步,而于我所主持界域,迄未赞同。嗣英专员又提出藏约十一款,并多方要挟,催迫成议。……政府因希冀英、藏对于界务有所让步,对于其余各端,声明可以大致赞同。乃于三年四月二十七日准陈专使来电:"以英员告以所拟约稿,业与藏员画行,如贵专员不于今日画行,则约稿中之第二第四两款全行删去,即与西藏订约,不再与贵专员商议云云;目睹情形,彼甚坚决,因从权画行,免致决裂。"等语。政府以此项约稿损失过巨,

---

① 西姆拉会议是英国勾结西藏上层分裂分子进行的妄图分裂我国西藏的一次阴谋活动。会议于 1913 年 10 月至 1914 年 7 月在印度西姆拉举行。中国代表拒绝在分裂西藏的"西姆拉条约"上签字,中国历届政府及西藏地方当局一贯否认非法的"西姆拉条约"。

当即声明否认,而英人始终认为有效,并迫我签押,我未认可,会议因之中止。本部当复照会英使,以藏约不得中政府同意,若英藏签押,万不能承认。一面并由驻英刘公使向英政府声明否认。又设法与驻京英使继续交涉,以期另筹解决方法。

丙,西姆拉会议逐日议事日程撮要

中、英、藏三面会议情形,根据陈专员电报,按照日期先后撮要胪列,以便参考。

民国二年十一月十三日藏议开始,藏专员要求计有六事。

附件一

二年十月十三日藏议开始,藏人要求条款,计有六事:一、西藏独立。二、西藏疆域欲包括青海、里塘、巴塘等处并及打箭炉。三、光绪十九年暨三十四年之印藏通商章程,由英藏修改,中国不得过问。四、中国不得派员驻藏。五、中蒙各处庙宇向认达赖为教主,均由达赖委派喇嘛主持。六、所有勒收之瞻对税款及藏人所受损失,一律缴还赔偿。

十一月一日陈专员提出驳复条件计开七事。

附件二

十一月一日提交驳复条件,计开七事:一、西藏为中国领土之一部分,其向为中国领土之关系,继续无间。二、中国可派驻藏长官驻扎拉萨,所享之权利,与前相同。并有卫队二千六百名,除一千名驻扎拉萨外,余一千六百名由该员斟酌,分驻各处。三、西藏于外交及军政事宜均应听受中国中央政府指示而后行,非经由中国中央政府不得与外国订商。四、西藏人民之以向汉之故,因而身被监禁,产业被封者,西藏允一律释放给还。五、藏员所开之第五款可以商议。六、前订之通商条款如须修改,须由中英两方面根据光绪三十二年四月初四日中英所订藏事正约第三款商议。七、中藏边界兹于附上之图内约略画明。(原注:此图内将当拉岭、江达等处一律划归川省,图与驳复条件均经邮呈,二年十一月十五日曾发电陈明在案。)

英专员以中藏两方面所争持者界线一层,相悬太甚,遂请彼此开不正式会议，谈判此事。延至十二月十八日，仍无结果。三年一月十二日，中藏两专员将讨论之意见书提交正式会议。二月十七日英专员正式答复，主张分内外藏界线。三月十一日英专员又将调停约稿交出，共计十一条。

附件三

三月十一日英专员又将调停约稿交出，计共十一条。

一、本约附表内所列之条约，除为本约所更改，或与本约有相异或相背之处外，均继续有效。

二、中英各政府既认西藏为非属于中国统治权，乃属于中国宗主权之国。并认外西藏有自治权。今订定尊重该国疆界之完全，所有外西藏之内政（原注：选举达赖喇嘛事在内），应由拉萨政府掌理，中英政府均不干涉。中国政府订定不改西藏为中国行省，西藏不有代表于中国议院或类似之团体。英国政府订定不并据西藏或西藏之无论何部分。

三、中国政府现既承认英国以西藏地理上之位置有特别利益，欲西藏建有实力政府，保守附近印度边界及毗连西藏各国之治安。今订定除本约第四款所载外，中国于西藏不派军队，不驻文武官员，并不办殖民之事。如本约签押之日，外西藏尚有该项军队官员与殖民等，应于一月内撤退。英国政府今订定除一千九百零四年英藏条约所载外，不在西藏派驻文武官员，除商务委员卫队外，不派军队，并不于该国办理殖民事宜。

四、上款所述并不阻止中国代表带有相当之卫队驻扎西藏，所驻地点随后再定，惟该项卫队今订明不得逾百人。

五、中藏政府今订定，彼此不以藏务议约。除一千九百零四年九月七日英藏条约，一千九百零六年四月二十七日中英条约所载外，亦不得与他国议约。

六、一千九百零六年中英条约第三款，今订定作废。但一千九百零四年英藏条约第九款内所载外国字样，并不包括中国，英国之商务，不得较最优待国之商务受次等之看待。

七、甲，一千八百九十三年、一千九百零八年通商章程今订明作废。

乙，西藏政府今允与英国政府议订新通商章程，以实行一千九百零四年英藏条约第二、第四、第五各款，并速派相当之代表办理此事，所订新章，非经中国政府允许，不将本约有所更改。

丙，一千八百九十年中英条约第三款，所定禁阻由藏侵陵哲孟雄边界一节，中国以后不负责任。

八、按照一千九百零四年九月七日，英藏条约第二款所载之驻居商埠之英国委员，如遇有本约发生之事，查得非由通信、或别项办法所可解决，必须前往拉萨与西藏政府商议者，该员可于无论何时，随带卫队前往。

九、现以订定本约之故，所有西藏边界，以及外西藏与内西藏之分界，以红蓝线绘明于所附之地图内。西藏政府应在内西藏享有之权利，如选派寺僧、保存关系宗教之事权，缮发委任于酋目及地方官，以及征取向收之租税等事，绝不以本约有所损害。

十、在西藏之廓尔喀、拉达克人，因此次中国官兵之举动受有损失者，中国政府订定偿还卢比四十二万四千八百四十元。

十一、本约于签字日施行，中、英、藏文字，俱经详细校对。

如有因解释本约字句而起之辩论，应以英文为准。

本部电令陈专员与英专员逐条磋商，英专员坚持不让，并限于一星期内以允否两字见复，否则即行决裂。经再三磋商，始允逐条开议。四月十五日开逐条会议，稍有转圜。四月二十二日开正式会议。陈专员告以中政府不能表示同意，会议几至决裂。后经再三婉商，英专员始允展限五日。

四月二十七日接续会议，并由三方面专员，将约稿界图画行。

四月二十八日政府电陈专员否认，并以否认理由照会驻京英使。

七月二日英专员照会陈专员，定于七月三日开末次会议，陈专员告以不能签押。

七月三日晚十一时举行末次会议，约稿仅由英藏二专员签押。

丁，西姆拉会议决裂后中英对于藏案继续交涉撮要

中英藏会议草约既成，英人不允取消。三年六月六日，英使照称：本年四月二十七日，由中、英、藏专员在西姆拉所画行之约稿，为此次三方会议西藏问题之惟一解决。如中政府坚持反对，不愿将了解此项会议之约稿签押，则中国自不能享三方面条约内所订定之利益等语。是月二十五日，又准英使照称：倘中政府不曾设法将界务问题重新全行开议，而仅要求更改北面界线，以昆仑（而）〔山〕代阿尔丁台富；并允将别项要求，不改约稿，立予签押，本政府或可勉力劝导藏人，使之照行。照目下情形，只有告知中政府：倘中政府不将约稿于本月底以前签押，本政府只得自由单独订约。如此则三方面所订约稿，内载中国应得特权与利益自然全行失却。且本政府拟极力助藏以御中国侵伐等语。然政府始终抱定不停议宗旨，遂相机与英人提议，借图转圜。无如英政府一再拒绝。

《西藏地方历史资料选辑》，第 295—299 页

## 北京政府外交部就英、藏私下签约不予承认事致驻英公使电
### 1914 年 7 月 6 日

接陈使电，藏约业于三日英、藏签押。当电陈使声明否认。应即备文向英外部声明：中国政府不能擅让领土，致不能同意签押，并不能承认中国未经承诺之英、藏所签之约或类似之文牍。中英睦谊夙敦，盼望将来另商圆满解决方法等语。希查照办理。外交部。六日。

**附录：未经中国签字的所谓"西姆拉条约"**

中华民国大总统，英国君主兼五印度皇帝，西藏达赖喇嘛，亟愿共同协商解决关于其在亚洲大陆邦国利益之各种问题，并进一步调整彼此各有关政府间之关系，因而决定缔结条约。为此特派全权代表如左：

中华民国大总统特派功赐佩带嘉禾勋章陈贻范，西藏达赖喇嘛特派伦兴夏托拉，英国君主兼五印度皇帝特派功赐佩带维多利亚皇家勋章印度宝星印度帝国勋章印度政府外务政务秘书麦克马洪。

各将所奉全权证书互相校阅,俱属妥善,兹同意缔结左列条约共计十一款:

一、本条约附表内所列举各项旧约,除经本条约更改,或与本条约旨意有出入或径相冲突者外,一律继续有效。

二、中英两国政府,同认西藏为属于中国宗主权之国,并认外藏有自治权,今为尊重该国自治之完全,所有外藏内政(选举达赖喇嘛事在内)应由拉萨政府管理,中英两国政府均不加以干涉。

中国政府不改西藏为行省,英国政府不兼并西藏境内任何部分。

三、中国政府现既承认英国在西藏地理上有特殊地位,英国为欲西藏建设强有力政府保守印度附近境界,及毗连西藏各部落治安起见,今约定除本条约第四条所载外,中国对于西藏不驻军队,不设文武官员,不办殖民事宜。本条约签字之日,如外藏尚有此项军队、官员与殖民,应在三月以内一律撤退。

英国政府亦约定除一九〇四年英藏拉萨条约所载外,不在西藏派驻文武官员,除商务委员卫队外,不派军队驻藏,并不在藏境兴办殖民事宜。

四、上款所载,并不阻止中国驻藏代表,率带相当卫队驻扎西藏。惟此项卫队不得逾三百人。

五、中藏政府今订定彼此不以藏务议约,除一九〇四年九月七日英藏拉萨条约,一九〇六年四月二十七日中英印藏续约所载外,亦不得与其他外国议约。

六、一九〇六年中英印藏续约第三款,今订定作废,但一九〇四年英藏拉萨条约第九款内所载外国字样,并不包括中国。

英国之商务,不得较最惠国之商务受次等待遇。

七、甲,一八九三年与一九〇八年,关于西藏之中英通商章程,今订明作废。

乙,西藏政府今允与英国政府议订新通商章程,以实行一九〇四年英藏拉萨条约之第二第四第五各款,但新章程非经中国政府允许不得变更本条约。

八、驻在江孜之英国商务委员,如关于一九〇四年九月七日英藏拉萨条约所载,遇有关系之事,查得非由通信或别项办法所能解决,必须前往拉萨与西藏政府协议者,该员无论何时,得以随带卫队前往。

九、现以订本条约之故,所有西藏境界与内藏外藏之分界,以红蓝线绘明于所附地图之中。

西藏政府在内藏权利,如选派寺僧、保存关系宗教之事权,绝不因本条约有所损害。

十、本条约用中、英、藏三种文字,均经详细校对,如日后因解释字句有异议时,则以英文为准。

十一、本条约自签字之日施行。

中华民国三年七月三日

西历一九一四年七月三日订于西姆拉

藏历木虎年五月十日

伦兴夏托拉签字并盖印

麦克马洪签姓名首字母并盖印

附表

一、一八九〇年三月十七日中英会议藏印条约

二、一九〇四年九月七日英藏条约

三、一九〇六年四月二十七日中英续订藏印条约

西姆拉会议之交换文书

一、缔约国承认西藏为中国领土之一部分。

二、达赖喇嘛选举就职后,由西藏政府呈明中国政府,中国政府即颁给达赖封号,由中国驻扎拉萨长官正式转授之。

三、外藏官员由西藏政府任免。

四、外藏不派代表出席中国国会及其类似机关。

五、英国驻藏商务委员之卫护队,不得超过中国驻扎拉萨长官卫护队百分之七十五。

六、一八九〇年三月十七日中英印藏条约第三款所载,禁阻西藏侵犯哲孟雄边界一节,以后中国政府不负责任。

七、本条约第三款各节,由各签字国派员迅速查报办理,第四款所载中国驻藏长官可以入藏。

伦兴夏托拉签字并盖印

麦克马洪签姓名首字母并盖印

声明

英国和西藏的全权代表兹将下列声明载入记录:我们承认所附业经草签的条约对英国政府和西藏政府有拘束力,并同意:只要中国拒绝在上述条约签字,中国将被排除享受由于该条约所生的一切权利。

我们在此声明的英文本二份、藏文本二份上签字盖章,以资证明。

公元一九一四年七月三日,即藏历木虎年五月十日,订于西姆拉。

伦兴·夏托拉　　　　　亨利·麦克马洪

英国全权代表

《西藏地方历史资料选辑》,第302—306页

## 纳博科夫就西藏问题会议结束后英国外交大臣和印度报界之反应致俄国外交副大臣紧急报告

西姆拉,1914 年 7 月 16 日[29 日]

第 15 号。

阿纳托利·阿纳托利耶维奇阁下:

我在 7 月 3 日[16 日]第 6 号密码报告中曾荣幸地报告阁下,西藏会议已告结束。会议结果依然严加保密。不过可以猜想到,英国人并未完成其担负的所有使命。去年 9 月,我曾荣幸地报告阁下,据〔当地报纸所载〕西藏代表的口述,会议大致议程有 4 项:

一、承认西藏内政独立。

二、确定边界。

三、西藏同英国人、中国人直接交往之权。

四、西藏有权聘请〔英国的〕行家开办实业和开发西藏自然资源。

当时我推测，对英国人而言，全部主旨、全部好处和利益就在最后一项议程，此项议程很可能顺利完成。显然，我的推测是对的。因为已有指示：倘若英国人在准确划定边界方面对中、藏公正的调停未能取得成效，便"就其他问题"同西藏单独达成协议。

不过，英国同西藏昔日的"外交"往来十分清楚地证明，无论西藏承担什么义务，即使非常郑重地承担下来，其实际意义不大。一个没有任何政府的国家，其实不可能认真履行任何国际义务。我坚信，英国人的全部图谋已经落空，因为他们并未从中得到任何实际好处，能够补偿随后付出的代价和遇到的麻烦。据噶伦堡电称：当地西藏人对会议结果大失所望，据从东部边境传来的消息称，中国打算重新派兵入藏。爱德华·格雷爵士就西藏问题发表的声明已电达这里。我认为他的声明表明，英国无疑走上了在中国面前积极庇护西藏利益的道路，侵犯西藏利益将威胁印藏边界安全。为了极力阻挠中国再次试图在西藏恢复已失去的主权，自然，英国单靠威胁手段和外交照会是不够的。所以我认为，英国人既然插手中、藏之间无休止的纷争，就给自己加上了难于完成的任务，而完成此项任务就要求他们付出势必无法弥补的代价。

此间曾一度禁止刊登评论西藏当前形势的文章和报道近数月来西藏所发生的实际情况的通讯，禁止对英国与"三方协定"有关的最迫切的任务发表意见，英国仍然希望达成"三方协定"。看来，西藏会议刚一结束，便取消了这种禁令。于是各大报纸立即"广开言路"。说什么由于"中国固执"而使谈判中断，总之，所有这类评论的意思，无非要证实前述意见，即迄今英国并未从中得到任何实际好处，英国外交当局将难于应付所招惹的麻烦。

我认为，《印度时报》(Times of India)的下述言论是完全正确的："10年前，寇松勋爵假惺惺承认中国对西藏的主权；而为了同西藏建立直接关系和维护中国无法保证的英国利益，又派出荣赫鹏远征军。可是，后来英国政府放弃了这一政策，在1907年协定中重新承认了中国的主权。我们既然承认了这一主权，我们就应当允许中国运用其拥有的一切手段维护和确保自己的权利。然而，当中国为此采措施时，爱德华·格雷爵士却声言：中国'无权以武力竭力将西藏重新改为中国的行省'。"该报写道："爱德华·格雷爵士希望中国起缓冲作用，但又不愿让中国真正起到这种缓冲作用。这种政策既不合理，又不公平，最后必将失败。"

请接受我崇高的敬意！

纳博科夫

《俄国外交文书选译——关于"英中藏"西姆拉会议》，第210—211页

## 北京政府外交部就英国在西藏问题
## 上的阴谋活动事致驻英公使电
### 1918 年 7 月 5 日

（前略）近英使迭次要求解决藏案，部意必有互让办法，经派员与之接洽，讯问仍坚持三年会议时所定外藏界线，毫不让步。且言若不解决，西藏将为朝鲜之续，实为万难商议。又前因四川用兵，英使忽派副领事〔台克曼〕入藏，经部迭请撤围，迄未同意。自是之后，藏番遂屡次犯边，公然与我为敌，其中播弄情事，自万难免。近英副领事复代我边将用英文电致政府，力言藏兵凶猛，我兵溃败，所有险要，尽为藏人所据，意存恫吓，播弄情节，更为显然。是英使一面派人挑拨藏番，一面迫我订约之心，已昭然若揭。

《西藏地方历史资料选辑》，第307—308页

## 朱尔典向陈箓提出关于西藏问题的三项要求
### 1919 年 8 月 6 日

（一）西藏版图，依照中国方面之希望，以大吉岭会议时所用地图为根据。（二）西藏自治权宗主权，以西姆拉会议时双方所讨论者为根据。（三）西藏之自治权及军备问题，应依民族自决主义，由藏民代表

会议自行决定。

《东方杂志》第 16 卷第 9 号,第 231 页

### 朱尔典关于西藏问题的五点声明
#### 1919 年 12 月 3 日

一、无侵略西藏之野心。

二、英国绝无供给西藏军火之事。

三、尊重中国为五族共建之国家。

四、藏界问题以维持印度之完全为目的,其他并无奢望。

五、将来双方商议此事,英政府必可酌量让步。

《东方杂志》第 17 卷第 1 号,第 143 页

# 五、中日满蒙交涉

说明:清末日俄战争之后,日本开始全力经营南满。辛亥革命后,日俄结盟,企图将革命限制在南方。一方面,日本调兵遣将,保卫自己在中国的利益,还派人策动第一次满蒙独立运动;另方面,利用经济力量,强迫贷款修筑南满东蒙多条铁路,控制南满东蒙的经济命脉。

本章主要资料来源:

章伯锋、李宗一主编:《北洋军阀》第二卷,武汉出版社,1990年

胡连成译:《日本外交年表并主要文书》(1840—1921)(上),昭和六十一年六月十五日第六版,原书房,未刊稿

陈春华、郭兴仁、王远大译:《俄国外交文书选译(有关中国部分1911.5—1912.5)》,中华书局,1988年

邹念之等译:《日本外交文书选译——关于辛亥革命》,中国社会科学出版社,1980年

中国社会科学院经济研究所藏档。

## 关于对清政策
### 1911 年 10 月

明治四十四年(1911年)十月二十四日内阁会议决定

翌二十五日总理外务两大臣上奏完毕(内大臣画押)

鉴于帝国在政治上、经济上与清国拥有极为密切之关系,帝国经常致力于对清国保持优势之地位,并采取策略永远保持满洲之现状,此乃臣等在上一届内阁任职期间朝议所决定之事。

延长满洲租借地之租界期限,解决有关铁路之各种问题,进而确定帝国在该地区之地位,以谋求满洲问题之根本解决,实为帝国政府经常

谋划并坚持不懈之处。苟有可乘之机，则利用之，以讲求下此断案之手段，自不待论。关于关东州之租借，旅顺及大连湾租借条约第三条末段有一规定，租借期限满期后延期之商议，条约上已经预见之。不仅如此，依照关于满洲之北京协约第十三条，帝国在租借地一事上，亦享受最优待遇。租借期限之延长问题，对于我国来说，属于拥有条约根据之事项。关于满洲，暂时维持现状，防止侵害，在时机于我有利之时，尽量努力扩张我权利。至于满洲问题之根本解决，须待其机会对我最为有利且其成算最高之时，在此种情况下解决满洲问题，方为上策。

回过头来看帝国与中国本部之关系，可以看到帝国臣民侨居清国人数之多，我国通商贸易规模之大，以及与我关系密切之企业正在增加。帝国在此地方占据优势地位之气运，已经明显出现。加之，在清国，事态极度缺乏稳定，今后之形势如何，断非任何人所能预知。而一旦在此地方发生不测之变，对此能够采取应急手段者，舍帝国之外尚无他国。根据帝国在地理上之位置并帝国之实力，这一事实更是确定无疑。另一方面，帝国在东亚之一大任务，亦实存于此。帝国今后不仅必须自行确认并确立上述地位，而且今后必须采取相应措施，以逐渐使清国并各国承认上述地位。臣等认为，各国在深入考虑东亚大势之时，最终将逐渐认识到我国之优势地位，这种判断，并非毫无希望之事。

基于上述事实，在帝国政府方面，满洲问题之根本解决，要等待对我最有利时期之到来。而今后将特别致力于在中国本部培植势力，并采取措施，使其他国家承认我国在该地区之优势地位。按照帝国政府之既定方针，一方面在满洲地区与俄国保持步调一致，以谋求维护我国利益；一方面尽可能联络清国之感情，采取措施，使清国信赖于我。除此之外，对于英国，则彻底坚持同盟条约之精神。对于其他诸如法国等在中国本部存在利害关系之各国，则讲求调和之途；并在可能范围之内，采取措施使美国加入我伙伴之中，以期渐次达到我之目的。

《日本外交年表并主要文书》(1840—1921)(上)，第356—357页

## 尼拉托夫致科科弗采夫函

1911 年 10 月 18［31］日

第 1104 号。秘密

弗拉基米尔·尼古拉耶维奇先生阁下：

　　昨日日本大使来访，他对我言称，东三省总督已向"横滨正金银行"请求借款五百万日圆。但日本政府认为，不能同意"横滨正金银行"向东三省总督提供这笔贷款。据本野男爵消息，法英德美银行团似乎主要应英国财团的坚决要求，亦已拒绝给中国政府以贷款。英国财团认为，在目前情势下，倘向清政府提供任何贷款，则它在中国目前斗争中所处的中立地位将遭到破坏。大使要我告诉他，我们对华俄道胜银行向中国贷款问题将作何决定。

　　我问本野男爵，日本政府拒不同意"横滨正金银行"向东三省总督提供贷款是何理由，他答称，倘若中国革命党得胜，不能不考虑此种可能性，则中国新政府无疑会将此种贷款视作对其敌人，即对清政府的支持；由此而引起的不满，可能于日本在华复杂而重要的利益不利，另一方面，日本政府还认为，在中国借款问题上同其他国家联合行动应更加审慎。前述法英德美银行团拒绝向中国提供借款，足以说明列强对上述借款问题的态度。

　　在向尊贵的阁下转告上述情况时，我认为应谈谈我的意见：我们没有必要一定仿效日本人，因为我认为，倘若中国人接受我们提出的此项借款的条件，则向大臣赵尔巽提供三百万甚至五百万卢布贷款符合我国利益。您从随函所附 10 月 17［30］日驻北京公使第 681 号①及驻东

---

　　①　廓索维慈在 10 月 17［30］日第 681 号电中报称："在部里所熟知的工程师甘锡雅参与下，不久前成立了英法比财团，此间以勾堆男爵为代表。该财团表示愿向中国政府提供一亿法郎贷款，年息六厘、九六折扣、期限六十年。"

京代办第 205 号①密电抄件中亦可看出，法国及比利时银行家对让他们承担义务在中国事变中保持中立一事，并不象英国人那样严肃，他们想贷给清政府颇大一笔款子。

　　致诚挚敬意

尼拉托夫

《俄国外交文书选译（有关中国部分 1911.5—1912.5）》，第 152—153 页

### 小池致内田电

#### 1911 年 11 月 8 日

　　第 388 号。

　　业经屡次电禀，想阁下业已详知：本地形势日趋不稳，一方面有革命党人潜入此地，隐有策动；另一方面，随同各地变乱发生，此地官、民中之有力人士亦有逐渐倾向于革命党之趋势，何时发生变乱，颇难预计。一旦清朝皇室蒙尘前来（赵总督虽曾向本职言称不致发生此等事体，但实际上却在进行各种准备，昨今以来正加紧修整宫殿及商品陈列馆内部，以为接待贵宾之用），形势定必陷于混乱。加以当地军队平日对我国感情并不友好，万一发生冲突，难保不惹起破坏铁路等类情事。基此，本职认为此时我政府很有必要与俄国政府进行磋商，急向铁路沿线各重要地点增派兵力，以保护铁路、通信安全以及我国人民经营之事业，并借以显示南满洲属于我国势力范围，任何人不得思欲染指。当然，采取此种措施，虽可维持本地安宁，但其结果必使革命党人之活动受到限制。阁下从全局观点出发，如果认为此时对于革命党人之活动计划我方不应加以阻碍，以免招致彼等反感，果如斯，自不可采取上述措施。然而当此时刻，我政府对于本地之方针大体如何，本职确需知悉，故乞电示概要，以便有所遵循。又如，赵总督等如身家性命遇到危

---

　　①　勃罗涅夫斯基在 10 月 17［30］日第 205 号电中曾谈及中国政府同法比财团就一亿五千万日圆贷款举行谈判的情况，并指出：日本"正金银行"已拒绝给予东三省总督五百万贷款。

险,定必前来要求我方保护。届时,本职认为应以个人身份尽力予以保护,此点,亦请亮察。三原陆军大佐刻下正在此地,曾由革命党人王国柱处(关于王国柱之行动,已另有函报)探知,革命党为震撼北京朝廷,拟于日内举事,希望日本采取旁观态度等等,该大佐已通过关东都督府向陆军省及参谋本部另电详报,想阁下业已闻知,不另缕陈。特此电禀。

本电已抄致我驻北京公使。

《日本外交文书选译——关于辛亥革命》,第115—116页

## 内田致小池电

### 1911 年 11 月 10 日

第 208 号。绝密

一、除迫于保护侨民或保护铁路之需要,以及我国利权遭到侵害须加保护等情况外,应尽量避免采取军事行动。

二、南满洲铁道会社为便于我方之军事行动,应以公正态度拒绝向官军或革命军之任何一方提供与军事行动有关之一切运输便宜。

三、南满洲铁道会社及其驻在各地之最高级负责人出于保护铁路之需要,以及我驻满洲各地领事或民团长出于保护我侨民或保护我国权益之需要,在必要时,均得向关东都督或其就近之守备队长请求保护。

四、万一满洲朝廷蒙尘前往南满洲方面,应极力加以保护。

《日本外交文书选译——关于辛亥革命》,第117页

## 石本①致内田札

### 1911 年 11 月 12 日

外务大臣子爵内田康哉阁下:

---

① 石本新六,陆军中将,1911 年 8 月任西园寺内阁陆军大臣。

已向关东都督发出训令,详如附件所开,特送核阅,即希察照。

陆军大臣男爵石本新六

明治四十四年十一月十二日

**附件:陆军大臣致关东都督训令**

满洲方面发生变乱之际,应按左列原则约束军事行动:

一、南满洲我国侨民需加保护或发生我国权益遭到侵害而必须加以保护等情况时,关东都督可以使用兵力。

二、南满洲铁道会社及其驻在各地之最高级负责人出于保护铁路之需要,以及我国驻南满洲各地领事或民团长出于保护侨民或保护我国权益之需要而请求派出兵力时,关东都督应命令其就近驻地之最高级指挥官立即承担此项任务。

三、驻在南满洲各地之外国领事如请求我方对其领事馆或侨民加以保护时,在不影响执行上述任务之范围内,应尽力接受其请求。

四、使用兵力时所采取之军事行动,应限制在达到各该项目的所必需之范围以内。

《日本外交文书选译——关于辛亥革命》,第118—119页

### 内田致本野

1912 年(明治四十五年)1 月 10 日本省发报

第五号。极密

根据日俄秘密协约追加约款所划定之南北满洲分界线,止于托罗河与东经一百二十二度之交叉点上,不及其以西地区;同时,帝国政府根据该协约第三条,承认俄国在外蒙古之特殊利益。但是,日俄两国对于内蒙古之利益,并无任何规定,这一点想必贵官熟知。然日俄两国在适当时期,协定东经一百二十二度以西之分界线,且划定两国在内蒙古之势力范围,实为根绝将来一切之误会,谋求两国永久友谊之最好办法。依本大臣之私见,日俄两国之间达成上述协定,以这一时期为最佳机会。不仅如此,征之以贵官去年十月二十四日机密第三十七号报告

所载俄国总理大臣之内部讲话,达到上述目的未必十分困难。此际由我国向俄国政府提出上述意见,例如关于东经一百二十二度以西地区,溯托罗河而上直达兴安岭分水岭,以托罗河及分水岭为南北满洲分界线之延长;又,关于内蒙古,以张家口至库仑之大道为界,将内蒙古分为东西二个地区,东部为我国势力范围,西部为俄国势力范围。可将上述方案向俄国政府提出,并探询能否迅速缔结协定。上述方案系本大臣私人之见解,尚未付诸内阁大臣讨论。本大臣急欲知道贵官对于上述方案之意见,望来电示教。

《日本外交年表并主要文书》(1840—1921)(上),第360—361页

## 本野致内田

1912年(明治四十五年)1月12日本省收报

第四号。

俄国外交部于一月十一日就蒙古问题发表公报,大要如下:

蒙古人在库仑宣布独立,向俄国寻求支持。俄国政府忠告蒙古人,要采取稳妥行动,寻求与清国妥协之途径。又,俄国驻库仑领事为清国之电信线路、银行及政府保护之事,多有尽力之处。双方并邀请俄国政府在其后清国政府及蒙古之间开始谈判时,进行仲裁,故此,俄国政府决定接受其邀请。而二者之协商,只有在蒙古达到保持其固有制度之目的时方可成立。俄国政府基于须使清国人尊重上述情况之见地,考虑到蒙古人已经认识到清国政府对于蒙古之

一、实施清国行政

二、驻扎清国正规军

三、令清国人移民

等项,实为漠视蒙古人权利之举,因此,在答复清国之仲裁邀请时,上述三点即成为二者之间协定得以成立之基础。关于这一点,俄国政府呼吁清国政府予以注意。俄国政府认为,为使蒙古局势得到缓和,务必使蒙古人明白:为蒙古发展而采取的任何措施,均得到俄清两国政府

之认可;在蒙古问题上,俄清两国之间毫无意见分歧。故,俄国为蒙古之任何发展而进行的援助,皆符合俄清及蒙古之利益,此乃俄国同意接受仲裁邀请之缘由。俄国政府已经通过俄国驻华代理公使,将上述内容通知了清国政府。这份通告的内容是:如果清国采纳上述建议,则俄国外交官即在清蒙协商时进行斡旋,并敦促蒙古尽其义务。俄国并不打算干涉清国之内变,且无侵略蒙古之野心。但是,可能对俄国利益造成损害的边界地区的秩序混乱,则是俄国不愿意看到的,这一点是俄国政府应允本次仲裁之原因。但是,由于俄国在蒙古存在重大利害关系,不能无视事实上已经存在于蒙古的政府,所以当蒙古断绝蒙清关系之场合,则俄国与蒙古之间进行事务性接触,将成为不得已之势。

《日本外交年表并主要文书》(1840—1921)(上),第361—362页

## 本野致内田

1912年(明治四十五年)1月13日本省收报

第八号。极密

关于贵电第五号,日俄两国在适当时机签署阁下来电所示之协定,是素所希望者,但此际签署上述协定是否适当,尚需慎重考虑。一直以来,关于满洲问题,根据数次与俄国总理大臣及外交当局会谈之结果,本官认为二者之间尚有意见分歧。有鉴于此,本官认为,除非与俄国当局交换过意见,则很难断言,事情会如我方所愿,轻而易举地签署上述协定。另,俄国总理大臣之对清意见,正如去年机密第三十七号拙信所载之报告,又有所发展,开始露出锋芒:只要有机可乘,经日俄两国协商之后,俄国甚至意欲瓜分满洲和蒙古。在这种情况下,假使本官建议举行会谈,谈判阁下来电所示之协定问题,对方必然会提出上述瓜分问题。因此,虽然此际开始上述协定之会谈尚合时宜,但本官确信,我方必须做好思想准备:当对方提出上述根本问题时,我方能够毫不犹豫地予以答复。帝国政府是否有决心,根据清国时局之发展,按照日俄协约之精神,乘此时机,谋求满洲问题之根本解决?纵使朝议尚未确定,至

少对于阁下而言,尊意是否已经决定实施针对满洲之最后政策?若如此,将就阁下来电所示之建议,与俄国当局交换意见;若不然,则此际开始本谈判,恐非上策。因为,一方面有可能引起俄国怀疑;另一方面,这次谈判消息一旦泄露于坊间,清国自不必说,各国亦将疑窦顿生,从而出现意外之不利情况,这是难以预料的。

鉴于上述情况,依本官之所见,如果没有利用清国此次事变来根本解决满洲问题之决心,则本官确信,关于划分内蒙古势力范围之谈判,还是不要举行为好。

《日本外交年表并主要文书》(1840—1921)(上),第 361 页

### 川岛致参谋本部的电文
#### 1912 年 1 月 22 日

第 52 号。

这次皇帝退位事件,纯系袁世凯与孙逸仙合作搞的结果,已明显矣。前日革命党掷炸弹谋刺死袁世凯事①,虽系我方事前进行煽动的结果,但实行前日,孙逸仙曾电告天津革命党本部说:袁已归我党,勿庸杀害。在此电尚未告知北京党人时,此事即已发生。窃以袁孙之合谋骗局,不予以揭破,我帝国将陷于极度不利。

《北洋军阀》第二卷,第 613 页

### 川岛致参谋本部的电文
#### 1912 年 1 月 22 日

第 53 号。

本日举行御前会议,满蒙各王公一致猛烈反对共和,皇太后也主张维持君主制,打消了皇帝退位的念头。当兹千钧一发之际,切望大部英

---

① 1912 年 1 月 16 日,革命党人张先培、杨禹昌、黄之萌等在北京东华门投掷炸弹,谋刺死袁世凯,不中,三人被捕死难。

明决断,设法给予充分的后援,满蒙王公渴望日本援助,急待脱出虎口。

《北洋军阀》第二卷,第613页

### 川岛致参谋本部的电文
#### 1912年1月23日

第54号。

肃亲王于昨日会议上,向皇后力陈袁之奸狯不忠,主张维持君王政体,如力有所不及时,可借助外力。恭亲王和之。摄政王严命:"皇帝玉玺,世续所系,未经余之准许,概禁启用。"意在防止颁发皇帝退位上谕。并且,醇、恭、肃三亲王另有密议,商讨求援日本。结果昨夜肃亲王会见晚生进行协商,今晚他将与醇亲王协商,设法使袁世凯尽快辞职,或于万不得已时拟逃出北京。为此有意乞求日本,以适当方法给予援助。另如北京陷于骚乱时,亦切盼日以兵力迅急予以救援。此地形势日趋好转。

《北洋军阀》第二卷,第613页

### 川岛致参谋本部的电文
#### 1912年1月24日

第55号。

青木少将骤然主张拥护清朝,并且往访各王公,似为袁世凯辩护。昨访肃亲王,竭力辩护袁世凯是君主主义者,义无二心。以致彼等又对日本之意,产生疑窦,似此做法,若迁延时日,必将再中袁之奸计,终使清朝为彼所亡,此明若观火也。清朝与袁,势难两立,为保全清朝,必须除袁。愚本此方针在逐步进行中,各王公也充分识破袁之奸恶,为从彼手夺回政权,正在煞费苦心。各王公切望日本救援,基因全在于此。切盼立下决心当机立断。

《北洋军阀》第二卷,第614页

### 川岛致参谋本部的电文

1912 年 1 月 25 日

第 56 号。

袁世凯又以君主主义自称,意在使王公消除戒心。另一方面逐渐向北京集结兵力。野心所在可推而知。当此之际,在使满洲朝廷提高警觉加强防备之同时,我国若不及早决定方针,断然促使我国在北京之当局者,决然采取排斥袁之方策,势将再次为袁所制,致使我之苦心,将化归泡影。祈请裁酌,切切。愚目前正在进行的是使有力王公完成向日本声请援助的有关手续。

《北洋军阀》第二卷,第 614 页

### 川岛致参谋本部的电文

1912 年 1 月 26 日

第 57 号。

袁又订出恶毒奸策,使庆亲王昨日晋宫,再次劝动皇太后颁发上谕,召开国民会议,依民意解决政体。言此乃既定之事,勿使民心动摇云云。另一方面动手煽动资政院议员及新闻记者力倡共和主义,只对皇帝退位,表示暂作保留态度,北京的气氛日益险恶。此间我方特忙。差派松本一事,暂缓。请谅察。

《北洋军阀》第二卷,第 614 页

### 川岛致参谋本部的电文

1912 年 1 月 27 日

第 58 号。

昨日上谕,晋封袁世凯为一等侯爵。此乃皇太后及庆亲王、醇亲王等惟恐袁狗急反噬,以示安抚。另一方面决定建立君王立宪政体,以镇抚一般君主党之反抗;人们认为这是一剂苦药。张勋出任两江总督兼南洋大臣,官报尚未公布,但已成定局。由此观之,可以认为政府是在

采取主战方策。袁亦似乎觉察到，在这一问题上，与君主主义者妥协比
较安全。但彼之野心，不知何时发作，不能掉以轻心。总之皇帝自动退
位这幕戏，一时宣告破产了。

《北洋军阀》第二卷，第 614—615 页

### 川岛致参谋本部的电文
#### 1912 年 1 月 27 日

　　第 59 号。

　　据称在奉天、铁岭、昌图、辽阳、盖平等满铁附属地内，潜伏革命党
数十名，全铁路沿线号称三千名。日本人也多有参加者，务希设法把他
们压服下去。在满洲之勤王军，以副都统德裕为首，逐渐扩展势力。张
作霖、冯麟阁等也密约共同起来。仅张之兵有二十营、大炮二十门，准
备略已就绪。但他们因日本援助革命党，深恐一旦起兵，遭受日本打
击，故踌躇不决。此时，日本若能给大炮二三门，机关枪数挺，当可使其
安心而起矣。是否可行，仰乞钧裁。

《北洋军阀》第二卷，第 615 页

### 川岛致参谋本部的电文
#### 1912 年 1 月 28 日

　　第 61 号。

　　在京之内蒙古王公中，与喀喇沁王同盟，策划蒙古自卫，举勤王军，
意见一致者有：宾图王、敖汗王、敖汗贝子巴林王、达尔罕王熙贝勒（喀
喇沁中旗）、乔罗克王等。对在蒙古的王公也正在进行工作，使他们起
而响应。第一次借款契约及密约书①，是以晚生之名做成的，日内送
上。喀喇沁王于数日之内，将潜身出京，但为避免袁世凯加害，正在精

---

　　① 指喀喇沁王、巴林王等向日本借款的契约书。

心考虑脱身之策。将为满洲首脑之肃亲王,亦将于一二日中潜往该地,准备起兵。

《北洋军阀》第二卷,第615页

### 川岛致参谋本部的电文
#### 1912年1月29日

第62号。

　　袁对王公及君主党,巧施既威压又笼络之策,将在一二日内,再逼皇帝退位。依然坚持反对意见者,仅恭王与肃王,真无可奈何,清皇室即将亡矣。我之微力至此而已。今后之行动,前已述及:发动满蒙勤王军,以坚守满人祖先故土决不归还之理由,保留大清之名,暂据满蒙,以养实力,俟民国自相扰乱时,再进出中原。宣统退位,罪归奸臣及昏庸无能之王公,代列祖列宗揭其罪恶,以保留大清之名,昭告天下。此在北方崛起之国,只有在日本的掩护下才能生存。主脑者也作如此想。我国要利用之,供我机关用。切望尽可能予以援助。肃亲王弟兄将于一二日内潜出北京,暂居大连,其同行者有高桥谦、松本菊熊两人。另有宫内少佐同车往该地旅行。此系与高桥大佐协议决定者。请训令关东都督府,予以便宜和援助,恳予裁处。愚下将伺机去满,想为肃亲王做周密指导。

《北洋军阀》第二卷,第615—616页

### 川岛致参谋本部的电文
#### 1912年1月29日

第63号。

　　昨夜一点,革命党在天津暴动,或可藉此打开局面。因北方人心势必为之动摇,我国以维持北京和平为名,借机出兵,以其威力暗中援助君主党,压倒袁世凯。此策是否可取? 过去试图炸死袁世凯,实是利用此辈①所为。

### 川岛致参谋本部的电文
#### 1912 年 1 月 30 日

第 64 号。

蒙古举兵计划已着着进行,喀喇亲王决定数日内离开北京。昨日领取三万发弹药,已运走。喀喇沁王与晚生之间所结密约与借款证书抄件,本日发出。借款是以卓索图盟五旗管内之全部矿山为押抵,约定借予二十万元。交换证书所需交付之现款,请速筹拨。此外,巴林王以其管内全都矿山采掘权为担保贷款一万两之契约已成立。尚有可能与巴林敖汗等昭乌达盟十一旗成立特殊密约。又有赛图王洽谈借款,可于一二日中决定。现在时逢掌握蒙古各种权利之机会,请速汇来现款五万元备用。此项贷款大部分供举兵之用。

高山、川岛

### 川岛致参谋本部的电文
#### 1912 年 1 月 30 日

第 65 号。

训电拜悉。晚生必精心计划,注意不出差错。特具陈意见于左:

先于满洲发难,蒙古事自易为之。否则,输进武器,均非常困难。蒙古人也都希望满洲先动。即使在蒙古扶植起我方势力,而满洲仍在议论喧嚣的民主国政府手里时,利权问题之冲突,将愈加频繁,对华外交较以往将会出现更多麻烦,因此,两国民主感情愈趋恶化,而列强势必乘机挑拨离间,以收渔人之利。且使蒙古与我国之间永远处于隔绝

---

① 指革命党人。

状态,不惟经营蒙古常受阻挠,蒙古全境因受侧面威胁,以至不能存立。故蒙古与满洲合作始能生存,满洲必得蒙古才能存在,这是必然关系。满洲举兵计划,即使需要排除多少险阻,也须决然行之。至于表面上做到何等地步,是清人自己的事,我国只在暗中提供方便。在对外政策上固存有顾虑之处,同俄国,以某种方法,达成幕后妥协,则无足深虑。以前喀喇王及宾图王曾访问俄国代理公使,探问内蒙古独立时,可望得到俄国何等程度的事实援助。彼答,对外蒙古能予以充分援助,对内蒙古固然甚表同情,而实际的援助,因地理悬隔,实属困难。以是观之,俄国意图之所在,即可推知。且满洲国兴起时,俄国在北满之利权,可多少予以好处,此亦无大阻碍。俄国并无必须反对之理由。若承认外蒙古及伊犁方面是俄国势力发展的范围,彼必抱侵入陕甘四川方面的意图,其迄今指向远东之锋芒,必将转向中央亚细亚,这对于帝国经营大陆,更为有利。民国成立后,必再陷于大乱,在不得已而遭瓜分时,满蒙已等于在我手中。若今日唯坐视形势之发展,无所作为,则我对清之政策,将以毫无意义而告终,东方主人公之资格将完全破灭。将来不但为列强所轻视,且将更引起国民之非议。为树立我国之霸权,为维持东方之大局,切盼我政府立即英断。殷切之望,有不能自己者。顿首百拜。

《北洋军阀》第二卷,第616—617页

## 川岛致参谋本部的电文

### 1912年2月2日

第71号。

天津爆发之事件,与我方无关。其真相是在该地的革命党久已蓄意发难,但很难成功,若无所事事,愧对南方。过去投炸弹炸袁世凯,亦是彼等所为。此次之举,因听说袁在逼皇帝退位之后,即在天津组临时政府。彼等认为在北方建立临时政府,于民间大不利,从此见地出发,先占领天津,以牵制之。这是党人的目的。由该党自南方派来日本人数名,予以援助,起先认为向总督府投弹之后,可立刻得到官兵内应。

但发难后,情景全非,遂归失败。死日本人一名,捕二名,领事馆现在处理中。另禁卫军期于三日夜袭击袁世凯,能否实行,尚难明言。内定在共和发表前,取消皇位。

《北洋军阀》第二卷,第 618 页

## 川岛致参谋本部的电文

### 1912 年 2 月 5 日

第 74 号。

昨晚与蒙古宾图王成立以开采矿山为抵押,贷与日金十万元的契约,条件大致与喀喇沁王相同。彼之领地从开原西约四五里处起,南北长,北部是大平原,口头约定将来日本人可开辟为大牧场。该王是东部蒙古王中之最有希望者,约定筹妥现款、武器后,卒先与喀喇沁王东西呼应起兵。还有昌图的博王即阿亲王,于数日前来京,其对于蒙古将来的意见,完全与愚下一致。肃王昨夜搭渤海丸离秦皇岛。

《北洋军阀》第二卷,第 619 页

## 川岛致参谋本部的电文

### 1912 年 2 月 8 日

第 76 号。

北京驻屯兵队长菊地少佐,对于晚生之计划,一向予以暗中援助。晚生近日将赴满洲,蒙古方面的善后事务必须托人处理,拟将今后任务移交该氏,如获批准,则得力良多,仅供采择。高山大佐亦表同意。

《北洋军阀》第二卷,第 619 页

## 川岛致参谋本部的电文

### 1912 年 2 月 8 日

第 77 号。

关于满蒙计划内容,从未向青木少将谈及,怕其泄露于袁之故也。

该少将目前所持之立场,既不体面,亦极为难堪,在已遵训示与公使开始协议的情况下,如再不向该少将开诚相告,则有故意隐瞒之嫌。且在工作上有步调一致达成目的之必要。若由贵部训令该少将,着其隐然援助晚生之计划,实为相宜。

《北洋军阀》第二卷,第 619—620 页

## 川岛致参谋本部的电文
### 1912 年 2 月 8 日

第 78 号。

满洲方面革命党气焰甚盛,不仅登陆之革命军,而由革命所动员起来的土匪,亦有在各地蜂起之状。据情报,我政府对之有欢迎倾向。这对我政府来说,作为采取某种姿态之〔宣传〕资料,需要做出某种程度的欢迎,并非毫无道理。但为此使德裕、张作霖等一派勤王军的士气沮丧,以至于不能再起,则坠入袁正在试用的笼络计策之中,使满蒙全归于袁之掌握,难以挽回。殊恐我等所拟建立的无保护国之名,而又可避瓜分之嫌,且由我操纵实权的计划,归于画饼。政府之意图何在,殊难推测。如我等意图与主旨不符,请速下令中止,以便停止活动。肃王若单为避难,不如早与袁进行疏通,安全归京,较为有利。乞火速训示。晚生定于十一日离此地,为勤王军起事去满洲。肃王全部家族也于同日去旅顺。

《北洋军阀》第二卷,第 620 页

## 川岛致参谋本部的电文
### 1912 年 2 月 9 日

第 79 号。

内蒙古不与满洲联合,则难自立。纵令自立,格于地势,满洲归于民国,亦必被制服。满洲不先自主,蒙古亦难站起。其先后次序,已为众所熟知,故满蒙计划乃一事也。顷接情报,奉天勤王军,形势有望。

晚生将急赴该地,极需佐贺少佐同行,如承向该少佐急速下达命令,则方便极矣。

《北洋军阀》第二卷,第620页

## 川岛致参谋本部的电文
### 1912年2月10日

第80号。

卓索图盟内的矿山为数极多,约有五十余处。仅喀喇沁就有金山十八、银山三、铜山一、煤矿七处,土默特旗约有二十八处。尚请参阅贵部所有的喀喇沁部矿业报告。

《北洋军阀》第二卷,第620页

## 川岛致参谋本部的电文
### 1912年2月15日

第82号。

肃亲王绝对有割据满洲之志,今已势成骑虎。只要与政府宗旨不相冲突,晚生等仍欲推行计划,竭尽全力而后止,别无他途。此次即使不能立即成功,必将有第二时机。此计划如不成功,则蒙古事也无希望。

《北洋军阀》第二卷,第621页

## 川岛致参谋本部的电文
### 1912年2月15日

第83号。

据来自奉天情报,敖汉三喇嘛将于二十日以内,在昌图附近,以二十万兵举事云。再,肃王若动、东翁牛特台吉阿尔基、达尔罕旗台吉坎迭斯、郭尔罗斯旗的"卞达"(土匪头)、图什业图旗的杜萨拉库给(最高官吏）、给哈依的四头目，约定于旧正月联合举兵，会于奉天。右者①于北京出发前，与阿尔基、坎迭斯之间已有定约。蒙古人大多对肃亲王的名望，感到敬佩。据松井自北京来电，喀喇沁王申请把日金二十万圆借款，改为中国银元二十万元，期限三年改为期限五年。银行回电，改为中国银元碍难同意，年限五年无问题。再有奉天来电，张作霖所部团长金寿山与松本同行，将于十六日前来当地。

《北洋军阀》第二卷，第621页

## 川岛致参谋本部的电文

1912年2月17日

第85号。

据当地所得情报，满铁至今尚同情为革命党煽动起来的活动者。十五日夜，铁岭有革命党八十人，及满铁的日人原口闻一以下十一人，由北门闯入城内，试图占领县城，为巡警击退，而昨夜又有前铁岭知县徐麟瑞拥众三百人，而日人助之，遂行占领县城。该革命党潜伏在奉天开原等各附属地，纠集人众，特别如徐麟瑞其人，化名山本次郎，居奉天附属地，久受日本警官及满铁的庇护，此事乃系众人皆知的公开秘密。张作霖等迄今多次对此加以指责。由于疑惧日本，所以勤王军起事之时机虽已成熟，而仍踌躇。且满铁以中立为名，拒绝运送官兵，大张革命党之气焰。为此，当地中国官界愤怨之声甚高。目前在满铁方面最出名的革命党援助者，有山越中佐、犬塚理事、森茂等中心人物。我官宪的举动如不公平，晚生等之计划难以实现，当地中国方面军队的联络，日有进展，我认为如果他们相信可得到我国同情，即可奋起。当地报纸所刊新闻，皆故意为革命党张目，并非真相。一般人的倾向，多坚持君主主义。革命党人仅为少数的南方人与日本浪人。段芝贵的游说也以失败告终，退回新民屯矣。晚生的计划如再努力加把劲，必可成

---

① 指肃亲王。

功。转变我官宪及满铁的态度,我处也努力为之,尚乞予以关注。

## 川岛致参谋本部的电文
### 1912年2月17日

第86号。

顷金寿山奉张作霖之命,来做如下交涉。昨日铁岭为革命军占领,所派之讨伐军队,为守备城内之日本军所阻,未达目的。质问日本用意何在,相信日本军队为保持日本之守备权,在不许讨伐军进城之同时,也必须使革命军撤走。他们认为,革命军得日本之助始能占领该城,故妨碍官军讨伐行动,处置不公,易生误解。窃以为此事必须注意。如果不使革命军退出,难免处置不公。事实见照会,请参考。

## 川岛致参谋本部的电文
### 1912年2月23日

第92号。

遵训示主旨,转告肃亲王,但彼不肯为一身利害,放弃主义而回北京,彼认为居住当地,如对日本外交有碍,则愿到满族人多而从来又有关系的黑龙江去。晚生与都督府协议结果,考虑到他如去该地,则有被俄国利用之虞,故止之。请在他选好适当地点之前,暂住旅顺,加以保护。特别关于满洲独立问题,请亲王暂且不与闻问,而完全以政治避难的身份,对外拒绝一切访问和书信往来。此点已得亲王承诺。使肃亲王迁至日本领土内一事,只要亲王不放弃其恢复大清的活动,他日仍将成为外交上的问题,因他是在日本的权力范围之内,而非在他国的权力范围之内。故考虑另寻适当场所,移住其地为妥当。目前正在研究中。再者,都督府与晚生之协商,一切大致圆满,别无障碍。

## 内田关于维持南满洲治安之答辩

1912 年(明治四十五年)3 月 7 日内田外相于众议院答辩

(前略)

第四问:维持南满洲治安之办法及将来之方针如何?

这个问题非常重要。帝国在南满洲拥有特殊利权,这是众所周知之事。关东租借地自不必说,那些大于关东租借地四五倍之中立地带及七百英里铁路线及附属地、鸭绿江之木材事业、烟台及抚顺煤矿、我国人民在其他铁路附属地沿线兴办之各种事业,这些利害关系,远远超过了日本在中国本土与各国之间的关系,实在是一种特殊利益。加之南满洲在东南边境与我国领土朝鲜以鸭绿江及豆满江为界而接近,故南满洲安宁秩序之紊乱,不仅直接影响我特殊利权,亦直接影响朝鲜之治安。所以,对于南满洲,在这起事件之初就格外加以注意,对于驻扎该地区之我军有关部门,制定了一定的方针。即:对于那些以我租借地或铁路附属地为策源地而采取扰乱治安及秩序之行动者,严格取缔之;只要与我特殊利权不发生关系,则任其自由行动。当发生危害我臣民生命财产之事时,则坚决取缔之。这个方针确定之后,一直执行到今天。所以在我租借地或附属地带,只要不妨害治安,则不予干涉。苟有扰乱治安之虞则立即严加取缔。刚才今柴先生在讲话中提到了中立地带问题。由于获悉北伐军在中立地带登陆,已经再三警告北伐军将领,不得实施登陆。但彼等无视警告,最终在中立地带登陆,并与官军发生了冲突。根据这种情况,我出兵——向中立地带出兵了,命令双方撤离中立地带。所幸双方听从劝告,撤出了中立地带。在其他铁路沿线,官军与革命军之间亦发生了冲突。对于有可能危害我国民之生命财产者,我立即出兵,将双方分开,这种事情发生了多次。维持南满洲治安而采取的措施,已如上述,今后仍将执行这一方针。

《日本外交年表并主要文书》(1840—1921)(上),第 368—369 页

### 阿都守太郎致中村是公函

1913 年 3 月 12 日

第 3 号。

近来中国方面不断有人计划修筑满洲及内蒙古方面铁路。例如，伊通至伯都纳（扶余）线、奉天经海龙至吉林线的借款问题，据闻已向某美国人提出交涉。因此，我方正在考虑确定一项有关南满洲及东部内蒙古地区铁路的方针。由于调查上的需要，请贵社从自己的立场出发，把今后希望在该地区修建的路线和因竞争线等原因认为修建不利的线路思量查明，示复为荷。

中国社会科学院经济研究所藏档，第 324—881 号

### 中村是公致阿都守太郎函

1913 年 3 月 26 日

关于在满洲修建的铁路，本社亦正在研究，如果情况允许，暂有下列各线极希见诸实现：

一、从满铁本线四平街站经西北奉化县（今梨树县）〔买卖街〕至郑家屯的铁路；

二、从郑家屯延长到洮南府的铁路；

三、从满铁本线开原站经东方掏鹿（今西丰县）至海龙县城的铁路；

四、从海龙城至吉林的铁路；

五、从满铁抚顺站至营盘、山城子或兴京地方的铁路。

此外，从满铁经辽西达长城地方、朝阳、赤峰地方的铁路如修建得宜亦属必要。再有本线沿途修建短途支线也愈益必要。现下正在研究这一问题。

其次，从奉天经法库门至郑家屯一线目前尚非其时。再有到达掏鹿、海龙城等方面的铁路，以奉天为起点者，目前从我方的立场看来，应当表示反对。

中国社会科学院经济研究所藏档，第 324—881 号

## 牧野致驻华公使函

1913 年 7 月 29 日

机密　192 号。

日前孙宝琦、李盛铎在我国逗留期间,在贵地的正金银行小田切董事 7 月 14 日致电总行声请,乘孙等一行逗留之机,就日前该职向朱交通总长提出的关于满蒙铁道问题进行商谈。该电言及,关于铁路问题,请参照今年 1 月 25 日、2 月 10 日和 2 月 14 日该职致总行的信件。根据这些信件来看,该职向中国方面提出的我方希望线是:(一)奉天或长春起经伯都纳至洮南府线;(二)南满铁路的某一地点(或者定为奉天)至海龙线。如您所知,从日前以 4 月 8 日机密第 89 号发送的中村满铁总裁意见书来看,满铁对于(一)四平街起经郑家屯至洮南府线,和(二)以开原为起点至海龙线都是希望的,但两线不管哪一线,以奉天为起点,从会社的立场考虑都是不喜欢的。不希望小田切董事万一发生误解。为此,贵官认为必要时,为慎重起见,可就本件提醒该职注意。此致。

中国社会科学院经济研究所藏档,第 324—881 号

### 关于借款修筑满蒙铁路之换文

1913 年(大正二年)10 月 5 日

往翰

径复者:以贵历二年十月五日商字第二十六号贵部公文送达之关于山座特命全权公使与贵国政府之间进行磋商并决定之借款修筑铁路预约办法大纲之照会,已经阅悉。照会全文如下:

一、中华民国政府承诺,借日本资本家之资金,以铺设下述各条铁路。

(甲)自四平街起,经郑家屯至洮南府之线。

(乙)自开原起,至海龙城之线。

(丙)自长春之吉长铁路停车场起,贯穿南满铁路,至洮南府之线。

以上各条铁路应与南满铁路及京奉铁路相连接,其办法另行协定。

二、上述借款办法细则须以浦信铁路借款合同定本为标准。本大纲议定之后,中国政府应迅速与日本资本家协定之。

三、中国政府将来若在洮南府城和承德府城之间及海龙府和吉林省城之间铺设二条铁路,当需要借用外国资金时,应该先与日本资本家商议。

上述全文本公使馆将立即报送帝国政府。

特此答复。

大正二年十月五日

大日本帝国公使馆

(注:因同意来翰而不再附录。)

《日本外交年表并主要文书》(1840—1921)(上),第 378 页

## 帝国政府关于锦朝铁路问题及其他问题之声明

1914 年(大正三年)6 月 13 日

近来,内外报纸盛传,英国资本家在一条经过南满洲及东部内蒙古之铁路上,似乎已经获得某种利权。对于上述地区,帝国政府夙来拥有特殊利益,帝国政府为此业已声明于各国,并为保护和增进上述特殊利益而不断采取适当措施。不仅如此,各国亦承认我国在该地区之特殊地位。帝国政府确信:苟无预先知会于我,则对于铁路之类在经济上及军事上具有重大关系之计划,各国政府断不会给本国资本家以援助。

诚然,去年二月,英国政府希望由中英公司将锦州朝阳间铁路作为京奉铁路支线进行经营,为此征求帝国政府之意见。帝国政府经过认真审议,认为上述计划线路只有八十英里,而且只是多年来英国资本参与的京奉铁路之支线,鉴于上述事实,帝国政府表示同意。但同时,鉴于上述计划线路将通过帝国拥有特殊利益之满蒙地区这一事实,认为在维护我利益上还需要相当程度之保留。即于同年三月向英国政府声明:在明确表示帝国政府对于上述铁路并无异议之同时,提议将来该铁路延长之时,应该预先与帝国政府进行磋商;如果英国以外之外国资本

参与这条铁路,亦应允许日本资本参加。对于上述声明,英国政府答复:对于帝国政府之保留意见表示理解。

又,帝国政府已经确认:本年二月,有报道说英国资本家就北京经热河至赤峰之铁路,正与中国政府磋商借款问题;以及最近报纸报道的英国资本家在锦州和热河间及热河和北京间铁路上,已经获得某种利权等消息,纯属臆测,毫无事实根据。

《日本外交年表并主要文书》(1840—1921)(上),第379页

## 加藤关于对华要求之训令

1914年(大正三年)12月3日

机密号外

加藤大臣致驻北京日置公使。

关于对华政策:

帝国政府为解决时局之善后,且为巩固帝国将来之地位,以永远维持东洋之和平,希望在此际与中国政府缔结大体如附页第一号至第四号内容之条约及协定。上述内容之中,附页第一号属于山东问题之处理,附页第二号大体上属于确定我国在南满洲及东部内蒙古地位之内容。在南满洲及东部内蒙古地区,关于帝国之地位和中国之地位,不明确之处并不少见,以至于日中两国之间因此发生不必要之误会和猜疑,对两国国民之感情造成极大之不良影响,此种事例并不少见。是故,帝国政府欲在此明确南满洲及东部内蒙古之既成事实,同时借此机会,表明帝国政府对该地区并无任何领土野心,所谓瓜分满洲之说更是无从谈起。至于对南满洲及东部内蒙古,希望首先按照附页第二号甲案进行谈判。在上述谈判中,似乎不会轻易得到中国政府之允诺,但仍尽量按照上述甲案进行谈判,以达到我国之要求。万不得已时则按照附页第二号乙案进行谈判。至于附页第三号之汉冶萍问题,希望在谈判时事先确定原则,具体内容随后通过协议再行决定。另外,附页第三号及第四号并不一定拘泥于条约形式,可以采取互换公文等形式进行,因

此,希望知悉上述事项。至于附页第一号及第二号之条约及第三号及第四号之协定,如果中国方面希望暂时以密约形式签署,亦无不可,此点切记。

以上各项中,附页第一号属于时局善后之当然措施,附页第二号大体上属于既成事实之确认,附页第三号基于我方与汉冶萍公司之关系而为该公司将来之发展制定的最佳方案。总之,上述三项之任何一项并无特别新意。至于附页第四号,只是在帝国政府屡次宣明于内外的保全中国领土之大原则的基础之上,更进一步而已。帝国政府欲借此机会日益确保帝国在东亚之地位,以维持大局,因此,上述各项之实施是绝对必要的。帝国政府有极为坚定之决心,不惜使用所有手段,以实现之。因此,贵官要充分体会政府之用意,竭尽全力而为之。另,附页第五号与附页第一号至第四号之各项不同,属于另一类问题,是希望在谈判中劝告中国实行之事项。此类项目无一不是紧要问题,目的在于增进日中两国之友谊,维护共同之利益。在这些项目中,其中尚有日中两国之悬案,对于这些问题,亦希望贵官尽最大努力,力争实现我方目的。又,在本问题谈判过程中,中国当局必会提出胶州湾之最后处理问题,以探询帝国政府之意向。帝国政府认为,如果中国政府全部答应我方要求,则可以考虑归还该地之问题,希望贵官了解这一情况。自然,在归还该地之时,绝对需要开放该地为商港,且设置我国专管租界。当声明将考虑归还这一地区时,可按照附页第六号之内容进行应酬;如果需要互换公文,则在训令到来之后采取行动。特此训令。

### 第一号

日本国政府及中国政府希望维持远东之全局和平,且为日益增进两国之间业已存在的友好善邻关系,兹缔结如下条款:

第一条　中国政府约定,在转让德国于山东省依据条约或其他而从中国获得之一切权利、利益等问题之处理上,承认日本国政府和德国政府所议定之一切事项。

第二条　中国政府约定,山东省内或其沿海一带之土地或岛屿,不管以何种名义,都不得转让或租借他国。

第三条 中国政府允许日本国,铺设一条连接芝罘或龙口和胶州湾至济南之铁路。

第四条 中国政府约定,为外国人居住及贸易之便,尽可能迅速地自主开放本条约附属书所列之山东省诸城市。(依据大正四年往电第四号修正。)

第四条 中国政府约定,为外国人居住及贸易之便,尽可能迅速自主开放山东省之主要城市。其地点另行协定。(最初经过上述修正之后提交给中国方面。)

第二号甲案

日本国政府及中国政府,鉴于中国政府承认日本国在南满洲及东部内蒙古之优越地位,兹缔结如下条款:

第一条 两缔约国约定,将旅顺、大连租借期限并南满洲及安奉两铁路各期限各延长九十九年。

第二条 日本国臣民在南满洲及东部内蒙古可以进行各种工商业建筑物之建设或为耕作取得所需土地之租借权或其所有权。

第三条 日本国臣民在南满洲及东部内蒙古可以自由居住、往来,可以从事各种工商业及其他业务。

第四条 中国政府同意,给予日本国臣民本条约附属书所列之南满洲及东部内蒙古诸矿山之采掘权。

第四条 中国政府同意,给予日本国臣民南满洲及东部内蒙古诸矿山之采掘权。其允许开采之矿山,另行协定。(最初经过上述修正和订正之后提交给中国方面。)

第五条 中国政府承诺,下述事项应事先得到日本国政府之同意。

(一)给予他国人南满洲及东部内蒙古之铁路铺设权或为铺设铁路而请他国人提供资金。

(二)以南满洲及东部内蒙古之诸税为担保,向他国借款。

第六条 中国政府约定,在南满洲及东部内蒙古聘任政治、财政、军事方面之顾问、教官时,必须先与日本国协商。

第七条　中国政府自本条约缔结之日起九十九年间,委任日本国管理、经营吉长铁路。

### 第二号乙案

日本国政府及中国政府,鉴于中国政府承认日本国在南满洲及东部内蒙古之优越地位,兹缔结如下条款:

第一条　（如甲案）

第二条　中国政府约定,为外国人居住及贸易之便,将自主开放本条约附属书所列之南满洲及东部内蒙古诸城市。

第三条　中国政府约定,两缔约国臣民如欲以合办方式在南满洲及东部内蒙古从事农业及附属工业之经营,则允许之。

第四条　以下如甲案。

### 第三号

日本国政府及中国政府,鉴于日本资本家和汉冶萍公司业已存在的密切关系,且为增进两国共同之利益,特缔结如下条款:

第一条　两缔约国约定,将来在适当时机将汉冶萍公司改归两国合办,中国政府不经日本国政府之同意,不得自行处理或命令该公司处理属于该公司之一切权利、财产。

第二条　中国政府约定,对属于汉冶萍公司之诸矿山附近之矿山,未经该公司同意,禁止该公司以外之任何公司采掘;同时,在采取其他可能会对该公司产生直接或间接影响之措施时,需要事先征得该公司之同意。

### 第四号

日本国政府及中国政府,为实现保全中国领土之目的,兹缔结如下条款:

中国政府约定,不把中国沿岸之港湾及岛屿让与或贷与他国。

### 第五号

第一条　在中央政府雇聘有能力之日本人,充当政治、财政及军事顾问。

第二条　对于存在于中国内地之日本医院、寺院及学校，承认其土地所有权。

第三条　一直以来，日中之间由于警察问题，大多酿成不愉快之争论。因此，此际在必要地区之警察由日中合办。又，在此等地区之中国警察机关中雇聘较多人数之日本人，以资刷新和确立中国警察机构。

第四条　由日本供应一定数量（例如中国政府所需武器之半数）以上之武器；在中国设立日中合办兵工厂，由日本提供技师和材料。

第五条　同意将连接武昌和九江、南昌线铁路及南昌和杭州间、南昌和潮州间之铁路铺设权给予日本。

第六条　福建省内之铁路、矿山、港湾之设施（包括造船厂），在需要外国资本时，应先与日本协商。

第七条　承认日本人在中国之传教权。

### 第六号

中国政府约定，当日本国政府将胶州湾租借地归还中国时，将其全部作为商港开放；中国政府同时同意，日本国政府在其指定地区设置专管租界。

（附属表省略）

### 附记

在这一谈判中，日本可以承诺对中国履行之事项，大致如下：

一、保证袁大总统之地位并其自身及其一家之安全。

二、严格取缔革命党及中国留学生，并充分注意不谨慎之本国商民、浪人。

三、在适当时期，将讨论归还胶州湾问题。

四、对于袁总统及有关高级官员，将考虑奏请授勋或馈赠。

### 备考

上述事项只供日置公使领会，并非形成书面文字交给中国方面之文件。这一注意事项亦记载在训令正文之中。

《日本外交年表并主要文书》(1840—1921)(上)，第381页

## 美国对于日华交涉之备忘录

### 1915年(大正四年)3月13日

阁下于二月八日，在国务院向本人递交了日本政府正在提出的对华要求之备忘录。接着于同一个月的二十二日，本人又收到了阁下递交的补充备忘录。这份补充备忘录是关于日本政府要求中国加以考虑的、为裨益两国关系而提出的希望条款。美国政府高兴地通过日本政府上述二次通告获知，所谓希望条款，并不是作为要求提示给中国的，而只是要求中国进行友谊的考虑。美国政府在思考上述要求和希望条款之区别时，将其理解为当中国政府拒绝考虑后者时，日本政府并不会强加于中国政府。

上述希望条款，只要事关日美两国对待中国之传统态度，则本人对于阁下，将提示美国政府之如下见解，而这个见解针对的是，当上述要求及希望条款涉及到美国和中华民国之间的关系的时候。美国政府就上述内容发表见解时，认为日本国政府在通告中表现出淡泊并且是友好的态度，美国政府相信，日本政府一定会以同样的精神欢迎美国政府的表态。

首先让我们回忆一下：在一八九九年，美国政府照会法、德、英、意、俄及日本政府，呼吁上述国家对下述三项予以正式同意：

第一，各国不得以任何形式干涉其所拥有的所谓利益范围内或租借地内之条约港或所得之利益。

第二，在上述利益范围内之各个港口（不包括自由港），对于卸下或装运的一切商品，不问其属于何国，皆须全部适用当时所执行的清国条约税则；且按照这一规定交纳之租税，应由清国政府征收之。

第三，各国对于驶入上述范围内的任何港口的他国船舶，不得征收多于自由船舶之港税。又，在上述范围内，在铺设、监管或作业之铁路

线上,对属于他国人民或臣民之商品且在上述范围内运输者,不得征收多于本国国民同类商品之等距离运输之运费。

对于上述条款,外务大臣于一八九九年十二月二十六日,答复美国驻东京公使:对于美国政府开示的公平而宽泛的提议,如果其他国家政府全部表示赞同,则帝国政府亦欣然表示赞同。事情的结果是,各国政府在接到这一提议之后,全部予美国政府以同样答复。

一九〇〇年七月三日,关于义和团事变之善后措施,某一国派人前来相商。对此,美国政府对奥匈、法、德、英、意、日、俄之各国,发出了内容相同的通牒:"美国奉行的政策是,维持中国永久之安全和平,保持中国领土及行政之安全,并根据通商条约及国际法,采取必要措施,使中国对友好国家执行全面的通商政策,而这种通商政策必须是有保证的。"

作为答复,外务大臣通过美国驻日公使,表示赞同美国政府的上述立场。翌月,英德两国就互相承认对方之对华政策达成了协定,内容如下:

第一,不分国别地、对各国国民之贸易以及其他各种正当之经济活动,自由地开放清国之河流及沿海之港口,是各国共同的永久的利益之所在。因此,两国政府约定,只要势力所及,对于所有清国领土,将贯彻这一原则。

第二,德意志帝国政府及大不列颠国皇帝陛下之政府,不会利用目前之纷扰而为本国在清国版图之内谋求任何领土利益,其政策是将不改变并且维护清国领土之状态。

这一协定由缔约国以通牒之形式通知了日本。对此,日本政府发表声明,表示赞同:

帝国政府业已收到两缔约国之证言:帝国政府加入上述协定,并由于加入上述协定之关系,帝国政府将处于缔约国而非加入国之同一地位。因此,帝国政府毫不犹豫地发表声明:加盟上述协定,并承担上述协定所规定之义务。

一九〇一年，俄中两国就满洲地区矿山之采掘、铁路之修筑等含有给予俄国某种垄断性特权之内容的满洲协定进行谈判之时，日本公使拜访国务卿：日本政府认为，上述协定，将践踏所有列强为维护中华帝国之完整而达成的谅解，因此将不会受到各国之欢迎；日本政府希望，由其他列强出面，采取适当措施，延缓签署俄国以最后通牒之形式要求中国签署的这一协定。对于这一问题，美国政府向比、中、法、德、英、意、日、荷、俄、西等国家发出了内容相同的通牒：对于中国在满洲之矿山开发、铁路之建设以及其他产业之开发上给予某一组合或某一公司以垄断性权利及特权之协定，美国政府表示严重关切。这一协定将导致垄断，是对中国和其他国家之间缔结的条约的、条款的明白无误的违犯，将限制属于正当权利之商业，不仅对美国人民之权利造成重大影响，并将侵犯中国在这一地区之主权，且将削弱中国承担国际义务之能力。这种在中国某一局部地区之垄断性权利及特权之给予，将导致其他列强在中国其他地区索要同样的垄断性利益。最终将破坏一项旨在使各国国民在中华帝国领土上享有的通商、航海及商业上的绝对均等待遇之政策，而这种破坏是无法避免的。在另一方面，某一国家帮助其国民之商业性组织获得垄断性特权，将与俄罗斯外交大臣就门户开放政策而再三致本国政府之证言相抵触。门户开放政策是由美国政府首倡并为各个缔约国所承认的，而这些缔约国在中华帝国存在着通商上的利害关系。

美国政府现在真诚地希望，按照以往惯例，基于均等原则，在全世界范围内确保列强和清国之间全面且公允的交通上的惠泽。为此，对于上述事由，美国政府相信，中俄两国政府将予以慎重之考虑，并为解除美国政府之正当且自然的忧虑而采取相当之措施，为此，特向两国政府提言。

这是美国及其他列强为保全中国领土及行政之完整、维护通商及产业之机会均等而关注中国福祉之开始。对于上述政策，列强均正式表示赞成，并且约定，支持这项政策。

其中,在保持中国政治之独立、维护中国领土之完整以及捍卫各国国民在中国之通商及产业上之机会均等这一问题上,日本分别有确保其特殊利益的一九〇二年日英条约、日俄战争爆发时日本发表的宣言、一九〇五年日英条约、一九〇五年日俄朴茨茅斯条约、一九〇七年日法协约、一九〇七年日俄条约。上述条约之存在,已经足以说明问题了。

最后,美国及日本于一九〇八年十一月三日,国务卿艾黎佛·鲁特和驻美大使高平男爵之间互换文件,就两国的远东政策发表声明。在这份文件中,有如下字样:

四、两国决心使用属于其权限之内的一切和平手段,支持清国之独立及领土完整并各国在清帝国之工商业上的机会均等主义,以维护各国在清国之共同利益。

五、当发生侵害上述维持现状或机会均等主义之事件时,两国政府将互相交换意见,以协商采取双方认为有益之措施。

本人希望,两国本着这一协商精神采取行动,当发生任何威胁上述原则之事件时,将互相交换意见,本人将上述日本对中国之建议看做是基于这一精神而通知美国政府的。美国政府以同一目的,并根据这一目的,对于给彼等做出过保证的其他各国,负有道义上的责任;而这种道义上的责任要求美国,当上述保证正在遭到践踏之时不可坐视不管。因此,为执行根据互相尊重和友谊而成立的一九〇八年协定,特向阁下递交此公文。美国相信日本将维护互相信赖之原则,相信日本政府不会违反日本反复保证过的维护中国之独立、完整以及通商上的机会均等主义等原则。

二个世纪以来,美国传教士及教师在中国从事宗教、教育事业,一直在奉献着自己。在某些地区,有美国资本的投资,并且经营着各种企业,但美国的活动,从来不具有政治性。不仅如此,相反,美国从未干涉过中国政府的政治性政策,美国的行动,主要体现在商业上。作为上述二种利益关系之结果,美国人将在更加广泛的范围之内,合法地参加中国的经济建设。在各国国内本应委托给私人企业执行的各种计划,一到中国就将必然地处于政府的指挥之下。其结果是,美国的市民及资本参与了诸如治理淮河及湖广铁路计划之类的一些公益活动。对于美国来说,第四条上的极为重要的事项就是,美国与中国之间的广泛的条约上的权利。概括起来说,就是关于商业上的特权及美国在华侨民的保护。

鉴于这些条约上的权利及日益增加的经济上的利益,本国政府对于日本在新共和国处于成长发展的重要阶段提出来的建议中的某一问题,表示严重的关切。基于原则或一八四四年、一八五八年、一八六八年及一九〇二年之美中条约,美国对日本对于山东、南满洲及东部内蒙古之要求,是有理由表示反对的。但美国还是坦率地承认,由于领土上的邻接,日本和上述地区之间存在着特殊关系;对于日本建议之第一号及第二号,美国政府并未提出过任何问题。关于第四号及第五号之第二条、第五条及第七条,本国政府承认,上述条款未对美国及美国在华侨民之既得权利及利益构成任何特殊之威胁。

但第五号之第四条,将购买武器局限于日本一国;在第六条,则企图垄断对于福建省之开发。对此,美国政府认为,如果上述要求得以实现,将损害其他国家在工商业上理应享受的机会均等主义。

其原因是,美国市民不仅对于福建,而且对于其他省份,同样会要求享有参与商业开发之权利。给予某一国家特殊的优先权,将给商业及工业企业造成很多重大损失,美国对此是不能漠不关心的。一个实际的例子是,在南满洲铁路之运费问题上,由日本以外的船舶承运到满洲的货物,在某一期间受到了歧视性对待,这一事件就是给予广泛的优先权或者选择权的最糟糕的结果。美国和其他所有国家一样,拒不接受来自于第三国的任何干涉,拒不接受非友好的对待。美国市民在这一基础上,享有自由地与中央及地方政府订立合同之权利。所有美国在中国之企业,基于必要性以及关于经济利益本身的价值观念,将不会因为中国在东洋的将来的政治上的地位而受到任何影响。

上述二项所记载的、日本欲从中国获得的权利及特权,将与美中之间签署的条约所保护的美国市民的权利相抵触。

一八四四年条约之第十五条有如下规定：

由于对中国政府在广州指定的行商的旧外贸限制规定被废除，从事进出口商品之采购或销售的合众国人民，将不会受到任何歧视性对待，而被允许与中国臣民进行贸易。美国人民将不会受到新的限制，其业务将不会因为专卖及其他有害之束缚而受到妨碍。

一八五八年条约之第三十条有如下规定：

缔约国无论在何时，只要大清帝国对于其他国家或其他国家之商人或人民，给予本条约所未给予之航海、商业、政治上或其他有关交通上之权利、特权或惠泽，则上述权利、特权及惠泽将立即且无偿地给予合众国之官吏、商人及人民。

一八六八年条约之第八条有如下规定：

合众国历来否认或防止一国对于他国之事务或内政进行不必要的指挥或干涉。对于诸如铁路之铺设、电信之架设、其他诸物之内部改善，合众国随时放弃干涉中国内政之意向或权利。另一方面，中国皇帝陛下保留在其领土之内进行上述改善时有自行决定其时期、方法等项之权利。根据上述之相互谅解，今后不论何时，当皇帝陛下在帝国领土之内，决定建设或委托建设上述种类之事业，且请求合众国及其他西洋国家为实行上述政策而提供方便之时，合众国将同意指定合适之技师，为中国政府所雇佣；合众国并将劝说其他国家接受中国政府之同样请求。在上述场合，中国政府应该保护该技师之人身安全及财产，并为其劳动支付相当之报酬。

一九〇三年条约之第三条及第七条有如下规定：

第三条　合众国人民得以往来或居住于为外国人居住或为各国从事贸易所开放或将来开放之中国所有港口或其他地区，经营工商业及制造业，或从事其他一切合法之职业；且于上述地区，得以在为外国人使用及专用而特设或将来特设之适当地区内，租赁或购买房屋、事务所及其他建筑物以及租借或永久租借土地；关于其人身安全及财产，普遍享有给予或将来给予最惠国臣民或人民之一切权利、特权及豁免。

第七条　中国政府认识到，开发其矿产资源对于国家来说是有利的，而吸引外国并中国资本投资于采矿企业，是符合国家需要的；中国政府同意，本条约签署之后，在一年之内提议修改现行采矿规则，并约定进行上述修改。为达到上述目的，中国将尽量迅速地且认真地就全部采矿规则问题进行审议，并从合众国以及其他各国之规则中，采纳适合于中国之规则，以促进中国臣民之利益，且在毫不侵害中国主权之同时，对于引进外国资本，决不设置障碍。同时对于外国资本家，不使该资本家蒙受超过适用于现在所普遍承认的外国规则的更大损失。且以遵守改正新规则及中国对于本国臣民并外国人就矿山之采掘、矿域之租赁、矿山使用费之支付所附加之条件，以及上述外国资本家申请特许时遵守采矿事业在必要事务上所应遵守之特许规定为条件，对现行采矿规则进行修改，以使合众国人民，在中国领土之内，从事采矿事业及办理其他相关事业之必要事务。从事上述采矿事业之合众国人民之居住，按照合众国及中国双方所议定之规定办理。上述新规则公布之后给予的所有采矿权利，按照该新规则之规定办理。

一个明显的事实是，根据上述包括最惠国待遇在内的各个条款，美国人可以同样地向中国提出要求，以得到目前日本为本国国民谋取的垄断性给予之权利。

在第三号里，禁止中国将沿岸港湾或岛屿让与或贷与其他国家；在第五号之第一条里，要求中国聘请有能力的日本人为政治、财政及军事顾问；在第五号之第三条里，提议在必要地区，由日中两国合办警察事务。这些条款同样值得关注。

关于上述三个提议之第一提议，加藤男爵对美国驻日大使解释说：无论是青岛还是青岛以南地区，中国之沿岸地区对于日本来说，并无任何价值。因此，日本并无谋求海军根据地之意向，同时反对其他国家在这一地区拥有根据地。关于聘请顾问，目前有来自八个国家的二十五个人正在担任中国政府的顾问，而日本人占了六个。美国相信，中国政府在选择上述顾问时,不会采取不公正的歧视性做法。对于在日中之间经常发生纠纷的某些地区合办警察之提议,本国政府担心:这项计划不会减少上述纠纷;合办警察不仅不会消除纠纷,只会增加更大的困难。

但更为重要的事实是,这些提议,一旦为中国所接受,即使不侵害中华民国之领土完整,亦将明显地损害其政治独立及行政完整。关于购买武器之第五号第四条,其情形亦大致相同。在美国政府看来,日本和美国以及欧洲列强之间,在过去二十年间通过半正式声明、缔结条约以及互换公文而屡次确认的保持中国主权之完整这一原则和日本的上述要求之间,是难以调和的。因此,美国不能漠视某一国家在中国的政治上、军事上、经济上攫取支配权。美国政府希望贵国政府谅解,如果中国同意日本上述要求,势将排除美国市民均等参加中国之经济上及工业上之开发,且将限制中国之政治独立;对于迫使中国接受上述提议之行为进行遏制,是符合美国以及其他国家利益的。美国相信,迫使中国接受上述各项提议,将引起中国之愤懑以及相关国家之反对,将导致美国政府所暗自担心的、日本政府所不希望看到的事态的发生。

美国政府声明,在整个过程中,本政府以历史上作为日美两国关系之特征的友谊和尊敬之念,观察着日本在远东所采取的行动。本政府并不妒忌日本在东洋地区之优越地位,亦不羡慕日中两国为了相互利益而亲密合作。本政府不会妨碍日本,不会干扰日本,亦不会胁迫中国反对日本。正如本文所言,美国政府殷切希望日本理解:除了维护中国之独立完整及商业自由,并保护美国在中国之合法权利及利益,美国并无他意。

《日本外交年表并主要文书》(1840—1921)(上),第 395 页

### 英国外相关于日华交涉第五号之备忘录

1915 年(大正四年)5 月 4 日

英国大使递交之英国外相备忘录

据爱德华·格雷爵士之所言:日本之要求条款中尚未得到解决的,只有第五号问题。若果然如此,则英国政府殷切希望日中两国之外交关系不会因此而破裂。关于第五号之内容,甚至没有包括在当初通报给英国政府的通告内容之内,而只是称其为希望条款。关于这些要求(指希望条款)之正确意义,坊间似乎存在着一些不解之处。即聘请日本人担任顾问之要求,按照日本政府致英国政府通报之措辞,似乎并无不妥,但这就等于北京新聘请的全部外国顾问之过半数是日本人。换言之,这可以解释成日本迫使中国聘请众多日本顾问,且其人数已经远远超过了其他所有国家受聘顾问之总和。如果真是这样,则在中国设置保护权,已经为时不远。而对于武器供给要求之解释,似亦表明日本将一手垄断武器供给之权利。

中国若以日中外交关系之破裂来拒绝可作上述解释之要求,并因拒绝日本要求而出现某种状况,引发某种事态,则在英国舆论目前,这种事态和日英同盟各项条款之间,将无法进行调和。

因此,爱德华·格雷爵士希望:要么日本停止就上述各项进行索求,要么明确日本对上述要求之解释上错误,只能二者择一。

铁路问题并不是一般政策的问题,而是关系特殊的日英两国在商业利益上的调整问题。本人对于这一问题,将另行致电阐述。

《日本外交年表并主要文书》(1840—1921)(上),第401页

## 对中国政府之最后通牒及答复

### 1915年(大正四年)5月7日

驻华日置公使递交

帝国政府对中国政府之所以开始今次之谈判,其一是为了解决由于日德战争爆发而出现的时局善后问题,其二是为了解决阻碍日中两国友谊之各种问题,巩固两国友好关系之基础,以确保东亚之永久和平。自今年一月我国向中国政府提出建议以来,至今日为止,我国本着开诚布公之精神与中国政府举行会谈,已经多达二十五次。在这一期

间,帝国政府始终本着妥协之精神,阐述我国建议之要点,同时对于中国政府之主张,不分巨细,努力听之,以致力于圆满和平之解决,对此,帝国政府相信已经做到了仁至义尽。整个谈判之讨论,已于第二十四次会议即上个月十七日大略结束。帝国政府参酌整个交涉期间中国政府之辩驳,对于最初拟定之草案,做出最大限度之修正让步,并于同月二十六日将修正案提交给中国政府。在要求中国政府予以同意之同时,帝国政府并声明,如果中国政府对于该修正案表示同意,则日本愿意将其付出巨大牺牲而获得的胶州湾一带土地,在公平稳妥之条件下,以适当机会,归还给中国。

对于帝国政府修正案,中国政府五月一日之答复,则完全出乎帝国政府之预料。不仅毫无迹象显示对于该修正案进行过认真研究,而且对帝国政府在胶州湾问题上的一片苦心和善意,竟完全不屑一顾。胶州湾地区在商业上、军事上历来是东亚地区之一大要地。众所周知,日本帝国为获得这一地区,牺牲了大量生命、耗费了大量钱财。既然已经为我所有,便毫无归还中国之义务。尽管如此,帝国还是主动提出将其归还给中国,这完全是考虑到未来两国邦交之亲善。然中国政府并不体谅帝国政府这一番苦心,对此帝国政府不能不感到遗憾之至。中国政府不仅不顾帝国政府归还胶州湾之情谊,且在其答复帝国政府之修正案时,竟要求无条件归还该地区;要求日本赔偿日德战争期间日本在胶州湾用兵时所发生的不可避免的各种损失;提出涉及该地区之其他数项要求;声明今后有权参加日德媾和之会议。特别是要求无条件归还胶州湾及要求日本赔偿日德战争期间所发生的不可避免之损失,对于日本来说,这些要求显然是无法接受的。中国政府还明确表示,包括上述要求之本次对应案是其最后答复,如果日本不接受上述要求,则关于其他各项,不管存在多少妥协商量之余地,最终都将毫无意义。中国政府本次之答复,就其全体来讲,完全是空洞的、无意义的。

加之,反过来看中国政府对于帝国政府修正案中其他条款之答复。南满洲及东部内蒙古地区,在地理上、政治上及工商业利益上,皆与帝国政府存在着特殊关系,这一事实已为中外各国所认同,这一关系是帝国经过前后二次战役而逐步确立的。但是中国政府不顾这一事实,不尊重帝国在该地区之地位,对于帝国政府根据中国政府代表在会议上之发言,本着互让精神而拟定的条款,中国政府在答复时,对这些条款擅自进行删改,同时中国代表在陈述时一片空言,毫无实质性内容,要么一方面许之,要么一方面禁之,完全看不到中国当局之信义和诚意。

关于顾问问题、关于学校或医院用地问题、关于武器及兵工厂问题、关于南中国铁路问题,帝国政府之修正案或以相关国家之同意为条件,或记录中国政府代表之所言,仅此而已,这些条款并不与中国主权或条约相抵触。但是中国政府之答复,只是指出事关主权或条约等,拒绝接受帝国政府之要求。帝国政府鉴于中国政府之如此态度,认为已无继续协商之余地,并对此深表遗憾。但眷眷于维护远东和平之帝国政府,希望通过努力,圆满结束本次谈判,尽量避免时局发生动荡,一忍再忍,斟酌邻邦政府之情意,对于帝国政府修正案中第五号各项,除了两国政府代表业经协商之关于福建省换文之一事外,同意不再将其他五项列入本次谈判议程,而改为日后商议。帝国政府在此郑重劝告:中国政府应该体谅帝国政府之友谊,对于其他各项即第一号、第二号、第三号、第四号之各条款及第五号中关于福建省之换文,按照四月二十六日之修正案内容,不得进行任何修改,迅速应允之。对于此劝告,帝国政府期待中国政府于五月九日下午六时之前,给予满意之答复;帝国政府同时声明:如果在上述期限之内并未收到满意之答复,则帝国政府将采取一切认为必要之手段。

驻华日置公使在递交最后通牒之际致陆外交总长之说明书:

一、最后通牒之后一段所谓除了关于福建省之换文以外五项,意指关于聘请顾问问题、关于学校和医院用地问题、关于南中国铁路问题、关于武器及兵工厂以及传教权问题之五项。

二、关于福建省问题,既可按照我国四月二十六日之最后修正案办理,又可按照中国政府五月一日之对应案办理,皆无妨。

在此次最后通牒中，要求中国政府不得对我国四月二十六日之修正案进行改订，而直接应允之。但上述事项只是一个原则，要特别注意尚有本项及（四）（五）之例外情况。

三、中国政府应允此次最后通牒所要求之各项时，四月二十六日针对中国政府之声明中归还胶州湾问题，依然存在。

四、第二号第二条中有土地租赁或购买之记载，可以改成暂租或永租；或在包含着可以长期并且是无条件更新之租借这一明确谅解之下，亦可使用商租之语。

五、在有关东部内蒙古事项中，关于租税担保借款问题及铁路借款问题，同时记载着"向日本国政府商议"，上述事项等同于关于同类事项之满洲相关协定，应该改为"向日本国资本家商议"。

又，在有关东部内蒙古事项中，关于开埠问题，有关开埠地点及商埠章程在条约中都有规定。关于地点和章程，可以和签署山东省协定一样，进行公文之互换。

六、我国最后修正案第三号中，有"该公司相关人员"等语，其"相关人员"等语，可以删除之。

七、条约及其他一切附属文书以日文为正本，或以日汉两种文字为正本。

### 中国政府对于帝国政府最后通牒之答复（译文）
### 1915 年（大正四年）5 月 8 日驻华日置公使接受

五月七日下午三时，中国政府收到了日本国公使递交的该国政府之最后通牒一件及附加解释七条。该通牒之最后一段记载：日本国政府期待于五月九日下午六时之前，得到中国政府之满意答复；并同时声明，如果在上述期限之内并未得到满意答复，则日本国政府将采取一切认为必要之手段。

中国政府为维护东亚和平起见，除日本国政府四月二十六日修正案第五号内的五项留待他日协商外，对于第一号、第二号、第三号、第四号之各项及第五号中关于福建问题之换文，按照四月二十六日提出的修正案之记载并日本国政府递交的最后通牒附加七条之解释,立即应允,以期借此机会解决中日之间所有悬案,日益巩固两国之亲善。即请日本国公使约期惠临外交部,进行文字之修正,以期迅速签署。

《日本外交年表并主要文书》(1840—1921)(上),第402—404 页

# 六、中日"二十一条"交涉

说明:1914 年,欧洲爆发第一次世界大战。北洋政府为了不让战火波及中国,宣布《局外中立条规》。而日本为了实现自己蓄谋已久的对华侵略意图,经过幕后外交,取得英、俄、美列强的支持,对德宣战,强迫北洋政府在山东划出交战区,强占山东青岛及胶州湾。日本在山东的侵略行为,致使舆论哗然,北洋政府被迫向日本提出严峻交涉,要求日本撤出山东。日本则利用此事并袁世凯恢复帝制的心思,向中国政府提出"二十一条",妄图将中国沦为日本的保护国。为此,中日展开艰难的"二十一条"交涉。交涉过程中,北洋政府并没有完全屈服于日本,在作了积极但软弱的努力后,在得不到欧美列强支持的情况下,袁世凯为了取得日本对恢复帝制的支持,最终迫于日本的军事压力被迫与日本签署了系列丧权辱国的《民四条约》。自此,日本进一步扩大了在南满、东蒙和山东的侵略权益。

本章主要资料来源:

中国第二历史档案馆编:《政府公报》(1914 年、1915 年、1916 年),上海书店,1988 年

北洋政府外交部档案《外交公报》1921 年 12 月,第 6 期

《中美关系资料汇编》第 1 辑,世界知识出版社,1957 年

胡连成译:《日本外交年表并主要文书》(1840—1921)(上),昭和六十一年六月十五日第六版,原书房,未刊稿

[日]日置益撰、周振清译、王振锁校:《关于对中国提出要求之拙见》,《近代史资料》总第 48 号,中国社会科学出版社,1982 年

龚古今、恽修编:《第一次世界大战以来帝国主义侵华文件选辑》,三联书店,1958 年

王铁崖编:《中外旧约章汇编》第 2 册,三联书店,1982 年

王芸生编著:《六十年来中国与日本》第六、七卷,三联书店,1980 年

李毓澍等编:《中日关系史料——欧战与山东问题》(下),台北中研院近代史研究所,1974 年

李毓澍、林明德主编:《中日关系史料——二十一条交涉》(上),台北中研院近代史研究所,1985 年

黄纪莲编:《中日"二十一条"交涉史料全编》(1915—1923),安徽大学出版社,2001 年

黄纪莲译、陈春华校:《沙俄与日本对华"二十一条"》,《近代史资料》总第 54 号,中国社会科学出版社,1984 年

上海商务印书馆编印:《东方杂志》第 11 卷,民国期刊总辑全文数据库

沈云龙主编:《近代中国史料丛刊三编》第十六辑,张一志编《山东问题汇刊》(上),台北文海出版社,1921 年

程道德等编:《中华民国外交史资料选编》(1911—1919)(一),北京大学出版社,1988 年

《申报》,1911 年 11 月—12 月

《中华民国史事纪要》编辑委员会编:《中华民国史事纪要》(初稿)(1914 年,7 月—12 月),台北中华民国史料研究中心,1982 年。

# (一)日本对德宣战

说明:1914 年,欧洲爆发第一次世界大战。日本为了实现其蓄谋已久的对华侵略计划,立即对德宣战,企图趁机占领德国在中国山东的势力范围。

## 日本外务省关于欧战之最初宣言

### 1914 年 8 月 2 日

日政府深望欧局早告和平,即不幸而战事继续,亦望战局不致扩张,且日政府深期得确守严正中立之态度。万一时局转变,英国投入战涡,以日英协约目的或濒危境,日本以协约义务,必至执必要之措置。日政府固深望此时期不至发生,但对诸般形势必加重注意云。

《六十年来中国与日本》第六卷,第 34 页

## 日本致德国之最后通牒

### 1914 年 8 月 5 日

日本帝国政府以为现在情况之必要措置,为除去一切远东乱源,并保护全般利益,如日英同盟协约所预期者。兹为永保东亚之和平,达到上项协约之目的,日本帝国政府切信劝告德国政府实行下列之两事,乃其职责也:

一、立即撤退日本及中国海上之一切德国军舰,不能撤退者立即解除武装。

二、在九月十五日以前,将全部胶州租借地,无偿无条件交付于日本帝国官宪,以备将来交还中国。

同时日本帝国政府声明,如至八月二十三日正午不得德国政府无条件接受之答复,日本将被迫采取认为必要之手段。

《六十年来中国与日本》第六卷,第 42 页

## 加藤就开战理由并战争行为之范围递交英国大使之备忘录

### 1914 年(大正三年)8 月 9 日

关于八月七日英国大使阁下向外务大臣递交之备忘录,加藤男爵发表谈话,内容如下:

为达到在中国海搜索并消灭德国临时巡洋舰之目的,帝国政府将动用所属军舰之一部,大使阁下在备忘录中已经提到了这一点。至于

交战行为,勿庸置疑,需要针对德国之开战宣言。一旦成为交战国,日本之行动即不能局限于只是击破德国临时巡洋舰。日本为在中国海达到两同盟国之共同目的,即为消灭对日本及英国之东亚利益造成损害之德国势力,必须采取一切能够采取之手段和方法。为消灭德国临时巡洋舰,动用帝国军舰之一部,此举将被视为行动范围受到限制,且将被视为受英国之邀而为英国一时之便所采取的行动。因此,帝国政府参加本次战争,其根据就是日英同盟条约所记载的涉及广泛内容的各项规定;帝国政府将根据时局之发展,采取必要之措施。因此,帝国政府希望在开战宣言中声明:德国侵略行为之结果,已经对东亚之和平构成威胁,且使各国在东亚之特殊利益濒于危殆,故此,帝国政府欲以英国求援于日本,而日本同意英国之请求这一方式实现参战。

帝国政府为避免万一之误会,希望尽可能迅速地获知英国政府已经同意作为开战宣言根据之上述基本内容。若英国政府对于上述内容并无异议,则帝国政府希望,英国政府对于这一问题发表声明时,其内容不与帝国政府之解释相抵触。

《日本外交年表并主要文书》(1840—1921)(上),第 379 页

## 八月十日英国递交井上大使之取消
## "请求击溃德国武装船只"之备忘录

为避免中国内政之纷扰及商业之混乱,吾人希望将战斗行为局限于海上作战,详言之,局限于对英国商船之保护。据"约翰·艾努交尔丹爵士"之意见,长江之战斗将得以避免。余根据加藤男爵之书面意见知悉,如果日本对德国宣战,则日本之作战行动不会局限于海上。余对于这一见解表示理解,但目前英国政府相信,远东之战斗行动可以局限于上述地区,并且希望尽可能长期保持这一态度。英国政府最近将不再谋求基于协约而请求日本采取行动。当然,假如时局发生重大变化,比如说香港遭到攻击之场合,英国政府将重新考虑就这一问题举行谈判。

《日本外交年表并主要文书》(1840—1921)(上),第 379 页

## 小幡就限期德舰退出青岛事向外交部声明

### 1914 年 8 月 17 日

此次日本干涉青岛本旨,约分三项:(一)履行日英同盟之条约。(二)维持东亚之和平。(三)不侵占中国之土地。此次日本之行动,决定抱此宗旨,以谋增进东亚之幸福,以后两国各以诚心相见,日本必能尊重中国之中立。

《东方杂志》第 11 卷第 4 号,第 2 页

## 日本天皇对德宣战诏书

### 1914 年 8 月 23 日

保有天佑践万世一系之皇祚大日本国皇帝,示汝忠实勇武之有众:

朕兹对德国宣战,朕之陆海军亦极力从事战斗,朕之百僚有司,宜率循职务,勉达军国之目的,于国际条规范围之内,尽一切手段,必期其无遗算。

朕深忧现时欧洲战乱之殃祸,专以恪守局外中立,保持东洋和平为念。当此之时,德国行动至使朕之同盟国大不列颠国不得已而开战端,在其租借地胶洲湾,亦日夜修战备,其舰艇频出没于东亚之海洋,帝国及与国之通商贸易致受威压,极东之和平将濒于危殆。于是朕之政府与大不列颠国皇帝陛下之政府,遂行互相无隔意之协议,两国政府业已一致,为防护同盟协约所预期之全般利益,决执行必要之措置。朕当欲达此目的之时,尚欲努力尽其和平之手段,已先使朕之政府以诚意劝告德国政府,然至所定之日期,而朕之政府终未得其应诺之回牒。

朕践祚无几,且今尚居皇妣之丧,常眷眷于和平,今竟不得已而宣战,朕深以为憾。

朕倚赖汝有众之忠实勇武,期速恢复和平,以宣扬帝国之光荣。

大正三年八月二十三日　御玺　各大臣副署

《六十年来中国与日本》第六卷,第 44—45 页

# （二）山东交战区的划定与突破

说明：欧战开始后，中国政府为了自保，遂宣布局外中立。但日本为了夺占德国在山东地区的势力范围，不但对德宣战，还强迫中立的中国在山东划出交战区。随即，日、英军队进驻山东，德军战败，日本遂占领青岛及胶州湾。

## 北京政府外交部为宣言局外中立事致驻京各使照会
### 1914 年 8 月 7 日

为照会事：中华民国三年八月六日奉大总统申令，我国与各国均系友邦，不幸奥、塞失和，此外欧洲各国亦多以兵戎相见，深为惋惜。本大总统因各交战国与我国缔约通商和好无间，此次战事于远东商务关系至巨，且因我国人民在欧洲各国境内居住、经商及置有财产者，素受各国保护，并享有各种权利，故本大总统欲维持远东之平和与我国人民所享受之安宁幸福，对于此次欧洲各国战事决意严守中立。用特宣布中立条规，凡我国人民务当共体此意，按照本国所有现行法令条约以及国际公法之大纲，恪守中立义务；各省将军巡按使尤应督率所属竭力奉行遵从国际之条规，保守友邦之睦谊，本大总统有厚望焉，等因，奉此相应钞录申令照会贵公使署公转达贵国政府查照可也。须至照会者。

《政府公报》第 818 号，1914 年 8 月 15 日

## 陆宗舆致外交部电
### 1914 年 8 月 8 日

顷因加藤入觐，因径见大隈。答称宣言限制战区，如他国不听，须以武力干涉。美总统仅以空言宣告，有何效力。各国大战在即，尚须熟视战机。德虽与日不表敌意，青岛舰队难免与英法冲突。日以英国同

盟关系,如东方有战,日本不能中立。总须东方德舰灭尽,海面方告和平。日必力保东亚和平,且深与中国友好,决无野心。传闻中国有借美兵守港,美难应命之说,确否?舆力辩其无。并告以我政府与日本确以诚意联交,万不可听挑煽之语。又言满洲地方官颇有排日举动,余以诚意忠告贵政府,极力抑止为佳。舆辩明良久,且谢渠取缔乱党之好意。又言日置益请中政府信任,商谈一切云。

《六十年来中国与日本》第六卷,第40页

## 陆宗舆致外交部电

### 1914 年 8 月 10 日

闻英俄两使与加藤协商要件有二:一、英俄在华利权,日本按约尽力保护;二、英俄利权无关之中国各地,任日本自由行动,不加干涉。又陆军省召集五个师团,有两联队已乘船赴我南方,占青岛后,拟及福建。又一部分军人颇唆孙文、陈其美倡乱。又闻参谋总长将换寺内,日美感情甚恶。日政府及军人当局,深憾我国挟美制日,不以诚意待日。时危势急,拟请速派要员,就近与寺内、福岛切商联交办法,以救危亡。一面并请电示切实方针。须知英俄现且视日如虎,美兵力不在日本眼下也。乞即代呈。

《六十年来中国与日本》第六卷,第41页

## 陆宗舆致外交部电

### 1914 年 8 月 15 日

顷夜九钟,加藤外相约舆到署,面交日政府致德国之最后通牒抄件,其要曰:(中略)加藤并告舆云:现日德虽系初次交涉,但已与英商定如此办法,如德不允,即须开战。此为永保东亚和平起见,并无占领土地野心,且对中国诚表友谊,特先通告。深望中政府以诚意信任日政府,遇事推诚相商为幸。日英德即至开战,区域有限,中国即守中立,自无预战之理。惟若中国自生内乱不能自平时,日英为保持东亚和平,亦愿相助平乱,但并无从中图利之意。深望大总统及政府信赖不疑,各以真诚相见,不施策划,则东亚之幸云云。亟闻,乞代呈。

《六十年来中国与日本》第六卷,第 43 页

## 北京政府致各国公使照会

### 1914 年 9 月 3 日

为照会事:此次欧洲战事,所有各交战国均系本国友邦,故本政府决意宣告中立,竭力奉行。兹先后据山东官吏报告,德国军队在胶州湾一带有行军战备各形状,日英联合军在龙口及胶州湾莱州附近一带亦有军事行动等情,查本国与德日英三国,同居友邦,不幸在中国境内有此意外之举动,实属特别情形,与千九百〇四年日俄在辽东境内交战事实相仿。惟有参照先例,不得不声明在龙口莱州及接连胶州湾附近各地方,确实为各交战国军队必须行用至少之地点,本政府不负完全中立之责任:此外各处仍悉照业经公布之中立条规完全施行。但以上所指各地方内所有领土行政权及官民之身命财产,各交战国仍须尊重。除照会各交战国外,相应照会贵公使,并希转达贵国政府查照。

《东方杂志》第 11 卷第 4 号,第 12—13 页

## 北京政府外交部就划定战区内中国官商人民财产
## 应受保护事致英日俄法德等国公使之照会

### 1914 年 9 月 5 日

现闻贵国与日、英、德国将在胶澳用兵,中国政府以彼此均系友邦,重念睦谊,仍应按照局外中立之例办理。惟查胶澳租借地全部,适当战区,当此交战时间,该处以及附近各地方中国官商人民之财产,各交战国应饬在战人员尊重保护,勿使受及战事以外之危害。将来两国胜负如何?所有在该处中国之官商人民财产,各交战国均不得因有战争之故,而损害其固有之权。此系保全大局之苦衷及表彰

人道之至意,当为各交战国所深谅。相应照会贵公使转达贵国政府查照。

### 北京政府外交部致日置益的抗议照会
#### 1914 年 9 月 26 日

为照会事:贵国政府与德宣战,声明为维持东亚和平,以胶澳交还中国为目的,吾国不得已划定区域,并声明此外严守中立。今贵国军队忽于二十六日到潍占据车站,拘捕小工十余名,戳伤路工一名,掳去德人四名。如此行动,蔑视中国友谊,有心破坏中立,殊堪诧异。查胶澳在东,潍县在西,非行军必须之路,前经声明潍县不在战区之内,已经贵政府同意,该地军民亦经屡次晓谕,令勿惊疑。今贵国军队突有此举,使我政府失信于军民,不知是何用意。且此路向归吾军保护,此项问题当俟战后解决,现时无烦兵力。虽沿路少有德人,既在中立地内,何得任意拘捕? 潍县为吾军屯集所在,倘有贵国军队非礼举动,则冲突忽生,谁执其咎? 事机紧急,应请贵公使迅电贵政府,立即撤退该车站之军队,以重信睦云云。

### 日本驻京公使答复北京政府外交部抗议之照会
#### 1914 年 10 月 5 日

一、胶济铁路系根据胶济条约所发生,现虽暂由中国管理,不可谓非德人之所有物。日本现既与德开战,则其目的非仅及于青岛,举凡德人在东方所有之权利,日本均可得以兵力取得之。

二、当战事初起时,德人利用胶济铁路运兵输粮,中国并未切实禁止。日本为军事起见,实有占据全路之必要。现在中国虽担保不有前项情事,日本实不能相信。

三、当日俄开战时,日本实首先占据南满铁路,昔年既有此先例,则日本此次占据胶济〔路〕,实为正当举动。

《东方杂志》第 11 卷第 5 号,第 14 页

## 北京政府外交部就日军强占济南车站向日使提出抗议
### 1914 年 10 月 7 日

日军近日行为显系违犯中立,今又占据济南车站,尤堪惊讶。日军侵犯中国中立,已达极点,故再提出抗议,要求立时答复,并请转饬将济南车站日兵,迅即撤回。

《东方杂志》第 11 卷第 5 号,第 17 页

## 日驻京公使致北京政府外交部的复照(节录)
### 1914 年 10 月 8 日

本国政府对于山东胶济铁路有管理之必要,因而实行占领,并非侵犯中立之理由,本月二日已委曲说明。此次来文所称,均不外本国军事预定之计划。惟除达此目的外,决无他意。至尊重中立,顾全睦谊,仍不渝初衷。

《东方杂志》第 11 卷第 5 号,第 15 页

## 北京政府外交部致日置益的抗议照会
### 1914 年 10 月 9 日

贵国政府解释管理胶济铁路之理由,本国不能同意。(一)胶济铁路之为私产,照胶州湾租借条约第二条第二款,有建筑以上各路设立华德商办公司之明文,及光绪二十八年华德合办铁路章程第一条,声明该路系华德合办,并详订合办办法,已显然无疑。九月三十日,本部致贵公使照会,曾经声明请注意上述两端,乃此次答复未见提及,不解其故,盖此两端实为判断胶济铁路为公产抑为私产真确性质之标准,而置诸不论不议之列,殊难索解。(二)自潍县至济南之铁路由中国保护,一方系中国之权利,他方即中国之义务,原可无须经贵国之同意,然为慎

重邦交起见,故本部与贵公使及驻东京陆公使与贵国政府迭次口头声明,亦向无反对,本国政府当然视为默认。(三)本国政府对于此次之战事,遵照公法,严守中立,而于山东尤为注意。贵使照复,谓本国政府对于敌军利用该路之行为不能阻止,既未举出证据,又不知何所指,本国政府实难承认。(四)胶济铁路潍县以西四百余里,有本国军警之防范,其东三百余里,有贵国军队之驻屯,青岛四面,重兵围绕,外无援助,已成孤立,乃谓不占潍县以西四百余里之路,即有非常之危险,实不知危险究何在也。

《东方杂志》第 11 卷第 5 号,第 16 页

## 北京政府外交部关于声明取消战区致英日两国公使照会
### 1915 年 1 月 7 日

为照会事:前因日英德三国在胶州湾及龙口莱州附近,先后有行军战备之举动,本国政府因双方交战国均系本国友邦,不得不参照日俄战争先例,划出行军至少之地点,以为双方交战国军队必需之用。曾于九月三日照会贵公使,并声明在该区域内本国不负完全中立之责任在案,现在战事已终,双方交战国之军事设备已完全解除,自无再行使用龙口及胶州湾附近一带为行军地点之需要。所有前此本国划出该区域之通告,自应声明取消,回复原状。相应照会贵公使查照,转达贵国政府,即将贵国现在该区域内之军队,如有留在,一律撤退,以符尊重中国中立之意。

《六十年来中国与日本》第六卷,第 65—66 页

## 日本政府拒绝中国关于取消山东战区的声明复北京政府照会
### 1915 年 1 月 10 日

为照会事:准一月七日照开,前以日、英、德三国,在胶州湾及龙口、莱州等处附近地方有军事行动,中国政府援照日俄战时先例,划出行军所需之最少地点,为两交战国军队之用。现在战争终结,军事设备自可完全解除,自无使用该区域之必要,所有前此划出例外区域之通告,自

应取消,回复原状。初该区域内留有日本军队,亦应一律撤退各等因。当即转报本国政府,兹奉电令内开:帝国政府对于此项事件,曩于贵国政府提出交涉之际,曾声明迟早总须答复,并将回答稽迟理由,婉为声叙。而贵国政府将以往交涉情形,概置度外,现忽提出独断处置,实属轻视国际信义,不顾邦交,措置诚有未当,斯难允认。帝国政府以为即如来照所称,贵国政府实行取消前项交战地域之通告,帝国军队之行动施设,在必要期间以内,依然存续,决不受此等取消之影响及拘束也。等情,合行声明。据情转达贵政府查照可也。

《中日关系史料——欧战与山东问题》(下),第 657 页

## 北京政府外交部致日本公使照会

### 1915 年 1 月 16 日

为照会事:接来照会,阅悉之下,似于本政府之宗旨未能体谅,殊为可惜。前以日英德各友邦在中国境内有军事之行动,中国政府鉴于特别情形,声明在龙口、莱州及接连胶州湾附近各处地方,确实为各交战国军队必须行用至少之地点,暂作为局外,不负完全中立之责任。原为外顾邦交,内应时势,于各交战国中立行军期内,不得不有此特别之声明,初非与各交战国有商定之行为,本政府既单独自行断定于先,今应单独自行取消,本无征求同意之必要。而照会对于此项取消区域之声明,视为独断不当,本国政府实难了解。查自青岛陷落以来,业已两月,德国军队军备自行解除,英国军队早已退去,贵国军队亦在陆续撤回,是该区域内已无军事之行为,即应取消该区域,自无疑义。本国政府为重视邦交起见,于早应自行取消之区域不遽声明取消,且于两月以来,屡次劝告贵国政府早日撤兵,以期回复原状。乃待至今日,仍未解决。而地方之扰攘,人民之痛苦,本国政府异常关心。现青岛业经开关,航行早已无阻,本国政府认为时机已熟,势难再待,几经审度,而为取消战区之声明。实于国际信义,友邦交谊,并无遗憾。且贵政府于战事发生之时,曾经声明,以保东亚和平为宗旨,本国政府取消战区,以冀恢复旧

状,实亦深信贵国政府所抱宗旨。而贵政府若谓有碍国际信义,友邦交
谊,诚为本国政府所不解。总之,本国政府自由行动规定局外区域,实
因于交战国特别之情形,今则无特别情形,局外区域自无再行存在之理
由。中日两国遇事维持,畛域无分,切望贵国政府实行保全东亚和平之
宗旨,顾全国际信义,友邦交谊,即为相当好意之行为,不至再有误会。
俾该区域内得以恢复完全中立之地位,幸甚幸甚。相应照复贵公使查
照,即希转达贵国政府,为荷。

《六十年来中国与日本》第六卷,第66—67页

## 恢复青岛海关的协定
### 1915年8月5日

　　关于恢复青岛中国海关并日德战争结果现在日本军政管理下之德
国租借地海关事务执行之协定如左:

　　一、约定在青岛恢复中国海关。

　　二、千八百九十九年四月十七日,中、德两国代表在北京关于设立青
岛海关之协定及千九百五年十二月一日中、德两国代表在北京关于该项
之修正,在本协定主义上必要之处有"德国"文字者,易以"日本"文字。
至关于青岛中国海关恢复与其规定手续,于中日两国政府间俱行有效。

　　三、原属税务司所管之中国海关簿籍、海关公款及其他一切海关所
属财产,于日军占领时,被日军押收者,仍交还与总税务司。

　　四、日本国政府于海关恢复前将日本官厅在青岛征收之关税收入
扣除千九百五年中德修正协定之纯收入税额二成,其余额应移交于总
税务司。

中国总税务司安格联
日本国特命全权公使日置益
千九百十五年八月六日

签于北京

《中外旧约章汇编》第2册,第1123—1124页

# （三）日本提出"二十一条"

说明：德军在山东战败，中国政府遂展开对日交涉，要求日军撤出山东。借此机会，日本向中国提出"二十一条"作为撤军的条件。"二十一条"涉及政治、经济、军事和文化等各个方面，如果全面实施，中国将成为日本的保护国。

## 加藤高明会见葛雷问答
### 1913 年 1 月 6 日

加藤曰：

如关东州旅顺大连者，乃日本因中日战争结果，曾使清国割让，嗣以三国之不当干涉，不得已而交还，卒赌国运而与俄战，始得收归日本手中者。日本对是等地方之关系非以利害之考虑所能律，而实有历史的感情的因缘者也。

因而日本具有决心永远占据旅顺大连及包含其背后地之关东州。现在政府固抱此方针，将来不论如何之政府亦不变更，究为日本国民之决意。现我国民在关东州植树，即可视为决意之表征。日本为继续占有此等地方计，自应努力设立适当名义，务令中国不致难于承认日本之占有。究竟在如何时机，想出如何名义，而与中国交涉现虽难预料，然日本国民之决心则断然在此点。今日距租借期限满期尚有十年，提出此问题固有时机尚早之嫌，彼时予亦不必仍占外交当局之地位，惟因欲将日本国民之决意预告同盟国当局，请为谅解，故此陈述此事。

至满洲之门户开放机会均等主义，日本必严守不渝，始终一贯。

格雷答曰：

贵使所言，予颇谅解。关于租借地之历史上之过程，谓该地于中日战争终结时已归日本，日俄战争之结果不过恢复其一旦获得之物而已，诚乃颇为有力之论据。

因此日本国民对于领有之决心亦决非无理由,贵使言日本人植树,实则曾植骨于该地,毕竟此问题应由贵国与中国解决,他国不宜容喙。

《六十年来中国与日本》第六卷,第 70—71 页

## 黑龙会备忘录(《黑龙会解决中国问题意见书》)
### 1914 年 10 月 29 日

一、欧战与中国问题

欧洲当前的巨大斗争是史无先例的。不但欧洲的均势将受到影响,全世界将感觉到它的作用,而且其结果将在政治、社会方面开创一个新纪元。因此,日本帝国政府能不能解决远东问题并使我们伟大的帝国政策付之实现,全在乎我们是否善于巧妙地利用世界大事的总趋势,来扩展我们的势力,并决定一种确实可行的对华行动方针。如果我国当局与人民以冷淡和不深切关怀的态度来看待当前的欧战,忽视这个战争的广泛结果,而只集中其注意力于胶州湾的进攻,则他们必然使我们伟大的帝国政策成为泡影,其造成的错误比所能想见的更来得巨大。我们不得不提出这个政策说明书供政府当局考虑,并不是因为我们爱好争辩,却是因为我们深切关心我国的昌盛。

目前无人能预言欧战的结果。如果联军遭受挫败而胜利归于德、奥,则德国军国主义无疑将统治欧洲大陆,并向南向东伸展其势力于世界其他地区。万一这样的事情发生,则由此而造成的结果确实将是巨大而深远的。因此对于这个问题,我们必须加以最严重的注意。但另一方面,假如德、奥为联军所击溃,德国将失去现时德皇统治下的联邦国家的地位。联邦将分裂为许多单独的国家,而普鲁士将不得不满足于次等强国的地位。由于这一失败,奥地利与匈牙利将因之而分裂。至于他们最后的命运如何,现在无人敢于断言。同时俄国将并吞加利西亚与奥领的波兰;法国将重占亚尔萨斯和洛林;英国将占领在非洲及南太平洋的德国殖民地;塞尔维亚与门得尼格罗将取得波斯尼亚、黑斯

哥维那以及某一部分的奥国领土。在欧洲地图上由此而造成的如此巨大的变化,即使一八一五年拿破仑战争亦不能与之相比。

当这些事变发生时,不但欧洲将经历巨大的变化,而且我们不应忽视,这些巨大的变化亦将在中国与南太平洋发生。俄国在德、奥丧失的领土上代替德国的地位以后,它将在欧洲具有支配的势力,在未来的长时期内,它在西方边境将无所畏惧。战争结束后,它将立即在远东努力实现其扩张政策,并且当它在中国取得支配势力以前,它是不会放松其努力的。同时,英国将加强其在扬子江流域的地位,禁止其他国家在该地插足。法国在云南省也将如此,它以云南为进一步侵略中国的活动基地,对于扩大特权从不表示犹豫。因此我们必须严重地研究情势,时刻记住英、俄、法的联合行动不但影响欧洲,而且我们能够预见它亦将影响中国。

英、法、俄方面的联合行动是否将在战争告终后结束或是将继续有效,我们现在不能预言。但欧洲和平恢复以后,这些强国一定会集中注意力于其各自的在华势力范围的扩展。它们的利益在调整时很可能互相发生冲突。假如它们的利益不发生冲突,那末它们将联合一起解决中国问题。这一点我们是没有丝毫怀疑的。如果英、法、俄确实联合起来压迫中国,日本帝国政府采取什么方针,来应付这个情势?处在敌对和竞争的环境中,我们采取哪些适当的办法来保持我们的势力和扩展我们的利益?我们必须留意欧战的最后结果,并预先控制紧接着欧战而来的事变的趋势,以便能够确定对华政策和决定最后采取的行动。如果我们继续处于被动的地位,那末帝国政府对华政策将失去主动的影响,而我们的外交将永为其他列强联合势力所牵制。远东和平将因而遭受危机,甚至日本帝国作为一个国家来说其生存无疑的也将陷于危险。因此我们当前第一个重大责任,就是要质询我国政府对战后一般情势将采取什么方针?应付协约国家对中国的联合压力,我们有了什么准备?我们将依据什么政策来解决中国问题?当欧战结束、和平恢复时,我们所关心的问题,不是德、奥两个同盟国或英、法、俄三个协约国哪一方面取得胜利,而是预料到未来欧洲势力在欧、亚两洲的扩展,日本帝国政府该不该考虑用武力,在事情发生以前加以阻止。目前是日本迅速解决中国问题最有利的时机。这样的机会是千载难逢的。现在行动不但是日本的神圣责任,而且目前中国的情况有利于实行这种计划。我们应该断然决定而且立即行动。我国当局如果不利用这个罕有机会,将来在处置中国问题时必然会担负重大的责任。日本在战后将被欧洲列强孤立起来,他们将以妒忌和歧视的目光对待日本,正如现在他们对德国一样。难道对日本说来马上解决中国问题不是一个生死攸关的急务吗?

二、中国问题与防御同盟

日本政府是否顺从其神圣的使命,以英雄的气概解决中国问题,使中国自动地依赖日本,这是一个极其重要的政策问题。对日本帝国政府说来,强迫中国处于这一地位,除了利用目前机会取得政治及财政权力以及用一切方法订立包含下列秘密条款的防御同盟以外,没有其他的办法。

### 防御同盟秘密条款

日本帝国政府为了充分尊重中国的主权和领土完整,为了达到保持远东和平的目的与希望,愿承担与中国合作防止中国内乱及外国侵略的责任,而中国应在中国国防方面给予日本以特别的便利,或者保护日本的特殊权益。为了以上目的,缔约双方成立如下的同盟条约:

一、当中国发生内乱或中国与其他一国或数国作战时,日本当派遣军队协助中国,并担负保卫中国领土、维持中国和平秩序的责任。

二、中国承认日本在南满及内蒙的特殊地位,将这些地区的主权让与日本,以利于日本在稳固的基础上,实行地方性防御计划。

三、日本占领胶州湾后,将取得以前德国所享受的关于铁路、矿山及其他一切权利。青岛和平与秩序恢复以后,该地将交还中国辟为国际条约港。

四、为了加强中国与日本的海防起见,中国将福建沿海战略港口租借予日本,使之成为海军基地,并将该省铁路矿山全部权利,许给日本。

五、为了改编中国军队起见,中国应委托日本教练军队。

六、为了统一中国的兵器与军火,中国应采用日本式的兵器,同时在各军事据点建立兵工厂(在日本协助下)。

七、为了建立和维持中国海军的目的,中国应将训练海军事宜,委托日本。

八、为了改革中国财政及改进中国征税方法的目的,中国应将该项工作,委托日本。日本应选择有能力的财政专家充任中国政府一等顾问。

九、中国应聘用日本教育专家担任教育顾问,并在全国各地区广泛设立学校教授日文,以提高中国的教育水准。

十、中国与其他国家订立贷款、租借及割让领土的协定以前,必须征得日本的同意。

从签订这个防御同盟之日起,日本与中国应紧密合作。日本将负责保卫中国的领土,维持中国的和平与秩序。这将解除中国未来的一切焦虑,使它得以大力实行改革。而且有了领土的安全感以后,它即可期望于国家的发达与复兴。即令目前的欧战结束、和平恢复以后,中国在将来也绝对不怕列强对它施行压力。只有这样才能确保远东的永久和平。

但在订立这个防御同盟以前,有两点必须加以确定和解决。一、它与中国政府的关系;二、它与那些对华有密切关系并且在华有重大利益的列强的关系。

在考虑它对中国政府的影响时,日本政府必须力图预知中国现时统治者袁世凯的地位是否稳固;现政府的政策是否得到大部分中国人的信任;袁世凯是否会迅速同意日本政府的建议而与我们订立同盟条约。这些问题必须加以彻底的考虑。从袁世凯迄今为止的态度来判断,我们知道他在外交交涉方面往往采取权宜的策略。虽然在外表上可能对我们表示友善,实际上他将依靠不同列强的势力作为对我们最方便的牵制而拒绝我们的要求。单举他从帝国政府对德宣战以来对我们的行为作为例证,大家对他将来的行动就会了然了。我们能否依靠普通友好的外交方法达到我们的目的,无需多大的智慧便能决定。欧洲巨大的斗争结束以后,除了并不急求取得利益的美国以外,中国是不能从其他列强取得任何贷款的。在国库空虚、官吏和军队的薪饷无法支付、土匪煽动穷困人民闹事、革命党待机起义的条件下,一旦内乱果真发生而没有外力帮助镇压,我们相信袁世凯决不可能以单独的力量恢复和平与统一全国。其结果国家将成为四分五裂而无法收拾。这种情势将会到来,这是不难预见的。当这样的情势发生,我们究竟在确保能够影响袁世凯同意我们的要求的条件下,支持袁政府并帮助他镇压内乱呢?还是我们帮助革命党人获得成功,因而通过他们实现我们的目的呢?我们此刻必须确切决定这一问题,以便将它付诸实行。如果我们不去洞察中国的未来命运而盲目支持袁政府,与中国订立防御同盟,希望用帮助他镇压革命党人来充分实现我们的目的,这显然是一种错误的政策。为什么?因为大多数中国人民对声名狼藉、地位不稳的袁世凯已经丧失全部信任,全国攻击他出卖祖国。如果日本给袁世凯以支持,他的政府虽处于十分不稳的状态,但可能免于毁灭。袁世凯属于喜欢玩弄权术的那一类政客。他一时可以对我们表示友好,但当欧战将结束时他就一定会抛弃我们而与其他列强友善了。从他的过去来判断,将来他会搞些什么,我们是一点怀疑也没有的。对日本说来,不顾中国人民的普遍意见而支持袁世凯,希望能与他解决中国问题,当然是一个错误。因此为了确保远东的永久和平,我们与其支持一个既不能长久保持政权,也不能帮助我们达到目的的中国政府,倒不如支持四亿中国人民革新其腐败政府,改变政府的现有形式,在大陆上保持和平与秩序,并使中国进入繁荣的新时代,如此则中国及日本即可在实际上和名义上建立彼此间最亲密最重要的关系。中国的繁荣时代是以中日同盟为基础的。欧战结束后外国侵略就会指向远东,而这一同盟就是驱逐外国侵略的主要武器。这个同盟又是世界和平的基石。因此日本应以此作为最后的警告并解决这个问题。日本帝国政府既然认为支持中国人是无可推诿的,那末我们应该使中国革命党人、宗社党人以及其他失意分子在全国范围内引起骚动。整个国家将陷于混乱,袁政府将因之垮台。那时我们将从四亿中国人中选择一位最有势力、最著名的人物,帮助他组织新政府,统一全中国。同时我国军队必须协助恢复全国的和平与秩序,保护人民的生命和财产,这样中国人便乐于顺从新政府,而新政府自然信任并依靠日本。只有完成这些事情以后,我们才能没有困难地达到与中国缔结防御同盟的目的。

我们认为目前是我们唆使中国革命党人及失意分子起事的最适当的时机。这些人目前之所以不能进行积极的行动,是由于他们没有足够的资金。如果帝国政府能利用这一事实,给他们以贷款,并教唆他们同时起事,极大的骚动和混乱,必将普及全中国。我们就能出来干涉并轻易地调整关系。

欧战的发展日益急迫地警告日本亟需解决这一最根本问题。不应该认为帝国政府是在从事一项卤莽的计划。良机是一去不复返的。我们必须利用这个机会,在任何情况下决不犹豫。为什么我们一定要等待革命党人及心怀不满者自发地起事呢? 为什么我们不能事先想好并安排出计划呢? 当我们考察中国的政体时,我们必须问现存的共和制是否适合中国的国情? 是否投合中国人民的思想与愿望? 从中华民国成立之日起到现在,如果将它所经历的和它在行政和统一工作方面应该做到的比较起来,我们认为到处令人失望。甚至就是首先主张共和政体的革命党人自己也承认他们犯了错误。中国共和政体的保留,将是未来中日同盟道路上的巨大阻碍。为什么一定如此呢? 因为在共和国内,政府的根本原则以及人民的社会与道德的标准是与君主立宪国家截然不同的。它们的法律与行政也是相冲突的。如果日本充当中国的指导者而中国仿效日本,只有这样才能使两国合力解决远东问题而不发生争论与意见分歧。因此为了彻底改建中国政府、成立中日同盟、保持远东永久和平以及实现日本帝国的政策,我们必须利用目前机会改变中国共和政体为君主立宪,而这一立宪政体必须在一切细节上与日本的君主立宪相符合,而不是符合其他任何国家的君主立宪政体。这确实是为了实际改造中国政体必须牢牢掌握的关键和首要的原则。如果中国改变共和政体而为君主立宪,在选择新统治者问题上,我们还是使宣统复辟,还是在宗社党内挑选一个最有才干的人,或者还是在革命党内物色一个最孚众望的人物?我们认为可取的办法是目前不谈这个问题,而等将来迫切需要决定这事时再说。但我们千万不要忽略这一事实:确实执行中日同盟的政策及改变中华民国为君主立宪的政策,实际乃是改造中国所应采取的根本原则。

### 防御同盟与其他列强的关系

现在我们来研究这个防御同盟与其他列强的关系。不用说,日本与中国决不会损害列强既得的权益的。与俄国成立特别的谅解,确定我们在满洲及蒙古各自的范围以求得两国在将来彼此合作,这对日本说来,在目前是绝顶重要的。这就是说,日俄两国应在日本取得南满及内蒙的主权以及俄国取得北满及外蒙的主权以后互相合作,维持现状,并竭尽全力维护远东和平。俄国自从欧战爆发以后,不但已经消除对日本的一切恶感,而且采取与其盟国相同的态度,对我们表示热烈的友好。不管我们将来如何看待满蒙问题,它焦急地希望我们能有某些处置的办法。因此我们不容怀疑,从俄国对中国问题的态度看来,它是能够为了互相合作与我们成立谅解的。

英国在华的势力范围和利益以西藏及扬子江流域为中心。因此如果日本能与中国成立关于西藏的满意的协定,同时以扬子江流域的某些特权给予英国并保证对这些特权加以保护,那末不管英国如何强大,它必然不致反对日本对中国问题的这种政策。当目前欧战进行时,英国从未要求日本加以援助。在将来其实力一定不足以反对我们,那是丝毫不容怀疑的。

既然英国与俄国不会反对日本对华政策,那末法国对这问题将采何种态度便很容易知道了。日本现在必须略加估量的是美国。但关于美国对我们对华政策的态度,它已经宣布维持中国领土完整和机会均等的原则,如果我们不损害美国既得的权益,它会感到满意的。我们认为美国也没有抱怨的理由。不过美国在远东驻有一支海军,它是相当可以依靠的,虽然还不够强大得令人畏惧。因此在日本对美国的态度,并没有使我们真正恐惧的东西。

既然一方面中国的情况是如此,而另一方面列强对华关系又是这样,则日本自应利用当前的欧战来确切规定对华政策,其最重要的措施就是改变中国政府,接着准备缔结防御同盟。现内阁在未明确规定对华政策以前,即应英国之请,对德宣战。这一急躁行动,对于我国未来对华谈判,并无实际关联,亦未影响远东政治状况。因此全国各界一切明智的日本人都十分关心这个问题。

我帝国政府今日应明确改变受人指导的被动外交政策为指导人的独立外交政策,以严正的心情向世界宣布这一政策,并下决心来贯彻它。如果我们这样做,即使鬼神也会对我们让步。这些是我们对华政策中的要点,其结果全看我们怎样实行而定了。我国当局能坚定地下决心解决中国问题,而确切实行这个根本原则吗? 如果他们有这个天赐良机时表现踌躇不决,而只仰仗其他列强的好意,那末当欧战结束、目前均势破裂以后,我们必将承受列强加于远东的更大的压力。那时再来追悔我们的愚蠢就太迟了。因此,我们出于时势的逼迫,敦促我国当局来赶紧理会这个情势而作出决定。

《第一次世界大战以来帝国主义侵华文件选辑》,第 4—11 页

## 日置益致加藤高明"关于对中国提出要求之拙见"
### 1914 年 12 月 3 日前

帝国政府近日攻陷青岛,我方军事行动初告结束。帝国威力,重震海外。同时,欧洲战局尚酣,无暇顾及远东。今正值对中国提出要求之良机。我外务大臣阁下特召回本使,密示内阁会议决定之条件,并征询本使意见,命返职后着手谈判。本使特受大臣阁下荐举,辱蒙天皇陛下

信任,荣膺出使我国外交上最重要地域之中国。且在我国运发展上正值千载难逢之良机。当此重要谈判之际,自当勉策驽骀,以遂大任。窃惟此次要求,系目前形势下,国家所采取外交及军事行动之结果。这次利用我国在华之优势地位,对整个中国特别是对满蒙所采取的行动,堪称温和妥善之要求。但其成功与否,不仅关系我在对华政策上国运之隆替与国力之盛衰,亦关系帝国在全世界之威信与名誉。万一谈判不能达到预期目的,势必影响外交前途与对内关系,甚至因此而不断造成政局不稳,或给国家带来极大损失。谈判性质对我实属重要。在着手之前,应事先做精密周到考虑,以期万无一失。因此要拟出要求全文及各项确切依据,并订出着手谈判之最佳时机及方法手段;同时作好周密计划和充分准备,以防在进行中遇到障碍和困难。

谈及此番要求中,有关山东问题,即进攻青岛直接赔偿问题。我帝国为此曾赌以民命,耗费国帑,拔除了东亚祸根,建立起永久和平之伟大业绩。对比这些事实,其条件极为温和合理。况除二三条件外,仅拟将同德国进行协商之结果,事前使中国承认而已。其他有关满蒙、华南以及一般性问题,其条件涉及面广,其中有关满蒙问题,实属难题。但若考虑帝国对全世界之威力与对满蒙优越权利时,则必须贯彻我方主张,使对方顺从我方要求。本使凭借帝国新近战胜之余威,代表帝国实力于一身,更抱有坚决成功之信念,以当其任,不能丝毫犹豫固理所当然。然而尚须考虑,中国方面对我方要求主旨,恐尚理解不到帝国国力伸张有助于保全中国与安定大局,而视之为单纯利己性质,从而不服从我方主张。因此要向中国千方百计进行威胁、劝诱,并用尽其他一切计策。同时对中国以外诸国必须采取周密外交手段。我国政府从对外关系角度,对各国,特别是当前站在战局之外、素以中国保护者自居之美国;与中国有巨大利害关系之我盟友英国,以及我在中国之竞争者俄国,视其在其他方面不同程度利害关系,在谈判初期及进行中,为使彼等不进行妨碍,进而使其能予我某些援助起见,有必要在适当时机采取某种适当手段。同时,作为根本原则,须努力使我方要求条件不同门户开放、机会均等主义发生抵触，又应注意避免与美、英、俄在中国之既得权益发生冲突。故应根据外交关系上之亲疏程度，将谈判要旨告知彼等或采取必要说明办法。从对华关系角度，我方对华提出之要求，须具有确切理由，并须考虑中国在实行上的难易情况来决定条件的形式，并选择提出条件的适当时机。最后，为贯彻我方要求，还应充分考虑既采用适当引诱条件，又要在不得已时采取威压手段。

从对外关系角度看所起之外交作用姑且不论；关于从对华关系角度所采取的引诱条件及威压手段，本使此番在接奉密示要求条件所载各项中，窃惟相当于上述两条件者，其中应视为引诱条件者不外乎：

（一）在一定条件下，将胶州湾归还中国。

（二）保证袁大总统及其政府之安全。

（三）严格取缔在日本及其保护下之革命党员、宗社党员、留学生及不法日本商民与浪人。

（四）奏请给袁大总统及其政府各部部长援助。

此外，应同意修改税率之提议，关于此项条件在帝国政府承认后，可列为第（五）项。

关于应视为威压条件者不外乎：

（一）将出征山东之军队留驻现地，显示我国威力，以使其感到我方之军事威胁。

（二）煽动革命党和宗社党，显示颠覆袁政府之气势，以威胁之。

以上两者对照之下，各项引诱条件其效力均极薄弱。尤其第一项归还青岛对我本属最为有利条件，但在中国看来，此系日本对世界宣言所定，并非单纯施仁政于中国。且为最近新闻、电报所传，由于中国畏惧德国及回避收回青岛之责任，或有不愿收回青岛之意。又如第二、三两项，虽系袁世凯最重视之点，但若收到实效，博得袁之满意，亦有困难。对此，历来事实已充分证实。尤其我国舆论中有反袁一派。随政局变动，该派势力或将强加于现政府之上，亦颇难料。袁对此颇感不安。因而只以现政府之保证，恐难博得袁之信任。第五项系财政上援助。莫如进而与其协商,尽力延长义和团赔款期限,更为有利。况后两项均系在我国情况下所不允许者。即使勉强实现,其收益遥远,难济燃眉之急,反不如以协商借款或其他方法予以大量现金进行引诱。当然,仅以一二百万元不足以收买袁世凯本人。此自不待言。总之,此番要求,在我帝国方面虽已极达稳妥,但对中国尤其袁政府立场而言,却颇感严峻。当察其在接受上恐有困难时,应施以劝说,使其服从我方要求。对此,上述引诱条件其效能似颇有薄弱之感。

再者,威压条件之第一、二项,在实行上均会遇到极为困难景况。我驻山东之军队,在万一之际如不动用即不能充分收到威压效果。对革命党或宗社党之利用更为困难。鉴于过去往往因此而招致失败之事实,不可不谓之为下策。纵令勉强实现,究能收到若干实效亦属难料。况彼等一旦察知我方煽动之目的,是否仍能为我所用亦系疑问。我帝国之实力虽由于战胜之余威,能足以压服邻国,但如实际动用不当,恐亦难发挥其应有威力。如上所述,威压条件同引诱条件,虽系两者,但同样具有难以收效之共同点。

作为威压与引诱方法,在言论方面尚有如我大臣阁下向本使所指示:(一)中国政府如不同意我方要求时,会使日本国民增加反感,其结果可能导致社会一些人所倡导之满蒙合并、瓜分中国以及诸如保护国论等言论,或将从议论形式进而成为现实。(二)即使不至如此,目前在元老中间也正在倡导派出以寺内伯爵为正使,后藤男爵为副使,向中国提出强烈要求之主张。(三)或由于民论沸腾之结果,促使内阁更迭,以致后继内阁不得不针对前后情况,提出更为强烈之要求。在上述任何情况下,中国方面均将进而增加困难。(四)与此相反,现内阁之要求,则是处理最为稳妥之要求,是为中国而考虑,如照此办理,可收益非浅。尤其如第三项我方关于满蒙之主张,假如不是由于日俄战争结果,中国不可能保全满蒙以维持至今。

日本仅系单纯欲确保其优越地位,以为将来大局之发展。中国如能顺从,我亦须努力主动为中国利益考虑,以扫除日中持久和平之障碍。如此两国关系方能趋于圆满,以期收到提携之成功。倘中国方面不予同意,则应道破不堪设想之后果,以促其深思。应以劝诱加威压兼而施之。但是对于言论上的威压,素对国际关系粗有通晓,对洞察外交虚实颇为敏感之袁世凯,假如已料到此种威压仅系一场恫吓,日本的声明未必能以实现,从而断然拒绝我方要求时,则谈判将发生"相持不下"之虞。且对于劝诱,即使袁世凯能有认清大局之明,有意顾及日本实际情况及处境,但袁虽为一国元首,事实上拥有宣战、讲和及订立条约之大权,然总非专制君主,作为共和民国大总统,甚至连其任期在宪法上尚无规定。现在与将来欲使其向国民负起重大责任,非其力所能及之事。故此,袁为从困境中拯救自己,利用其惯用手段新闻政策进行排斥运动以及挑起极端排日热潮,甚至或向美国乞求援助,或唆使德国人制造障碍,两国关系及国民感情发生纠纷,甚至可能造成进退维谷不可收拾局面。而我方虽有充分实力,但具有不能突然动用之弱点,也许将出现无法打开之困难局面。

在帝国未预先做出摆脱困难,谋取最后成功方法手段之前,本使之成败姑属个人之事,但其结果必然涉及现政府,进而有连累国家之虞。如上所述,本使在条件不具备情况下,当此大任之际,似无把握。但回国后,亲受大臣阁下训示,理解阁下苦衷所在以及国情所不得已而为之的原因。本使坚决遵照阁下训令,坚定信心,接受重任。同时,尚希政府进而研究充分措施,且在本使今后随时报请时,相信定能赐以热情考虑。况赖我帝国之威力,本使心中自有一线光明,预期成功并非难能之事。惟鉴于事态重大,始不顾冒昧陈述拙见。

最后,作为本使拙见希当局考虑者尚有:(一)随着形势发展,不得已时必须出兵镇压对方,对此要有所预料。故此,今后在青岛所应驻留军队,不仅取"镇守"之势,万一时尚需积极行动。例如为占领津浦铁路北段需要做好准备。(二)在诉诸以上最后威压手段前,在引诱条件中,对袁世凯最有力之一为取缔革命党及宗社党自不待言。但此法从历来情况看,效果并不显著。希政府对此问题做根本性研究,为使袁更为满意,应研究具体方法(尤其在谈判进行一段时间,勿宁利用此法使其造成反抗局势有时亦系必要)。(三)按照满蒙五铁路细则协定之结果,我内部议定可交付中国二百万元作为预付金。对此,有必要派小田切尽速去北京商定细则。通过交付预付金,要使其起到引诱条件之作用。(四)随着谈判进行,对华南铁路要求,如有应允希望,亦可采用交付预付金方法收到前项同样效果。故要同样做好支付该项资金的准备。(五)通过借款交涉,能以接济袁政府燃眉之急,此乃目前动摇对方之最有利条件。对照我国财政经济情况,即使确有困难,亦应加以考虑并订出计划。(六)袁世凯在不得已时,虽有服从我方要求决心,但其左右,必有共商大事之人。拟用一二百万元金钱收买袁本人决不可能。但此辈左右人物中亦或有可用金钱收买者。此外,在谈判进行中,为操纵新闻及其他方面,亦需要许多费用,我政府有必要事先准备此项资金。

以上六项系本使当前请求当局事先考虑之事项。特附记于此,请当局充分铨议并务希给以训令。

《近代史资料》总第 48 号,第 132—137 页

## 加藤高明致日置益训令
### 1914 年 12 月 3 日

帝国政府为图时局之善后,且巩固帝国将来之地位,以永远保持东洋之和平,此际意图与中国政府缔结大体如别纸第一号至第四号所述趣旨之条约及协定。别纸第一号,系有关山东问题之处分者。别纸第二号,大体趣旨在使我在南满洲及东部内蒙古地方之地位益形明确。盖帝国在该两地之地位颇有不甚明确之点,致中日两国间发生种种问题,一再使两国国民感情发生不良影响,故帝国此际欲使中国政府确认帝国在该两地当然应有之地位。别纸第三号,为顾及我方对汉冶萍公司之关系,拟为该公司将来讲求最善方策者。要之,以上三项,均非欲另生新事态者。至别纸第四号,不过欲更进一步声明帝国政

府屡次向内外所宣言保全中国领土之大原则。帝国政府以为于此机会,确保帝国在东亚之地位,以保全大局,实行以上各项,实为绝对必要。帝国政府实具有极巩固之决心,必图各项之贯彻,贵使其善体政府之意,为国尽瘁。别纸第五号所揭问题,与别纸第一号至第四号之各项,完全不同,系此际劝告中国实行之事项。为谋增进中日两国亲交,拥护共同利益,以上各项,均属紧要。其中有已成中日间之悬案者,务请尽力,实现我方希望。又交涉中,中国政府必将表示愿闻帝国政府关于胶州湾最后处分之意向,帝国政府以为中国政府若应允我方要求,则为尊重中国领土保全主义,并增进中日国交亲善计,亦不妨商议交还该地。惟实行交还时,应以开放该地为商埠,并设日本专管租界为条件,乃绝对必要之条件。惟商议声明交还时,须另行请训遵行。特此训令。

《六十年来中国与日本》第六卷,第 72—73 页

## 日置益提出的"二十一条"要求原案

### 1915 年 1 月 18 日

#### 第一号

日本国政府及中国政府互愿维持东亚全局之平和,并期将现存两国友好善邻之关系,益加巩固,兹议定条款如左:

第一款　中国政府允诺,日后日本国政府拟向德国政府协定之所有德国关于山东省依据条约或其他关系对中国政府享有一切权利利益让与等项处分,概行承认。

第二款　中国政府允诺,凡在山东省内并其沿海一带土地及各岛屿,无论何项名目,概不让与或租与他国。

第三款　中国政府允准,日本国建造由烟台或龙口接连胶济路线之铁路。

第四款　中国政府允诺,为外国人居住贸易起见,从速自开山东省内各主要城市作为商埠,其应开地方,另行协定。

第二号

日本国政府及中国政府,因中国向认日本国在南满洲及东部内蒙古,享有优越地位,兹议定条款如左:

第一款　两订约国互相约定,将旅顺、大连租借期限,并南满洲及安奉两铁路期限,均展至九十九年为期。

第二款　日本国臣民在南满洲及东部内蒙古,为盖造商工业应用之房厂或为耕作,可得其须要土地之租借权或所有权。

第三款　日本国臣民得在南满洲及东部内蒙古任便居住往来,并经营商工业等各项生意。

第四款　中国政府允将在南满洲及东部内蒙古各矿开采权,许与日本国臣民;至于拟开各矿,另行商订。

第五款　中国政府应允关于左开各项,先经日本国政府同意,而后办理。

(一)在南满洲及东部内蒙古允准他国人建造铁路,或为建造铁路向他国借用款项之时。

(二)将南满洲及东部内蒙古各项税课作抵,由他国借款之时。

第六款　中国政府允诺,如中国政府在南满洲及东部内蒙古聘用政治、财政、军事各顾问教习,必须先向日本国政府商议。

第七款　中国政府允将吉长铁路管理经营事宜,委任日本国政府,其年限自本约画押之日起,以九十九年为期。

第三号

日本国政府及中国政府,顾于日本国资本家与汉冶萍公司现有密接关系,且愿增进两国共通利益,兹议定条款如左:

第一款　两缔约国互相约定,俟将来相当机会,将汉冶萍公司作为两国合办事业,并允如未经日本国政府之同意,所有属于该公司一切权利产业,中国政府不得自行处分,亦不得使该公司任意处分。

第二款　中国政府允准,所有属于汉冶萍公司各矿之附近矿山,如未经该公司同意,一概不准该公司以外之人开采。并允此外凡欲措办无论直接间接对该公司恐有影响之举,必须先经该公司同意。

第四号

日本国政府及中国政府,为切实保全中国领土之目的,兹订立专条如左:

中国政府允准,所有中国沿岸港湾及岛屿,概不让与或租与他国。

第五号

一、在中国中央政府须聘用有力之日本人,充为政治、财政、军事等各顾问。

二、所有在中国内地所设日本病院、寺院、学校等,概允其土地所有权。

三、向来日中两国屡起警察案件,以致酿成镠辏之事不少,因此须将必要地方之警察,作为日中合办,或在此等地方之警察官署须聘用多数日本人,以资一面筹画改良中国警察机关。

四、由日本采办一定数量之军械(譬如在中国政府所需军械之半数以上),或在中国设立中日合办之军械厂,聘用日本技师,并采买日本材料。

五、允将接连武昌与九江南昌路线之铁路,及南昌杭州、南昌潮州各路线铁路之建造权,许与日本国。

六、在福建省内筹办铁路矿山,及整顿海口(船厂在内),如需外国资本之时,先向日本国协议。

七、允认日本国人在中国有布教之权。

《中日"二十一条"交涉史料全编》(1915—1923),第20—22页

## (四)中日"二十一条"的交涉

说明:迫于日本的军事和外交压力,北洋政府自1915年2月开始与日本进行有关"二十一条"的艰难交涉,前后召开会议达25次之多。

北洋政府虽然软弱无能，但尚不敢完全同意"二十一条"。为此，日本提出最后通牒，并摆出军事入侵的姿态，企图迫北洋政府就范。

## 中日"二十一条"交涉第一次会议问答
### 1915 年 2 月 2 日

列席人员：

中国：陆总长　曹次长　施秘书

日本：日置公使　小幡参赞　高尾参赞

总长云：此次会议，拟每次作一会议录，双方签押，以备考证，未谂贵公使能否同意？

日置云：此种会议，非如列国会议等重要之事件，必须作会议录，应仍照在贵部之普通交涉办理。盖如作笔记，则须添派人数，反多不便，不如俟有议定之件再行签押。

总长云：照寻常之交涉办法办理，甚表同意。若然，则不必随时签押，仍然于最后议有结果时，再行签押。

日置云：此次本国政府提出条件之理由，本公使已于谒见大总统时详细陈明，并面告孙总长。今日虽与贵总长初次晤谈，然内容谅早已洞悉，兹不再赘。但有一二重要问题，不能不言明者。

总长云：请贵公使言明。

日置云：近阅报纸所载，谓本国政府此次提出条件，约有二说：一为因撤消战区问题而发生，谓撤消战区事，日本政府不以为然，于是提出种种之要求。一谓日本政府于国会解散后未至总选举期以前，特利用此时机，以对待中国，是为一种手段。此二说皆毫无根据。盖本国政府提出此种条件，并无斯二者之关系也。今日特言明之。再从事实上言之，此为日本一定之国是。本公使被任命之日，即奉有此项训令。盖本国政府之方针早已确定，与此次欧洲战事、山东战事、取消战区等事，全然无关。因两国之间事实上带有误会猜疑之处，今欲力谋亲善，不能不决意提出此种条件，以解除向来之误会及猜疑，并巩固两国之邦交。此节早已向大总统及孙总长详细说明。

总长云：贵公使以此次提出条件，与报纸所载取消战区及国会解散并无关系，业已理会。所云解除误会及巩固邦交，本总长极为同意。但贵公使谓与战事无关，窃不能无疑。因有欧洲战事，故日本与英国会攻青岛，此次条件之中，又有关于青岛之事，何得谓毫无关系？

日置云：本公使正拟说明，惟有山东问题与欧战有关联耳。再本国政府之方针业经确定，内阁虽换，方针不变。本国政府以此次之要求，极为正当，必欲达到目的而后可。应请贵国政府同意。

总长云：贵公使之言均已了解，贵国政府所持亲善之主义，本总长极表同意。但以个人之意见研究而观察之，此种条件，无论贵国政府是否因取消战区或欧战或总选举而提出，在本总长不能无所感触。亲善一语，本总长素所主张，且极希望。在欧洲廿余年，即以中日两国为远东兄弟之邦，一切内政等事，均思仿效，故亲善二字，在本国政府及国民无不赞同。处处可讲亲善，事事可讲亲善，不必于此时提出条件，始得谓之亲善。且条件之中，有悬案，有新案。如悬而未结之案，我两国为邻近之邦，无论何时均可商办。当伊集院公使时代，所有长崎至上海间之海底电线问题及南满铁路通过国境三分减一纳税问题，本总长悉本亲善之意与之解决。又本总长在国务总理任内，曾聘请有贺博士为顾问，交通部亦聘请平井博士为顾问。故细加研究，在贵国政府无不可以达到目的，在中国政府亦未尝过于拒绝，随时均可商办，初非待提出许多之条件始得达此亲善之目的也。盖提出条件反足惹起一般国民之注意。本总长以为亲善二字应随事随时办理。

日置云：贵总长之言，甚是。此次条约之中，有新案，有旧案，悉本亲善之意与贵国政府商议。本国一般之舆论，有主张吞并满洲者，有主张分割中国者，此等议论，在贵国人民闻之必多不快，然本国人民确有为此等主张者。是虽欲亲善，而仍不免生出误会。故本国政府以此次提出之条件，认为稳妥。

又满洲地方之中日关系极为紧要，中国有中国自然之地位，日本有日本之优越地位，故时常因感情冲突，旋即生出误会。此次提出条件，以解除此误会，正可表明本国政府无侵吞领土之野心。

总长云：以本总长观之，两国人民之间虽有议论，而政府之方针既定，绝不为所摇惑。如因舆论而提出许多条件，殊为可异。盖现在中日两国并无误会猜疑之事，我国自大总统以下以及各地方长官，均无猜疑日本之处。即如南满洲一带，安奉铁路吉长铁路当日均有良好之解决。至优越地位一节，日本在南满洲不过继续日俄之条约关系而已。且自条约上最惠国条款之意义观之，日本之地位当然与中国之自然地位不同，故优越地位一语，尚须详加研究。本总长向喜开诚布公，以为两国之间并无误会及猜疑之处。

日置云：两国政府毫无误会固好，且亦本公使之所希望，但事实上常有相反之处，贵总长所云不过一种希望之语，理想与事实殆不相符合也。

总长云：据本总长观之，事实上并无误会之处。即如本总长与贵公使已晤面数次，可自信开诚布公，以全力力求此次谈判之进行。再以个人而推及全国，亦莫不然。大总统以下并不猜疑日本。贵公使谓事实与理想不符，殊为可异。且本总长对于贵国之交涉，较之对于他国交涉格外从速研究进行，可以自信。

日置云：诚然。但自两国报纸上观之，舆论之感情极为相反。且第三国之人，就中日两国之关系上，亦常揣测两国感情之恶。总之，彼此见解不同，亦难尽述。此次谈判，本国政府力求从速进行，拟即就条件之内容开始谈判。但有应声明者，即请贵国政府逐号讨论也。即第一号第二号等是否同意之类。

总长云：仍以逐条讨论为是。

日置云：详细节目，自然逐条商议，但就每号之主义上贵国政府是否同意，应请先行示知。

总长云：如一号为一条，无何等之问题，今一号之中有数条，而各条之事件又不同，是不能不逐条讨论。总之，本总长以诚意相商，彼此之意见互相接洽,即易于办理。又本总长对于贵公使尚可与以诚意之证据,盼望贵公使推诚援助。如有十分为难之处,尚希谅察。

日置云:闻贵总长之言,甚为欣悦,本公使与贵总长虽交日无多,颇愿推诚相与。

总长云:甚感。但此次谈判仍拟逐条商议,请贵公使同意。

日置云:第一号为山东问题,似贵国政府无甚反对之处,请先于主义上表示同意与否。如内中有字句意义不妥之处,随后可以商议。

总长云:第一号颇费研究。第一号第一条云,贵国政府拟与德国协定,是与欧洲战事有关。今欧战尚未完结,若中国政府先与日本订约,恐于国际关系有碍。当日俄战争时,亦系战事完结,日俄媾和后,日本始与中国议约,本总长于第一条之主义,虽无甚反对,但觉提议太早,似应俟之异日。

日置云:此为一种之预约,似无妨碍,且本国政府视为必要之举。

总长云:本国政府先定此约与后定此约,无甚出入。但中国对于各外国立于中立之地位,若先与贵国订约,恐自他国观之,认为不中立之举动。

日置云:第一条并非由贵国交付日本,谓将来德国交付日本,贵国政府承认之意,与中立无碍。又与德国未商定以前,不能实行。

总长云:但自条约之关系言之,中德之关系尚未断绝。

日置云:因中德之关系尚未断绝,故此约定非确定之约款,为一种之预约。

总长云:贵公使所云中德协议不成,不能实行,然乎?

日置云:诚然。

总长云:此约稍缓再订,不可同意乎?

日置云:此时订约,本国政府认为必要,碍难展缓。自贵总长观之,似对于第一号别无异议。

总长云:贵公使所云既以两国亲善为主,则应彼此从长商议,在贵国政府虽视为必要,似非如此不可,然亦须为中国留一地位。

日置云:彼此商议之意业已理会,但本公使代表本国政府有不能不言者,本国政府于此事之全体,认为必要,请贵国政府从速进行方好。

总长云:中国政府亦看重贵国政府之意,但贵国政府虽视为必要,而中国政府亦不能束缚其手,须彼此有商议之余地方可进行。

日置云:第一号各条于主义上是否同意?

总长云:第一条有修改之处。第二条不让与他国一节,不应列入条文。中国政府应有前车之鉴,绝不愿以何项名目以土地或岛屿让与或租与他国也。第三条为建造烟台及龙口铁路问题。本总长之意,仍以逐条讨论为宜,请贵公使同意。如贵公使同意逐条讨论,现对于第一条有修正之处,拟即提出。

日置云:拟先从大体讨论。第一条第二条贵总长已表示意见,第三条铁路事无大问题,第四条开埠地方随后商定,请于主义上先行答复。

总长云:大致可以商议,仍以逐条讨论,可期从速进行。

日置云:对于第一号全体是否同意?表示意见之后,自可逐条商议。

总长云:第一号之第二条,不认为必要,碍难同意,余款均可商议。

日置云:贵总长之意,业已理会。

小幡云:除第二条外,余三条大致同意,但多少有更改之处,果系此意乎?

次长云:除第二条外,余三条可与商议。

日置云:余三条可无异议乎?

次长云:非无异议,谓可以商议也。

日置云:文字上之修改固可商办,然则于大体已无异议乎?

总长云:大致可以商量,非无异议,仍以逐条提出修正,始于进行有益。

小幡云:系第二条无可商议,余均可商议乎?

次长云:诚然。

日置云:然则第二号于主义上如何?

总长云:时间局促,须从长研究,仍就第一号先提出修正案商议,第二号俟下次会议时再行商议。

日置云:今日系欲于全体上研究诺否。然则第一号之第一款贵总长有何意见?

总长云:现有修改之条。

随即提出修正案一纸,大致谓:中国政府声明,日后日本国政府拟向德国协定之所有德国在山东省内依据条约除胶澳外对于中国政府享有之一切利益等项处分,概行承认。又日本国政府言明,中国政府承认前项利益时,日本以胶澳交付中国,并允认中国将来得加入大会议。

日置接阅毕。

总长云:修正案中有除胶澳外一语,因日本政府最初有还付中国之宣言,中国政府重视日本政府之好意,故加入此句。又其他关系句,因有一切等项等字可以包括,故删除之。又让与及权利字样,现均不用。因既拟以胶澳还付中国,自无所谓让与;又权利字样仅适用于租借地内也。又第二项以中国加入大会议,取其遇事有所接洽也。

日置云:此条异日再行讨论,然则对于第三条之意见如何?

总长云:第一条贵公使如果同意,再逐次议及下条。否则,一条未了,又提一条,或因次条意见不合,牵及前条,反于进行有碍。

日置云:总之,按号按条,欲先讯问贵国政府之意见,以后再行逐条商议。

总长云:此应请贵公使见谅,本总长于二十八日到任,二十九日拜外交团,三十日始行视事,时间甚少,未能详加研究。如能再缓一星期,可以全部研究,再行奉告。可否缓至下星期二?

日置云:此事之内容,谅贵总长早已研究,奉本国政府训令,系欲每日开议,惟贵总长到任未久,亦系实在情形,仍盼从速研究,急于进行。

总长云:定可从速研究,以全力期其进行。但能否容一星期?

日置云:第三条无修正案乎?

总长云:现只准备第一条,尚系今日赶备。第三条则尚在预备之中,尚希见谅。

日置云:第四条何如?

总长云:本总长系欲逐条讨论,如贵公使同意第一条之修正案,可往下议。

日置云:对于第二号之大纲意见如何?

总长云:贵公使是否同意逐条讨论?如第二号则有七条之多,尚在研究之中。今日初次会议,即提出一条修正案,欲其从速进行也。贵公使如再容一星期,可对于全体大纲表示意见。

日置云:然则下次会议第一号至第五号之全体可大致讨论乎?

总长云:以本总长观之,以逐条讨论为是。贵公使如必欲就大纲询问,本总长为看重贵公使之意思,未始不可发表意见。

次长云:贵公使是否必欲如此办理?

日置云:最初按各号知其大概,然后逐条讨论。

总长云:本总长尚拟详加研究,但看重贵公使之意思,于下次会议时发表本国政府之意见,亦未始不可。

小幡云:谅陆总长早已有所研究,因自公使谒见大总统后,已有许多时日矣。

日置云:陆总长未到任以前,为总统府之外交顾问,早已有所接洽。且为日已多,谓未研究,殊未可信。

次长云:陆总长系细心研究之人,当日虽为高等顾问,而非当局者,亦不愿以有责任之事,擅自办理。此后总愿急速进行,并非有意延缓。

总长云:下次会议为星期五日,中间仅有两日之暇,前次在顾问期内,虽稍有研究,不负责任,今则处于负完全责任之地位,势非详细研究不可。贵公使如必欲从速,可于星期五日表示大纲之意见。

日置云:今日自三钟起至六钟止之时间,毫未进行,何时了结,殊难悬揣。贵总长如欲详细研究,可否于研究后每日开议?钟点由贵总长自定。

总长云:每日会议,并非反对,部中星期三日为接见外交团之期,此外尚有以电话或信函订期会晤者,且部务亦甚繁杂,每日会议,事实上不能照办,且精力亦颇不及。尚请谅之。

日置云:如今日之议法,未能进行,必增加会议日期,方可速了,否则不能进行。

总长云:第一次会议,彼此互换意见,且讨论大纲,须多费时间。且今日已提出一条,将来二十条自易进行。如此重大之事件,不能无研究之时日,今既提出一条,将来或每次提出修正案亦可。

日置云:此种谈判,一有耽误,恐生妨碍。本国政府亟思从速进行,贵国政府谅亦有所准备,似不至迁延时日。下次会议即定明日如何?

总长云:明日如能办到,亦可开议,但与今日同,不能详细答复。如欲知其详,则于星期五日定可使贵公使满意。然延宕之意断乎无有。

日置云:至星期五日可全行预备乎?

总长云:星期五日可告以大概。

日置云:尚望从速。

总长云:当体察贵公使之意思,极力从速。

日置云:第三次会议日期,可于下次会议时定之。

总长云:曹次长曾经言及,一星期会议两次,可有准备之时日,且多次恐精力不及。

日置云:此视进行之方法如何耳。如今日之议法,则须增加次数。

总长云:速于进行,本总长可表同意。贵公使于下次会议时,对于第一条之修正案能表示同意否?

日置云:候详细闻知大纲之后,再逐条研究。

总长云:贵公使如能帮助,则逐条提出修正案,自易进行。

日置云:星期五日会议可发表全体之意见乎?

总长云:可。

日置云:候知大纲后,对于修正案再行逐条商议。

总长云:今日已提出一条,下次会议贵公使如有答复,自然从速进行。贵公使今必欲知全体大纲之意见,究系何意?

日置云:此系详言,下次会议,如有时间,定可逐条讨论。

总长云:现就第一号各条提出修正案,下次会议时可发表第二号大纲之意见。议第二号条文时,可发表第三号大纲之意见。以下类推。

日置云:先已云于星期五日可发表全体之意见。

总长云:逐条发表意见,于进行有益,否则意见不合,反生阻力。但贵公使必强欲知大纲之意见,亦未尝不可发表。

日置云:仍请勉强发表大纲之意见。

总长云:当告以大概。

日置云:请逐号发表意见。

总长云:此纯为看重贵公使之意思。

日置称谢。

总长云:总可使贵公使满意。

日置云:修正案一纸暂存贵总长处,俟下次会议时再行讨论。

总长云:请带回讨论。

日置云:意思业经了解,且尊重贵总长之意思,于星期五会议。

总长云:仍为尊重贵公使之意思,此修正案请带回研究,务期彼此同心合力讨论此事,如不允带回,殊于本总长之体面有碍。

日置云:尚未同意逐条讨论,不便带回,且意义业已了解。

总长云:此为互换意见,应有磋商之余地,贵公使既允彼此商议,则多带回一张,亦似不妨。

日置云:自然彼此商议,但本政府严重之训令,系欲逐号取贵国政府之同意,现如逐条商议,则与训令有背。

总长云:贵公使所奉训条,既有商量之余地,此修正案系研究之一法,照国际谈判之例观之,断无不收受之理。

日置云:并非不收受,特尚非其时耳。

总长云:当提出修正案时,贵公使并无异议,似已有同意之意,且已详细阅看,现又不肯收受,殊为意想不到。

日置云:先知大纲,俟逐条讨论时,当然收受。又虽经阅过,亦只仅行阅看而已。

总长云:此并非正式交出条文,亦请贵公使先行阅看之意,贵公使必不收受,亦难相强。

日置兴辞而出。

《中日关系史料——二十一条交涉》(上),第 10—19 页

## 中日"二十一条"交涉第二次会议问答
### 1915 年 2 月 5 日

日置云:前日曾派高尾参赞向曹次长面陈一切,此项谈判务请极力从速进行。

总长云:已由曹次长提及。此事在我一方面,并非不力求进行,或系贵公使有所误会,第一次会议时,本系议定手续,互换意见,故须稍费时间。然第一条之修正案业经提出,是已有进行之效果。贵公使以为不进行,殊觉可惜。

日置云:今日先有一言,本月二日之会议情形似已漏泄。昨有外国访员面晤小幡参赞,所谈各节,与会议情形大致相同,又本月四日上海某外国报纸有北京通信一段,云上月十八日本公使谒见大总统,备载当日所谈之事实。查本公使谒见大总统时,仅有曹次长一人在座,又本月二日之会议,列席者仅此数人,何以访员均知此中之消息,殊堪诧异。此次交涉事件,彼此均应保守秘密,业经面告大总统及孙总长。且按国际交涉之例,亦必系议定之件始克发表,今则业已漏泄,殊不可解。

总长云:严守秘密一节,原为彼此约定。当日贵公使谒见大总统时,仅有曹次长在座,二日会议,又仅此数人,断无漏泄之理。今贵公使既经提及,当再格外注意,但贵公使谒见大总统后,十九日之《顺天时报》即载有贵公使向大总统谈论重要案件之语。据本总长观之,恐均系推测之辞。

日置云:推测之辞,固亦不少,但亦有与事实相合者。且二日之会议,据外国访员所述,似非阅见会议录不能如此之详者。又上海某外国

报纸,系按照当日面谈之次序登载,与《顺天时报》所载笼统之语不同也。此事原可不提,惟系贵总长责任所关,故不得不请严重取缔。

总长云:务必注意。

日置云:第一次会议时,贵国政府对于第一号第一款及第二款之意见,业经理会。今日请自第三款起至第五号之末款,详示贵国政府大纲之意见。

总长云:前次所以主张逐条讨论者,系因会议一日有一日之效果,讨论一条有一条之效果,贵公使必欲询知大纲之意见,不知何所用意。前次小村大使与中国全权大臣会议时,即系逐条讨论,并未先问大纲。但贵公使既奉有训条,本总长看重贵公使之意思及贵国政府之训条,可说述大概之意见。但所云第一号第一款第二款之意见,业经理会,究系何意?

日置云:谓此二款已询知贵国政府之意见也。

总长云:然则仍欲逐条说明乎?

日置云:请逐条说明大纲。

总长云:可以照办。但须预为声明者,中国政府于讨论细节时,逐条尚有意见提出。

日置云:另行提出修正案乎?

总长云:前次贵公使曾云尚未能逐条讨论,请先说明大纲,今日将大纲意见说明,将来对于各条讨论之时,中国政府拟每条提出一修正案。

日置云:系就全部提出修正案乎?

次长云:发表大纲后详细讨论各条之时,按条提出修正案。

小幡云:全部之修正案非同时提出乎?

次长云:议及一条,提出一条。

日置云:以全部修正案同时提出为宜。当日小村大使议约之时,中国政府亦系对于全部提出修正案,盖必如此,而后双方可以讨论,何者同意,何者不同意,再行商议也。

总长云：仍以议及一条提出一条为宜。

小幡云：请先发表全体之意见。

总长云：逐条讨论可以同意乎？

日置云：俟闻知大纲之后，必有便宜之方法。

总长云：第一号之第一款及第二款业经说明，兹就第三款言之。由烟台或龙口建造铁路之事，可以商议，但中国政府尚有意见，且中国与德国关于烟潍铁路事，曾有成议在先，必与此项成议不相抵触，始可商办。今特预为声明。

日置云：中德之成议云何？

总长云：建造烟潍铁路如借用外国资本之时，须先向德国商议。第四款亦可商议，但中国政府亦另有意见。此时尚有急欲言明者，第一号之第二款，前次业经提议，因中国绝不愿以自己之土地或岛屿让与或租与他国，故将此款删除。惟对于此款，中国政府拟另行提出一款以补之。

日置云：将第一号之第二款删去，贵国政府补行提出一款乎？

总长云：诚然。

次长云：与原来之意思不同。

总长云：贵公使所云第一号第二号系订定条约，第三号第四号系互换文件，第五号系劝告之意，然乎？

日置云：诚然。但第五号虽系劝告，亦必形之文书。

总长云：总之有三种形式，曰条约，曰互换文件，曰劝告。

日置云：然。但第五号之劝告事件，贵国政府果能即时办理，自无用文书之必要。如将来再行举办，则应有形式上之凭证。

总长云：次及第二号之条款。自本国政府观之，日本人民之在南满洲，已显有特别情形，似无须订定条约，但贵国政府既经提出条件，本国政府看重贵国政府之意思，为两国亲善起见，手无可设法之中可酌筹办法。

日置云：谓日人在南满洲已有特别地位，无法再行订约乎？

次长云：本系无可设法，惟特别看重贵国政府之意思，故可酌筹相当之办法。

总长云：第二号之第一款为延长租借地期限事，本国政府多年以来受租借地之影响甚大，方冀期限一满，即行修改此项条约，不再租借于外国。此贵国政府所深知者。今竟提出此项条件，本国政府仍为重视贵国政府之意思，可与磋商，但原约之期限系二十五年，又安奉铁路系十五年，南满铁路系三十六年，期限全然不同，将来讨论之时，尚当彼此细商。第二款，东部内蒙古因与南满洲毫无关系，拟提出另议。所云盖造商工业应用之房厂或为耕作云云，范围太大，又欲得土地之租借权及所有权，此与中国与贵国及中国与他国之条约不能无所抵触，因条约中除商埠外系不允杂居者；如能免除此种条约上之抵触，未尝不可商议。

日置云：以东部内蒙古与南满洲无关，全然删除乎？

次长云：因东部内蒙古系别一问题，可另行提议。

日置云：谓非全然删除可以另商乎？

总长云：可以另商。

日置云：商议东部内蒙古之事时，仍系与南满洲同一之条件乎？

次长云：非也。另行提出条件商议。

小幡云：适言南满洲之事恐与他国之条约抵触，然则关于南满洲之事项，中国亦曾与他国订约乎？

次长云：非与他国订有关系南满洲之约，因普通条约中有通商埠外不准杂居之语故也。

小幡云：南满洲亦许他外国人杂居，顾不可乎？

次长云：此或为一种之方法。

日置云：关系南满洲之条约不允订定乎？

次长云：但与他之条约不相抵触，则可。

总长云：第三款删除东部内蒙古。本国政府对于此款之意见，与第二款略同。任便居住往来，即系内地杂居，此与条约大有关系。本国政府期于收回领事裁判权后，实行内地杂居之制，贵国昔年曾亦如此。盖轻许日人任便居住往来,或恐他之外国人起而效尤。此款俟研究与条约不相抵触,再行商议。

日置云:欲将东部内蒙古提出另议,果系何意?

总长云:南满洲之关系,系日俄战争之结果,当日条约本不包括东部内蒙古在内,今贵国必欲注意于此,故只可提出另议。

次长云:南满洲与东部内蒙古相提并论,似觉不伦,故将贵国政府所提条件删去,由中国政府另行提出。

小幡云:仍另行提议居住权等事乎?

次长云:非也。所提事实,迥乎不同,否则何必另议。

总长云:第四款仍除东部内蒙古外,可与商议,但各矿之开采权许与日本臣民,与机会均等主义是否抵触,尚须研究。

日置云:如无抵触,可以商议乎?

总长云:尚有意见,拟提出修正案。第五款,将东部内蒙古删除外,亦可商议,但第二项谓各项税课,范围太广,本国政府另有意见,且本国之盐税业经作抵。

次长云:海关税亦已作抵。

总长云:第六款,仍除东部内蒙古外可与商议。第七款,谓以吉长铁路管理经营事宜委托贵国政府。查吉长铁路原系借用贵国之款所建造者,将来各项事业再向日本借款之事必多,若因该路系借日本之款,而不数年间,即以全路之管理权归之日本,恐于此后两国经济合办事业致有影响,中国资本家商人必皆闻而生畏,不敢再向日本借款矣。故为贵国政府设想,此款为不利益之举。以上第一号第二号之意见,即贵公使所谓订立条约之部分,大致业经发表矣。对于互换文件之事,亦须发表意见乎?

日置云:仍请发表。

总长云:订立条约部分,最为重要,业经发表,互换文件之事,似可不必重视,然为尊重贵公使之意思,仍可发表。

日置云:请全体发表。

总长云:第三号汉冶萍公司事,该公司系商业之性质,外国政府对于商业公司均思设法保护,今中国政府不惟不保护之,而反以之与外国订约,殊觉为难。且现在即定与贵国订约,日后商民若起反对,反无以对贵国政府,此节应请贵公使体察之。

日置云:贵总长所云系第三号之全部乎?

总长云:系全部。

日置云:如贵国政府为难,可提出修正案。

总长云:碍难商议。本国政府对于汉冶萍公司已有种种为难情形,且该公司已借有日本之款,无订约之必要。

小幡云:然则作政府收回该公司意解释乎?

次长云:虽不以此意解释,而政府先与他国订约合办,恐非商人所愿。

小幡云:系俟将来有相当机会再行合办。

次长云:虽系将来合办,而先以政府之势力干涉之,商人能否愿意,殊不可必。

日置云:此事有无他法可以商议?

总长云:无一定之把握。

日置云:如商人乐于举办,贵国政府于合办之主义不反对乎?

总长云:第一款中有云,如未经日本政府之同意,所有属于该公司一切权利产业不得任意处分,是与普通之公司性质不同。

日置云:中国政府所谓困难者,系指实行而言,于主义不反对乎?

次长云:商人是否愿意,不能断定。

小幡云:绝对绝对无磋商之余地乎?

总长云:政府与政府之间先订此约,殊不甚妥。

日置云:将来商人与商人之间,如果愿意合办,贵国政府当不至不许。

总长云:将来如果有此事实,但与普通公司性质不相违背,政府不至不许,不过政府不能预定耳。

日置云：贵国政府于主义上，应无反对。

次长云：此为商人之产业，政府不能预定。

总长云：第四号，本国政府碍难允商，因独立国绝无以沿岸港湾及岛屿让与他国之理，此节不便与他国约定。第五号，贵公使谓系劝告，仍须发表意见乎？

日置云：仍请发表。

总长云：第五号中于本国主权有关系之事件甚多，不能商议，如聘请顾问置办军火之类，中国政府本可自行斟酌办理。第一次会议时业经谈及，现如郑永昌为盐务顾问，郑永邦为咨议，中国政府遇有必要之时，未尝不聘请顾问，但无受外国强迫之理。所幸此次贵国政府系劝告之意，如能取消，最为希望。

日置云：请逐条发表意见。

总长云：第二条土地所有权，为中国之领土关系。第三条警察权，系一种之行政权，为中国之内政关系。第四条军械，为一国重要之物，且事实上中国距贵国最近，将来必须购买之时，如果价廉物美，自然向贵国采办。第五条铁路事，多系借款办理，无以建造权许与外国之理。第六条军港船厂，关系最大。第七条布教之事，民国以来人民有信教之自由，贵国教士来华布教，自亦欢迎。然无规定之必要。

日置云：所云教士，是否指日本僧侣而言？

次长云：系专指僧侣而言。

日置云：美国法国传教士可随意前往中国内地传教，日本僧侣亦何独不可？

总长云：此节应请贵公使见谅，因从前教案最为繁多，青岛租借之事，即系因教案而起，言之最为痛心。中国前以传教之事订入条约之中，亦系为外国所强迫，不得已而为之。现因教案过多，明白大势，不愿再以此事订之约中，且希望改正前之条约。贵国从前亦曾受传教之影响，谅已鉴及。贵国与我国同一佛教，自无反对之意，惟不欲订入约中耳。现在虽无成约，日本僧侣亦未尝无来华传教之事实。且中国与贵国之间,向无教案之交涉,是为一大幸事。教徒彼此互换学问,未始不可,若必欲订入约中,则因之生出教案交涉,是反多事矣。故认为不必要。

日置云:中国约法有信教之自由,即可不必订约,是何用意?

总长云:当日外国均强使我国国民信彼之教,因中国人民无信教之自由也。今已信教自由,自不必强之使然。

日置云:拟自第五号之第一条起,再行询问一次,请详细见示。

总长云:第一条聘请顾问之事,中国政府拟自行斟酌办理,不必订约,即于必要之时随意聘请,如聘请有贺博士为顾问之类。

日置云:第二条土地所有权之事,贵国政府之意如何?

总长云:此为中国领土权之关系,难以商议。但虽无成文之规定,而事实上学校病院等已有永租办法,如大和俱乐部小学校及同仁医院等,即系如此办理。

小幡云:此指北京而言,北京以外全国亦如是认定乎?

次长云:不能谓全国均如此认定。

日置云:第三条警察之事如何?

总长云:警察为中国之行政权,碍难允议。凡一国之警察权,可被外国干涉,惟南非洲摩罗哥一国,他国无有也。

日置云:此条所以提出者,因满洲地方常有两国人民冲突之事,故请于日本关系最深之地方,聘用日本警察,并无他意。

总长云:有筹划改良中国警察机关之语。

次长云:此条文字甚晦,易误认为全国警察。

日置云:字义不甚明了,是以误作全国。

总长云:非全国之警察乎?

日置云:非也。必要二字,系指满洲而言。

总长云:此条易于误会。

日置云:第四条军械事,分为二种,一由日本采办军械;一在中国设立军械厂,聘用日本技师,并采买日本材料。对于此二者之意见如何?

总长云：此二者均难商议。

日置云：第五条铁路之建造权，碍难商议，建造权以外之办法，是否可以商议？

总长云：此条碍难商议。一因日本一国欲有中国数省之铁路建造权；一因中国曾与他国订有成约，不无冲突之虞。盖有两种之困难也。

日置云：建造权如改为借款修造，似与其他外国无甚关系。

总长云：借款修造，固无不可，但既与外国有约，路线不无冲突，仍难允议。

日置云：第六条谓范围甚广，究系何意？

总长云：路矿海口船厂均包括在内，贵国如此，各国亦起而效尤，其将何以应付？

日置云：然则第五号之全部不能商议乎？

总长云：全部不能商议。今第五号之大意，业经遵照贵公使之意思，详细告知。贵国政府所注意者，系订立条约一部分之事，本国政府对于条约一部分之事，提出意见，愿与商议。现拟逐条讨论，以期进行。

日置云：今日承告大纲之意见，甚为明了，如有修正案请即提出。

总长云：拟按条提出修正案，前所准备之一条，请带回研究。

日置云：请将全部之修正案同时提出。

总长云：全部提出，甚费时日，因有条约之关系，不能详细研究也。

日置云：非全部提出，无从比较研究。

总长云：今以实在情形告之，第一号之各款修正案，现始备齐，无已，可先将第一号提出。

日置云：谈判一事，非考察其全部，不易知其何者可以让步，何者不可让步，仍请同时提出全部之修正案。

总长云：若然，则请容我时日。

日使要求即速提出，嗣经斟酌再四，定于下星期二日提出，如赶办不及，即于下星期三日午二钟以前送往该馆。日使兴辞而去。

## 中国第一次修正案

1915 年 2 月 9 日—12 日

外交部约定于二月九日提出第一次修正案,其初稿如次:

第一号:

中国政府及日本国政府互愿维持东亚全局之和平,并期将现存两国友好善邻之关系益加巩固,兹议定条款如下:

第一款　中国政府声明,日后日德两国政府彼此协定关于德国在山东省内依据条约及成案办法,除胶澳租借地外,对于中国政府所享之一切利益等项处分,届时概行承认。

日本国政府声明,中国政府承认前项利益时,日本应将胶澳交还中国,并承认日后日德两国政府上项协商之时,中国政府有权加入会议。

第二款　此次日本用兵胶澳所生各项损失之赔偿,日本政府允担任。胶澳内之关税电报邮政等各事,在胶澳交还中国以前,应暂照向来办法办理。其因用兵添设之军用铁路电线等,即行撤废。胶澳旧有租界以外留余日本军队先行撤回,胶澳交还中国时,所有租界内留兵一律撤回。

第三款　中国政府允准自行建造由烟台或龙口接连胶济路之铁路,如须借用外款,德国愿抛弃烟潍路借款权之时,可先尽日本资本家商议。

第四款　中国政府允诺为外人通商起见,将山东省内自择合宜地方,开作商埠,所有开埠章程应由中国自定。

第二号:

中国政府及日本国政府为发展彼此在南满洲之经济关系起见,议定条款如下:

第一款　中国政府允旅顺大连租借期满后再展二十五年。南满铁路全路退还中国期限,连原约算展至五十年。余均照中日原约办理。

第二款　中国政府允将日本经管安奉铁路期满时,可商议展限办结。其余各节,仍照中日会议东三省事宜附约之第六款,继续实行。

第三款　中国政府允于现在东三省已开商埠外,再行酌定地点,自行开埠通商,划定界线,准日本及各国商民任便居住贸易,并经营商工业等各项生意,并准日本及各国商民为盖造商工业应用之房厂,向业主公平商租地基,惟须一律完纳各项税捐。

第四款　于本协约签字之日起,一年以内,如日本资本家愿在东三省南部办矿,除业已探勘或开采各矿外,中国政府允许给予该资本团以该处勘矿之特权,以一年为限。所勘之矿,准其选择半数,按照中国矿务条例,实行开采。其余各矿,仍由中国自行处置。

第五款　中国政府声明,嗣后在南满洲需造铁路,由中国自行筹款建造,如需外款,中国政府允诺先向日本国资本家商借。

中国政府声明,嗣后东三省地方官如有以关税盐税以外之税课作抵商借外款之事,中国政府不能允准。

第六款　中国政府声明,嗣后如在南满洲聘用政治财政军事外国各顾问,尽先聘用日本人。

第七款　从前中日东三省条约,除此次另有规定外,仍旧实行。(参照历次议案比较表及驻日使馆档案)

据此修正案,是日本原案之三四五号均置不议,一号第二款及二号第七款亦删除。二月八日日使奉政府训令,至外部声称:"中国对于日本国提案仅允一二号修正与商,余三号完全拒绝,日本政府颇不满意,希望中国政府再加考量,改变宗旨,再行开议。"是日本以不开议为要挟也。外交部因再让步,允将旅顺大连南满铁路展期九十九年,三、四两号亦允酌议。其增加修正案如次:

第二号第一款　中国政府允将旅顺大连租借期限展至九十九年,至民国八十六年即西历一九九七年为满期,南满铁路全路退还中国期限再展至九十九年,至民国九十年即西历二千〇一年为满期,余均照中日原约办理。

第三号改换文:

查汉冶萍公司系中国商办公司,按照中国法律,原有保全财产营业管理之权,政府未与该公司商定,不便径自代为处置。惟该公司将来如遇有机会,就现有事业,愿与日本国商人商订合意之办法,与本国法律不相违背,中国政府届时自可允准。

第四号由中国政府自行宣言,无修正案。

第五号碍难商议。(参照历次议案比较表及驻日使馆档案)

复经数度接洽,二月十二日日置益始将一、二、三号修正案收下,转达东京。

《六十年来中国与日本》第六卷,第 108—110 页

## 中日"二十一条"交涉第三次会议问答
### 1915 年 2 月 22 日

日置云:今日于开议以前有一言特先奉告。准本国外务大臣来电,以此次谈判,彼此约守秘密,今已漏泄于外,兹将来电大意令高尾参赞译告之。

高尾云:来电内开,所有此次交涉内容,多已宣传内外报纸,曾告知贵公使注意。近查欧美各报,复将日本提出条件登载,应由贵公使速询中国当局,是否由中国当局故意泄漏。盖此次条件及交涉内容,若传播于外,则中日两政府均不便让步。恐彼此意见不合,交涉难期圆满,难保谈判不因之决裂。且交涉不能进行,非日本政府之所愿,应请中国政府查酌情形办理等语。

日置云:此节应请贵国政府注意。

总长云:此次交涉彼此严守秘密,为本国政府之所注意。外国报纸不知从何处得来消息,殊堪诧异。中国报纸已函请内务部严重取缔。盖报纸所载多有过分之言论,贵国政府即不注重,本政府亦已取缔。今贵公使既接奉训令,当再为严重注意。

日置云:贵总长所云外国报纸,系北京之外国报乎?

总长云:贵国政府来电有内外报纸之语,内国报纸业已严重取缔,至外国报纸系何处所漏载,则非所知也。曾阅英国报载,英国外务大臣

在议院演说,谓日本政府已将条件通知彼国云云,此事确否?

日置云:据本公使观之,必无通告之事,纵令有通告,英政府亦不至以此项通告宣布于报纸。现外国报纸所载,均云北京通信,故不能不请贵国注意。

总长云:可怪。

日置云:英文《北京日报》及北京《京报》,系在中国政府注册之报纸乎?

总长云:知之不详。

日置云:此两报馆之主笔,一为朱淇,一为陈姓,均系贵国人。外间咸谓与外交部有密接之关系。他国公使曾向外交部询问,本公使亦向曹次长提及数次。此两报究竟曾否注册,请询问内务部见告。

总长云:《北京日报》现系朱淇自办,其以前如何情形不得而知。至《京报》则更不知其详矣。

日置云:此两报登载交涉内容甚详,如云第一次会议时,中国政府允让两条,嗣外交部辩明未让两条云云。如此详悉,似与贵部有密切之关系。且此两报一经登载,其他之汉文报纸即转而译载之,于是宣传于外,此又不能不认为可疑者也。

总长云:本部与此二报纸绝无关系,本总长向不愿与报馆商办事件,在俄国时即主张此说。

日置云:此两报究否贵国人所办之报,请查明见示。

总长云:容再详查。

日置云:今日之言论界,极为乱暴。自本国政府观之,似贵国政府未经取缔,且或利用报纸以助交涉之进步。贵国政府向以政府之势力取缔报纸,并颁有严重之报律,今若任其随意言论,恐将生出枝节,于两国邦交及此次谈判均有不利。故谈判万一决裂,皆系贵国政府不取缔报纸之故。甚望严加约束,俾交涉得以圆满进行。

总长云:中日两国报纸均有随意言论之时,在本国报纸一方面,本部已两次通知内务部矣。

日置云:贵国政府向以势力取缔报纸,甚望交涉进行以后,贵国不再以舆论嚣张不得让步为言,盖事前如有约束,自无反对之论。

总长云:本政府必为注意。但今日之时代,言论自由,与前清时代不同,为贵公使之所深知。且贵国报纸往往有不正当之言论,甚至有诋毁大总统之时,中国报纸见有此种记载,即辗转译登,互相争论,此亦不能免之事。又报纸责难政府,为各国之通例,其与政府意见不合,即以反动力攻击政府。以局外测度局内,大抵如是。然本国政府绝无利用报纸之事,应请贵国政府谅察。

日置云:日本情形与中国情形不同,几无新闻条例之可言,故约束报纸,本国政府之当局者不能十分办到。且报纸随意言论,非无原因。自中国第一次革命以后,革命之思想传播于日本,在日本之中国革命党,亦常借日本报纸发表意见。然对于诋毁大总统一事,已由本公使电达本国政府,现已得有复电,禁止登载矣。总之,日本报纸随意登载,一因无新闻条例取缔之实力,一因有种种之原因也。然对于此次谈判,舆论极为平稳。其全国报纸所以不登载者,并非遵照律例之结果,系国民自相约束,全国一致希望圆满了结也。今日因提及本国报纸,故特说明之。

总长云:承告禁止登载诋毁大总统一事,甚为感谢。本国报纸一方面固自当尽力注意,但情形与前清不同耳。

日置云:日来因第五号商议不商议之问题,谈判中止。昨经曹次长说明一切,业已了解,但并非同意将第五号撤回。今于开议以前,先将本国政府不让第五号之意声明。在贵国政府始终要求撤回,今若再行讨论能让与否,势必交涉不能进行。且第二次会议时,贵总长发表之意见,尚不能十分了解,本国政府亦有提出第五号之理由,容俟异日讨论。今日可先逐条商议,惟声明第五号不能让步。

总长云:本国政府并非要求撤回第五号,特请贵国政府体谅本国政府为难情形,彼此让步而已。

小幡云:既不允议,复不要求撤回,其何以解?

次长云：不要求撤回与相让不议，其结果一也。

日置云：第一号之首段总纲，彼此同意，不加修正。其第一条之修正案所云除德租胶澳专条第一段外，是何用意？

总长云：此系租借地之问题。

日置云：除胶澳租地外，则是胶州湾尚为德国之租地乎？

总长云：此于第二项订明，言将胶州湾交还中国也。

日置云：第二项所云承认前项利益时交还中国云云，必须先交付日本，然后能交还中国。如第一项将胶澳除外，则不归日本之所有，何能交还中国？

总长云：因贵国政府有交还青岛之宣言，本国政府尊重贵国政府之宣言，故有除胶澳外之语。但此系将来之事，必中国政府承认前项之利益始能办理。

日置云：必将租借地归日本，始能言交还中国。将来日本与德国商议时，若有除胶澳外一语，则胶澳仍为德有矣。

总长云：贵国政府与德国协定之后，始能交还中国，亦系预约之意。因贵国政府将来必定交还中国，故有此语。

日置云：权利不完全，不能言交还，胶澳自德国租地而归为日本租地，然后交还中国，是为当然之事。

总长云：修正案有此一语，系根据贵国政府之宣言，将来一面日德协定归为日本租地，一面由中国承认日本之利益，同时即交还中国也。

日置云：日德协定虽归日本，若贵国政府不承认，不能有效。山东之各项利益亦然。故非预先承认，则不能完全归日本，即不能由日本还中国。且贵国承认此节，于交还并无妨碍，并有理由可以交还。若如贵总长所主张，则日德可自行协定，勿庸中国承认也。

总长云：贵公使视第二项如何？

日置云：原案有关于山东省一语，贵国政府之修正案则云山东省内，是仅以山东为限矣。查德国之敷设铁路权，系延长至山东省外，故应仍照原案规定。

总长云：贵公使之意，系去一内字，去否无甚区别。

日置云：因有二条铁路延长不止山东省内。

总长云：铁路事将来如何商议，不得而知。

日置云：自视与德国商议之结果如何。

总长云：按中德条约有铁路二条，一由胶州至济南，一由胶州至沂州，其第二条之铁路业经取消。

日置云：其铁路延长之权利如何？

总长云：按约仅有二条铁路。

日置云：非专按条约，尚有成案办法。

总长云：根据条约而生之办法，谓之成案办法，其与商人借款修造之事，不在其内。

次长云：所谓成案办法者，如胶济铁路章程之类是也。

日置云：原文系依据条约及其他关系习惯亦在内，不止成案办法也。

总长云：习惯在内，关系甚大。但只能言与德国向来所有之关系，非日兵到青岛后所生之习惯也。

日置云：自系与德国向来所有之习惯。

总长云：如此则仍不外根据中德之条约。

日置云：关于山东省内德国究有何种权利利益？

总长云：均载在租借条约之内。

日置云：租借条约无询问之必要，现所问者，为订立该约以后有无改增或协定节略，如烟潍铁路借款等事。

总长云：借款造路等事，均系商家之事，贵国政府所问者应为政府与政府间之事。

日置云：以租借条约为基础，其因条约发生之习惯及成案办法，均欲知其详。

总长云：所谓成案者，如矿务章程、铁路章程之类，其胶济铁路归中国巡警守护，是为一种办法。

日置云：适言铁路事将来如何商议不得而知，本国政府拟无论官设铁路、私设铁路，凡系德国所修之铁路，均欲接收。其情形与当日之俄国铁路不同。

总长云：将来日本与德国交涉，德国或须争论何者为官设，何者为私设。然中国政府不问如何协定，只为承认而已。当日日俄交涉亦然，中国政府不能交出，只能承认。

日置云：德国政府意见与中国政府意见是否相同，固不得知，今请先言其习惯。

总长云：习惯为地方之事，不能尽知。

日置云：请举其所知者见告，因借款修造之路亦颇闻知也。

总长云：按约只有二条铁路，一胶济铁路，早已修竣；一胶沂铁路，业经取消。若言及借款修造之路，则津浦铁路亦系借款修造，范围太广。

日置云：日德协商系协定一切之利益，如有借款铁路，当然包括在内。

次长云：胶济铁路之外，借款铁路有二：一自高密至徐州，一自济南至顺德或彰德。本国政府对于此事有两种意见：一、如牵及借款铁路，则津浦铁路亦系德人之利益，将亦包括在内，范围太大。二、中国政府仅承认政府与政府间之利益，不能加入政府与商人间之利益。

日置云：必德国政府允许日本政府之后，中国政府始行承认，如德国不允，自亦无法。

小幡云：关于取消胶沂铁路及借款铁路等照会节略，均请见示，因订立东三省条约时，亦曾以各项文件见示，否则交涉不易进行。

总长云：日俄战争后之协约，所有关系文件系由俄国送往，中国政府只为承认而已。

日置云：以人所共知之件见示，亦无不可。今先请逐条讨论。第一号之第一条，拟请照原案同意。

总长云：第一条之第二项如何。

日置云:第二项随后再议。

总长云:第一项与第二项有密切之关系。

日置云:第二项末段有权加入会议一节,欧洲各国必不承认,因非交战国不能与会也。

总长云:此次战事,与日俄战事不同,凡有间接关系之国,似均可加入会议。故若有贵国一言介绍,当无不可加入。

日置云:此次会议讲和,英法俄三国已有协约,一同与德国商议,此贵总长所深知者。日本则根据日英同盟条约之第二条加入。其他之国虽有间接关系,恐不能加入此次会议。

总长云:比利时能否加入?

日置云:能否加入不得而知。

总长云:此次如有间接关系之国可以加入,甚望贵国政府介绍,俾中国得以与议。

日置云:非战斗之国不能加入。

总长云:比利时系战斗之国。

日置云:比利时战斗甚烈,或者可以加入。

总长云:中国非必须加入会议,万一有他之中立国加入,中国亦愿加入,贵国能赞成否?

日置云:中国无加入之望,甚为明了,纵令日本可以介绍,订入此次条约之中,亦不相宜,况非交战国绝不能加入也。

总长云:将来战事完毕,必有大会,从历史上观之,当日柏林会议、维也纳会议,凡间接关系之国均可加入。此次战事牵动全欧,或亦令间接关系国加入,亦未可知。第二项末段之语,不过请贵国介绍而已。

日置云:贵总长之研究历史及外交上之阅历,甚为感佩,但万国邮便条约、万国电信条约之类,或者由他国介绍可以加入会议。此次系何等重大之问题,以无关系之国加入,必办不到。以必办不到之事订立条约,似为失当。

总长云:中国并非全无关系,青岛战事在中国领土之内,中国为地主之关系也。

日置云：诚然，但交战之结果如何收拾，系交战国之事，未有非交战国而可收拾交战之结果者。

总长云：日俄媾和后，日本曾派大使来中国相商，请中国政府承认。此次贵国政府之办法不同，欲先订一预约；中国要求加入会议，亦系预约之意，可省去将来再行承认之手续。是希望当场承认，非收拾交战之结果也。

日置云：日德协商之后，自应由本国政府通告贵国政府，协商时无须加入。

总长云：当场接洽，即可省通告之手续，中国政府但求知协商之情形而已。

日置云：协商之结果，自由日德两国政府同时通知。

总长云：因贵国政府欲订预约，故加入此语，贵公使虽云无加入之必要，万一将来有加入之机会，谅贵国政府必不反对。

日置云：此次会议大约系各国合为一体，对待德、奥，并非日本与德国单独谈判，各国悉不愿以非交战国之代表加入会议，与之以发言权。今贵国有此希望，故不能不明告之。

总长云：万一有加入之机会，贵国必当赞成。

日置云：如有机会，日本政府或不反对，但以明明不可能之事载之约章，殊为不宜。贵国政府今既有此希望，可以达知本国政府。

总长云：如各国看重贵国政府之介绍，自可达此希望。

日置云：无望之事不能介绍，故预先商定，碍难同意。

总长云：以此语订入约中，贵公使以为不便，然则第二项中除此一语外，余均可同意乎？

日置云：以胶澳交还中国之事，随后再议。

总长云：第二项之全部均反对乎？

日置云：并非不同意，拟于商议他条之后，再行讨论。

总长云：第一号至第四号商议后再讨论乎？

日置云:本国政府提出条件全体商议之后。

总长云:第二项与第一项有关系,不能不预先商定。

日置云:现在即讨论交还与否之问题,多有不便,应俟此次谈判之结果再行斟酌。

总长云:本系预约,不过秘密之一语而已,以最重要之根本胶澳问题漠然不提,殊嫌未妥。中立国与交战国预约,本多不便,尽可不必宣布。

日置云:以预约秘而不宣,可以同意。

总长云:若以此约宣布于外人,将谓中国有不中立之举动。

日置云:然则,作为秘密乎?

总长云:如以交还胶澳之语不便宣布,可作密约。

日置云:现在讨论胶澳问题,诸多不便,仍请缓议。

总长云:加入此语,系根据贵国政府之宣言。日俄协商,本系事后要求承认,今贵国政府主张预约,故亦预请说明此语。

日置云:并非不允加入,系随后再行商议,非即云同意或不同意也。今拟将第一款按照原案同意,其第二项暂行缓议。

总长云:修正案与原案并无何等出入,不过改其他关系为成案办法而已。

日置云:修正案与原案相差甚远,如除胶澳外一语,及山东省内之内字,与成案办法字样,皆有莫大之关系也。

总长云:第二项如能同意可允删去第一项除胶澳外一语,否则仍须存留。

日置云:除胶澳外一语,最有关系,因胶澳问题中国必预先承认,始能归日本与德国交涉也。

总长云:第二项以后再议,与现时即议无甚区别。

日置云:此纯为便宜上之问题,现在不便即议,系本公使自己之意思。

总长云:贵公使于主义不反对,早晚总须商议。

日置云：无反对之意思，俟将全条讨论后，再行商议。

总长云：指第一号之全条而言乎？

日置云：于全案终了之后。

总长云：第一号系山东问题，正便于商议胶澳之事，以后则非山东问题矣。

日置云：拟视全部谈判之结果，再行彼此协议，请贵总长同意。

次长云：第二款与第一款有关系，贵公使之意见如何？

小幡云：原案之第二款乎？

次长云：修正案之第二款。

日置云：修正案之第二款，本国政府不能同意，拟删除之，今说明删除之理由：赔偿事，在日俄战争时并未赔偿，此节至为抱歉，不能允认。税关邮便电信事宜，但与军政无碍，可照向来办法办理。轻便铁道现已逐渐撤退，军用电线将来可撤，不能即时撤退。山东铁道守备兵一节，政府训令并未提及。

总长云：租借地以外残留之兵队，而非铁道之守备队，如何办理？

日置云：租借地以外之兵队，仅系铁道之守备兵及保护电线之兵。

总长云：贵国此次用兵胶澳，本国要求赔偿之理由，因情形不同，贵国政府提出条件，除山东问题外，又牵及南满问题，条件甚严，不应援日俄战争之例。自本国政府划出战区为好意之中立，人民异常痛苦，日兵之在山东烧屋杀人，屡见不鲜，贵国政府既欲巩固两国之亲善，对于人民之损失予以赔偿，亦足联络国民之感情。

日置云：主义甚为明了，但难同意。

总长云：此款所载与贵公使之言相差有限。

日置云：此有一时实行者，有陆续实行者，不必订之预约之中，可另以他种形式办理。

总长云：另行办理，系如何办法？

日置云：交换文件亦可。

总长云：赔偿一事，关于胶济铁路之损失，德国要求赔偿之时，中国为中立国不能赔偿。

日置云：日德商定以后，德国无再向中国要求赔偿之理。

次长云：德国业经照会本部，谓自攻击青岛之日起，至交还青岛之日止，所有该铁路公司每日之损失及费用，将来均须要求。并云该铁路公司业已经由驻日美国大使，要求日本政府。

日置云：该公司双方要求，欲得两重之赔偿乎？

小幡云：要求之数若干？

次长云：除各项损失外，每日费用约五千数百元。

日置云：请将要求清单见示，可乎？

次长云：可。

总长云：贵公使对于第一款之第二项主张缓议，对于主义上表示同意否？

日置云：讨论之时再行奉告，此时不便言明。

总长云：此次谈判本系互换意见，本总长曾自第一号至第五号发表意见，贵公使顾不可先发表意见乎？

日置云：然则贵总长不同意随后商议之语？

总长云：如将第一项除胶澳外之语删去，则应留第二项。

日置云：现在非留第二项或不留之问题，不便详细讨论，请同意随后商议。

总长云：现正讨论山东问题，必欲以第二项俟之后日再议，理由不甚明了。

日置云：自不明了，但尚不便说明。

总长云：似不妨说明理由。

日置云：现在不便。

总长云：正议山东问题，似无不便。

日置云：将第一款之第二项搁置，今日将第一号议定可乎？

总长云：第一款之第一项、第二项，均与第二款有关系，未便搁置。且第一项、第二项为一事，仍请贵公使让步，去其不便，提早商议。

日置云：初次逐条开议，即先讨论不便之问题，殊觉为难。今日可言明将来必定与商。

总长云：提出修正案时，第一项与第二项系同时提出，不便将第二项缓议。第二项之有权字样或不妥，然交还胶澳事，本国政府视之最为重要。

日置云：贵总长能设法缓议乎？

总长云：请贵公使设法。

日置云：然则以第一款之全部全行缓议可乎？

总长云：可。

次长云：系将原案及修正案均随后商议乎？

日置云：然。

小幡云：次及第二款，应将修正案之原款撤回，另立文件。

次长云：损害赔偿案之事如何？

日置云：赔偿事删去。

总长云：以交换文件之办法办理乎？

日置云：然。请贵总长同意。

总长云：即照修正案第二款之写法。

日置云：此款有不便之点，仍与第一款一律随后商议。

次长云：所云随后商议，系于何时商议，俟第一号议了后商议乎？

总长云：第一号之第四款议了后，当可商议。

日置云：非全案议了，不便商议。

总长云：如此则第一号虽议了，亦不完备。

日置云：将来意见相合，自然完备。

总长云：第三款如何？

小幡云：应议原案之第二款。

日置云：此款即不订入条约，亦应以他之方法行之。

总长云：此款与第四号同，范围较小。第四号既拟自行宣言，当然包括在内。

日置云：本国政府以其为山东省之事，极有关系，虽不必订约，亦应言明。

总长云：是何用意？

日置云：第一次会议时贵总长曾云，中国政府不以自己之领土让与或租与他国，即请以此意写明文件，可不必订入约中。

总长云：有益于贵国之事，固可为之，此实无益于贵国。

日置云：因此次战争之结果，山东最有密切之关系，本国政府认为必要，故愿与订约。

总长云：威海卫亦在山东省内，如何办理？

日置云：已然之事，不在其内。

总长云：万一英国政府亦欲写此文件，果如何办理？

日置云：英国关系不同，必不提出此语。

总长云：与第四号为同一性质，第四号之宣言涉及全国，包括甚广。

日置云：德国在山东之经营，甚费苦心，今日本以武力夺之，扑灭其势力，以继承德国之权利，万一他国再来侵占，则与本国政府之宗旨不符，故极盼订约，纵与贵国政府之宣言重复，亦无妨碍。

总长云：有第四号之宣言，此认为不必要。

日置云：第四号关系全体，此系特别情形。

总长云：然则贵国政府系重在此而不在第四号？

日置云：两面俱重。

总长云：第四号确已包括山东在内。

日置云：适已言明，有特别之利害关系。

总长云：贵公使系欲以公文互换？

日置云：然。

总长云：按照第一次会议之语备文可乎？

小幡云：英国在扬子江之关系，法国在广州湾之关系，中国政府均经备有节略，可仿照办理。

总长云：照第一次会议之语，系云中国政府并无意以山东省沿岸及岛屿以无论何项名目让与或租与外国,可以如此备文。

日置云:由本公使备文致贵总长,叙述第一次会议时贵总长所言,不以山东省内并沿海一带土地及各岛屿以无论何项名目让与或租与他国之语,请贵总长备文答复可乎?

总长云:可。但他国应改为外国。

日置云:主义如此决定,文书内之文字再行商议。

总长云:总之,根据原案之第二款写明不让与或租与外国,自易了然。今既有此公文,则第四号似可免议。

日置云:仍应逐条商议。

总长云:因与第四号重复,故可预先声明。

日置云:第四号亦照第二款之方法行之可乎?

总长云:自行宣言。

日置云:临时再议。

又云:第三款不能同意贵国政府之修正案,拟就本国政府原案稍加修改。因本国政府原拟得此路之敷设权,故只可改为中国政府与日本政府协商后合办建造由烟台或龙口接连胶济路线之铁路。

总长云:本国政府提出之修正案,实已深加考量,一考量贵国系承继德国之权利,二考量烟潍铁路系拟借款修造之铁路,故修正案言明将来如需外资而德国抛弃其利益时,可先向日本资本家商议。

高尾询次长云:所谓承继德国之权利云何?

次长云:谓与德国所享受之利益为同一之程度,即借款是也。

小幡云:贵国政府一面不允日本获德国较多之利益,一面又欲交还胶澳,其何以解?

次长云:交还胶澳,系贵国政府最初之主义。

日置云:如此主张,则日本利益不能与德国等。

次长云:现非议第一条第二项之时。

总长云:若贵国政府仅提出第一号,别号全行删除,则易与商议,且必向日本致谢。

日置云:别号有别号之理由。

总长云:此次牵及南满问题,当日小村大使会议时,讵不深知其详,而贵国政府竟复提出,本国政府为尊重贵国政府之意思,特允商议。即如租借地一事,原拟改为延期至五十年,实已增加一倍,嗣又细加考量,允照原案展至九十九年。此曹次长所深知者。皆欲竭力副贵国政府之希望也。至于山东问题,则只能承继德国权利之范围,不能轶出。

日置云:贵国政府虽云修造此路之时,向日本资本家借款,然将来是否修造不得而知,本国政府以此路接连胶济路线为合宜,故欲得此路之敷设权,今因贵国政府有修正案,是以改为中日合办。

总长云:贵国政府恐将来不修造此路,抑知中国政府为发达烟台龙口之商务,断无不速办之理,此节可以言明。

日置云:本国政府欲得此路之利益,甚有理由。

总长云:需用外资之时,先与日本资本家商议,其利益亦同。

日置云:如贵国用自己之资本修造,则与日本无关系矣。

总长云:事实上不能办理,自中国经济上观之,将来造路甚多,何能有如许之资本。

日置云:然则将来定用日本资本乎?

总长云:如需用外资,而德国抛弃其利益,必借日本之款。

日置云:合办铁路之理由,于贵国一般人民之心理相同,所谓经济合办,实业合办,于两国甚有利益是也。

总长云:特先声明,将来此路不得效吉长铁路,要求归日本管理。

日置云:绝无此事。

总长云:现在交通部定章,铁路不允与外国合办,不同矿务。且德国是否愿抛弃其借款权,尚不得知,恐与德国抵触。

日置云:可设法与德国不相抵触。

总长云:以德国享有之权利让与日本,外人无词可借,若越出德国权利范围以外,则不免有怨言矣。

日置云:何以有怨言?

总长云：此约本系因青岛问题而发生，中德条约之关系尚未断绝，将来日德协议以后，自然要求中国同意。今中国政府竟先与日本约定，外国自可质问。

日置云：总之，合办之主义请贵国政府同意。至与德国借款权有无抵触，容再考查。

总长云：先去抵触，始可云合办，且合办与交通部之主旨不符，仍以借款修造为宜。

日置云：请再考量，务求副日本之望。

下次会议定于本星期四，日使辞去。

《中日关系史料——二十一条交涉》（上），第 55—71 页

## 中日"二十一条"交涉第四次会议问答

1915 年 2 月 25 日

日置云：今日继续前次之会议，第一号第三款之铁路问题，贵国政府研究之结果如何？

总长云：前次会议以后，又经详加考量。中日合办一节殊办不到。因交通部已定有不允合办之章程，未便自己先行破坏也。贵国政府对于本国政府之修正案，能否照办？

日置云：本国政府极愿合办此路，请贵国政府斟酌情形，有无方法？

总长云：本国政府详加考量，对于德国亦系予以借款权，无合办之情形。贵国原系承继德国之权利，自不能轶出德国权利范围以外。盖若出其范围，则外人必有异言，是使中国政府为难。

日置云：德国之借款权，可于日德协议时设法办理，使无抵触。至本国在山东应享之权利利益，虽出德国权利范围以外，亦有特别理由，已于前次会议时说明。贵国政府所坚持者，谓交通部有不允合办之章程，此外尚有理由否？

总长云：前次会议时业经说明，贵国欲在山东得德国权利范围以外之权利，而于山东问题外又牵及南满问题，两方面均欲中国让与权利，

恐不能使贵国政府满意。至交通部之章程，只允借款造路，此不专指贵国一国而言，对于他国亦然。盖与外人合办铁路，于自己之建造权有碍，故交通部之定章仅予外人以借款权，正所以保存自己建造之主权也。

日置云：贵总长之意见及理由甚是，容本公使再行考量。但本国政府有愿意合办之希望，亦请贵国政府再加考量。今将第三款暂行搁置，先议第四款，请照本国政府之原案同意。因前订东三省善后条约，亦系此意。

总长云：第四款之修正案，即系照贵国政府之主义稍加更改，并无大差。

日置云：本国政府不能同意之理由有二：一应开地点不允协定，二商埠章程由贵国自定也。

总长云：修正案之规定，系自开商埠之方法，贵国政府提出之原案，本有自开之语，故地点由中国自择，章程由中国自定。

日置云：本国政府提出原案之理由，系劝中国政府自开商埠，至地点及章程则均须协商也。

总长云：多开商埠为发达地方商务起见，亦本国政府之所甚愿，故已于济南潍县龙口周村等四处，设法自开。然所费不赀，每埠之开办费约一百余万元。今贵国政府又欲中国政府再行自开商埠，本国政府又看重贵国政府之意见，允行自开，但由中国政府自择合宜地点，贵国政府似无不可以同意。至订定章程一节，当然按照向来之约章，给与外人以居住贸易之利益，自无与贵国协商之必要。

日置云：自开商埠之地点，由中国自择，不尽与本国希望之地点相合。章程由中国自定，往往有外国起而抗议，不愿遵照者。故自定章程势或不能实行，仍应彼此协定，可期两国之利益相合。

总长云：济南商埠章程，即系中国自定，并无外国起而抗议，条约上约定之商埠，与自开商埠不同，税务处之办法亦不一致，故章程仍以自定为宜。

日置云：自开商埠之办法，其章程与外国协定，条约上亦有先例。以贵国自己之意思，自开商埠，与条约国劝开之自开商埠，情形不同，故章程与条约国协定为向有之例。

次长云：当日小村大使会议时，亦非于条约中约定，仅于会议录中有云定章程时彼此接洽而已。

小幡云：自开商埠亦有二种。不依条约而自开之商埠，为纯粹之自开商埠，如济南龙口潍县周村等是已。其依条约而自开之商埠，约中定有明文，如东三省善后条约第一款云：自开商埠如左，如宽城子辽阳新民屯之类。当日约中之文字与此次文字亦同，特此次未列举地点耳。至订定章程一节，东三省条约虽未明定，而会议录中有定章程时彼此商议之语。又贵总长适云，济南商埠章程，外人未经抗议，查彼时确有外人抗议，即本国亦曾提出抗议。

总长云：适曹次长言及，当日东三省会议录中有云章程由自己定之。定时先与接洽，以致至今尚未商妥，反于实行有碍。济南商埠章程虽亦有外人抗议，然德国始终未经抗议，故自定章程有抗议者，亦有不抗议者。若彼此协商，则反难以实行。本国政府既有此种经验，则可详细考量，酌定章程，务使外人不致抗议。且进而言之，自己所定之章程，必与外人协商，亦于主权有碍。

日置云：东三省会议录中虽云先与接洽，而有接洽不妥之处，如长春吉林等处是也。

总长云：第四款原案中有为外国人居住贸易之语，非专指日本人而言，如专与日本协商，恐他国啧有烦言。

日置云：改为为日本人居住贸易亦可。因利益均沾之故，其结果一也。且既云东三省之开埠章程，因意见不合，至今尚未商妥，则此次山东开埠章程，更应预先商议，否则虽由中国自定，外人仍不能遵照。

总长云：东三省之开埠地方，至今尚有无章程者。今山东之开埠章程，由中国自定，聊胜于无。

日置云：本国政府希望贵国在山东省内自开商埠，系为日本人得贸易之利益起见,故必商定有益之章程,若由中国自定而不相宜,将来反多窒碍,是与本国政府之宗旨不符矣。

总长云:多开商埠在贵国人固有利益,而在中国自己为发达地方,亦有利益,故此次订定章程,必能使外人不抗议,贵国政府可以放心。据本总长观之,本国政府已拟将龙口潍县周村等处开作商埠,业经宣布,尚未实行,贵国又复要求,不知何所用意? 如能俟中国实行开放前数处之后,再行提议,则较妥矣。

日置云:为两国人之通商贸易起见,故劝多开商埠。

总长云:必交通便利之地方,始能开作商埠。最好应由中国先将交通便利之地方实行开埠以后,其余各处,俟交通发达,再行开埠,似亦未始不可。此时提议,稍嫌太早。

高尾询次长云:似又有不允开埠之意?

次长云:总长之意,并非不允开埠,谓俟交通机关便利之后,再行选择地点也。

日置云:若然,则此款虽有若无矣。

次长云:将来自应择合宜之地方开作商埠。

小幡云:贵国先开之商埠,如济南一处,在贵国以为合宜,而其实并非合宜。今拟于胶州湾至济南之间再行开埠。

次长云:本国政府已拟将龙口开作商埠,且所云济南一埠并非合宜,固然。然东三省善后条约所开之地点十六处,皆系贵国政府所择定者,其中亦有不发达之处。

日置云:因此之故,是以地点必须协议。总之,此节不必多费争论,可仿东三省条约之例,以别种方法定之,不订入条约之中。

总长云:系欲以此款随后再议乎?

日置云:随后再议,有何方法?

总长云:贵公使适言不订入条约,可以别种方法定之。

日置云:前段应照原案订入约中,谓中国政府允诺为外国人居住贸易起见,从速自开山东省内各主要城市作为商埠。

总长云：修正案与原案所差无几，可照修正案定之。即去居住贸易字，改为通商字。因既可通商，当然可以居住。至以主要城市改为合宜地方，亦无甚差异。

日置云：仍以原案前段订入约中，至地点与章程另以互换文件行之。

总长云：不能用协定二字，可照东三省之例，用接洽字样。

日置云：先将主义言定，文字或用协定或用接洽，再行斟酌。

总长云：东三省地方，虽日本人之商业关系多，山东地方则他国人之商业关系多也。今与日本接洽，不知他国有无异言。

日置云：利益均沾，自无异言。

总长云：此款亦系山东问题，可从缓议。

日置云：从缓定议固可，但自开商埠之宗旨必订入约中。至地点及章程，应用会议录言明之。今既无会议录，可用文书或节略行之。

总长云：大纲可如此办理，但请照修正案定之。至章程仍由中国自定，与日本接洽。

高尾询次长以地点如何？

次长云：总长之意，系分两项，一地点自择，一章程与日本接洽也。

小幡云：地点自择，则何需有此款之规定。

次长云：此款规定，本系为外国人之居住贸易起见，非专为日本人而设也。

小幡云：主要者仍为日本人。

日置云：本国政府于第四款本拟明定地点，照东三省条约列举之法，惟因何处相宜，尚不明了，故云另行协定。今贵总长云地点自择，是与本国政府之宗旨不符。兹再于第四款开列地点商议亦可。

总长云：中国政府原拟将自己拟开之地方先行实行开埠，然后续开他之各处，且开埠需费甚多，亦非易事。今贵国政府必欲提出，本国政府以地点由中国自择，当有斟酌之余地。

日置云：本国政府提出原案，贵国政府亦提出修正案，是双方均愿商订此款,今又云俟先实行自己拟开之商埠,后再行续开,究系何故?

总长云:贵国政府要求中国自行开埠,倘允诺而不实行,反为不妥。故地点自择,正系中国出以审慎,以尊重贵国政府之意思也。

日置云:请再考量。若云俟中国先实行自己拟开之商埠,将来再续开他处,是无诚意相商矣。

总长云:非如此说法。若前段能同意本国政府之修正案,则章程之事,可另与日本接洽。

日置云:贵总长之主张碍难同意,以中国自开商埠之宗旨订入约中,其地点及章程,以文书规定,是已表示让步矣。

总长云:贵公使所言系地点及章程,由中国自定,先与日本公使接洽。

次尾云:预先与日本公使接洽。

次长云:第四款之写法,通商字改为居住贸易字,亦可。即云中国政府允诺为外国人居住贸易起见,将山东省内合宜地方开作商埠。

高尾云:尚有从速字样。

次长云:从速字删去亦同。

又云:地点及章程预先与日本公使接洽一节,可去预先二字。

高尾云:既于未宣布之前先行接洽,则用预先字不妨。否则,以大总统命令发表之后,虽接洽亦无益。

次长云:接洽自有预先之意,若发表后则为通知,而非接洽矣。

日置云:既有预先接洽之本意,则可不必删去预先二字。又第四款加从速二字,亦不妨。

次长云:以第四款之写法告总长,系云:中国政府允诺为外国人居住贸易起见,从速自开山东省内合宜地方为商埠。

总长云:于合宜地方下添"一二处"三字。

日置阅毕云:限定一二处,似属笑谈。

次长云:总长添写一二处者,恐任意允诺,不能实行也。且同时多开数处,恐难办到。

日置云:事实上亦不能同时多开。

总长云:从速则不能多开,故只能限定一二处。又贵国政府所欲开之商埠,是否在龙口等地方之外。

日置云:当然在龙口等处之外,因龙口等处贵国政府已拟自开,无再约定之必要也。

次长云:此外似无合宜地方。

日置云:有无合宜地方,本国政府业经调查数处,但尚不能言明。

次长云:本次长以个人资格询问,能否以数处示知?

日置云:不便言明。

是时彼此商议草写第四款之文句如下:

中国政府允诺为外国人居住贸易起见,从速自开山东省内合宜地方(一二处)为商埠。以文书或节略互换者为:所有应开地点及章程由中国自定,预先与日本公使接洽。

日置云:第四款若如此议定,删去一二处字样,则第三款铁路事,本公使可以借款修造办法,电请本国政府,务使贵国政府满意。

次长云:俟得贵国政府复电再议乎?

日置云:主义须先赞成。

次长云:照修正案之意义办理乎?

日置云:主义如何,赞成,则本公使能以借款铁路事求政府之许可,至文字则再加修改。

次长云:第三款照修正案之主义办理,则第四款可按照贵公使之意思相议。

日置云:必中国政府于第四款先允让步,本公使始有理由以借款办法报告本国政府也。

总长云:第三款为借款权,第四款为贸易权,均于日本有利益,而第一款第二款稍于中国有利益者,则从缓议,殊嫌未合。

日置云:不议第一款及第二款,第一号不能完备,现虽议定三、四两款,于中国无害,因必至双方签押之日始能告竣也。

次长云：第三款现暂不议乎？

日置云：须俟政府之许可，现只言借款之主义而已。

次长云：何谓借款之主义？

日置云：本国政府始愿合办，因贵国政府云于交通部章程抵触，故本公使拟以借款之主义相商。

总长云：第三款亦可先写一草案乎？

日置云：由合办而改为借款，须先报告政府。

总长云：因贵公使云第三款与第四款互让，故询及之。

日置云：合办改为借款，确系表示让步之意。

总长云：第三款果能让步，第四款始可照贵公使之意思办理。

日置云：第三款非按照修正案办理，仅由合办而改为借款之主义，至如何磋商借款之法，自应俟本国政府之训令再行商议。

总长云：贵国政府须有训令让步，方可商办，否则第四款仍加入一二处字样。

日置云：借款办法一得本国政府之许可，第四款即去一二处字样。

总长云：盼望照第三款之修正案办理。

日置云：本公使必为尽力。

总长云：如此则将第四款声明暂行保留，但第三款之自行建造字，应请注意。

日置唯唯。随云：次及第二号。第二号之原案，原有东部内蒙古在内。第二次会议时，贵总长曾云另议，今竟将东部内蒙古删去，是何用意？

总长云：彼时所云另议者，因东部内蒙古与南满洲无关系故也。

日置云：自本国政府观之，东部内蒙古与南满洲，在历史上地理上均有密切之关系，贵总长谓为无关系，殊不可解。

总长云：贵国政府以东部内蒙古加入南满问题之中，贵国政府之主义，本国政府亦不了解。

日置云：本国政府以东部内蒙古与南满有密切不可离之关系。

总长云:贵国政府此次提出第二号条件,不外根据日俄条约,以延长旅大租借地及南满铁路之期限为目的。

日置云:非专以延期为目的,鉴于南满及东部内蒙古现在之状态,系由事实而发生,欲订立条约以确定之也。

总长云:贵国在南满之地位,已有中日善后条约之规定,租借地之展期,亦系根据条约,若东部内蒙古则无条约可以根据。

日置云:贵国政府之看法,与本国政府之看法不同。然则第二次会议时所云东部内蒙古另议之意如何?

总长云:所云另议者,谓不能同时提议也。本国政府研究条件之时,以贵国政府提出南满问题,尚有理由,不能牵及东部内蒙。细加考量,殊觉为难,故云另议,即系不议之意。

日置云:另议即不议,殊难索解。

总长云:贵国政府视南满之利益甚大,尚有可说,牵及东部内蒙,范围太广。

日置云:范围较大,固然。然本国政府视为必要,仍请同时商议。

总长云:国际商议,均须根据条约,若牵及东部内蒙古,是为另生枝节,碍难同意。至南满问题,本国政府尚愿讨论,业经提出修正案,此于发表大纲意见时曾经说明。

日置云:本国政府之主义,系欲将日本现在南满及东蒙之优越地位明定之,因此优越地位系各国所公认者也。

总长云:谓各国公认此优越地位,优越二字不甚了解,系根据何者而来?

日置云:自日俄战争后订约以来,日本即享有优越之地位,至日本与各国之关系亦有种种证据,试举例以明之:如五国银行团商议大借款之时,日本银行代表曾声言,日本不允以南满税课作抵,四银行团均无异议。又英国商人欲在南满内蒙建造铁路,经日本政府抗议,英政府遂禁阻其商人,令勿建造。是即各国公认优越地位之证。

总长云:小村大使会议时,曾屡次声明,在南满地方不背机会均等主义,又朴兹茅斯条约第三条,日本亦同俄国声明不得有碍开放门户机会均等之主义,且不得妨害中国之主权,并未提及优越地位之语。

日置云:自中日所定满蒙铁路大纲观之,中国自己已认日本有优越地位。再自外国之关系言之,英国拟自锦州至朝阳,北京至赤峰建造铁路,亦经撤回。日本屡次声言享有优越地位,盖无一抗议者。

总长云:铁路之让与,不能证明为优越地位。

日置云:所言铁路,不过举其一份而已。总之,日本在南满及东部内蒙古之地位,系各国所公认者。

总长云:贵国言在南满有优越地位,他国亦言在他处有优越地位,中国其将何以应付?是大背机会均等门户开放之主义。且贵国首先提出优越地位,他国仿而效之,使中国濒于危险,亦于贵国不利。故贵国政府之此等主张,一有背机会均等之主义,二由日本首先提倡,与亲善之目的相反也。

日置云:他国未有如日本之优越地位者,亦无从仿效之。

总长云:观日法、日英、日俄、日美等条约或协约,均认明维持现状、门户开放、领土完全、机会均等主义,未有明认贵国在南满有优越地位者。

日置云:门户开放、维持现状,当系本国提倡,本国之优越地位为各国所公认,如云各国援引,则绝无此事。固日本在南满之地位系有历史上之关系,甲午之战,已为日本占据,旋即交还中国,嗣因俄国又思侵占,故又与俄国宣战而夺回之,他国未可比拟也。

总长云:甲午之战,贵国虽以武力占据,而已交还。日俄战争之结果,亦有小村大使订立善后条约,是此二事早经取消矣,何得再行提起?

日置云:南满地方若无日俄战争,十年以前,已不为中国所有矣。今仍有完全之主权,而稍与日本人以特别之待遇,亦无足怪之事。

总长云:当日若无日俄战争,或有危险之情形,然贵国已有南满铁路、安奉铁路及吉长之借款铁路,抚顺之炭矿,鸭绿江之森林,所得之权利甚多,是已特别优待,而又欲争此优越地位,万一各国群起要求,亦与贵国政府提出条件所云亲善之旨不符。至云各国公认,则无明文,只闻有维持现状之语而已。

日置云:他国无仿此之优越地位,如英国虽以扬子江为势力范围,而在历史上地理上并无关系,不过一种之希望而已,非所论于日本在南满之地位也。且当日俄战争为俄所占领时,中国已有抛弃之意,本公使于十余年前充使馆参赞时,曾闻中国政府拟将满洲开放,作为各国之租界,初不料有将南满交还中国之日,而谓今日日本不能享此优越之地位乎?如云已得南满铁路等项权利,亦系日俄战争时日本费尽三十万万之巨款,牺牲数十万人之性命,而始克有此,况并非夺取南满洲之领土,不过向来贵国对于南满及东部内蒙古未经认定日本之优越地位,以致发生许多悬案而不能结,今则决意明认此地位,以解除向来之误会耳。

总长云:贵公使之言均已理会。既谓南满为中国之领土,则所谓优越地位者,适与领土主权冲突,盖优越与主权两不相容也。且贵国牺牲多数之生命军费,一千九百零五年小村大使曾经言明,在当时实为无上之光荣。今因此而再行要求优越地位恐于日本之名誉亦有妨碍。日本如此要求,他国从而仿之,日本亦何乐创造此铁证哉?至待遇一事,凡南满安奉等问题,均可商议。

日置云:本国政府视之最重,贵国政府如不认优越地位,则第二号之各款不能讨论,应请贵国政府详细考量。

总长云:但于条约主权无碍,无不承认,此节业已再三考量,实属为难,容再加考量。

日置云:第二号之总纲,贵国政府亦提出修正案,本国政府初拟请照原案同意,今贵国政府既有不便,兹拟修改如下:

日本国政府尊重中国在南满洲及东部内蒙古有完全领土主权,又中国政府承认日本国在南满洲及东部内蒙古享有优越地位,兹议定条款如左。

并云下次再议,遂辞去。

《中日关系史料——二十一条交涉》(上),第76—86页